수용전념치료와 긍정심리학의 7가지 공통 기제

MINDFULNESS, ACCEPTANCE, AND POSITIVE PSYCHOLOGY

The Seven Foundations of Well-Being

Todd B. Kashdan · Joseph Ciarrochi 편저

심예린 · 조성근 · 박찬정 · 윤민지 공역

학지사

Mindfulness, Acceptance, and Positive Psychology:
The Seven Foundations of Well-Being
Edited by Todd B. Kashdan and Joseph Ciarrochi

역자 서문

처음 이 책의 아이디어를 접했던 것은 역자(책임 역자: 신)가 미국에서 상담심리학 박사과정을 밟고 있던 시절이었다. 긍정심리학 분야를 연구하기 위해 떠난 유학길이었지만, 상담자로서의 정체성 또한 중요했기에 연구와 실무를 잇는 하나의 이론적 틀을 찾고자 하였다. 당시에는 긍정심리치료가 아직 이론적 오리엔테이션으로 정립되지 않았었기 때문에 (여전히 어느 정도 그렇지만), 박사과정 첫 학기 상담이론 수업에서 수용전념치료를 처음 접하고 역자의 주요 연구 분야였던 삶의 의미 관점과 잘 맞아떨어지는 근거 기반 치료라는 점이 매우 반가웠던 기억이 난다. 이후 상담에서 수용전념치료를 주 오리엔테이션으로 삼고 사례개념화를 하며, 긍정심리적 개입을 적용하고자 노력해 왔다. 하지만 여전히 내 안에서는 긍정심리학과 수용전념치료 간의 연결점을 더 찾고 싶은 갈증이 남아 있었다.

교수가 되고 나서 충남대학교 심리학과 긍정상담심리연구실 대학원생들과 방학 동안 볼 스터디 교재를 찾던 중, 이 책이 다시 떠올랐다. 긍정심리학 연구를 하고 있지만, 막상 상담을 할 때는 어떻게 긍정심리학적 관점을 적용해야 할지 모르는 학생들에게 긍정심리학과 수용전념치료 간의 다리를 놔 주면 어떨까 하는 생각에서다. 학생들과 이 책을 읽어 나가며 좀 더 많은 상담자들이 수용전념치료와 긍정심리학 간의 접점에 대해 알게 된다면 두 접근을 훨씬 더 유용하게 사용할 수 있을 것이리는 기대에 번역을 결심하게 되었다.

마지막 장의 제목처럼, 이 책은 수용전념치료와 긍정심리학 간의 '진정한 대화'이다. 인간의 번영(human flourishing)이라는 공동의 최종 목표를 갖는 서로 다른 두 관점이 안녕감의 7가지 기본 요소들(기능적 신념, 마음챙김과 자각, 조망수용, 가치, 경험적 수용, 행동 조절, 인지 능력)을 각각 어떻게 다루고 있는지를 보는 점이 흥미롭다. 또한 책의 저자에 학자들뿐 아니라 실무자들도 포함되어 있어 연구뿐 아니라 실제 상담 장면에서 이 두 관점이 어떻게 통합될 수 있는지에 대한 고민이 녹아들어 있다는 점이 인상적이다. 다만 원저가 출판된 지 10여 년이 지나, 가능한 곳에는 역자 주를 더해 현재 연구 현황을 반영하고자 하였다. 그럼에도 불구하고, 이 책의 중심 아이디어는 여전히 유효하다. 첫 번역서라 부족한 점이 많지만 이 세상에 무사히 나올 수 있게 도와주신 학지사와 선뜻 나의 뜻에 함께 해 주시고 공역자로 수고해 주신 충남대학교 조성근 교수님, University of British Columbia 박찬정 교수님, 이화여자대학교 윤민지 선생님께 깊은 감사를 표한다. 또한, 길었던 번역 및 편집 과정에 도움을 준 전승아와 김예슬 학생에게도 고마움을 전하고 싶다. 마지막으로, 이 책을 번역하는 동안 병마와 싸우면서도 아낌없이 지지를 보내 준 남편과 일하는 엄마를 잘 기다려 준 두 자녀 승온이와 리온이에게 사랑의 마음을 담아 보낸다.

2025년의 끝자락에서

책임 역자 심예린

차례

제7장 Acacia C. Parks & Robert Biswas-Diener

긍정적 개입: 과거, 현재, 그리고 미래 • 163

제8장 Mairéad Foody, Yvonne Barnes-Holmes, & Dermot Barnes-Holmes

사람들을 더 긍정적이고 합리적으로 만드는 방법: 긍정심리학 개입의 잠재적 이면 • 191

제9장 Robert Biswas-Diener & Nadezhda Lyubchik

맥락적 긍정심리 개입으로서의 미시문화 • 223

제1장

번영의 기본 요소

Joseph Ciarrochi
University of Wollongong, Australia

Todd Kashdan
George Mason University, USA

Russ Harris
Private Practice, Melbourne, Australia

"인간은 선천적으로 선하고 자비로운가(Rousseau, 1783/1979), 아니면 추잡하고 잔인한가"(Hobbes, 1651/2009). 이 질문은 철학자들을 수백 년간 고민에 빠지게 만들었고, 인간의 역사를 돌아볼 때 이에 대한 간단한 답은 없다. 우리의 과거에는 위대한 사랑과 친절한 행위들을 찾아볼 수 있지만, 극심한 증오와 잔인함 또한 찾아볼 수 있다. 우리에게는 르네상스도 있었지만, 암흑기도 있었다. 우리는 페니실린을 발명했지만, 신경가스도 발명하였다. 우리는 교회, 성당, 병원을 지었지만, 원자폭탄과 강제수용소도 지었다. 평등과 자비를 위해 고군분투했던 모든 역사적 인물(예: 마틴 루서 킹)마다 동등하게 차별과 잔인성을 위해 투쟁하는 사람(예: 아돌프 히틀러)을 찾아볼 수 있다. 인간은 무엇이든 가능한 존재이다.

따라서 우리가 물어야 할 질문은 인간 본성(nature of humanity)에 관한 것이 아니다. 그보다 핵심적인 질문은 "인간의 가장 좋은 면을 표현할 수 있는 세상을 만들어 낼 수 있는가?"이다. 긍정심리학과 수용전념치료는 공통적인 답변을 공유한다: 그렇다. 두 가지 관점 모두 인간의 강점에 초점을 맞추며 인간 번영을 촉진하는 것을 목표로 한다. 그것들은 종종 중첩되는 기술을 갖고 있는데, 특히 목표 설정, 심리적 강점, 마음챙김, 무엇이 가장 중요한가에 대한 명료화(가치와 삶의 의미)의 영역에서 그렇다. 모두 여러 수준, 즉 개인으로부터 관계, 그리고 조직과 문화에 이르기까지 긍정적 변화를 일으키는 것을 추구한다. 둘 다 지난 15년간 연구의 폭발적인 증가를 경험하였다. 그리고 둘 다 임상, 사회, 교육, 경영 분야를 포함한 다양한 범주의 사람들의 이목을 끈다.

그러나 이러한 공통점에도 불구하고, 수용전념치료와 긍정심리학은 서로를 거의 참조하지 않았다. 이 책에서 우리는 이 두 영역이 서로 관련 있으며, 이 둘 간의 통합이 인간의 조건에 더 빠르고 심층적이며 지속적인 향상을 가져올 것이라고 제안한다. 이 책에 있는 장들은 이러한 통합이 어떻게 이루어질 수 있는지에 대해 기술할 것이며, 실무자들의 역량을 강화시키고 그들이 하는 일을 변화시킬 수 있는 구체적 방법에 초점이 맞춰질 것이다.

수용전념치료란 무엇인가

수용전념치료(Acceptance and commitment therapy: ACT)는 대부분의 서구 심리치료의 가장 기본적인 규칙을 바꾸는 행동 변화에 대한 고유하고 창의적인 접근이다. 이는 마음챙김 기반의 가치 지향적 행동치료로 불교와 많은 유사점을 가지고 있지만, 전혀 종교적이지 않다. 그것은 현대적이며 과학적인 접근으로, **응용행동분석**(Applied Behavioral Analysis: ABA)의 원리 위에 단단히 기초한 맥락적 행동치료이며, 이것의 효과성(effectiveness)을 입증하는 무작위대조시험(randomized controlled trials)이 이제는 60개 넘게 존재한다.[1)]

ACT는 그것의 핵심 메시지 중 하나로부터 이름이 지어졌다. 즉, 자신의 통제 밖에 있는 것을 수용하고, 자신의 삶을 향상시키고 풍성하게 하는 행동에 전념하라. ACT의 목

1) 역자 주: 이것은 원저 출판 당시 2013년도 기준으로 보고된 것으로, 현재 2025년 8월 기준으로는 약 1,417개로 추정된다.
출처: https://contextualscience.org/act_randomized_controlled_trials_1986_to_present

표는 꽤 단순하게도 더 풍요롭고, 충만하며, 의미 있는 삶에 대한 인간의 잠재력을 극대화시키는 것이다. ACT(이는 A.C.T의 이니셜이 아니라 'act'라는 단어로 발음된다)는, ① 자신에게 영향력을 훨씬 덜 끼치는 방식으로 고통스러운 생각과 감정에 효과적으로 대처하는 마음챙김 기술을 가르쳐 주고, ② 자신의 핵심 가치를 명료화하여 그 지식을 전념행동(committed action)을 안내하고, 영감을 불어넣고, 동기화시키는 데 사용하도록 돕는다.

마음챙김(Mindfulness)은 지금 서구 심리학에서 '뜨거운 주제'이다. 이것은 일 관련 스트레스부터 우울증에 이르는 모든 것에 대한 강력한 개입일 뿐 아니라, 정서지능을 높이고 수행을 향상시키는 것으로 점점 인식되고 있다. 마음챙김은 기본적으로 열린 태도, 호기심, 그리고 융통성을 가지고 주의를 기울이는 것을 의미한다. 마음챙김의 상태에서는 어려운 사고와 감정은 행동에 훨씬 더 약한 영향과 영향력을 행사한다. 그래서 마음챙김은 정신과적 질병으로부터 운동 또는 업무 수행 능력을 향상시키는 것에 이르는 모든 것에 유용할 가능성이 높다.

ACT는 마음챙김 기술을 다음의 세 가지 범주로 나눈다.

1. **탈융합**(defusion): 도움이 되지 않는 사고, 신념, 기억과 거리를 두거나 놓아 주는 것
2. **수용**(acceptance): 고통스러운 감정, 충동, 감각 등을 위한 공간을 마련하는 것, 그리고 그것이 어려움이 없이 오고 가도록 허용하는 것
3. **현재 순간과의 접촉**(contact with present moment): 열린 마음과 호기심 있는 태도로 지금-여기의 경험에 완전히 몰입하는 것

코칭과 심리치료의 많은 모델에서 마음챙김은 주로 **명상**(meditation)을 통해 교육된다. 그러나 ACT에서 명상은 이러한 기술을 배울 수 있는 수백 개의 방법 중 하나일 뿐으로 여겨지며, 대부분의 사람들이 명상을 하고자 하지 않기 때문에 그것은 잘된 일이다. ACT는 우리에게 마음챙김을 배울 수 있는 방대한 양의 도구를 제공해 준다. 그리고 이중 대부분은 몇 분이면 숙달이 가능한 것들이다. ACT에서는 마음챙김이 두 가지 주요 목적을 가진다. ① 자신의 핵심 가치에 따라 행동하는 것을 방해하는 심리적 장벽을 극복하는 것과 ② 자신의 가치에 따라 행동할 때 그 경험에 완전히 몰입할 수 있도록 돕는 것이다.

따라서 ACT가 목표로 하는 결과는 마음챙김과 가치에 기반한 행동이다. 이것은 기술적 용어로 '심리적 유연성(psychological flexibility)'으로 알려져 있으며, 이 능력은 ACT에서 풍요롭고, 충만하며, 의미 있는 삶을 위한 기반으로 여겨진다.

긍정심리학이란 무엇인가

긍정심리학(Positive Psychology)은 어떤 운동이나 패러다임의 전환으로 간주되기보다 기존에 무시되었던 주제에 대한 관심과 재정적 자원의 동원으로 보는 것이 가장 적합하다(Duckworth, Steen, & Seligman, 2005). 수십 년 동안, 심리학은 고통과 장애의 감소를 강조해 왔다. 이러한 강조가 다양한 심리적 문제에 대한 효과적인 치료라는 결과를 가져왔지만, 삶을 살아가는 주된 이유들은 간과되어 왔다. 그 누구도 단순히 고통과 장애에서 자유롭기 위해 살지는 않으며, 긍정은 고통과 장애의 부재가 아니다. 잘 사는 삶(life well lived)에는 다른 요소들이 존재하며, 이러한 요소들이 바로 긍정심리학 연구와 실무의 초점이 되어 왔다.

긍정심리학이 처음 세상에 소개될 때, Seligman과 Csiksentmihalyi(2000)는 긍정심리학에 속한 영역을 정하였다. 주관적 수준의 긍정심리학은 가치 있는 경험, 즉 (과거의) 안녕감, 흡족함, 만족감; (미래에 대한) 희망과 낙관성; (현재의) 몰입과 행복에 관한 것이다. 개인 수준에서는 긍정적 개인적 특성, 즉 사랑과 일을 할 수 있는 능력, 용기, 대인능력, 끈기, 용서, 독창성, 미래 지향적 사고, 영성, 그리고 지혜에 관한 것이다. 집단 수준에서는 시민 덕목과 더 나은 시민 권리를 가진 개인들로 변화시키는 제도, 즉 책임감, 양육, 이타주의, 시민의식, 관용, 그리고 직업 윤리에 관한 것이다.

긍정심리학의 작업 가정은 삶의 긍정적이고 건강한 측면이 단순히 고통과 장애에 대한 양극단의 반대가 아니라는 것이다. 이러한 주제는 『Review of General Psychology』의 긍정심리학 특별호에 또다시 나타나는데, 여기서 편집자들은 심리학이 '사람들을 −8에서 0으로 끌어올리는' 데는 효과적이었지만, "사람들이 어떻게 해서 0에서 +8로 올라가는지에 대해서는 그만큼 이해하지 못했다"고 하였다(Gable & Haidt, 2005, p. 103). 즉, 주요 목표는 긍정적 경험, 강점과 덕목, 그리고 긍정적 관계와 기관을 위한 필수 요소들을 다루고 배양하는 것이다.

이러한 설명에서 긍정심리학은, 물론 통증과 고통 또한 중요하다는 주의 사항과 함께 오직 긍정에 초점을 맞춤으로써 또 다른 극단으로 너무 멀리 밀어붙이는 것 같다. 지난 몇 년에서야 연구자들은 인간 정신의 '긍정'과 '부정' 차원의 피상적인 연결을 넘어서야 할 필요성이 있다고 주장해 왔다(Sheldon, Kashdan, & Steger, 2011b). 예를 들어, 만약 당신이 아이들을 자비심을 더 갖도록 가르치려고 시도하고 있다면, 부정은 단순히 무시할 수는 없을 것이다. 왜냐하면 그것이 바로 공감(empathy)과 조망수용(perspective taking)의 근본에 내장되어 있기 때문이다. 저명한 긍정심리학자들은 종종 약점에 초점을 맞추는 것을 (효율성과 성과가 떨어지기 때문에) 권장하지 않고(Buckingham & Clifton, 2001); 긍정적 경험, 강점, 또는 덕목에 있어서는 '더 많을수록 좋다는' 개념을 강화시킨다(Peterson & Seligman, 2004). 이러한 생각은 최근에 극단주의적 입장으로 뒤집히게 되었는데, 그 이유는 강점의 효과적 활용에 대한 전환점과 경계 조건이 맥락에 따라 존재한다는 증거가 계속해서 나타나고 있기 때문이다(예: Biswas-Diener, Kashdan, & Minhas, 2011; Linley, 2008). 따라서 긍정심리학의 작업 가정은 계속해서 진화하고 있으며, 우리는 이를 건강한 진보의 신호로 보고 있다.

긍정심리학의 현재 모습에는 초점이 피상적인, 표면 수준의 '긍정'에 덜 맞춰져 있고, 건강한 삶 또는 안녕감으로 이끄는 요소들에 더 있는 것으로 보인다. 어떤 경우에는 긍정정서와 심리적 강점이 차선의 삶으로 이어지는 반면, 불안과 죄책감과 같은 정서와 자기애와 논쟁성을 반영하는 행동이 가능한 최선의 결과로 이어지는 경우도 있다. 잘 사는 삶에 대한 이러한 더 역동적이고 미묘한 접근은 ACT의 작업 가정과도 많은 공통점을 가지고 있다.

두 섬 사이의 다리

ACT와 긍정심리학은 둘 다 지난 10년간 연구의 폭발적 증가를 경험하였다. 예를 들어, 'positive psychology'라는 단어는 2000년까지는 고작 7개의 과학적 논문에 등장하였다. 이 숫자는 2008년부터 매년 100개 이상으로 증가하였다. ACT도 비슷한 확장을 경험했는데, 'Acceptance and Commitment Therapy'가 2004년 전까지는 매해 10번보다 적게 등장했는데, 2009년과 2010년 사이 40개 이상, 2011년에는 80개 이상으로 폭증하였다(Scopus 검색, 2011년 4월 5일). ACT의 58개 이상의 무작위대조시험 중 거의 모두가 2008년 이후에 출간되었다. 'positive psychology'와 'Acceptance and Commitment Therapy'의 키워드를 검색하는 것은 이 두 분야의 영향력을 엄청나게 과소평가하는 것일 것이다. 왜냐하면 'mindfulness', 'acceptance', 'strengths', 그리고 'upward spiral'과 같은 관련된 많은 용어들을 간과하기 때문이다. 그러나 여전히 이 숫자들은 긍정심리학과 ACT가 연구 분야로 성장하고 번영하고 있다는 것을 의미한다.

이제 이러한 흥미로운 두 분야를 통합할 때가 되었다. 이 분야들은 인간 번영을 촉진하고자 한다는 동일한 목표를 가졌으나, 서로 독립적으로 작업해 왔기 때문에 대체적으로 겹치지 않는 통찰과 접근 방식을 생각해냈다. 둘 다 큰 진전을 이루어 왔지만, 여전히 우리는 만약 두 분야의 사람들이 실제로 앉아서 서로 이야기를 나누어 본다면 어떤 일이 일어날까 궁금해할 수밖에 없다. 이것이 진보를 더 가속화하지 않을까? 이 책은 매 장마다 그 질문을 던지고, 항상 명확한 답을 돌려줄 것이다. 그렇다.

만약 우리가 앉아서 이야기한다면, 가장 먼저 해야 할 일이 공통의 언어(common language)를 개발하는 것이다. 그 언어 없이는 우리는 서로 혼란스러워 좌절하게 될 것이다. 물론, 이러한 혼란은 심리학에 널리 퍼져 있다. 모든 하위 학문 분야는 자신만의 단어와 구성개념의 섬을 만든다. 긍정심리학은 거의 보편적인 24개 성격강점 목록의 존재에 대해 이야기하고, ACT는 6개의 핵심 과정을, 성격 연구자들은 5개의 성격 차원, 정서지능 연구자들은 5(+−2)개의 요인에 초점을 맞춘다. 새롭게 등장하는 연구자마다 새 브랜드를 창조하거나 자신과 고유하게 연상되는 적어도 몇 개의 새로운 심리학 용어를 만드는 데 관심을 기울이는 것 같다. 그 사이 최전선에 있는 사람들, 심리치료사, 코치, 컨설턴트들은 전문 용어의 홍수 속에서 허우적거린다.

우리는 이러한 홍수 속에 생존하는 방법이 있을 뿐 아니라, 심지어 그것을 효과적으로 탐색하는 방법이 있다고 제안한다. 우리의 해결책은 작은 세트의 기초적 요인들(또는 기본 요소들)을 파악하여 그 위에 다양한 더 큰 심리학적 구성개념을 구축하는 것이다. 마치 우리가 복합적인 신체적 화합물을 단순한 기본 요소로부터 만드는 것(예를 들어, 우리는 강철을 철분과 탄소로 만든다)과 같은 방법이다. 그러나 선택지가 너무 많을 때는 이러한 기본 심리적 요소들을 어떻게 선정할까?

우리는 어떤 종류의 **안녕감**(well-being)으로든 배열하고 재배열할 수 있는 기본 재료 세트를 선정하기로 결정하였다. 우리는 두 가지 기준에 근거하여 기본 요소를 선정하였다. ① 현존하는 최고의 과학적 근거에 기반해야 한다는 것, 그리고 ② 안녕감을 향상시킬 수 있는 인지적 · 행동적 변화를 촉진하는 데 직접적 · 실제적 활용이 가능해야 한다는 것. 따라서 우리는 뇌의 영역이나 신경학적 회로를 기본 요소로 선정하지 않았는데, 비록 이에 대한 지식이 안녕감과 관련이 있지만, 이것들은 실무자에게 긍정적인 행동적 변화를 촉진시키는 직접적인 방법을 제공해 주지 않기 때문이다. 이와 유사하게, 안녕감과는 관련이 있지만 개입에 대한 함의가 명확하지 않은 요소들은 선정하지 않았다. 이에 대한 좋은 예가 '외향성'과 같은 성격 차원이다.

이쯤에서 비록 몇몇 긍정심리학 실무자들은 **행복**(happiness)을 '안녕감'과 동의어로 기술하지만, 진실은 '행복'이 다차원적 행렬의 한 줄일 뿐이라는 것이다(Kashdan, Biswas-Diener, & King, 2008). 행복을 넘어, 우리는 삶의 의미와 목적, 사랑과 연결감, 자율성, 유능감, 최적의 인지적 · 신체적 기능 또한 고려해 볼 수 있다. 이러한 넓은 관점의 안녕감은 불안과 우울, 그리고 인지행동적 개입의 표적이 되는 다른 구성개념들도 포함한다. 그러므로 우리의 기본 요소 목록은 건강한 기능뿐 아니라 결핍과 문제를 개선시키는 것과도 관련된다.

이 기본 요소들은 〈표 1-1〉에 제시되어 있다. 그것들은 구체적 개입(예: 마음챙김 연습)과 안녕감의 측면들(높은 긍정 정서와 의미) 간의 관계를 매개한다고 가정된다. 심리학적 구성 요소처럼 7개의 기본 요소들 중 몇 개를 더 복합적인 차원들로 얼마든지 재구성할 수 있다. 이와 마찬가지로, 더 복합적인 차원들을 이러한 7개의 기본 요소들로 분해할 수 있으며, 이것은 별도의 또는 특유의 조합으로 가장 유용한 개입 유형에 대한 통찰을 제공해 줄 수 있을 것이다.

표 1-1 안녕감의 7가지 기본 요소(The Seven Foundations of Well-Being)

기본 요소	예시	개입 예시
1) 자기, 타인, 세상에 대한 기능적 신념	장애물을 극복하고 목표를 성취할 수 있다고 믿는가(희망)? 문제들을 도전 또는 위협으로 바라보는가(문제해결 지향)? 자신이 사회적 가치가 있다고 믿는가(자존감)?	• 탈융합: 도움이 되지 않는 생각들의 힘을 약화시키는 것(예: 생각을 행동화할 필요가 없는 지나가는 사건으로 경험하는 것) • 신념들에 대한 인지적 재구조화
2) 마음챙김과 자각	자신의 감정, 행위, 외부 자극, 정신적 작용을 자각하고 있는가? 특정 시점에 자신이 느끼고 있는 여러 혼재된 감정을 정확하게 명명하고 명료화할 수 있는가?	• 다양한 영역에 초점을 맞춘 마음챙김 연습 • 감정 인식과 변별을 향상시키는 것
3) 조망수용	다른 사람들의 관점을 취할 수 있는가(공감)? 자신에 대해 관점을 취할 수 있는가(맥락으로서의 자기)?	• 자기관점과 타인의 관점, 그리고 실제 수행 간의 차이를 학습하기 위한 녹화된 실험 • 관점을 바꾸고 관찰자의 관점을 취하는 연습
4) 가치	무엇에 대해 중요하게 생각하는가(가치, 개인적 노력)? 다른 사람의 자신에 대한 소망이 자신의 소망을 지배하는가(통제된 동기 대 자율적 동기)?	• 가치 명료화 • 개인적 노력을 파악하고 그 기저에 있는 동기를 확인하기 • 내재적 동기 파악하기
5) 경험적 수용	자신이 중요하게 여기는 것에 따라 살기 위해 정신적 고통과 자기의심과 같은 사적 경험을 기꺼이 갖고자 하는가(용기)?	• 창조적 무기력감(통제의 작업 불능성과 연결되는 것) • 기꺼이하기 연습(가치 있는 방향으로 행동하는 연습과 감정을 개방하는 것)
6) 행동 조절	자신의 목표와 가치를 촉진하는 방식으로 말하고 행동하는 것을 조절할 수 있는가(자기조절, 의지력)? 끈기를 갖고(그릿), 실패를 딛고 일어나는가(회복탄력성)?	• 행동과 가치를 연결하기 • 목표 설정, 장애물을 예상하고 계획하는 것, 목표 성취로부터 오는 이득을 기대하는 것 • 음악, 바이오피드백, 주의 전환, 그리고 감정을 변화시키고 행동을 조절하도록 돕는 다른 전략들

7) 인지 능력	문제해결과 추론을 얼마나 잘하는가(IQ)? 주의를 전환하고 관련 없는 자극을 얼마나 잘 억제하는가(유연한 사고방식)?	• 인지적 기능 향상시키기 • 주의력 훈련(예: 주의를 통제하거나 돌리는 것을 연습하기)

기능적 신념

기능적 신념(Functional Beliefs)은 다양한 형태의 인지행동치료의 중심 개념이다(Barlow, 2002; Beck, 1983; Ciarrochi & Bailey, 2008). 예를 들어, Beck의 치료는 핵심과 중간신념에 초점을 맞추고 있으며(Beck, 1995), Young의 치료는 도식에 초점을(Young, 1990), Wells의 치료는 정서와 걱정에 대한 메타신념에 초점을 맞춘다(Wells, 1997). ACT는 특정 신념에 초점을 맞추기보다는 실무자에게 ① 신념이 다른 정보원(다른 사고, 환경)보다 지배적일 때와 ② 신념이 '작업 가능하지 않을 때'(예: 신념에 따라 행동하는 것이 삶을 더 풍요롭고, 충만하며, 의미 있는 삶으로 만들어 주지 않을 때)를 식별하도록 독려한다(Ciarrochi & Robb, 2005). ACT는 신념의 힘을 탈융합(개인이 신념을 행동화하지 않아도 되는, 지나가는 하나의 생각 그 이상 그 이하도 아닌 것으로 경험하도록 맥락을 바꾸는 것)을 사용함으로써 약화시킨다. 긍정심리학은 도움이 되지 않는 신념들을 약화시키는 것을 추구하기보다, 희망, 자존감, 긍정적 문제해결 지향과 같은 긍정적이고 기능적인 신념을 촉진시키고자 한다(Ciarrochi, Heaven, & Davies, 2007; Sheldon, Kashdan, & Steger, 2011a). 그러나 긍정심리학의 많은 모델들은 역기능적 신념에 대해 적극적으로 도전하고 논박하는 것을 옹호한다. 제3장과 제4장은 사랑과 자기자비와 관련된 신념들에 대해 다루며, 제7장, 제8장, 제10장은 신념을 어떻게 가장 잘 수정할 수 있는지에 관한 문제를 논의한다.

마음챙김

마음챙김이란, 넓은 의미에서 현재 순간에 일어나는 일에 대해 개방적이고 수용적인 태도로 하는 의식적 자각(conscious awareness)으로 정의된다(Bishop et al., 2004; Willams,

2008). 의식적 자각은 지금 여기에서 일어나는 것에 대해 의도적으로 주의를 조절하는 것과 관련된다. 우리는 어떤 사람을 일어나고 있는 일에 대해 '판단하는'과는 반대로, '조심스럽게 관찰하는' 사람으로 묘사할 수 있다. '개방적이고 수용적인 태도'는 호기심으로 특징지어지는 주의력의 질을 반영하며, 경험으로부터 멀어지기보다 경험을 향하는 것을 나타낸다. 예를 들어, 우리의 생각과 감정이 고통스럽거나 어려울 때라도, 마음챙김의 상태에서는 이러한 심리적 사건을 피하거나 제거하기보다 이에 대해 수용적이며, 호기심을 가지고 대한다(Hayes, Luoma, Bond, Masuda, & Lillis, 2006). 개인의 환경에 대한 자각은 그 자체로는 방향성이 없을 수 있다. 호기심의 질은 개인으로 하여금 주의에 초점을 기울이고, 자신의 환경을 새로움, 도전, 불확실성에 대해 감사를 갖고 탐색하게 만든다(Silvia & Kashdan, 2009). 따라서 현재 순간에 대해 자각을 하는 경향이 있는 사람들 또는 마음챙김 훈련을 받은 사람들이 자신의 개인적 신념에 도전하는 경험에 대해 더 큰 개방성을 보인다는 것은 전혀 놀랍지 않다(Niemec et al., 2010).

많은 긍정심리학 실무자들은 마음챙김을 다른 건강한 기술을 촉진하는 기반으로 해석하여 어떤 주어진 상황에서 더 큰 유익을 얻기 위해 그것을 사용할 가능성이 더 높다. 예를 들어, 마음챙김 기술은 부정적 기분을 회복하고, 긍정적 기분을 향상시키거나, 자기 자신과 세상, 미래에 대한 긍정적 평가의 양을 늘리는 것을 더 용이하게 만들 수 있다.

ACT에서도 마음챙김은 건강한 삶을 위한 다른 기술들을 촉진하고, 그 기술들의 효과성을 증진시키는 데 사용된다. 그러나 ACT에서 마음챙김은 개인의 기분을 직접적으로 바꾸는 것을 시도하기 위해 사용되지는 않는다. 그보다는 마음챙김은 핵심 가치와 일관되는 행동을 촉진시키고, 수행을 향상시키며, 당면한 과제에 관여하는 정도를 증진시키고, 기쁨 또는 고통의 순간이든 삶의 지금 순간에 감사하는 데 사용된다. (ACT가 긍정적 기분을 직접적인 목표로 삼는 것을 피하는 이유는 경험적 수용에 대한 아래 논의에 더 명확히 밝혀질 것이다.) 제2장은 이 부분을 더 상세히 다룬다.

조망수용

심리학의 많은 분야가 '심리적 마음가짐(psychological mindedness)', '성찰기능(reflective functioning)', '공감(empathy)', 그리고 '마음이론(theory of mind)'과 같은 용어들로 **조망수용(Perspective Taking)**을 연구한다(Eisenberg, 2003; Eisenberg, Murphy, & Shepard, 1997). 긍정심리학에서는 연구자들과 실무자들이 조망수용에 아주 적은 관심만을 기울여 왔다; 일반적으로 '개인지능(personal intelligence)'과 '조망(perspective)'을 통합하여 성격강점의 하나로 분류해 왔다(Peterson & Seligman, 2004). ACT 관련 개입과 연구는 조망수용과 공감에 중점을 두며(Ciarrochi, Hayes, & Bailey, 2012; Hayes, Strosahl, & Wilson, 1999), 특히 **관찰자 관점(observer perspective)**, 전문 용어로는 **'맥락으로서의 자기(self-as-context)'**의 개발에 초점을 둔다. 이 관점은 모든 경험을 알아차릴 수 있고 자신의 경험의 흐름을 인식하지만 그것에 대한 어떤 관여나 애착이 없는 것을 의미한다. 제5장과 제8장이 이 분야를 상세하게 다루며, 제9장은 개인과 집단의 관점을 조작할 수 있는 접근을 제공한다.

가치

우리는 **가치(Values)**를 다양한 방법으로 정의할 수 있지만, 일반적으로 그것은 사람들이 개인적으로 깊이 관여되어 있고, 매우 귀하게 여기며, 유지하고 방어하고자 하는 것에 대한 언어적 묘사로 여길 수 있다. 이러한 소중한 이상을 인식하고 지지하는 것은 그것과 일관된 방식으로 행동하는 것과 꽤 차이가 난다(예: 행동 조절과 관련된 부분을 보라). 많은 연구자들은 가치를 한 사람의 자기감의 핵심으로 본다; 가치는 생각과 행동을 이끄는 기준으로 작동한다(Feather, 2002; Hitlin, 2003; Kristiansen & Zanna, 1994; Rohan, 2000; Schwartz & Bilsky, 1987). 긍정심리학자들은 가치를 개인적 노력(personal strivings), 목표 설정, 또는 삶에서 무엇이 가장 중요한가에 대한 개인적 철학의 형태로 논의한다(Emmons, 1996; Schwartz & Bilsky, 1990). 가치를 부여하는 선호와 실제 행동 사이의 거리는 매우 넓을 수 있고, 이는 개입의 핵심적 지점이 될 수 있다.

ACT는 긍정심리학 문헌을 활용하지만 가치를 특정 방법, 즉 절대로 객체가 될 수 없지만 순간순간 구현될 수 있는 목적적 행위의 특성으로 이야기한다(Hayes, Strosahl, & Wilson, 2011). 그러므로 ACT는 가치를 지속적인 행위에서 추구하는 전반적인 특성(또는 비전문적인 용어로, '인간으로서 어떻게 행동하고 싶은지에 대한 마음속 깊은 소망')으로 본다.

이 정의는 ACT의 행동에 대한 초점과 일관된다.

가치와 밀접한 연관이 있어 보이는 **삶의 의미**(meaning in life)와 **목적**(purpose)에 대해서도 상당히 많은 문헌이 있다. 몇몇 연구자들은 목적을 "중심적인, 자기 조직적인(self-organizing) 삶의 목표"로 정의했다(McKnight & Kashdan, 2009; Steger, 2009). 다른 이들은 이러한 정의를 긍정심리학과 ACT의 원리를 통합시킴으로써 구체화하였다(Kashdan & McKnight, 2009).

목적은 중심적이다. 목적은 정체성의 주된 주제이다. 만약 어떤 사람이 자신의 성격에 대한 기술어를 다트판에 배치하는 모습을 상상해 본다면, 목적이 중심원 가까이 있을 것이다.

목적은 자기 조직적이다. 목적은 일상생활에서 체계적인 행동패턴에 대한 틀을 제공한다. 자기 조직화는 사람들이 세우는 목표와 이러한 목표를 달성하기 위해 기울이는 노력, 그리고 시간과 에너지와 같은 유한한 자원을 어떻게 할당할지에 대한 경쟁적인 선택지들을 직면했을 때의 의사결정에서 명백해야 한다. 목적은 개인으로 하여금 다른 것이 아닌 특정 방향과 특정 목표를 향해 자원을 할당하도록 동기화시킨다. 즉, 최종 목표와 프로젝트는 목적의 산물이다.

목적은 성취될 수 없다. 목적은 정기적으로 새 표적을 지향하게 되는 삶의 목표이다. 목적은 개인으로 하여금 장애물, 스트레스, 긴장에 대한 회복력을 높여 주는 기초를 제공한다. 지속성은 시간과 맥락에 상관없이 공감할 수 있는 삶의 목표일 때 더 쉽게 가능하다. 배경에 더 큰 사명이 있는 것을 알면 오래 지속되는 어려운 도전에 직면하기 더 쉬워진다. 삶의 목표를 향해 움직이는 것은 삶에 대한 만족, 고요함, 마음챙김과 같은 안녕감의 다른 요소들을 촉진시킬 수 있다(Wilson & Murrell, 2004; Wong & Fry, 1998). 제6장과 제11장은 이러한 문제들에 대한 자세한 논의를 제공한다.

경험적 수용

경험적 수용(Experiential Acceptance)은 '사적 경험'(예: 생각, 감정, 기억 등 다른 외부 관찰자가 직접적으로 볼 수 없는 개인이 갖는 경험)을 포용하고 이러한 경험들을 피하거나 없애려는 노력 없이 존재하게 허용하는 것을 의미한다. 기꺼이하기(willingness)는 수용의 가까운 동맹자로, 가치 있는 행동을 위해 어려운 사적 경험(private experience)이 존재하게 허용하는 것과 관련된다(Ciarrochi & Bailey, 2008). 경험적 회피(experiental avoidance)— 원치 않는 사적 경험을 피하거나 없애려는 지속적 노력—는 완전히 정상적인 고통(pain)의 경험을 고난(suffering)과 비효과적인 행위로 변환시킨다(Ciarrochi, Kashdan, Leeson, Heaven, & Jordan, 2011; Kashdan, Barrios, Forsyth, & Steger, 2006). 이것에는 두 가지 주요한 이유가 존재한다. 첫째, 불안하지 않게 느끼려는 시도가 더 불안하게 만들 듯이 감정을 통제하거나 억압하려는 노력은 종종 그러한 감정을 더 증가시키는 결과를 낳는다. 둘째, 감정과 가치는 종종 동전의 양면과도 같기 때문에 하나를 피하는 것은 나머지 하나를 피하는 것과도 같다. 취약성과 필연적으로 수반되는 모든 고통스러운 생각과 감정을 감수하지 않고는 애정관계를 맺을 수 없다. 긍정심리학은 경험적 회피 요소를 마음챙김(Brown & Ryan, 2003) 또는 효과적인 정서 조절(John & Gross, 2004)의 큰 틀 안에서 다룬다.

ACT는 경험적 수용에 중점을 두지만 그것을 정서 조절의 한 형태로 보지 않는다. 물론, ACT는 사적 경험을 직접 수정하려는 시도를 최소화하는데, 그러한 시도가 경험적 회피를 강화할지도 모른다는 두려움 때문에 그렇다(Chiarrochi & Robb, 2005). 그러므로 ACT 실무자들은 좀처럼 유쾌한 생각이나 느낌의 빈도나 강도를 증가시키려고 하지 않는다. 그보다는, ACT 실무자는 사람들이—중요한 것을 하면서(예: 가치에 따라 행동하는 것)—자신의 생각과 느낌과 함께 존재하도록 돕는 데 초점을 맞춘다. 제2장, 제3장, 제4장, 제10장이 이러한 회피와 수용의 문제를 다룬다.

행동 조절

행동 조절(Behavioral Control)은 자신의 가치와 일관된 방식으로 행동을 조절하는 개인의 능력을 말한다. 긍정심리학은 이 요소를 '끈기', '자기조절', 또는 '의지력'이라고 명명할지 모른다. 이 분야의 연구들은 종종 정신적 대조(목표와 관련된 이득과 장애물을 고려하는 것)(Oettingen, Mayer, Sevincer, et al., 2009), 실행 의도(목표에 대한 장애물을 다루기 위해 '만약-그렇다면' 계획을 수립하는 것)(Gollvitzer & Schaal, 1998), 그리고 목표의 자기 일치성(자신의 가장 내면에 있는 욕구와 일치되는 목표)(Koestner, Lekes, Powers, & Chicone, 2002; Sheldon & Houser-Marko, 2001)과 관련된 요인들을 파악하는 데 초점을 둔다.

가치 있는 목표에 노력이 헌신될 때, ACT에서는 이것을 '**전념**(commitment)'이라고 부른다. 일반적으로 가치, 목적과 전념 사이는 긴밀하게 연결되어 있으며, 이러한 차원들을 항상 쉽게 구분해 낼 수 있는 것은 아니다. 이러한 어려움에도 불구하고, 우리는 자신이 원하는 것을 아는 것(가치, 목적)과 자신이 원하는 것에 따라 행동하는 것(행동 조절) 간의 차이를 강조하기 위해 가치를 전념으로부터 구분하는 것이 실용적이라고 생각한다. 제6장, 제10장, 제11장이 이러한 가치, 목적, 전념의 문제를 다룬다.

인지 능력

인지 능력(Cognitive Skill)은 추론, 문제해결, 주의통제와 같은 인지적 기능의 요소들을 가리킨다. 긍정심리학과 ACT는 모두 이 요인과 관련해서는 다소 중립적이지만, 둘 다 이것을 갖고 있는 것이 좋다는 것에 대해서는 동의한다. 점점 더 많은 연구들이 인지 능력이 기존에 여겨졌던 것보다 더 수정 가능하다고 제안한다(Cassidy, Roche, & Hayes, 2011; Jaeggi, Buschkuehl, Jonides, & Perrig, 2008). 이 차원은 어떤 완전한 안녕감의 정의에는 필수적인 것은 물론, 다른 기본 요소들과도 직접적으로 연결된다. 예를 들어, 가치 명료화는 낙인된 집단의 인지적 수행을 높인다는 것이 밝혀졌다(Cohen, Gracia, Apfel, & Master, 2006). 어느 정도 수준의 인지 능력은 조망을 수용하는 데 있어 필요하다(McHugh et al., 2004). 마지막으로, 반응 억제에 대한 기본적인 인지 훈련은 행동 조절을 증가시킨다(Houben & Jansen, 2011). 제12장은 이러한 기술을 상세하게 다룰 것이다.

7가지 기본 요소를 강점과 연결시키기

종종 긍정심리학의 핵심으로 여겨지는 성격강점(Peterson & Seligman, 2004; Seligman, 2011)은 〈표 1-1〉에 제시된 기본 요소의 혼합물로 이해될 수 있다. 강점은 종종 가치적 요소를 갖고 있다(예: '학구열', '사랑할 수 있는 능력', '공정성', '진실성', '겸손', '영성', 그리고 '감사'). **사랑할 수 있는 능력**(capacity for love)은 애정관계를 가치 있게 여기는 것뿐 아니라 자신이 사랑받을 가치가 있다고 보고 믿는 것을 포함한다. **리더십**(leadership)은 영향력을 가치 있게 여기며, 아마도 위의 7가지 요소를 모두 필요로 할 것이다(예: 인지 능력, 통제할 수 없는 사건에 대한 경험적 수용, 조망수용). **자기조절**(self-control)은 인지적 능력(억제)뿐 아니라 경험적 수용(예: 충동을 제거하기 위해 충동적으로 행동하지 않는 것), 행동 조절, 기능적 신념(목표를 성취할 수 있다는 믿음)의 요소를 포함하는 굉장히 광범위한 강점 중 하나이다. **자기자비**(self-compassion)는 경험적 수용(때로는 자기 자신을 자책할 수 있다는 것을 인식하는 것), 마음챙김(이러한 자기비난을 자각하는 것), 조망수용(자신과 다른 사람의 고통 간의 유사성을 인식하는 것), 그리고 가치(자기친절을 자신의 삶에 나타나도록 하는 것)의 조합으로 볼 수 있다.

긍정심리학의 다른 연구 영역 또한 7가지 기본 요소에 의해 이해될 수 있다. **영성**(spirituality)은 잠재력이 있으나 아직 많이 연구되지 않은 강점이다(Heaven, Chiarrochi, & Leeson, 2010; Heaven & Ciarrochi, 2007). 영성은 일반적으로 가치(신 또는 우주와의 연결), 기능적 또는 역기능적이 될 수 있는 신념('신은 나에게 힘을 준다' 대 '신은 내가 너무 부끄러워 벌을 주려고 한다'), 관찰자 관점 (일정하고 변하지 않는 자기감), 그리고 자주, 마음챙김(현재 순간과 그것이 담고 있는 모든 것에 관여하고 감상하는 것)을 포함한다. 수치심과 같은 **도덕적 정서**(moral emotions)는 몇몇 맥락에서는 자기에 관한 역기능적 신념과 관련된 것으로 볼 수 있을 뿐 아니라(나는 완전히 무가치하다), 자기를 피하고자 하는 비효과적 시도(낮은 경험적 수용)와 관련된다. 여기서 더 많은 예시를 나열하기보다, 다음으로 넘어가기 전에 몇 분간 다른 잘 알려진 심리학적 구성개념이 우리가 제시하는 7가지 기본 요소로 어느 정도 '해체'될 수 있는지 한번 생각해 보기를 권한다.

개입 목적의 중요성

긍정심리학과 ACT를 진정으로 통합하기 위해서는 먼저 그 목적과 철학적 가정을 조금 더 깊이 살펴보아야 한다. 우리는 긍정심리학과 ACT가 유사한 철학적 가정을 취하기만 한다면, 함께 잘 작동할 수 있다는 것을 알게 될 것이다.

이 시점에서 독자들에게 경고를 하나 하고자 한다. 우리는 7가지 기본 요소를 마치 이 세상을 걸어다니는 동물과 같은 실체인 것처럼 명명하였다. 그러나 현실에서 우리는 이 기본 요소들을 실용주의적 철학을 통해 바라본다. 이 기본 요소들은 꽤나 당황스러운 일련의 구성개념을 정리하는 데 도움을 준다. 우리는 그것들을 어떤 신경외과의사에 의해 발견되기를 기다리는 뇌 안의 실체라고 가정하지 않는다.

우리의 실용주의적 관점은 보다 **기계론적 관점**(mechanic views)과 대조된다. 우리의 접근과 대조적으로, 다음에 제시된 Seligman(2011)의 최근 선언을 살펴보라.

> 안녕감은 구성개념이고, 행복은 실체입니다. '실체'는 직접 측정이 가능한 것입니다……. 안녕감의 요소들은 그 자체로 유형의 실체입니다(p. 24).

이러한 방식으로 안녕감을 설명함으로써 Seligman은 암묵적으로 **요소적 현실주의(elemental realism)**(기존의 '기계론')의 입장을 취하고 있는 것이다(Ciarrochi & Bailey, 2008; Hayes, Strosahl, & Wilson, 2011). 요소적 현실주의는 현실의 본질을 알 수 있고, 그것을 구성하고 있는 요소들을 객관적으로 발견할 수 있다고 가정하기 때문에 그런 이름이 붙여졌다. 요소적 현실주의자는 우주를 서로 상호작용하는 부품들로 구성된 기계로 바라본다. 분석의 목표는 우주를 정확하게 모델링하는 것이다.

요소적 현실주의자의 핵심 질문은 "어떤 요소들과 힘이 모델을 작동시키는가?"이다. 성공은 모델이 얼마나 잘 예측하고, 의미 있고 신뢰로운 인과관계 패턴을 설정하느냐에 따라 정의된다. 대부분의 형태의 인지심리학과 긍정심리학에서 발견되는 정보처리 모델 또한 요소적 현실주의의 좋은 예이다. 물론 이 철학적 관점이 절대적으로 잘못되었거나, 시대에 뒤떨어졌거나, 열등한 것은 전혀 없다. 자신의 **철학적 세계관**(philosophical worldview)을 인정한다는 것은 단순히 자신의 작업의 기반이 되는 개선 가능한 가정이 있다는 것을 받아들이는 것을 의미한다. 그러므로 하나의 철학적 세계관은 절대로 다른 철학적 세계관을 반박할 수는 없다.

ACT와 일부 긍정심리학자들이 채택한 세계관은 **기능적 맥락주의**(functional contextualism)(실용주의의 한 형태)이다. 기능적 맥락주의는 우리가 현실의 본질이나 현실을 구성하는 요소를 결코 알 수 없다고 가정한다; 우리가 할 수 있는 것은 그저 우주의 한 측면이 주어진 맥락 속에서 어떻게 기능하는지를 관찰하는 것이다 (그리고 맥락의 일부는 늘 인간의 마음 자체일 것이다). 기능적 맥락주의는 '**맥락 속의 행위**(act-in-context)'라고 불리는 것에 초점을 맞춘다. '맥락'은 행위 이전에 그것에 영향을 주는 모든 것(선행 요인)과 그 행위 이후에 그 행위가 반복될 가능성을 줄이거나 높이는 모든 것(결과)을 의미한다. '행위'는 선행 요인과 결과 사이에 일어나는 모든 것을 말한다.

기능적 맥락주의의 핵심 질문은 "우리의 목표를 가장 잘 달성하기 위해 선행요인과 결과들을 어떻게 조작할 수 있는가?"이다. 기능적 맥락주의자는 한 사건을 '요소'(예: 선행요인과 결과)로 나눌 것이지만, 그것을 순전히 실용적 목적(예: 그렇게 구분하는 것이 우리의 목표 달성에 도움이 되는가?)에 의해서만 한다. 기능적 맥락주의자는 이러한 '구분'이 어떤 실체의 '진정한 본질'을 밝혀내거나 드러낸다는 어떠한 가정도 하지 않을 것이다; 그것은 어떤 특정 목표를 달성하는 데 유용한 전략 그 이상도 이하도 아니다.

기능 분석(Functional Analysis)의 목표는 행동을 예측하고 그 행동에 영향을 미치는 방법을 찾는 데 있다. 예측 그 자체로는 충분하지 않다. 이러한 전통에서 이루어지는 전형적인 연구는 선행 요인과 결과를 조작하고, 그 결과 행동이 어떻게 변하는지 관찰하는 데 중점을 둔다. 특정 활동은 그것이 명시된 목표를 달성하는 데 도움이 되면 '성공적'이라고 간주된다. 응용행동분석과 수용전념치료는 이러한 기능적 맥락주의에 기반한 모델의 두 가지 예시이다.

긍정심리학 과학자와 실무자들은 요소적 현실주의 또는 기능적 맥락주의 관점을 취할 수 있는 반면, ACT 전문가들은 기능적 맥락주의적 관점만을 취한다. 따라서 협업을 위해서는 긍정심리학자들이 기능적 맥락주의 모자를 써야 한다. 그들은 나중에 언제든지 그것을 벗고, 온전히 타당한 요소적 현실주의 관점을 취할 수 있다.

만약 모두가 기능적 맥락주의 모자를 쓰는 데 동의한다면, 우리는 섬을 건너는 대화를 시작할 수 있다. 아마도 다음 질문부터 시작할 수 있을 것이다. "구성개념들의 목적은 무엇인가?" 그 답변은 다음과 같다. 그것들은 개입을 분류하고 안내하는 데 도움을 준다. 그것들은 개입의 초점을 맞추고(예: 경험적 수용), 개입이 얼마나 잘 작동하는지(예: 경험적 수용이 안녕감을 향상시키는가?)를 파악할 수 있는 가장 적절한 측정 도구를 채택하는 데 도움을 준다. 이 답변은 또 다른 일반적인 질문을 낳는다. 개입의 목적은 무엇인가? 이 질문에는 적어도 두 가지 가능한 답변이 있으며, 우리가 선택하는 답변에 따라 개입의 모습과 기능이 결정될 것이다.

1. 유쾌한 생각과 감정이 우세한 심리적 상태를 촉진하는 것이 목적이다.
2. 심리적 유연성(마음챙김의 태도로 살고, 자신의 핵심 가치와 일관되게 효과적으로 행동하는 능력)을 촉진하는 데 도움을 주기 위해서이다(심리적 유연성의 또 다른 정의는 Kashdan & Rottenberg, 2010을 보라).

첫 번째 목적은 사적 경험의 형태와 빈도를 수정하는 것의 중요성을 직접적으로 강조한다. 두 번째 목적은 자신의 행동을 직접적으로 수정하면서 개인의 사적 경험과의 관계의 특성을—마음챙김과 수용으로—바꾸는 것을 강조한다. ACT는 일반적으로 후자의 접근을 채택하는 반면, 일부 긍정심리학자들은 보통 전자를 채택한다. 그러나 이러한 접근들이 양립 불가능한 것일 필요는 없다. 많은 상황에서 이것들은 서로를 보완할 수 있다.

개입을 수행하는 방식은 우리의 목적, 의도, 또는 최종 목적에 따라 크게 달라질 것이다. 마음챙김을 고려해 보라. 당신은 마음챙김 연습을 고통스러운 감정 받아들이기 위해 할 수도 있고(ACT와 일관적), 평온하고 이완된 유쾌한 감정 상태를 유도하기 위해 할 수도 있다(Cormier & Cormier, 1998). 만약 전자의 목적을 염두에 두고 있다면, 전혀 편안하지 않을 수도 있다. 잠재적 연인과 마음챙김의 상태에서 대화를 하면서 불안의 감정에 온전히 주의를 기울일 수 있고, 또는 중요한 연설을 하기 위해 일어나면서 심장이 뛰고 손에 땀이 나는 것을 온전히 자각하며 받아들일 수도 있다.

물론 목적이나 최종 목표에 따라 마음챙김 개입을 구조화하는 방법 또한 명백하게 달라질 수 있을 것이다. 만약 행동적인 것에 초점을 둔다면, 마음챙김 연습을 현재 순간에 정착하는 것으로 구조화할 수 있을 것이다. 그래서 자신의 감정에 덜 반응적이고 당면한 과제에 몰입할 수 있게 되는데, 그것은 최고의 수행을 위해 필수적인 것이다. 그러나 만약 당신의 초점이 감정 상태를 직접적으로 변화시키는 것이라면, 마음챙김 연습을 힘든 하루 끝에 이완하고 긴장을 완화하는 훌륭한 방법으로 소개할 수 있을 것이다. 더 나아가, 특정 목적과 최종 목표는 개입의 적용을 제한시킨다. 예를 들어, 만약 마음챙김이 주로 불쾌한 감정의 수용을 촉진하기 위해 사용된다면, 두려움을 유발하는 어떤 종류의 상황에서든, 사용될 수 있을 것이다. 반면에 만약 마음챙김이 이완 기법으로 사용된다면, 실제적인 위협이 없는 상황에서만 사용될 수 있을 것이다(인류에게 알려진 어떠한 이완 기법도 어려운 스트레스 상황에서 투쟁 또는 도피 반응을 역전시킬 수는 없을 것이다.).

우리는 지금껏 감정 상태의 감정가(예: 부정에서 긍정으로)를 바꾸는 전략을 논의하였다. 감정가를 변화시키는 전략(valence-change strategies)과 더불어, ACT와 긍정심리학 모두에는 감정가-중립적인 변화 전략들이 존재한다. 예를 들어, 마음챙김은 '평정심' 또는 '집중'의 상태를 향상시키는 데 사용될 수 있다. 이러한 상태는 본질적으로 긍정적이거나 부정적이지 않으며, 같은 목적, 즉 유연하고 가치 일관적인 행동을 촉진하기 위해 사용될 수 있다.

강점은 본질적으로 긍정적인가

'강점(Strengths)'이라는 단어를 심리적 특질(trait)에 적용하는 것은 그것을 본질적으로 긍정적인 것으로 보이게 만든다. 어떤 사람이 결국 더 많은 강점, 회복탄력성, 낙관성을 원하지 않겠는가? 그러나 기능적 맥락주의 관점 내에서는 어떠한 것도 본질적으로 좋거나 나쁜 것은 없다. 그보다 우리는 다음 두 질문에 대해 답함으로써 특질(또는 행동 패턴)의 이점을 평가한다. ① 그 행동은 어떤 가치를 제공하는가? 그리고 ② 그 행동은 특정 사회적 맥락에서 어떻게 작동하는가? 예를 들어, 용서(forgiveness)는 부분적으로 사람들에게 두 번째 기회를 주는 행동으로 정의되어 왔다(Park, Peterson, & Seligman, 2004). 이 행동이 유용한지를 평가하기 위해 우리는 먼저 다음 질문을 던져보아야 한다. '두 번째 기회를 주는 것'은 무엇을 위한 것인가? 이 행동이 가까운 관계에서 친밀감을 높이려는 의도를 갖고 있다고 가정하자. 지지적인 연애 관계에서는 용서가 꽤 잘 작동할지도 모른다. 그러나 폭력적인 관계에서 가해자에게 두 번째, 세 번째, 네 번째 기회를 주는 것은 매우 나쁘게 작용할 것이다.

실제로 최근 연구는 이러한 관점을 지지한다. McNulty와 Fincham(2011)은 용서, 낙관적 기대, 긍정적 사고, 친절의 '긍정적' 과정들이 맥락에 따라 더 높거나 낮은 안녕감과 관련될 수 있다고 밝혔다. 구체적으로, 한 종단 연구에서 이러한 과정들은 건강한 결혼에서는 배우자 간의 더 높은 관계 안녕감을 예측했지만, 문제가 있는 결혼에서는 더 낮은 관계 안녕감을 예측하는 것으로 나타났다. 또 다른 연구에서 Baker와 McNulty(2011)는 자기자비가 적어도 남성들에게는 관계에 도움이 되거나 해가 될 수도 있다는 것을 보여주었다. 자기자비가 높은 남성들은 성실하거나 대인관계에서의 실수를 바로잡고 건설적 문제해결에 참여할 의지가 있는 경우에만 더 나은 관계를 갖고 있었다. 이와 반대로, 자기자비가 높은 남성이지만 자신의 실수를 바로잡으려는 동기가 없는 경우(낮은 성실성), 더 나쁜 관계를 갖고 있는 것으로 나타났다.

낙관적 환상(Optimistic Illusions)이 좋은 것인지 나쁜 것인지에 대해서는 상당한 논쟁이 있어 왔다. 어떤 사람들은 그것이 정신건강에 필수적이라고 주장하는 반면(Taylor & Brown, 1988), 다른 사람들은 그러한 환상이 관계(Norem, 2002), 직장 효율성, 학업 수행, 신체 건강과 수명(Dunning, Heath, & Suls, 2004)에 해로울 수 있다고 말한다. 이러한 논쟁은 환상이 어떤 맥락에서는 도움이 되지만, 다른 맥락에서는 도움이 되지 않을 수 있다고 가정하고 맥락에서의 환상을 연구를 하는 것으로 나아가면 해결될 수 있다. Fredrickson과 Losada(2005)는 '적절한 부정성'의 중요성과 너무 높은 긍정정서 대 부정정서의 비율을 가질 수 있는 가능성에 대해 이야기할 때 이러한 문제를 인식하고 있다.

대 질문(Big Questions)

이 책에서 우리의 목표는 인간의 조건을 향상시키기 위한 보다 완전하고 통합적인 접근을 구축하는 데 있다. 통합을 촉진하기 위해 우리는 저자들에게 여러 질문을 제시하였다. 다음에 그 질문들을 기술해 두었으니, 호기심을 갖고 책을 탐색해 보며 질문에 대한 답을 찾아보기 바란다.

경험적 통제(Experiential control)는 언제 가장 효과적인가, 언제 실패할까

우리는 경험적 회피가 종종 파괴적인 대처 전략이라는 것을 알고 있다. 일부 긍정심리학적 개입들이 의도치 않게 도움이 되지 않는 회피를 조장하는 위험은 없을까? 정서적 통제가 안녕감을 높이는 방향으로 작동하는 맥락은 무엇인가?(예: 유쾌한 감정 상태를 추구하는 것은 불쾌한 감정 상태를 피하는 것과 같은 것인가?) 그것은 언제 실패할 것인가? 우리가 '정서적 통제'라고 할 때, 내적 상태(생각, 감정, 감각, 충동, 심상, 기억)를 통제하는 것을 의미하는 것이지 그러한 상태와 동시에 일어나는 행동을 통제하는 것을 의미하는 것은 아니다. 인간은 내적 상태를 통제하지 않고도 자신의 행동을 통제할 수 있다; 분노를 느끼면서도 침착하게 행동할 수 있고, 불안을 느끼면서도 단호하게 행동할 수 있다.

인지적 재구조화가 가장 효과적일 때는 언제이며, 가장 효과적이지 않을 때는 언제인가

ACT는 종종 인지적 재구조화(coginitive restructuring)에 대한 직접적인 시도를 최소화고자 하는데, 이는 부분적으로 도움이 되지 않는 언어 과정(예: 미래에 대한 추론/염려, 추론이 모든 것을 해결할 수 있다는 믿음, 경험에 대한 상징의 과도한 지배)을 증가시킬 수 있기 때문이다. ACT는 인지적 융합, 즉 생각의 형태나 빈도를 바꾸려고 하는 것이 아닌 생각과의 관계를 변화시키고자 하는 기술들을 강조한다. 예를 들어, 도움이 되지 않는 생각들로부터 벗어나면, 그것을 믿거나 그것이 행동에 영향을 주도록 허용할 가능성이 적어진다. 재구조화에 대한 대안으로 탈융합이 있다면, 인지적 재구조화를 통해 얻는 것이 무엇이라도 있을까? 재구조화가 가장 효과적일 때는 언제인가? 그것이 가장 효과적이지 않을 때는 언제인가?

모든 마음챙김 개입은 동일하게 만들어졌는가

개입의 목적과 유형은 중요한가? 예를 들어, 마음챙김을 스트레스를 감소시키는 방법으로 가르치는 것과 심리적 유연성을 높이기 위한 방법으로 가르치는 것에 따라 차이가 나타나는가?

자기개념을 향상시켜야 하는가

ACT는 일반적으로 도움이 되지 않는 **자기개념**(self-concept)을 버리도록 돕는 데 중점을 두며, 자기개념을 직접적으로 향상시키는 데는 더 적은 시간을 할애한다. 자기개념을 변화시키는 것이 도움이 되는 맥락에는 무엇이 있을까? 언제 그것이 해로울 수 있을까? 예를 들어, 희망이나 자기존중감을 구체적 행동과 연결시키지 않고 목표로 삼는 것은 도움이 되지 않을 수 있다. 만약 모두가 무엇을 하든지 특별하다면, 무언가를 해야 할 이유가 있겠는가?

가치와 전념행동

행동은 가치인가, 아니면 가치 있는 활동의 부산물인가? 유쾌한 감정들의 가치화(예: 유쾌한 감정이 발생할 수 있는 가능성이 높은 상황을 조성하는 것)를 강화해야 하는가? 사람들에게 유쾌한 감정에 주의를 기울이게 하는 것이 자신이 가치 있게 여기는 것에 주의를 기울이게 하는 또 다른 방법인가?

긍정을 부정으로부터 분리할 수 있는가

긍정(positive)을 부정(negative) 없이 어디까지 연구할 수 있을까? 이러한 분리는 인위적인가? 산소와 수소는 물을 형성하는 데, 이는 수소와 산소로부터 추출할 수 없는 새로운 특성을 갖고 있다. 긍정정서, 부정정서도 마찬가지일까? '긍정적' 감정과 '부정적' 감정에 대해 이야기하는 것이 도움이 되지 않을 때가 있는가? 두려움, 슬픔, 죄책감이 풍요롭고 의미 있는 삶을 구성하는 데 중요한 역할을 하는 유용하고 삶을 향상시키는 감정이라는 것을 고려할 때, 그것들을 '부정적'이라고 부르는 것이 공정한가? '긍정적'과 '부정적'보다는 '유쾌한(pleasant)'과 '불쾌한(unpleasant)' 정서라고 부르는 것이 더 나을까?

책의 구조

이 책의 주제 범위는 ACT와 긍정심리학만큼이나 광범위하다. 독자들을 이 혼돈으로부터 질서를 찾을 수 있도록 하기 위해, 우리는 다음 장들에 논의되고 있는 7가지 기본 요소의 목록을 제시하였다. 다음 표의 체크 표시는 가장 많은 중점을 둔 구성 요소들을 가리킨다. 이 단일한 시각 자료는 우리 저명한 저자들이 탐구한 다양한 주제와 관점들에 대한 통찰을 제공해 줄 것이다.

	제2장	제3장	제4장	제5장	제6장
기능적 신념	✓		✓	✓	
마음챙김과 자각	✓	✓	✓		
조망수용			✓	✓	
가치		✓			✓
경험적 수용	✓	✓	✓		
행동 조절					✓
인지 능력				✓	

	제7장	제8장	제9장	제10장	제11장	제12장
기능적 신념	✓	✓		✓	✓	
마음챙김과 자각	✓	✓		✓		
조망수용	✓	✓	✓	✓		
가치	✓	✓	✓	✓	✓	
경험적 수용				✓	✓	
행동 조절	✓		✓	✓	✓	
인지 능력			✓			✓

참고문헌

Baker, L., & McNulty, J. (2011). Self-compassion and relationship maintenance: The moderating roles of conscientiousness and gender. *Journal of Personality and Social Psychology, 100*, 853-873.

Barlow, D. H. (2002). *Anxiety and its disorders: The nature and treatment of anxiety and panic* (2nd ed.). New York: Guilford Press.

Beck, A. T. (1983). Cognitive therapy of depression: New perspectives. In P. J. Clayton & J. E. Barrett (Eds.), *Treatment of depression: Old controversies and new approaches*. New York: Raven Press.

Beck, J. S. (1995). *Cognitive therapy: Basics and beyond*. New York: Guilford Press.

Bishop, S. R., Lau, M., Shapiro, S., Anderson, N., Carlson, L., Segal, Z. V., et al. (2004). Mindfulness: A proposed operational definition. *Clinical Psychology: Science and Practice, 11*, 230-241.

Biswas-Diener, R., Kashdan, T. B., & Minhas, G. (2011). A dynamic approach to psychological strength development and intervention. *Journal of Positive Psychology, 6*, 106-118.

Brown, K. W., & Ryan, R. M. (2003). The benefits of being present: Mindfulness and its role in psychological well-being. *Journal of Personality & Social Psychology, 84*(4), 822-848.

Buckingham, M., & Clifton, D. O. (2001). *Now, discover your strengths*. New York: The Free Press.

Cassidy, S., Roche, B., & Hayes, S. C. (2011). A relational frame training intervention to raise intelligence quotients: A pilot study. *Psychological Record, 61*, 173-198.

Ciarrochi, J., & Bailey, A. (2008). *A CBT-Practitioner's guide to ACT: How to bridge the gap between Cognitive Behavioral Therapy and Acceptance and Commitment Therapy*. Oakland, CA: New Harbinger Publications.

Ciarrochi, J., Hayes, L., & Bailey, A. (2012). *Get out of your mind and into your life: Teens*. Oakland, CA: New Harbinger.

Ciarrochi, J., Heaven, P. C., & Davies, F. (2007). The impact of hope, self-esteem, and attributional style on adolescents' school grades and emotional well-being: A longitudinal study. *Journal of Research in Personality, 41*, 1161-1178.

Ciarrochi, J., Kashdan, T. B., Leeson, P., Heaven, P., & Jordan, C. (2011). On being aware and accepting: A one-year longitudinal study into adolescent well-being. *Journal of Adolescence, 34*(4), 695-703.

Ciarrochi, J., & Robb, H. (2005). Letting a little nonverbal air into the room: Insights from acceptance and commitment therapy: Part 2: Applications. *Journal of Rational-Emotive & Cognitive Behavior Therapy, 23*(2), 107-130.

Cohen, G. L., Garcia, J., Apfel, N., & Master, A. (2006). Reducing the racial achievement gap: A social-psychological intervention. *Science, 313*, 1307-1310.

Cormier, L. S., & Cormier, W. H. (1998). Interviewing strategies for helpers: *Fundamental skills and cognitive behavioral interventions* (4th ed.). Pacific Grove, Calif.: Brooks/Cole.

Duckworth, A. L., Steen, T. A., & Seligman, M. E. P. (2005). Positive Psychology in clinical practice. *Annual Review of Clinical Psychology, 1*, 629-651.

Dunning, D., Heath, C., & Suls, M. (2004). Flawed self-assessment: Implications for health, education, and the workplace. *Psychological Science in the Public Interest, 5*, 69-106.

Eisenberg, N. (2003). Prosocial behavior, empathy, and sympathy. In M. H. Bornstein, L. Davidson, C. L. M. Keyes, & K. A. Moore (Eds.), *Well-being: Positive development across the life course. Crosscurrents in contemporary psychology* (pp. 253-265). Mahwah, NJ: Lawrence Erlbaum.

Eisenberg, N., Murphy, B. C., & Shepard, S. (1997). The development of empathic accuracy. In W. J. Ickes (Ed.), *Empathic accuracy* (pp. 73-116) New York: Guilford Press.

Emmons, R. A. (1996). Striving and feeling: Personal goals and subjective well-being. In P. M. Gollwitzer, & J. A. Bargh (Eds.), *The psychology of action: Linking cognition and motivation to behavior* (pp. 314-337). New York: Guilford Press.

Feather, N. T. (2002). Values and value dilemmas in relation to judgments concerning outcomes of an industrial conflict. *Personality and Social Psychology Bulletin, 28*, 446-459.

Fredrickson, B., & Losada, M. (2005). Positive affect and the complex dynamics of human flourishing. *American Psychologist, 60*, 678-686.

Gable, S. L., & Haidt, J. (2005). What (and why) is positive psychology. *Review of General Psychology, 9*, 103-110.

Gollwitzer, P. M., & Schaal, B. (1998). Metacognition in action: The importance of implementation intentions. *Personality and Social Psychology Review, 2*, 124-136.

Hayes, S. C., Luoma, J. B., Bond, F. W., Masuda, A., & Lillis, J. (2006). Acceptance and commitment therapy: Model, processes and outcomes. *Behavior Research and Therapy, 44*(1), 1-25.

Hayes, S. C., Strosahl, K., & Wilson, K. G. (1999). *Acceptance and Commitment Therapy: An experiential approach to behavior change*. New York: Guilford Press.

Hayes, S. C., Strosahl, K., & Wilson, K. G. (2011). *Acceptance and Commitment Therapy: The process and practice of mindful change* (2nd ed.). New York: Guilford Press.

Heaven, P., Ciarrochi, J., & Leeson, P. (2010). Parental styles and religious values among teenagers: A 3-year prospective analysis. *Journal of Genetic Psychology, 171*, 93-99.

Heaven, P. C. L., & Ciarrochi, J. (2007). Personality and religious values among adolescents: A three-wave longitudinal analysis. *British Journal of Psychology, 98*, 681-694.

Hitlin, S. (2003). Values as the core of personal identity: Drawing links between two theories of the self. *Social Psychology Quarterly, 66*, 118-137.

Hobbes, T. (1651/2009). *Leviathan, or the matter, forme, and power of a commonwealth, ecclesiasticall and civill*. Yale Uni: Project Guenberg Ebooks.

Houben, K., & Jansen, A. (2011). Training inhibitory control. A recipe for resisting sweet temptations. *Appetite, 56*, 345-349.

Jaeggi, S., Buschkuehl, M., Jonides, J., & Perrig, W. (2008). Improving fluid intelligence with training on working memory. *Proceedings from the National Academy of Sciences, 105*, 6829-6833.

John, O. P., & Gross, J. J. (2004). Healthy and unhealthy emotion regulation: Personality processes, individual differences, and life span development. *Journal of Personality, 72*(6), 1301-1333.

Kashdan, T. B., Barrios, V., Forsyth, J. P., & Steger, M. F. (2006). Experiential avoidance as a generalized psychological vulnerability: Comparisons with coping and emotion regulation strategies. *Behavior Research and Therapy, 44*, 1301-1320.

Kashdan, T. B., Biswas-Diener, R., & King, L. A. (2008). Reconsidering happiness: The costs of distinguishing between hedonics and eudaimonia. *Journal of Positive Psychology, 3*,

219-233.

Kashdan, T. B., & McKnight, P. E. (2009). Origins of purpose in life: Refining our understanding of a life well lived. *Psychological Topics, 18*, 303-316.

Kashdan, T. B., & Rottenberg, J. (2010). Psychological flexibility as a fundamental aspect of health. *Clinical Psychology Review, 30*, 865-878.

Koestner, R., Lekes, N., Powers, T., & Chicoine, E. (2002). Attaining personal goals: Self-concordance plus implementation intentions equals success. *Journal of Personality & Social Psychology, 83*, 231-244.

Kristiansen, C. M., & Zanna, M. P. (1994). The rhetorical use of values to justify social and intergroup attitudes. *Journal of Social Issues, 50*, 47-65.

Linley, A. (2008). *Average to A+: Realising strengths in yourself and others.* Coventry, UK: CAPP Press.

McHugh, M., McNab, J., Symth, C., Chalmers, J., Siminski, P., & Saunders, P. (2004). *The availability of foster carers: Main report.* Sydney: Social Policy Research Centre, University of New South Wales.

McKnight, P. E., & Kashdan, T. B. (2009). Purpose in life as a system that creates and sustains health and well-being: An integrative, testable theory. *Review of General Psychology, 13*, 241-251.

McNulty, J., & Fincham, F. (2012). Beyond positive psychology? Toward a contextual view of psychological processes and well-being, *American Psychologist*, *67*(2), 101-110

Niemiec, C. P., Brown, K. W., Kashdan, T. B., Cozzolino, P. J., Breen, W., Levesque, C., et al. (2010). Being present in the face of existential threat: the role of trait mindfulness in reducing defensive responses to mortality salience. *Journal of Personality & Social Psychology, 99*, 344-365.

Norem, J. K. (2002). Defensive self-deception and social adaptation among optimists. *Journal of Research in Personality, 36*(6), 549-555.

Oettingen, G., Mayer, D., Sevincer, T., Stephens, E. J., Pak, H.-J., & Hagenah, M. (2009). Mental contrasting and goal commitment: The mediating role of energization. *Personality and Social Psychology Bulletin, 35*, 608-622.

Park, N., Peterson, C., & Seligman, M. (2004). Strengths of character and well-being. *Journal of Social and Clinical Psychology, 23*, 603-619.

Peterson, C., & Seligman, M. E. (2004). *Character strengths and virtues: A handbook and classification*. Oxford: Oxford University Press.

Rohan, J. (2000). A rose by any name? The values construct. *Personality and Social Psychology Bulletin, 4*, 255-277.

Rousseau, J. J. (1783/1979). *Emile, or On Education* (A. Bloom, Trans.). New York: Basic Books.

Schwartz, S. H., & Bilsky, W. (1987). Toward a universal psychological structure of human values. *Journal of Personality and Social Psychology*, 53, 550-562.

Schwartz, S. H., & Bilsky, W. (1990). Toward a theory of the universal content and structure of values: Extensions and cross-cultural replications. *Journal of Personality and Social Psychology, 58*, 878-893.

Seligman, M. (2011). *Flourish: A visionary new understanding of happiness and well-being.* New York: Free Press.

Seligman, M. E., & Csikszentmihalyi, M. (2000). Positive psychology: An introduction. *American Psychologist, 55*(1), 5-14.

Sheldon, K., Kashdan, T. B., & Steger, M. F. (2011a). *Designing positive psychology.* Oxford: Oxford University Press.

Sheldon, K., Kashdan, T. B., & Steger, M. F. (2011b). *Designing positive psychology: Taking stock and moving forward.* New York: Oxford University Press.

Sheldon, K. M., & Houser-Marko, L. (2001). Self-concordance, goal attainment, and the pursuit of happiness: Can there be an upward spiral? *Journal of Personality and Social Psychology, 80*(1), 152-165.

Silvia, P. J., & Kashdan, T. B. (2009). Interesting things and curious people: Exploration and engagement as transient states and enduring strengths. *Social and Personality Psychology Compass, 3*, 785-797.

Steger, M. (2009). Meaning in life. In S. J. Lopez (Ed.), *Oxford handbook of positive psychology*. Oxford, UK: Oxford University Press.

Taylor, S., & Brown, J. (1988). Illusion and well-being: A social psychological perspective on mental health. *Psychological Bulletin, 103*, 193-210.

Wells, A. (1997). *Cognitive therapy of anxiety disorders: A practice manual and conceptual guide*. Hoboken, NJ: Wiley .

Williams, J. M. G. (2008). Mindfulness, depression and modes of mind. *Cognitive Therapy and Research, 32,* 721-733.

Wilson, K., & Murrell, A. (2004). Values work in acceptance and commitment therapy: Setting a course for behavioral treatment. In S. C. Hayes, V. Follette, & M. Linehan (Eds.), *Mindfulness and acceptance: Expanding the cognitive-behavioral tradition*. New York: Guilford Press.

Wong, P., & Fry, P. (1998). *The human quest for meaning: A handbook of psychological research and clinical application*. Mahwah, NJ: Erlbaum.

Young, J. E. (1990). *Cognitive therapy for personality disorders: A schema-focused approach*. Sarasota, FL: Professional Resource Exchange.

제2장

주의-정서 인터페이스에서 인식을 확장하고 의미를 구축하는 마음챙김

Eric L. Garland
Florida State University

Barbara L. Fredrickson
University of North Carolina at Chapel Hill

이 장의 목적은 긍정정서(Fredrickson, 1998; Fredrickson, 2004)의 확장-구축 이론과 제3 물결의 핵심 요소인 마음챙김, 수용, 가치 지향적 행동에 대한 전념 등의 연결점을 구체적으로 설명하는 것이다. 우리는 인지 및 정서과학으로부터 얻은 통찰을 기반으로 실제 임상 개입에서 활용할 수 있는 일련의 검증 가능한 개념들을 명료화할 것이다. 수용전념치료(또는 ACT)(Hayes, Strosahl, & Wilson, 1999) 관점의 연구 및 이론이 지난 10년 동안 꽃피워 왔지만, 상대적으로 수용전념치료 관련 문헌에서 긍정심리학 과정을 찾아보기는 어려운 편이다. 우리는 긍정적 정신상태가 의도적으로 활용될 때, 개인이 보다 의미 있는 삶을 향해 나아가도록 하는 회복탄력성의 열쇠가 된다고 주장한다.

이 장에서는 정서 상태의 체계적이고, 즉각적이며, 자기유지적인 특성을 설명하는 것으로 논의를 시작하려 한다. 다음으로, 긍정정서의 확장-구축 이론과 이를 뒷받침하는 경험적 연구를 상세하게 다룬다. 이어서 긍정정서 중심 개입 전략의 세 가지 핵심 구성요소인 마음챙김, 재평가, 향유를 논의하기 위한 맥락으로 정서, 주의와 의미 사이의 상호 관련성을 논의한다. 마지막으로, 이 임상적 접근을 수용전념치료의 전반적인 틀 안에서 통합시키고자 하였다.

상향 또는 하향 나선으로 전개되는 정서체계

현대 정서(affective) 과학은 **정서**(emotion)를 일련의 주관적 감정 상태, 뇌와 신체의 생리학적 반응, 얼굴 표정과 자세에 드러나는 표현, 그리고 사고 및 행동의 레퍼토리로 묘사한다. 달리 말하면, 정서는 즉각적으로 발현되는 역동적 체계로, 인지, 행동, 신체적 기제 사이의 상호 인과적 연결에 의해 활성화된다. 따라서 정서는 자신의 존재를 극대화하고 유지하기 위해 작동하는 자기조직체계(self-organizing systems)로 볼 수 있다. **절망감**(despair)의 예를 들어 보자. 상실에 기인한 절망감은 반추적 사고, 철수 행동, 피로감과 함께 나타날 수 있다. 절망감의 여러 구성 요소들은 역동적으로 상호작용하며 더 큰 절망스러운 감정, 상실에 대한 반추적 사고, 철수행동과 피로감이 된다. 절망감은 감정과 일치하는 평가(즉, 상실 가능성과 통제력 부족 측면에서 새로운 경험을 해석하는 경향)를 생성함으로써 확고해진다. 절망감에 대한 해석적 편향은 자기와 세상에 대한 영속적인 부정적 신념을 만들어 내고, 회피 행동으로 인한 고립으로 인해 반복적인 절망감을 경험하며, 보다 협소하고 사회적으로 고립된 사고-행동 경향성(thought-action tendencies)으로 이어진다. 시간이 지남에 따라 이러한 과정은 하향 나선으로 전개되어 점점 더 자기파괴적인 순환으로 들어가게 되고, 사회적 고립, 약속에 대한 책임 포기, 그리고 우울증의 특징인 절망, 무망감과 부담감의 연료가 되는 절박한 행동으로 이끈다.

우리는 이와 같이 역동적이고, 자기영속적 부정정서 체계를 **하향 나선**(downward spirals)이라고 부른다. 이와는 대조적으로, 긍정정서의 자기영속적 순환을 **상향 나선**(upward spirals)이라고 하는데, 이는 기능의 향상과 사회적 소속감의 증진과 관련된다. 상향 나선은 초기의 긍정정서가 부분적으로는 폭넓은 사고를 증가시켜 미래의 긍정정서를 예측한다는 전향적 연구에서 명확히 나타난다(Burns et al., 2008; Fredrickson & Joiner, 2002). 다시 말해, 확장된 마인드셋은 부분적으로 긍정정서를 증가시키는 인지 대처 전략을 촉진하여 미래에 그러한 마인드셋이 발생할 것인지를 예측한다(Garland, Gaylord, &

Fredrickson, 2011). 긍정정서가 개인의 마인드셋을 확장하면, 보다 즐겁고, 아름답고, 보람 있고, 의미 있는 사건에 주의를 기울이게 되며, 이는 긍정정서의 빈도와 강도를 높이는 결과를 낳는다. 긍정적 경험과 관점에 대해 더 큰 자각을 생성함으로써, 긍정정서는 시간이 지남에 따라 공고화되고, 이는 미래에 더 빈번한 긍정정서를 느낄 수 있게 한다.

상향 나선은 행동에 영향을 미치는 방식에서 하향 나선과 구별할 수 있다. 하향 나선은 과도한 자기초점적 주의와 융통성 없고 고정관념화된 방어 행동으로 이어지는 반면(예: 가장 중요한 것으로부터 멀어짐), 상향 나선은 타인에게 보다 개방적이고 꾸준하거나 새로운 탐색적 행동으로 이어진다(예: 가장 중요한 방향으로 나아감). 따라서 긍정정서의 상향 나선 작용과 확장된 사고-행동 레퍼토리는 회복탄력성(Fredrickson, Tugade, Waugh, & Larkin, 2003; Tugade, Fredrickson, & Barrett, 2004)과 스트레스 감소(Garland et al., 2011), 정신장애를 가진 사람들에게서 종종 관찰되는 무력감(inertia) 예방(Garland et al., 2010)의 핵심 요소가 될 수 있다.

정서 나선(emotional spirals)은 다른 체계와 마찬가지로 현상 유지를 위해 작동하는 피드백 과정에 의해 유지되며, 외부 요인에 의해서 간섭받은 결과에 의해서만 구조적 구성이 바뀔 수 있다. 이 장에서는 외부 요인인 마음챙김이 긍정정서를 촉진시키는 과정과 연결될 수 있는지 살펴보고자 한다. 그리고 결과적으로 긍정정서가 개인의 하향 나선을 무너뜨리고, 지속 가능한 긍정성을 향해 감정적 균형점을 조금씩 움직일 수 있는지 논하고자 한다.

긍정정서의 확장-구축 이론

하향 나선은 부정정서가 주의 및 인지의 범위를 좁히는 능력에 기반한다(Schmitz, De Rosa, & Anderson, 2009; Talarico, LaBar, & Rubin, 2004). 이러한 인지협소화 과정은 위협적인 상황에서 인류의 생존을 도운 진화적 적응 방식(Frijda, 1988) 중 하나로, 상향적이고 성찰적인 사고를 억제하는 대신, 하향적이고 습관적인 방어행동(예: 투쟁, 도피, 경직)을 촉진한다. 예를 들어, 뱀의 공격을 피하는 데 필요한 아주 짧은 시간 동안에는 발에 독니를 맞지 않고 창의적 문제해결을 할 수가 없다. 반대로, 뱀의 머리에 협소하게 집중된 주의는 뒤로 물러나 공격을 피할 수 있도록 신속하고 무의식적으로 협응된 근육 반응이 일어나도록 해 준다. 협소하고, 반사적이며, 생각 없는 움직임만이 사람을 상황에서 생존시킨다.

확장-구축 이론(Broaden-and-Build Theory)은 보완적 입장을 견지하며 **긍정정서**(positive emotions)가 개인의 사고-행동 레퍼토리를 확장하여 고차원 수준의 연합과 평소보다 넓은 범위의 감각, 정보, 아이디어, 행동을 유연하게 활용하여 결과적으로 확장된 인지가 행동적 유연성을 촉진하게 된다고 주장한다. 사람들이 점점 더 새로운 행동을 적용하는 데 유연해지고, 새로운 맥락에서 익숙한 행동을 유연하게 적용할 수 있게 됨에 따라 회복탄력성이나 사회적인 유대감과 같은 심리사회적인 자원을 더 많이 개발하게 된다(Cohn, Fredrickson, Brown, Mikels, & Conway, 2009; Fredrickson, Cohn, Coffey, Pek, & Finkel, 2008; Waugh & Fredrickson, 2006). 우리의 사고-행동 레퍼토리 또는 유연성 개념은 수용전념치료의 심리적 유연성의 개념과 유사한데, 이는 현재 순간에 접촉하고 상황의 세부 사항(예: 강화의 조건)에 보다 민감해지는 능력이며, 현재 순간이 심리적·신체적으로 고통스럽더라도 의미 있는 활동을 지속하는 능력을 포함한다(Kashdan & Rottenberg, 2010).

예를 들어, 체육 수업에 참여하고 있는 서로 다른 두 명의 3학년 학생 에디와 맥스의 사례를 생각해 보자. 체육 교사가 처음으로 수업에서 티볼(tee-ball) 경기를 하게 했을 때, 에디는 호기심을 갖고 새로운 도전에 임하였다. 그녀는 티볼(또는 그와 비슷한 어떤 것도)을 처음 해 봤기 때문에 잘하지는 못했다. 에디가 배트를 잡고, 티(tee) 위에 있는 공을 쳤으나, 방망이를 놓쳐 '휙' 하는 바람 소리만 들렸을 뿐이다. 그 상황을 보고 반 친구들이 웃었을 때, 그녀는 당황하기보다 함께 웃었다. 에디는 또다시 스윙을 했고, 이번에는 공은 가만히 있는데 배트를 손에서 놓쳐 몇 피트 멀리 떨어졌다. 친구들은 이전보다 더 심하게 웃었고, 에디는 이 웃긴 상황을 공유하는 데 참여하였다. 그녀는 그들의 미소를 자신의 미소로 마주했고, 긍정정서로 물든 것을 느꼈다. 결과적으로 그녀는 기꺼이 다시 한번 시도해 보고자 한다. 세 번째 스윙 바로 직전, 에디는 이번에 그녀의 오른쪽 팔꿈치가 너무 높다는 것을 알아차렸다. 그녀는 자세를 바로잡고, 공을 운동장 아래쪽으로 내려쳤다. 또래들은 그녀를 응원해 주었고, 수업 후에 다가와 티볼로 인해 정신없던 날이었다며 함께 웃었다. 몇 번 더 함께 웃으며, 그들은 친구가 되었고 그들의 부모님께 방과 후 티볼 팀에 들어가도 되는지 묻기로 결심하였다. 짧은 시간에 에디는 그녀의 운동 능력을 향상시켰고, 미래에 긍정정서를 촉진할 친구들과의 오랜 우정을 굳건하게 하였다. 결국, 에디는 고등학교 진학 후에도 티볼을 했고, 이후 저널리즘을 전공해 스포츠 기자가 되기로 결심하였다. 그녀는 마침내 주요 스포츠 텔레비전 방송국에서 주목받는 자리에 올랐다.

반대로, 맥스는 처음부터 티볼 경험이 없는 것에 꽤 당황스러움을 느꼈다. 먼저 그는 체육 교사와 눈 마주침을 피하려고 했고, 이는 수업 중 티볼 경기에 참여하도록 선택받지 않기 위함이었다. 그의 이름이 불려졌을 때, 그는 스윙을 했고 놓쳤으며, 그의 주의를 그의 또래들의 웃는 얼굴에 집중하였다. 맥스는 친구들의 표정을 비웃고 있는 것으로 해석했기에 수치심과 분노를 느꼈다. 그는 두 번째 스윙을 거절했으며, 참여하지 않고 구석에 앉았다. 그렇게 함으로써 그는 긍정정서를 느낄 수 있는 기회를 스스로 놓친 것이다. 긍정정서를 경험했다면 새로운 행동과 새로운 관계를 촉진시킬 수 있었을지도 모른다. 맥스는 자라면서 "나는 운동에 소질이 없어"라고 믿으며, 체육 행사와 관련된 어떤 사회적 상호작용도 참여하지 않았는데, 이러한 경험 회피의 패턴은 그가 성인이 되어서도 제한된 삶을 살아가는 데 영향을 준다.

긍정정서는 인지를 확장하고 사회적 유대를 강하하는 행동에 대한 참여를 높이며, 이러한 적응적 마인드셋, 기술, 자원의 발달을 통해 더 잘 생존할 수 있도록 인간의 조상에게 진화적 이점을 제공하였다. 긍정정서는 비록 일시적이지만, 사람들의 마인드셋을 확장하여 향상된 안녕감과 사회적 연결감으로 이끌어 주어 기능적 결과에 지속적인 영향을 끼칠 수 있다.

확장-구축 이론은 다양한 관찰 연구, 실험 연구, 임상 시험 연구를 통해 검증되었다. 긍정정서가 인지를 확장한다는 명제는 사람들을 긍정정서 상태에 두면 현재 순간이 전개되는 동안 일어나는 일에 주의를 기울이는 능력이 확장된다는 것을 보여 준 실험을 통해 입증되었다. 이러한 발견은 행동 지표 시선 추적, 뇌 영상 등 다양한 연구방법을 사용하여 밝혀졌다. 더 나아가 긍정정서의 유도는 한 사람이 참여할 가능성이 있는 행동 범위를 확장하고(Fredrickson & Branigan, 2005), 창의적인 문제해결 능력을 촉진한다(Isen, 1987; Rowe et al., 2007). 대인관계적으로는, 긍정정서의 상태에 있는 것이 타인에 대한 신뢰(Dunn & Schweitzer, 2005)와 개인 간의 연결감(Aron, Norman, Aron, McKenna, & Heyman, 2000; Waugh & Fredrickson, 2006)을 증가시킨다. 따라서 긍정정서는 인지를 성공적으로 건강한 사회적 상호작용과 관계를 형성하는 능력에 대해 중대한 영향을 끼치는 상향 나선으로 확장시킨다.

다수의 전향적 관찰 연구들은 긍정정서가 개인의 자원을 지속적으로 구축한다는 명제에 대한 일관된 증거들을 제시하고 있다(Cohn & Fredrickson, 2009; Cohn et al., 2009; Gable, Gonzaga, & Strachman, 2006; Stein, Folkman, Trabasso, & Richards, 1997). '구축' 가설('build' hypothesis)에 대한 더 결정적인 증거는 자애명상(loving-kindness meditation)에 대한 무선통제실험 연구(Fredrickson et al., 2008)를 통해 확인할 수 있는데, 이는 일상적 긍정정서 경험을 향상시키고자 하는 목적으로 선정되었다. 이 종단 연구는 대기자 통제집단에 비해, 7주 간의 자애명상 개입에 무선배정된 참여자들의 긍정정서가 시간에 따라 증가함을 증명하였다. 연구 기간에 걸쳐, 자애명상을 통해 긍정정서를 유도하도록 훈련된 연구 참여자들은 명상 시간과 그에 따른 긍정정서의 관계가 300% 증가하는 것으로 밝혀졌다. 즉, 자애명상 연습을 더 오래 할수록 그들의 긍정정서 경험이 더 강렬해졌다. 이러한 긍정정서는 연구 참여자들이 명상을 하지 않은 날에도 지속된 것으로 나타났다. 결과적으로, 자애명상에 의해 유발된 긍정정서의 상향 전환(upward shifts)은 삶의 어려움을 다루는 것에 대해 유능감을 갖는 것, 타인과 의미 있게 연결되어 있다고 느끼는 것, 질병에 대한 더 나은 저항력을 갖는 것 (더 강한 면역 기능)을 포함한 다양한 개인적 자원의 증가를 가져왔다. 그리고 이렇게 얻어진 자원은 우울 증상의 감소와 함께 삶의 만족을 증가시키는 것으로 나타났다(Fredrickson et al., 2008). 이러한 자애명상의 유익한 학습효과는 추수 연구에서 1년 동안 지속되었고, 이는 특성 긍정정서의 지속적인 변화에 대한 증거를 제공하였다(Cohn & Fredrickson, 2010).

긍정정서가 인식을 확장하고 자원을 구축한다는 확장 및 구축 이론의 두 가지 명제는 일상에서 다양한 감정의 빈도를 연구함으로써 더 잘 이해될 수 있다. Fredrickson과 Losada(2005)는 한 사람이 삶에서 경험하는 정서의 질(affective quality)은 시간이 지남에 따라 경험하는 긍정정서와 부정정서의 비율로 정의되는 **긍정성 비율**(positivity ratio)로 나타날 수 있음을 제안하였다. 긍정정서와 부정정서 간의 법칙적 비대칭성이 작동함을 고려했을 때 인간의 최적 기능을 나타내는 긍정성 비율은 1:1을 초과할 것이다. ① **긍정 편향**(positivity offset)는 인간에게 가장 흔한 경험이 약한 긍정 정서라는 관찰을 의미한다(Cacioppo, Gardner, & Berntson, 1999), 실제로, 보통의 기능은 약 2:1의 긍정성 비율로 나타났다(Schwartz et al., 2002). ② **부정 편향**(negativity bias)은 때때로 "나쁜 것이 좋은 것보다 강하다(bad is stronger than good)"는 문장으로 종종 요약되는데(Baumeister, Bratslavsky, Finkenauer, & Vohs, 2001), 이는 부정정서의 강력한 영향력을 보정하기 위해 긍정정서가 더 많이 경험되어야 함을 시사한다. 이러한 잘 문서화된 비대칭성과 일관되게, Fredrickson과 Losada(2005)는 긍정정서의 확장-구축 효과가 안녕감으로 이어지는 **기준점 비율**(tipping point ratio)을 3:1로 규명하였다. 긍정정서와 부정정서의 비율이 3:1을 초과하는 사람들은 본보기가 될 수 있는 정신건강과 심리사회적 기능을 나타냈고 **번영**(flourishing)과 같은 건강한 상태에 있는 것으로 나타났다. 이 비율 이하인 경우, 사람들은 최적의 기능을 갖기에 충분치 않은 긍정정서 비율을 경험하는 것으로 여겨지며, Keyes(2002)가 쇠약(languishing)이라고 언급한 정서적 스트레스 상태, 사회적 고립, 충만감의 부족 상태를 보일지 모른다.

긍정정서의 확장-구축 이론의 세 번째 명제는 긍정정서가 부정정서로 인한 심리생리적 결과를 상쇄할 수 있다는 것이다. 부정정서는 구체적인 방어행동(예: 투쟁, 도피)을 위해 몸과 마음을 준비시키는 반면, 긍정정서는 그러한 준비행동을 해체하거나 '상쇄'하는 것으로 보이며, 이러한 효과는 긍정정서를 동반하는 확장된 사고-행동 레퍼토리와 연결된 것으로 가정된다. 일련의 실험 연구에서 Fredrickson과 동료들은 연구 참여자들을 부정정서와 관련된 세 가지 조건 상태에 무선배정함으로써 '상쇄 효과(undo effect)'를 검증하였다. 심장박동수와 혈압 반응을 지속적으로 측정한 결과, 긍정정서는 불안과 공포감에 의해 유발된 심혈관 문제로부터 회복을 가속시키는 것으로 나타났다(Fredrickson & Levenson, 1998; Fredrickson, Mancuso, Branigan, & Tugade, 2000). 이 연구는 긍정정서가 부정정서의 영향을 상쇄하는 강력한 수단일 수 있음을 보여 준다.

만약 긍정정서가 안녕감에 중대한 영향을 끼친다면, 이에 따라 성공적으로 적응하고 역경에 대처하는 능력인 **회복탄력성**(resilience)을 촉진시킬 수 있다(Folkman & Moskowitz, 2000). 긍정정서를 더 많이 경험할수록 회복탄력성이 높은 사람들이 역경으로부터 다시 일어나고(rebound), 심혈관 질환 반응성이 줄어들며, 우울 증상의 발생을 예방하고, 번영을 지속할 수 있도록 하는 능력을 크게 만든다(Fredrickson et al., 2003; Ong, Bergeman, Bisconti, & Wallace, 2006; Tugade & Fredrickson, 2004). 더 나아가, 생리행동학 연구에 따르면, 현재 순간에 대한 초점을 더 잘 유지할 수 있고, 미래의 부정적 우연에 대해 덜 걱정할 수 있는 회복탄력적인 사람들은 덜 회복탄력적인 사람들보다 정서 유발에 대한 반응으로 상황적으로 더 적절한 생리적 활성화를 보이며, 그런 다음 그것으로부터 효율적인 회복을 보일 수 있다(Waugh, Wager, Fredrickson, Noll, & Taylor, 2008). 그러나 회복탄력성은 단순히 선천적인 것이 아니라, 훈련될 수 있다(Cicchetti & Blender, 2006). 예를 들어, 한 실험 연구는 특성 회복탄력성 점수를 낮게 받은 건강한 성인들이 스트레스 상황을 직면하고 극복할 수 있는 도전으로 긍정적 재평가를 하는 방법을 교육받았을 때, 그들이 회복탄력성의 특징 중 하나인 심혈관 회복이 더 빠르게 나타남을 보여 주었다(Tugade & Fredrickson, 2004). 이 연구에서 회복탄력성이 있는 사람들이 일상의 사건에서 긍정적 의미를 찾을 수 있는 정도는 이러한 상황에서 긍정정서를 경험한 정도에 의해 부분적으로 매개되었다. 다시 말해, 사람들은 스트레스 상황에서 의미를 찾기 위해 긍정정서를 자발적으로 활용하였다. 그렇다면 임상군의 회복탄력성을 증진하기 위해 긍정정서를 어떻게 의도적으로 함양할 수 있을까? 이 질문에 답을 하기 위해 우리는 주의, 정서, 의미 그 자체의 본질을 탐구해야 할 필요가 있다.

의미와 주의-정서 인터페이스

인간은 **의미**(meaning)를 만드는 존재이다. 비록 근본적인 차원에서 우리가 모든 무척추동물들처럼 접근과 회피에 대한 동일한 원초적 충동을 경험하고, 기쁨, 만족, 사랑, 혐오, 분노, 공포 등 기본 감정 상태를 경험할지라도(Ekman, 1971, 1977; Plutchik, 1962, 1980), 경험의 의미를 '평가(appraising)'하고 '구성(constructing)'하는 우리의 능력은 다채

롭고 끊임없이 변하는 기분과 정서의 팔레트를 만들어 낸다. 다시 말해, 우리는 인지적 평가 과정을 통해 이러한 기본 감정으로부터 인간의 정서적 경험을 분명히 '도출'한다(Ellsworth & Scherer, 2002; Lazarus, 1991, 1999). 쾌락(pleasure)의 예시를 살펴보면 될 것이다. 쾌락은 원시적이고 보편적인 인간 경험이지만(Kringelbach & Berridge, 2009), 그 원천은 거의 무한대로 다양하다. 사람들이 스카이다이빙, 금식, 딱딱한 나무 벤치에 무릎 꿇기, 빅맥을 먹는 것, 피가학적 성행위, 새로운 수학 정리 이론의 발견, 정원에서 잡초를 뽑고 가지 치는 일, 데스메탈 콘서트, 호흡 감각에 주의를 기울이는 행동만큼이나 다양한 경험을 통해 쾌락을 느낄 수 있다는 사실은 의미 만들기(meaning making)와 그것의 정서적 결과의 상대적 특성을 나타낸다. 더 나아가 어떤 맥락에서는 유쾌한 사건이나 행동이 또 다른 맥락에서는 혐오스럽게 지각될 수 있다. 예를 들어, 탐욕스러운 호랑이로부터 벗어나기 위해 전력 질주하는 행동과 최종 결승선을 향해 전력 질주하는 행동 모두 가능한 빨리 달려야 하는 행동이지만 다른 쾌락적 정조(hedonic tone)라 할 수 있다.

그렇다면 자기와 세상 간의 만남에서 의미와 감정이 생성되는 방식을 이끄는 것은 무엇일까? 비록 우리의 일상적 인간 경험이 잠재적으로 무한하게 복잡한 우주에 접근할 수 있다고 하더라도, 개인이 어느 순간에 처리할 수 있는 정보는 제한된 자료의 집합일 뿐이다. 그러므로 인간의 정보처리는 선택적이고 주의를 수반하는데, 즉 우리가 접하는 자료의 특정 하위 집합이 다른 하위 집합을 희생시키며 신경망의 경쟁적 처리에서 우위를 얻는 기능을 뜻한다(Desimone & Duncan, 1995). 따라서 주의를 받은 자극은 선호되는 정보처리를 받는 한, 행동을 지배한다. 주의는 반사적 · 자극주도적 · 상향적이거나 또는 반성적 · 전략적 · 하향식 과정에 의해 발생된다(Corbetta & Shulman, 2002). 밝기 또는 대비와 같은 기본적 자극 속성은 귀납적 방식으로 주의를 끌지만, 대상의 현저성, 목표 관련성 또는 고차원적 의미는 주의가 내재된 환경적 매트릭스에 의해 선택되고, 구별된다(Koivisto & Revonsuo, 2007).

William James(1890)는 자주 인용되는 문구에서, "나의 경험은 내가 주의를 기울이기로 동의한 것과 같다(My experience is what I agree to attend to.)"라고 주장하였다. 그렇지만 그 중요성에도 불구하고, 주의는 정서와 상호적인 관계 속에 있다. 주의의 대상은 정서를 촉발하고, 정서는 주의를 조율하고 안내한다(Anderson, Siegel, Bliss-Moreau,

& Barrett, 2011; Friedman & Forster, 2011; Lang & Bradley, 2011; Lang, Bradley, & Cuthbert, 1997). 이러한 **주의-정서**(attention-emotion) 인터페이스가 바로 목표를 달성할 수 있게 만드는 동기를 제공하는 심리적 층위(substratum)이다. 따라서 인간의 마음은 단순히 입출력의 방식으로 반응하는 감각 정보의 수동적 수용자가 아니라 정보를 '선택'하고, 맥락적 의미나 가치에 따라 정보를 '평가'하는 적극적 주체이다. Bateson(1972)은 우리의 욕구와 목표가 우리의 주의를 적은 양의 정보에만 제한시키기 때문에 일상적인 자각은 종종 환경의 풍부하고 상호연결된 복잡성을 포착하는 데 실패한다고 주장하였다. 사람들이 얼마나 자신의 경험적 요소에 주의를 기울이느냐에 따라 각기 다른 현상학적 현실이 구성된다. 이러한 관점과 일관되게 정서의 평가적 설명에서도(Ellsworth & Scherer, 2002; Lazarus, 1991) 어떤 주어진 상황의 정서적 질은 주의를 기울이는 대상과 그 대상을 어떻게 해석하느냐에 따라 달려 있다고 주장한다.

사람들은 주의 대상의 의미를 과거 경험에 대한 기억에 따라 개념적 범주를 부여함으로써 해석한다. 우리가 우리의 감각으로부터 유입되는 정보를 조직화하고 유목화하는 방식은 우리의 '현실'의 생생한 경험을 만들어 낸다(Keeney, 1983). 따라서 관찰된 맥락 밖의 경험에서의 세부 사항에는 어떤 본래적 의미도 없다. 이러한 관찰은 감각 정보와 사회적 피드백으로부터 파생된 '자기(self)', '세계(world)', '인과성(causality)'와 같은 보편적 개념이 사실은 가변적이며 맥락적 변화에 따라 달라질 수 있다는 것을 드러낸다.

개인이 자신의 맥락 안에서 경험하는 감정적 자극에 의미를 부여하는 방식은 수용전념치료의 이론적 근간이 되는 **관계틀 이론**(Relational Frame Theory)(Hayes & Wilson, 1995)으로 설명할 수 있다. 관계틀 이론에 따르면 인간은 언어와 인지를 사용하여 임의적으로 여러 사건의 의미를 연결하고 자신의 맥락에 따라 사건의 기능을 변화시킨다(Hayes, Luoma, Bond, Masuda, & Lillis, 2006). 언어와 인지는 사건 사이의 임의적 관계를 부호화한다. 그와 같이, 행동적 반응은 사건 그 자체로부터가 아니라 오히려 조건형성과 강화의 역사를 통해 형성된 자의적인 관계 규칙의 망으로부터 파생된다. 이러한 '**관계틀**(relational framing)' 덕분에 우리는 사건의 의미를 이해하고 그것의 정서적 중요성을 평가한다.

개인이 자신의 경험에 의미를 부여하고자 하는 시도는 인간 실존의 중심에 있다(Frankl, 1959; Singer, 2004). 더 나아가, 경험을 이해하고 감정을 원하는 방향으로 조절하려는 욕구는 신념의 변화를 동기화한다(Boden & Berenbaum, 2010). 결과적으로, 감정 변화는 상황 속에서 만들어진 구체적 의미 평가로부터 야기된다(Frijda, 1986). 평가는 개별적이고 구체적인 사건과 관련이 있고, 대조적으로 신념(beliefs)은 종종 시간과 범위에 따라 확장되고, 따라서 많은 별개의 상황적 평가에 잠재적인 영향을 줄 수 있다(Boden & Berenbaum, 2010; Lazarus, 1991). 예를 들어, 평소 "나는 완벽해야 해"라는 신념을 가진 사람은 시험에서 A+ 성적을 받았을 때는 "나는 완벽해"라고 평가하며 만족스러워하지만, A− 성적을 받는다면, "나는 실패했어"라고 평가하며 꽤 슬퍼할 것이다. 그러므로 신념은 그에 수반되는 정서와 함께 상황적 평가를 만들어 내는 렌즈 역할을 한다.

결과적으로, 정서는 신념의 내용과 확증에 영향을 준다. 정서의 내수용적(interoceptive) 경험은 정서를 유도한 자극에 주의를 기울이게 하는 신호 역할을 한다(Clore & Gasper, 2000). 이러한 정서 신호는 인간의 정보처리체계에 주어진 신념과 관련된 대상과 사건의 존재를 알려 준다. 이어서, 신념과 일관된 자극과 현재의 정서적 상태는 다음의 처리 과정에서 우선적으로 선택된다(Boden & Berenbaum, 2010). 정서는 자기확증적(self-evident)으로 경험되기 때문에(Clore & Gasper, 2000) 신념을 지지하거나 반증하는 결정짓는 증거로 기능하기도 한다(Centerbar, Schnall, Clore, & Garvin, 2008). 다시 말하면, 주어진 상황 평가나 신념과 일치하는 정서는 신념을 강화하는 반면, 일치하지 않는 설명과 관련된 정서는 신념이나 평가를 약화시킨다. 더 나아가 정서가(emotional valence)는 모호한 자극에 대한 해석의 내용에 영향을 준다. 예를 들어, 실험으로 유도된 슬픔을 경험한 참여자들은 유도된 행복감을 경험한 참여자들과 대조적으로 관계 갈등에서 더 많은 자기 비난을 보고하는 것으로 나타났다(Forgas, 1994). 분노 및 혐오의 유도는 중립적 동음이의어에 대한 더 부정적인 해석으로 이어진다(예를 들어, 'tents'를 'tense'로 듣는 것). 또한, 자연적으로 발생하거나 실험적으로 유도된 공포를 경험하는 사람들은 상황을 더 위협적으로 해석하였다(Lerner & Keltner, 2001). 따라서 정서가는 의미 만들기 과정에 편향을 가져올 수 있는데, 이는 신념의 내용과 그 신념이 진실하다고 여겨지는 정도의 차원에서 모두 그렇다.

평가와 신념이 정서 상태의 변화와 조화를 이루어 변함에 따라, 변화하는 해석 또한 느껴지는 경험에 영향을 준다. 예를 들어, 암 진단을 받은 사람은 처음에는 이 사건을 절망적인 것으로 해석하고 공포와 절망감의 부서지는 감정을 경험할지도 모른다. 나중에 이 사람은 그 진단을 불만족스러운 직업에서 은퇴를 하고 그가 항상 살기를 꿈꿔왔던 도시에서 새로운 삶을 추구하는 동력으로 볼 수 있게 되어 만족감, 감사, 또는 심지어 기쁨의 정서도 느낄 수 있을지 모른다. 이러한 의미의 변환(transformation) 또는 재평가는 대부분의 삶의 상황이 모호하기 때문에 가능하다.

모호한 자극인 삶

매우 현실적인 의미에서, 삶은 모호한 자극이다. 심장마비에서 살아난 일은 죽음이 임박했음을 나타낼까, 아니면 새로운 삶의 기회를 부여받았음을 나타낼까? 사랑에 빠지는 일은 평생 함께할 사람을 만나는 일일까, 아니면 피할 수 없는 마음의 상처를 받을 수 있다는 첫 신호가 될까? 많은 인간의 상황은 복잡하고 그 의미는 미묘하다. 그러므로 우리는 우리의 경험을 이해하고, 경험에 대한 주체성을 얻기 위해 **자기성찰**(self-reflection) 과정에 참여한다(Bandura, 2001).

자기성찰을 통해, 사람들은 그들의 삶이 그들 자신의 정체성, 타인과의 관계, 환경적 상황에 관한 불확실함으로 가득 차 있음을 깨닫게 된다(Olivares, 2010). 삶은 불규칙한 변화와 모호함으로부터 오는 혼란에 적응하는 과정이기 때문에, 자기성찰 과정은 삶의 불확실함이라는 본질적 특성을 드러낸다. 본질이 알려져 있지 않거나 예측할 수 없는 위협적인 자극에 기인하는 불확실성은 스트레스를 불러일으키고(Monat, Averill, & Lazarus, 1972), 통제감을 상실했다는 느낌을 불러온다(Folkman, 1984). 불확실함에 대한 반응으로, 우리는 경험에 대해 의미를 부여하고, 그렇게 함으로써 불확실함성을 줄여 가고자 한다(Olivares, 2010). 실제로, 일련의 정교한 실험 연구는 통제감이 결여되어 있다는 느낌이 모호한 상황 속에서 환상적 패턴 지각을 촉진한다는 것을 입증하였다(Whitson & Galinsky, 2008). 따라서 사람들은 통제감을 재획득하기 위해 의식적으로, 또는 무의식적으로 삶의 혼돈 속에 어떤 패턴을 부여하여 해석하고자 한다. 이러한 의미 만들기 과정은 스트레스 요인에 대한 평가와 그것을 우리의 자전적 내러티브에 의미 있게 통합하는 과정에 달려 있다.

스트레스 평가와 반복적 사고의 하향 나선

환경과의 요구적 상호작용 그 자체는 특정 정서가를 지니지 않으며, 그것이 누군가의 안녕감과 어떤 관련이 있는지가 평가된 후에만 긍정적 또는 부정적 의미를 갖게 된다. 많은 부담스러운 사건들이 개인에게 해를 끼치거나 해를 가할 위험이 있을 수 있지만, 다른 자극들은 개인에게 이익이 될 수도 있는 도전을 준다. 앞서 제시한 예시를 적용하자면, 달리기는 생리적 스트레스를 만들어 내지만, 개인의 신체 변화에 대한 경험은 포식자로부터 도망가는 상황인지 마라톤에서 마지막 결승선을 향해 달려가는 상황인지에 따라 다르다. 전자의 경우, 유기체는 명확한 위협에 처해 있는 반면, 후자의 경우, 도전을 직면했다는 것에 맞섬으로써 성취감을 얻을 수 있다. 즉, 스트레스 경험은 맥락 속에서 이해할 수 있다. 인간은 맥락 속에서 자극을 평가하고, 이에 대한 중요성을 부여한다.

Lazarus와 Folkman(1984)의 스트레스-대처 교류 모델(stress-coping transactional model)에 따르면, 스트레스는 자극의 내재적 위협 가치에 대한 일차적 평가로 시작되는 과정의 결과로 나타난다. 이러한 평가는 종종 의식적 숙고 없이 실행된다(Bargh & Chartrand, 1999). 예를 들어, 우리는 타인의 의도를 평균 30초 이내에 평가하며(Ambady & Rosenthal, 1992), 위협적인 대상에 대한 평가는 0.05초 이내에 이루어진다(예: 뱀의 존재를 탐지하는 뱀 공포증이 있는 사람)(Ohman, Carlsson, Lundqvist, & Ingvar, 2007). 이렇게 빠르고 무의식적인 평가는 선언적 기억과 명제적 추론에 의존하는 의도적 평가 과정과 대조적으로, 선천적 반사작용, 비선언적 기억과 암묵적 인지 작동을 활용한다(Ellsworth & Scherer, 2002).

결과적으로, 이차적 평가의 인지 과정은 잠재적 위협의 요구를 충족하기 위한 가용 자원과 대처 선택지들이 충분한지를 결정한다. 만약, 스트레스 요인이 대처 가능한 것이라고 평가되면, 긍정정서와 자기효능감이 뒤따를 것이다. 그런데 만약 가용한 자원이 위협적인 자극에 의해 제시된 도전을 다루기에 불충분하다고 여겨진다면, 인지적 재평가 과정은 확장된 편도체에서 시상하부-뇌하수체-부신 축(hypothalamic pituitary-adrenal axis: HPA axis), 청반(locus coeruleus)과 자율신경계에 이르는 스트레스 연속 반응을 활성화할 것이다. 이 경로는 **스트레스 호르몬**(stress hormones)의 신경내분비 연쇄작용을 촉발하며, 베타-엔도르핀과 부신피질자극호르몬의 분비가 부신피질로부터 **코르티솔**(cortisol) 분비를 이끈다(Brosschot, Gerin, & Thayer, 2006). 코르티솔은 편도체와 해마 사이의 신경전달을 민감하게 하여 위협 관련 정보처리와 공포 기억의 부호화를 촉진한다(McEwen, 2007). 나아가 스트레스 평가는 빠르게 '투쟁-도피 반응'을 활성화하며(Cannon, 1929), 전두엽 피질의 신경회로와 편도체, 뇌간, 교감 및 부교감 신경계, 내장 기관 및 말초 신경계를 연결하는 신경회로체계인 중추자율신경계에 의해 매개된다(Thayer & Lane, 2009). **투쟁-도피 반응**(fight-or-flight response) 동안 중추자율신경계는 근육 신경을 자극하고, 심장박동을 촉진하고 조절하며, 위장을 수축시키고, 땀샘 활동을 자극하며, 체온 변화를 조절한다(Janig, 2002).

이러한 방어적 반응은 즉각적이고 생명을 위협하는 스트레스 요인에 적응하는 수단으로 진화했지만, 현대 산업 사회 맥락은 인간에게 그러한 위협적인 상황을 좀처럼 제시하지 않는다. 인간의 선조들이 놓인 환경에 비하면, 우리는 종종 안녕감에 큰 영향을 미친다고 여겨지는 사건들에 상징적 의미를 부여함으로써 스트레스에 직면한다(Rosmond, 2005). 예를 들어, 상사의 비판적인 이메일을 받았을 때, 우리의 신체는 마치 우리가 신체적인 안전에 위협을 당한 것과 같은 방식으로 반응한다. 비록 급성 스트레스 반응이 적응적일 수 있을지라도, 만성 스트레스는 해로울 수 있고, 종종 스트레스 요인에 대한 정신적 표상을 통해 유지되고 지속된다. 이를 **보속성 인지**(perseverative cognition)라고 부르기도 하는데, 의미 없이 스트레스 요인을 유지하는 과정을 뜻하는 용어로 현재 스트레스 요인이 없어도 스트레스를 유지하게 만드는 부적응적 과정이다(Brosschot et al., 2006). 파국화(예: 자극의 위협적 가치를 과장하는 것) 또는 반추(사건에 대한 반복적이고 침습적인 부정적 생각)와 같은 보속성 인지 양식은 인지적 스트레스 평가 과정, 부정정서, 자율신경계의 지속적인 활성화의 하향 나선 효과로 이어진다.

결과적으로 스트레스 반응을 담당하는 생리학적 체계가 지속적으로 활성화되면, **알로스타틱 부하**(allostatic load)로 알려진 여러 신체 체계에 문제가 발생하기 시작하는데

(McEwen & Wingfield, 2003), 이는 시간이 지남에 따라 뇌 조직의 위축, 호르몬 및 대사 조절 이상, 신체 및 정신장애에 대한 취약성 증가로 이어질 수 있다(McEwen, 2003). 알로스테틱 부하는 확장된 편도체 내의 스트레스와 보상 신경회로의 조절을 어렵게 만드는 것으로 여겨지는데, 뇌 보상 시스템의 기준점을 정상 시점에서 변화를 가져와 보상 민감성을 감소시키는 한편 스트레스, 처벌 또는 혐오에 대한 민감성을 증가시키는 것으로 알려졌다(Koob & Le Moal, 2001). 이러한 민감화의 영향은 우울과 불안으로 괴로워하는 사람들에서 관찰될 수 있으며, 그들은 아름답고, 확증적이고, 또는 유쾌한 것들은 간과하는 반면, 실망스럽고, 속상하고, 무서운 것으로 해석되는 대상, 사람, 사건을 향해 인지적 편향을 갖고 있을 수 있다(Garland et al., 2010; Mathews & MacLeod, 2005). 이와 같은 정보처리편향은 하향 나선 과정과 정서적 균형이 부정적인 쪽으로 기울어져 불쾌감, 두려움, 자기혐를 유지하고 강화한다.

긍정적 재평가

다행스럽게도, 스트레스 반응은 유동적이고 변화할 수 있다. 변화하는 환경에서 얻은 새로운 자료와 위협에 대한 자신의 반응에 대한 새로운 정보는 결합되어 재평가 과정을 시작할 수 있다. 이때, 기존의 스트레스에 대한 평가는 피드백의 결과로 변화된다. 예를 들어, 처음에는 위협적으로 경험된 스트레스가 이후에는 긍정적인 경험으로 재해석될 수 있다. 재평가는 역동적인 피드백-피드포워드(feedback-feedforward) 기제를 통해 스트레스 반응의 생리적 · 심리적 · 사회적 결과를 수정하고, 이 기제는 자극에 대한 행동적 반응을 조정하며 자극의 정보가와 의미를 대체한다.

재평가는 회복탄력성의 핵심 요소 중 하나이다. 역경에 직면했을 때, 사람들은 종종 스트레스가 되는 사건을 다루는 과정으로부터 개인적인 이익을 얻었거나 성장했다고 생각한다. **긍정적 재평가**(positive reappraisal)는 긍정정서 중심의 대처 전략이며, 적응적인 과정으로, 이 과정에서 스트레스 사건은 괜찮은 경험, 이로운 경험, 의미 있는 경험으로 재구성된다(Lazarus & Folkman, 1984). 긍정적 재평가는, 대안적으로 이점 발견(benefit finding)으로 개념화되고(Affleck & Tennen, 1996), 스트레스 경감과 정신건강 결과 변인의 향상과 관련이 있으며(Helgeson, Reynoleds, & Tomich, 2006), 스트레스와 관련된 생리적 지표에 유익한 영향을 주는 것으로 알려져 있다(Bower, Low, Moskowitz, Sepah, & Epel, 2008; Carrico et al., 2006; Cruess et al., 2000; McGregor et al., 2004; Tugade & Fredrickson, 2004). 긍정적 재평가는 적극적인 대처 전략 중 하나로(Folkman, 1997), 스트레스 요인과 맥락, 그리고 개인적 관련성을 숙고하는 과정을 포함한다. 더 나아가, 긍정적 재평가는 부교감신경계 활성화의 증가로 특징지어지는 뚜렷한 생리학적 특징을 가지고 있으며(Witvliet, Knoll, Hinman, & DeYoung, 2010), 이는 스트레스 상황과 요인에 기꺼이 다시 관여하게 하는 중요한 단계를 제공한다(Witvliet, Knoll, Hinman, & DeYoung, 2010). 예를 들어, 암에서 회복한 사람은 살아 있음을 강점과 회복탄력성의 증거로 여길 것이고 남은 인생을 다른 사람들도 비슷한 회복을 할 수 있도록 돕기 위해 헌신할 수 있다. 따라서 긍정적 재평가는 적응적이고 종종 접근 중심의 전략이며, 일관성 감각(sense of coherence)을 형성하고(Antonovsky, 1987), 이는 건강과 안녕감에 필수적인 요소가 된다.

긍정적 재평가가 적응적 대처 형태이고 회복탄력성의 핵심 요소일 수 있음을 시사하는 방대한 양의 연구 문헌에 비추어 볼 때, 이 인지 전략은 의도적으로 활용될 경우, 상당한 치료적 잠재력을 지닐 수 있다. 상담 장면에서 긍정적 재평가를 촉진시킬 수 있는 최상의 방법은 개방형 질문이다. 이것은 여전히 연구가 부족한 영역으로 남아 있는데, 아마도 2세대 인지치료의 **실증주의**(positivism)에 대한 강조와 논리적 사고를 촉진하는 기술 때문일 수 있다(실증주의는 감각을 통한 정보를 통해서만 '현실'을 알 수 있고, 신념을 확증하기 위해 증거를 활용하는 철학적 관점이다). 암 진단을 삶을 긍정하는 축복으로 해석하는 것은 명백히 논리적이지 않으며, 사실, 이러한 재평가는 표준적인 인지 재구조화 기법에서 사용되는 객관적인 증거와 실제로 상충할 수도 있다. 3세대 인지치료에 해당하는 수용전념치료는 실증주의 철학보다 구성주의 철학을 채택하고 있으며, '진실(truth)'보다 기능적 맥락주의와 실용주의를 강조한다.

수용전념치료에 내재된 기능적 맥락주의는, 신념의 진실 여부를 입증하려는 시도를 포기하고 대신 신념이 갖는 기능에 초점을 둘 것을 요구한다. 긍정적 재평가는 기능적 맥락주의 관점에서 보면, 충분히 합리적인 방식이다. 삶의 대다수의 상황은 개인에게 갖는 관련성이 모호하기 때문에 삶을 부정적 또는 긍정적 방향으로 평가될 수 있다. 그런데 부정적으로 평가하는 경우, 부정정서가 유발되고, 습관적이고 의식적이지 않은 패턴의 고정관념적이며 방어적인 행동을 촉발시킨다. 대조적으로, 긍정적 평가는 긍정정서로 이어지는데, 이는 새롭고, 탐색적이며, 창의적인 문제해결 행동을 통해 인지가 확장되고, 개인적 자원이 축적된다. 그러므로 더 핵심적인 질문은 "이 신념이 옳은가?"가 아니라 "이 신념을 유지한 결과는 무엇인가?"이다(Carrochi & Bailey, 2008). Hayes, Strosahl와 Wilson(1999)의 말처럼, "맥락주의에서 진실의 기준은 효과적인 성공적인 작업인가이다. 오직 특정 목표를 성취했는지에 대한 관점에서의 분석만이 진실이다"(p. 19). 긍정적 재평가가 상향 나선 과정을 통해 회복탄력성을 강화하고 사고-행동 레퍼토리를 확장하여 목표 달성을 촉진하는 한, 그것은 진실의 기준을 충족한다. 따라서 긍정적 재평가는 확장-구축 이론으로부터 도출된 원리와 3세대 인지행동치료 지향을 결합하는 임상적 접근과 관련이 높다고 할 수 있다. 이러한 접근들의 통합은 마음챙김이라는 구성개념에 달려 있다.

긍정적 재평가 과정에서 마음챙김의 역할

우리는 마음챙김 상태가 **긍정적 재평가**(Positive Reappraisal)를 가능하게 한다고 주장한다(Garland, Gaylord, & Park, 2009). 이러한 자연적 상태는 과거와 미래에 대한 생각에 집착하지 않으면서 순간순간의 인지, 정서, 지각, 감각에 대해 주의 깊고 비판단적으로 메타인지적 관찰을 하는 것과 관련된다(Garland, 2007; Lutz, Slagter, Dunne, & Davidson, 2008). 마음챙김은 의식의 내용을 관찰하는 동시에 의식 과정 자체를 되돌아보는 메타 수준의 자각을 포함한다는 점에서 메타인지적이다(Nelson, Stuart, Howard, & Crowley, 1999). 마음챙김은 인간의 마음이 본래 지니고 있는 기본적이고 고유한 능력이라는 점에서 자연적이지만, 이 능력을 얼마나 잘, 얼마나 기꺼이 활용하는지는 사람마다 다르다(Brown, Ryan, & Creswell, 2007; Goldstein, 2002). 따라서 마음챙김의 선천적 기능은 수행을 통해 기를 수 있다. 마음챙김 수행은 어떤 대상에 대한 주의를 반복하면서 주의를 산만하게 하는 생각과 정서를 알아차리고, 거리두기를 하는 과정을 반복적으로 하는 것을 의미한다. 마음챙김 수행은 마음챙김의 일시적인 상태를 만들어 내며, 시간의 흐름에 따라 반복될 때, 일상생활에서 비판단적 자각을 보이는 경향인 '**특성**(trait)' 또는 '**성향적**(dispositional)' **마음챙김**의 상태로 이어질 수 있다(Chambers, Gullone, & Allen, 2009).

마음챙김의 메타인지적 상태는 생각, 감정, 감각으로부터 거리를 두는 정신적 활동인 **탈중심화**(decentering)(Segal, Williams, & Teasdale, 2002) 또는 재인식(reperceiving)(Shapiro, Carlson, Astin, & Freedman, 2006)을 통해 잠재적으로 스트레스가 되는 심리적 내용의 영향을 조절할 수 있다. 이러한 **사고 전환 기능**(set-shifting function)은 내용보다 정신적 과정의 전환을 수반한다는 점에서 평가와 재평가 과정 사이의 핵심적인 연결고리일 수 있다(Hayes & Wilson, 2003). 의식의 내용으로부터 의식의 과정으로의 전환은 생각과 감정에 대한 집착을 약화시키고, 이는 자기와 세상에 대한 고정된 또는 경직된 내러티브로부터 자각을 해방시킨다(Niemic et al., 2010; Shapiro et al., 2006). "과거에 강하게 동일시되었던 개인의 이야기들은(예: 내가 누구인지, 무엇을 좋아하고 싫어하는지, 다른 사람에 대해 어떻게 생각하는지 등) 마음챙김의 재인식 과정을 통해 단순한 '이야기'가 된다"(Shapiro et al., 2006). 재인식 또는 탈중심화의 사고 전환 기능은 근본적인 인지적 유연성을 높여, "이전에는 반사적으로 수용되거나 조건화된 것을 성찰적으로 선택할 수 있게 되어"(Shapiro et al., 2006) 인지적 평가의 유연한 선택을 촉진한다. 궁극적으로 탈중심화는 생각과 생각하는 사람 간의 거리를 만들어 줌으로써, 사회적으로 조건화된 내러티브로부터 거리를 만들어 준다. 이러한 새로운 거리 또는 공간은 개인적인 목표와 더 일관된 가치의 선택을 가능하게 한다.

마음챙김은 긍정적인 재평가에 이르는 가장 중요한 핵심 요소이다. 주어진 사건에 대한 평가를 긍정적으로 재평가하기 위해서는 선행되어야 하는 조건이 있다. 초기 스트레스 평가를 중단하고, 그것으로부터 인지적 자원을 분리시켜야 한다. 즉, 사건과 연관된 의미적 평가를 약화시키는 메타인지적 관점에서 바라보면서 그 평가를 '놓아주어야' 한다. **마음챙김 대처**(mindful coping) 모형(Garland et al., 2009)에 따르면, 주어진 사건이 개인의 대처 역량을 넘어서는 위협적인 사건으로 평가되면, 개이러한 스트레스 평가는 신체 항상성에 교란을 초래한다. 결과적으로 신체로부터의 피드백은 종종 정서로 해석된다

(Friedman, 2011; James, 1890). 스트레스 평가로부터 비롯된 부정정서의 존재를 자각하게 되면, 스트레스 평가와 그로 그 결과로 나타난 정서로부터 '한 걸음 물러서는' 또는 탈중심화하여 마음챙김의 상태로 들어가는 적응적 반응을 시작할 수 있을 것이다. 이러한 마음챙김 상태에서는 새로운 자극에 대해 주의를 재지향할 수 있는 능력이 증가하며(Jha, Krompinger, & Baime, 2007), 인지적 유연성이 확대된다(Moore & Malinowski, 2009). 이로 인해 개인은 자신을 둘러싼 상황을 재평가할 수 있는 새로운 정보에 접근할 수 있고, 의미 있거나 이득이 되는 것으로 재구성할 수 있다. 그 상황 속에서 무해하고, 목적이 있고, 확증적인 것에 주의를 기울이는 것은 긍정정서를 경험하게 하고, 긍정정서는 긍정적 재평가를 매개하고 더욱 촉진한다(Tugade & Fredrickson, 2004). 따라서 마음챙김이 제공하는 메타인지적 관점에서는 이전에는 주의를 기울이지 않았던 대상, 사건, 상황, 맥락의 긍정적 특성들이 재평가의 '재료'로서 의식에 접근 가능해진다.

마음챙김은 평가적 언어를 일시적으로 중단시킬 수 있지만, 인간의 마음은 불확실성을 줄이고 일관적인 삶의 이야기를 만들어 내는 내러티브 속에 내재되어 있기 때문에

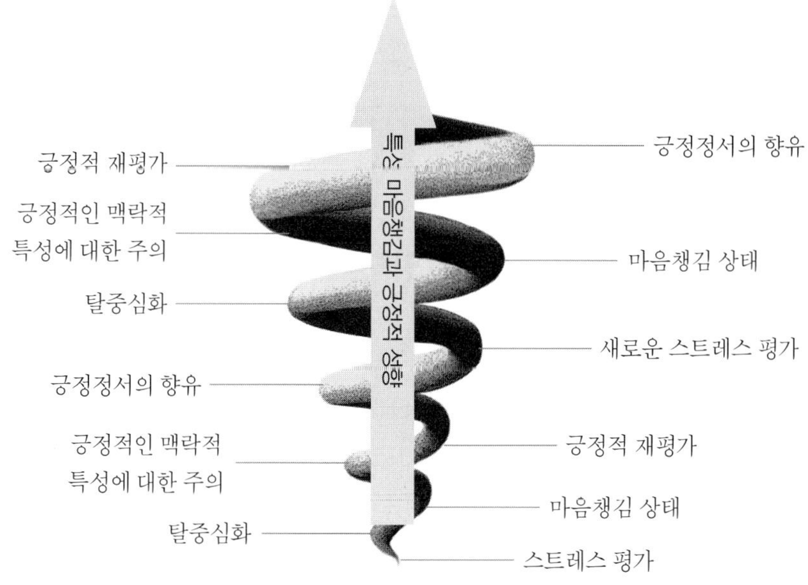

[그림 2-1] 마음챙김 대처 모형: 종단적 관점

(Olivares, 2010), 스트레스 요인을 개인의 자전적 기억에 통합해 가는 과정에서 다시 의미론적-언어적(semantic-linguistic) 모드로 돌아가는 것을 피할 수는 없다. 마음챙김의 상태에서 다시 이러한 내러티브 모드로 돌아가게 되면, 재평가는 의식적인 성찰 과정을 통해서나 자발적인 통찰에 기반한 보다 자동적인 과정을 통해 일어날 수 있다. 그러한 긍정적 재평가의 결과는 희망, 자비, 사랑과 신뢰, 자신감, 평정심 같은 긍정정서와 신뢰, 자신감, 평정심과 같은 수용적 태도로 이어지며, 이는 스트레스를 경감시키고, 이어지는 평가 과정에도 영향을 준다.

궁극적으로, 메타인지적 마음챙김 상태에 반복적으로, 의도적으로 관여하는 과정은 성향 마음챙김(dispositional mindfulness)의 발달로 이어질 수 있다. 마음챙김 성향이 발달하면 스트레스에 직면했을 때 긍정적 재평가를 인지적 대처 양식으로 사용하는 경향이 높아지게 된다([그림 2-1]). 마음챙김 기반의 스트레스 및 통증 관리 프로그램에 참여한 성인 대상 전향적 관찰 연구에서 얻은 근거는 이와 같은 주장을 지지한다. 우리는 특성 마음챙김의 증가와 긍정적 재평가의 증가가 상호 관련되어 있으며, 성향 마음챙김의 증가로 인한 스트레스 감소 효과가 긍정적 재평가의 증가에 의해 매개됨을 확인하였다(Garland et al., 2011). 이와 유사하게, 마음챙김 의사소통 강의를 수강한 대학생과 표준적인 의사소통 교육을 받은 대학생을 비교한 준실험 연구에서 마음챙김 훈련이 성향적 마음챙김을 유의미하게 증가시켰고 이것은 긍정적 재평가의 증가와 상관이 있었다(Huston, Garland, & Farb, 2011). 우리 연구실에서 수집한 미출간된 자료에서는 중증 중독 및 정신장애로부터 회복 중인 집단을 대상으로 한 치료 관련 마음챙김과 긍정적 재평가의 증가가 유의한 상관이 있는 것으로 나타났다. 마지막으로, 최근 연구에 따르면 통제 집단과 비교했을 때, 명상가들은 스트레스 자극에 대한 재평가 과정에서 부정정서가 더 많이 약화되는 것으로 나타났으며, 이는 주의 및 정서 처리를 담당하는 뇌의 두정엽 영역의 활동이 감소되는 증거에 의해 지지되었다(Gootjes, Franken, & Van Strien, 2010). 다양한 표본을 대상으로 한 연구들 간의 이러한 일관된 결과는 긍정적 재평가와 마음챙김 간에 본질적인 심리적 관계가 존재함을 시사한다. 다시 말해, 긍정적 재평가와 마음챙김은 연속적이고 상호적으로 서로를 향상시키고, 스트레스를 줄이고 번영으로 이끄는 상향 나선의 역동을 만들어 내는 것으로 보인다.

평가가 이끄는 주의와 향유

마음챙김과 긍정적 재평가의 상향 나선은 무해하고 유익하거나 의미 있는 상황으로 재구성하는 것으로 끝나지 않는다. 이 과정이 전개됨에 따라 주의는 재평가에 의해 부여된 새로운 정신 구조(mental set)와 의미에 따라 조율된다. 이에 따라 **우리가 궁극적으로 주의를 기울이고 인식하게 되는 것은 새롭게 확립된 의미 틀에 의해 형성된 체계이다.** 이 근본적인 명제는 Kovisto와 Revonsuo(2007)의 정교한 실험에 의해 지지된다. 참여자들은 가구 또는 동물 사진 중 한 유형의 사진과 다른 범주의 필러 사진(filler pictures) 두 장이 포함된 화면에 주의를 기울였다. 세 번째와 네 번째 시행에서, 예상하지 못했던 자극어('cat' 또는 'sofa')가 사진의 중앙에 제시되어 있던 고정된 십자를 대체하였다. 참여자들은 동물 또는 가구 중 하나에 주의를 기울이도록 무선적으로 배정되었고, 자극어는 주의를 기울인 사진 범주와 일치하거나 불일치하였다. 참여자들은 그들이 본 대상이 무엇이고, 그들이 무언가 '이전 시행에서는 없었던 새롭고 추가적인' 것을 알아차렸는지 작성하도록 요청받았다. 연구 결과, 참여자들은 주의를 기울인 사진 범주와 일관된 단어를 유의하게 더 잘 탐지하는 것으로 나타났다. 즉, 참여자들이 주의를 기울인 세트와 예상치 못한 자극 사이의 의미론적 관계에 따라 자극을 볼 수 있는지 여부가 결정되는 것이다. 관찰자의 관심사와 의미 있게 관련된 예상치 못한 자극어는 더 잘 관찰될 가능성이 높은 반면, 관찰자의 의미론적 틀과 일치하지 않는 예상치 못한 자극어는 간과하게 될 가능성이 있다. 이러한 결과는 부정적 소문과 짝지어진 중립적인 얼굴 표정이 다른 중립적인 얼굴 표정에 비해 더 잘 보이고, 오래 보게 된다는 최근 연구 결과(Anderson et al., 2011)와 상호 보완된다. 그러므로 의미는 주의 선택에 영향을 주고 궁극적으로 개인이 어떤 특징, 대상, 사건을 지각하는지 여부를 결정할 수 있다.

의미가 주의 선택에 미치는 상당한 영향을 고려할 때, 개인이 그의 상황을 긍정적으로 재평가하는 경우, 자신의 삶에서 아름답고, 확증적이며, 보상적인 요소들에 집중하고 자각하기 시작할 것으로 기대된다. 이렇게 현재 순간에 유쾌한 사건을 의도적으로 자각하는 것을 향유(savoring)라고 하며(Bryant, Chadwick, & Kluwe, 2011), 이것은 긍정정서를 극대화하는 가장 강력한 수단 중 하나이다(Quiodback, Berry, Hansenne, & Mikolajczak, 2010). 물론, 긍정 자극에 선택적으로 주의를 기울이는 일은 긍정정서 조절(positive emotion regulation)의 효과적인 한 형태이다(Wadlinger & Isaacowitz, 2008). 향유 과정에서 개인은 감각과 감정의 다양성과 범위를 확장하면서 사건의 두드러지고 현저한 특징뿐 아니라 더 미묘한 특징에도 주의를 기울이게 된다. 그러나 향유는 유쾌한 자극에 주의를 기울이는 것 그 이상이다. 향유는 메타인지와 자기성찰을 포함하는데, 유쾌한 자극과 그 자극으로부터 나타나는 긍정정서 경험에 대한 자각을 집중시킨다(Frijda & Sundararajan, 2007). 달리 말하면, 향유는 마음챙김의 요소를 포함하고 있다. 유쾌한 대상이나 사건뿐 아니라 그 대상 또는 사건과 접촉함으로써 발생하는 유쾌한 상태에도 마음챙김의 태도로 주의를 기울임으로써, 사람들은 향유 경험을 더 심화시키거나 연장시킬 수 있다.

마음챙김 훈련은 내담자가 기분 좋은 대상이나 사건(예: 아름다운 석양을 바라보는 것, 만족스러운 한 끼 식사를 하는 것 등)에 마음챙김의 태도로 집중하도록 안내함으로써 자연적 보상에 대한 지각된 쾌락주의적(hedonic) 가치를 높이고, 만성 스트레스로 인해 나타나는 유쾌한 대상, 사건, 경험에 대한 무감각함을 상쇄할 수 있다(Koob & Le Moal, 2001). 이러한 활동들은 감각 초점 기법(sensate-focus techniques)(Albaugh & Kellogg-Spadt, 2002; Heiman & Meston, 1997; Masters & Johnson, 1970)과 유사한 방식으로 지각 및 감각운동 경험으로부터 오는 즐거움을 증폭시킬 수 있으며, 긍정적 주의 편향을 생성함으로써 정서조절을 촉진시킬 수 있다(Wadlinger & Isaacowitz, 2010). 성적 즐거움 및 성기능 향상을 위한 수단으로 감각 초점 기법을 사용한 통제된 임상 시험들에서 경험의 감각적 질에 주의를 기울임으로써 쾌감을 증가시키고 반응을 향상시킬 수 있다는 것을 보여 준다(Heiman & Meston, 1998). 유사하게 섭식의 감각적 경험에 대한 주의를 높이면 섭취 과정에서의 쾌락이 증가하는 것으로 나타났다(Lebel & Dube, 2001). 시계열 분석에서 현재 순간의 경험에 주의를 기울이는 것은 미래의 행복과 연관된 것으로 나타났고(Killingsworth & Gilbert, 2010), 긍정적 사건에 마음챙김의 태도로 주의를 기울이는 것과 향유하는 것은 정신병리의 하향 나선과 관련된 무쾌감증을 완화시킬 수 있는 가능성을 갖는다. 이러한 가설을 지지하듯, 잔존적 우울 증상을 가진 성인을 대상으로 한 마음챙김 기반 인지치료의 최근 무선통제 시험에서 마음챙김 훈련이 일상의 유쾌한 활동에서 보상과 긍정정서 경험을 증진시키는 것으로 나타났다(Geschwind, Peeters, Drukker, van Os, & Wichers, 2011).

더 나아가, 향유 과정 중에 개인의 자기성찰적 자각이 함양됨에 따라 평가는 정교화된다. 그리고 향유 대상이 지닌 함의를 확장된 시간 동안 숙고하면서 더 넓은 관계와 의미의 네트워크가 촉발된다(Frijda & Sundararajan, 2007). 일례로, 60세 노인인 데이비드의 예시를 살펴보자. 그는 최근에 잠재적으로 생명을 위협하는 암 진단을 받았다. 데이비드는 항암 치료를 겪고 나서 "내 인생은 끝이야. 나는 이제 죽을거야."라는 스트레스 평가로부터 현재 자신의 생존 사실에 주의를 기울이기 위해 탈중심화를 할 수 있을 것이다. 이것은 "내가 살아 있는 것은 행운이야."라는 재평가로 이어져 안도감이나 만족감을 느낄 수 있다. 이러한 감정을 향유하는 것은 "나는 그동안 삶에서 참 많은 것들을 누릴 수 있었어"라는 연상으로 이어질 수 있으며, 이는 사랑하는 사람을 만나는 것, 친구들과 즐거운 시간을 보내는 것, 일에서 성공을 경험하는 것, 의미 있는 활동에 참여하는 것, 그리고 심지어 창밖으로 보이는 아름다운 광경을 감상하는 것과 같은 과거와 현재 상황의 긍정적 특성으로까지 주의를 확장시킬 것이다. 결결과적으로 재평가는 깊은 감사와 기쁨으로 발전하고, "나는 이러한 긍정적 재평가와 그에 수반되는 감정에 대한 정교한 처리가 향유 과정에서 일어나는 순간적인 마음챙김의 상태에서 발견되는 자기성찰성과 몰입에 의해 개입될 때, 그 경험에 정서적 색채를 주는 전체적 의미(holistic meaning)와 '느껴지는 감각(felt sense)'을 일으킬 수 있다(Teasdale, 1997). 그러므로 향유 경험을 할 때, 즐거운 의미로 발전되고, 궁극적으로는 긍정적 재평가를 하는 경향을 새롭고 더 적응적인 도식으로 공고화될 때까지 강화하는 존재 방식으로 발전될 것이다. 마음챙김은 이러한 방식으로 긍정적 재평가와 향유의 자기 강화적 순환을 촉진시키며, 이는 자각을 확장시키고 의미를 구축하여 지속적 안녕감의 발달로 향하게 하는 상향 나선의 확장된 소용돌이라 할 수 있다.

상담 실제에 대한 함의

지금까지 설명한 여러 개념의 연결망은 상담 실무자들에게 직접적으로 중요한 시사점을 제공한다. 실존치료의 대표적 형태인 **의미치료**(logotherapy)의 창시자인 빅터 프랭클에 따르면, 심리치료자의 역할은 "잠재적 의미의 전체 스펙트럼이 의식되고 보일 수 있도록 내담자의 시야를 확장시키는 것이다"(Frankl, 1959). 경험 세계의 확장은 근본적인 치료 과정으로 재구조화 같은 인지적 기법을 가능하게 하고, 제2물결과 제3물결 치료 간의 구체화되지 않은 연결고리를 나타낼지도 모른다.

이 연결고리는 큰 논쟁을 불러일으킨 논문인 Longmore와 Worrell(2007)의 "인지행동치료 개입에서 사고를 도전해야 하는가?(Do we need to challenge thoughts in cognitive behavior therapy?)"에서 제시된 물음에 대한 답이 될 수도 있다. 문헌을 검토한 후, 이 논문의 저자들은 다음 결과에 기반하여 인지적 변화가 **인지행동치료**(CBT)의 임상적 결과의 인과적 요소라는 것을 지지할 만한 경험적 증거가 부족하다는 결론을 내린다. 즉, ① 인지 재구조화와 행동 활성화 간에 치료적 효과성의 유의미한 차이가 없고, ② 행동치료에 인지적 개입을 추가하는 것은 큰 가치가 더해지지 않으며, ③ 인지행동치료의 치료적 효과를 **인지적 과정**(cognitive processes)이 매개한다는 제한된 증거만이 있다. 그러나 저자들은 인지적 재구조화나 행동 실험과 같은 기법들의 기저에 공통된 치료적 **변화 과정**(change processes)이 있을 수 있음을 제안한다. 이 두 가지 기법은 이전에 가졌던 신념과 평가로부터 탈중심화하여 더 확장된 메타인지 상태로 들어가는 것을 포함할 수 있으며, 이를 통해 더 큰 범위의 정보에 접근하여 새로운 평가를 구성하고 세상에 대한 보다 적응적인 도식 모델을 활성화하게 될 것이다. 이러한 기법들이 새로운 방식으로 행동하고 경험하는 것을 촉진하는 절차로 실현된다면, 두 기법 모두 내담자가 세상에서 존재하는 실제 방식을 변화시키는 능력을 가질 것이다.

따라서 상담자들은 앞서 서술한 주의-정서 인터페이스를 활용하여 내담자가 보다 의미 있는 내러티브를 구성할 수 있도록 '**마음챙김 재평가**(mindful reappraisal)' 훈련을 제공할 수 있을 것이다.

마음챙김 기술에 대한 명시적 훈련을 '현실적' 평가보다 '기능적' 평가를 모교로 하는 인지 재구조화 기법과 함께 적용할 때, 마음챙김 수행에 의해 가능해지는 긍정적 재평가의 자연스러운 촉진은 한층 더 강화될 수 있다. 우리는 긍정정서를 유도하기 위해 비현실적 신념을 수용하자고 주장하는 것이 아니라 오히려 진실을 추구하고자 하는 동기보다 기능에 더 초점을 두고 있는 것이다. 상담자들은 내담자들에게 먼저 선행 사건에 대한 반응으로 고통을 유발하는 생각 또는 감정의 존재를 자각하고, 호흡에 대한 마음챙김을 통해 스트레스 평가로부터 탈중심화하여 마음챙김의 상태로 들어가는 것을 가르침으로써 재평가를 촉진할 수 있다. 내담자가 고통스러운 정신적 내용으로부터 탈중심화되면, 상담자는 소크라테스 질문을 사용하여 사건에 대한 긍정적 재평가를 시도해 볼 수 있다(예: "이 상황을 다루는 것이 어떻게 당신을 더 강한 사람으로 만들었나요? 이 상황으로부터 무엇을 배울 수 있었죠? 현재 축복이라고 경험되는 일이 있나요?"). 그런 다음 상담자는 소크라테스식 접근을 활용하여 내담자의 주의를 이전에 주의를 기울이지 않았던 선행 사건과 그보다 큰 환경적 맥락의 요소들로 이끌 수 있다. 기능적 맥락주의 또는 실용주의 관점에서, 상담자는 특히 내담자가 삶을 긍정하고, 의미 있고, 가치 있게 여기는 요소에 초점을 맞추는 것에 관심을 가질 것이다. 이것은 분명히 여러 상담 회기 내와 간에 마음챙김적 탈중심화와 재평가의 수많은 순환을 포함하는 반복적이고 되풀이되는 과정에 대한 선형적 묘사이다. 내담자들은 이 기간 동안 파국적인 평가가 사그라들고 새롭고 적응적인 평가가 보다 쉽게 구성되고, 수용되고, 통합될 때까지 탈중심화와 재평가를 오가도록 훈련된다.

내담자가 이 과정을 통해 더 넓은 스펙트럼의 잠재적 의미를 '볼 수 있게' 되면, 상담자는 이제 내담자에게 이러한 요소들과 이에 대한 명상을 통해 일어나는 긍정적 정신적 상태를 향유하도록 안내할 수 있다. 마음챙김 대처 방식의 향유적 요소는 마치 긍정적 사건을 마지막으로 경험하는 것처럼 또는 Carlos Castenada(1968)가 제시한 도전처럼 전장에서 항상 어깨 너머에 죽음을 두고 있는 전사처럼 밀도 있게 행해져야 한다. 향유를 이 정도로 관여하게 되면, 경험의 쾌락적 가치는 극대화된다(Higgins, 2006).

예를 들어, 앞선 사례에서 데이비드는 항암 화학요법과 수술로 이루어진 혹독한 치료 과정의 경험을 그가 '망했다'는 증거로 평가하며, 두려움과 절망으로 고통받을지도 모른다. 상담자는 데이비드가 이러한 스트레스 평가에서 벗어나 평온한 마음챙김의 상태에 머무는 수단으로 마음챙김 호흡을 활용하도록 안내할 수 있다. 데이베드가 그의 호흡에 주의를 기울이면서 걱정과 슬픔의 감정을 놓아주게 되면, 그는 현재 순간에 살아 있음을 알아차리기 시작할 수 있다. 그렇게 함으로써 그는 "내가 살아 있음에 감사하다"라고 재평가할 수 있으며, 결과적으로 안도감과 감사함을 느낄 수 있다.

상담자는 다음으로 데이비드가 감사함에 주의를 기울이고, 감사함의 감각에 집중하는 동안 생각, 감정, 심상, 기억을 알아차리도록 안내할 수 있다. 그 결과, 그는 아파트 창밖으로 보이는 강에 비친 석양의 아름다운 광경이 주는 생생한 느낌을 경험할 수 있게 되며, 이전에 비해 깊은 감사와 기쁨을 느낄 수 있을 것이다. 그리고 이것은 사랑하는 손주들과 함께 놀던 기억을 떠올려 "손주들과 나누고 싶은 게 너무 많아"라는 생각을 떠올리게 할 수도 있다. 다음으로 상담자는 데이비드가 손주들에게 전하고 싶은 깨달음이 무엇인지, 그리고 그의 암 진단과 치료 과정이 현재 그의 삶의 단계에 오기까지 어떤 역할을 했는지를 생각해 보게 할 수 있다. 이러한 문제를 숙고하는 과정에서 그는 강함, 결단력, 그리고 수용의 감정을 경험할 수 있다. 상담자는 데이비드에게 이러한 긍정정서에 그의 주의를 기울이도록 요청할 수 있고, 그는 긍정정서를 향유하는 동안 "암 진단을 직면한 것은 나를 보다 더 강한 사람으로 만들었고, 내 삶의 의미를 가져다주었기에 감사하다"고 생각하게 될 수 있다. 상담 과정은 데이비드가 이러한 새로운 신념을 지지하는 가치 있는 행위나 행동에 전념하도록 도우면서 완성될 수 있다. 상담자는 다음과 같이 물을 수 있을 것이다: "암을 직면하며 더 강해진 사람으로서, 당신이 원하는 의미 있는 삶을 계속해서 살기 위해 어떤 단계나 행동을 취할 수 있을까요?" 이러한 마음챙김 재평가 과정의 궁극적 목표는([그림 2-2]를 보라) 내담자가 삶에서 경험하는 역경적 상황을 개인적 성

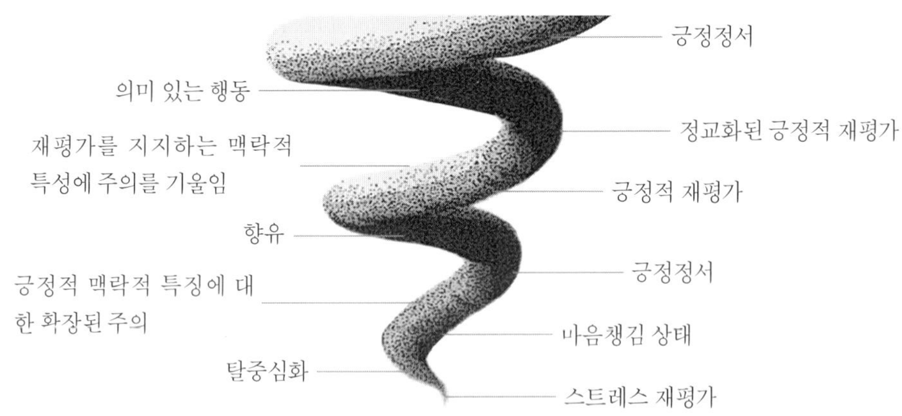

[그림 2-2] 마음챙김 재평가: 확장된 마음챙김 대처 모형 관점

장 또는 의미의 원천으로 보도록 재구성하는 것을 돕는 것이다.

비록 나(주저나)는 이러한 치료적 과정을 폭넓게 적용해 왔으며 사설 상담실과 기관 세팅에서 우울, 불안, 중독 행동, 스트레스 관련 생리행동적으로 어려움을 겪는 사람들과 성공적인 상담을 해 왔음에도 불구하고 인지행동치료에 마음챙김 및 긍정적 재평가 훈련을 추가하는 것이, ① 재평가를 촉진하는지, ② 고통스러운 생각과 정서를 경감시키는 효과적인 수단인지, ③ 안녕감, 일관성과 회복탄력성을 높일 수 있는지 등에 대한 임상적 시험이 여전히 필요하다. 현재 우리는 이러한 질문에 답하기 위해 통제된 연구를 수행 중에 있다.

임상적 조언

마음챙김 훈련을 심리적 유연성을 증진시키고 긍정적 재평가를 촉진하는 수단으로 제공하라. 이는 내담자들에게 초기 스트레스 평가 후와 재평가를 실시하기 전에 공식적인 마음챙김 연습에 참여하도록 함으로써 독려할 수 있다. 이러한 '마음챙김 재평가(mindful reappraisal)' 기술의 개관을 다음에 제시하였으며 더 세부적인 내용은 다른 곳에서 찾아볼 수 있다(Garland, 작업 중).

1. 내담자가 어려운 생애 사건에 대한 반응으로 어떤 생각을 하고, 어떤 감정을 느끼고 있는지를 자각하도록 도우라.
2. 내담자에게 기분이 좋지 않더라도, 상황에 대해 어떻게 생각하고, 어떻게 반응할지는 여전히 선택할 수 있음을 상기시키라.
3. 내담자가 마음챙김 호흡을 3~5분 정도 할 수 있도록 안내하고, 고통스러운 생각 및 감정으로부터 거리를 두고, 새로운 의미에 개방적인 태도를 취하도록 안내하라.
4. 내담자가 자기 사신에게 아래의 질문을 해 보도록 독려하라.
   ① 이 상황을 다르게 볼 수 있는 방법은 어떤 것이 있을까?
   ② 나는 이 상황에서 어떤 개인적 의미를 발견할 수 있을까?

③ 내가 이 상황에서 배울 수 있는 것은 무엇일까?

④ 이 상황을 다루는 것이 어떻게 나를 더 강한 사람으로 만들어 줄 수 있을까?

⑤ 이러한 상황 속에서도 숨겨진 축복이 있을까?

5. 내담자가 아래 목록과 같은 새로운 의미에 초점을 두고 향유하도록 안내하라.

① 내담자가 의도적으로 마음챙김의 자세로 유쾌한, 만족스러운, 또는 의미 있는 사건과 이에 대한 긍정적 정서 반응을 향유하도록 독려하라.

② 내담자의 긍정정서 경험을 활용하여 더 기능적인 신념을 만들고 가치 있는 행동에 전념하도록 촉진하라.

③ 내담자들에게 매주 긍정적 기록(Padesky, 1994)을 남기도록 과제를 제시하여 긍정적 재평가와 새로운 적응적 도식을 강화하라.

결론: 마음챙김 대처 기술과 수용전념치료의 통합

이 장에서 논의한 마음챙김 모형은 분명한 역설을 제기한다. 마음챙김은 현상학적 경험에 대한 비평가적 접촉을 격려하고, 지각 과정에 대한 정서적 왜곡을 약화시킨다(Hayes & Wilson, 2003). 반면 긍정적 재평가는 경험에 긍정적 의미를 부여한다. 따라서 상황을 긍정적으로 해석하기 위해 노력하는 것은 마음챙김의 윤리와 질에 반하는 것처럼 보일 수 있다. 실제로, 여기에서 상세하게 다루고 있는 마음챙김과 긍정적 재평가의 통합은 고전적 불교 문헌(Kalupahana, 1987)과는 일관적이지 않은 것처럼 보일 수 있다. 이 문헌에 따르면, 긍정적 경험에 대한 집착이나 그것의 함양을 분명하게 경계하는 것으로 알려져 있다. 긍정 경험의 추구는 필연적으로 감정적 고통을 가져올 수밖에 없는데, 이러한 관점에 따르면 사건 또는 사물의 일시성이 추구하던 것의 상실로 이어지기 때문이다(Watts, 1957, 1961). 한편, 불교에서는 4가지 고귀한 정신상태의 함양을 강조하는데 사애심(loving kindness), 자비(compassion), 더불어 기뻐하는 마음(sympathetic joy), 평정심(equanimity)이며, 이 중 세 가지는 긍정성과 융합되어 있다. 불교 전통(Buddhist traditions)에서는 평정심(ACT의 수용과 가장 가까운 구성개념)이 나머지 세 가지 고귀한 정신상태를 달콤한 유혹(saccharine)으로부터 지켜내기 위해 필수적이다.

일부 현대 이론가들은 재평가가 원래의 스트레스 평가에 대한 동일시와 혐오를 필요로 한다는 가정 때문에, 마음챙김을 재평가와 상반되는 것으로 개념화한다(Chambers et al., 2009). ACT 또한 원치 않는 심리적 경험에 대한 수용을 발달시키기 위해 정서 조절 노력을 약화시키는 데 초점을 두고 있음을 고려하면 ACT와 재평가 또한 명백히 양립할 수 없는 이론처럼 보인다(Hayes et al., 1999). ACT의 기본적 이론적 틀은 원치 않는 생각이나 느낌을 바꾸거나 조절하려는 시도가 경험적 회피를 촉진하며, 이는 결국 고통, 괴로움, 그리고 기능의 손상을 초래한다. 이러한 관점에서 정서조절 방략으로서의 재평가는 역효과를 가져오며, 마음챙김과 전혀 일치하지 않는 이론처럼 보인다.

이러한 역설을 해결하기 위해 보다 넓은 관점이 필요하다. 우리는 마음챙김의 상태가 재평가를 가능하게 만드는 핵심적인 기제임을 주장한다. Chambers 등(2009)은 마음챙김과 재평가 간에 근본적인 차이가 있음을 강조한다. 재평가는 의식의 내용을 바꾸며, 마음챙김은 그러한 내용과의 관계를 바꾼다. 우리는 이러한 묘사와 동의하지만, 마음챙김과 재평가가 단일 연속상의 양극단에 있는 개념이 아니라 서로 다르지만 상호보완적인 적응적 과정의 단계를 나타낸다고 주장한다. 다시 말해, 우리는 마음챙김이 생각과 감정이 수용되는 탈중심화된 자각 상태를 가능하게 함으로써 긍정적 재평가를 촉진한다고 가정한다. 그러므로 마음챙김은 재평가 과정의 전제조건 또는 첫 단계라고 할 수 있지만, 긍정적 재평가 그 자체로 간주되어서는 안 된다. 경험에 집착하는 대신 수용함으로써 인지적 자원은 해방되고, 주의의 범위가 확장되어 즐겁고 의미 있는 사건들을 포괄하게 되고, 심리적 유연성이 구축된다.

다르게 말하면, 마음챙김의 수용적 태도는 초기 인지적 평가와 관련된 행동반응 간의 지각된 융합을 탈중심화하거나 해체하는 데 도움을 준다. 인지적 탈융합을 촉진하는 과정에서 마음챙김은 내담자가 고통스러운 생각과 감정을 진리나 고정된 행동의 결정 요인으로 보지 않고 그저 사소한 사건으로 볼 수 있도록 공간을 열어준다. 그러므로 초기 평가는 **탈문자화**(deliteralized)된다. 즉, 경험적 현실이 아닌 사건의 관계적 틀로서 보여진다. 탈문자화를 통해, 초기 평가는 행동적 반응을 결정할 힘을 잃어버린다. 탈중심화에 의해 열린 공간을 통해 내담자는 가치 있는 행동을 보상하거나 강화할 수 있는 더 넓은 범위의 경험과 더 가깝게 접촉할 수 있게 된다. Hayes, Strosahl과 Wilson(1999)은 다음과 같이 말한다. 인지적 탈융합과 경험에의 개방성은 내담자를 언어적으로 구성된 우연성(contingencies)이 아닌 자연적 우연성에 더 민감해지도록 하는 부수적 효과가 있다. 이것은 내담자가 환경적 요구에 더 효과적으로 반응할 수 있도록 도와줄 수 있다"(p. 237). 결과적으로 자기와 세상에 대한 새로운 인지적 평가가 만들어질 수 있으며, 이는 깊이 간직한 가치와 일관되게 행동하는 데 더욱 전념할 수 있도록 한다. 이처럼 마음챙김과 수용은 안녕감에 대한 재평가의 치료적 영향의 기저에 흐르는 주요한 기제이며, 이는 낮은 수준의 경험적 회피(예: 높은 수용)가 인지적 재평가와 긍정심리학적 결과 변인과의 관계를 매개한다는 것을 보여 주는 자료에 의해 지지되는 개념이다(Kashdan, Barrios, Forsyth, & Steger, 2006). 더 나아가 경험을 회피하기보다 수용할 수 있는 능력은 외상적 생애 사건이 삶의 의미와 긍정적 재평가와 가까운 관계가 있는 구성개념인 외상 후 성장(Kashdan & Kane, 2011)에 주는 영향을 조절한다. 따라서 우리는 마음챙김적 수용이 보다 의미 있는 삶을 위해 재평가가 활용될 수 있도록 지렛대(fulcrum)와 같은 역할을 한다고 주장한다.

이러한 과정의 목적은 생각과 감정을 억압, 부인, 회피함으로써 조절해 '버리는' 것이 아니라, 전념행동을 촉진하고 삶에 가치를 부여하기 위함이다. 궁극적으로 마음챙김은 개인에게 자유를 주고, 그에 따라 보다 목적 있고 의미 있는 실존을 구성할 책임 또한 갖게 한다.

참고문헌

Affleck, G., & Tennen, H. (1996). Construing benefits from adversity: Adaptational significance and dispositional underpinnings. *Journal of Personality*, *64*(4), 899-922.

Albaugh, J. A., & Kellogg-Spadt, S. (2002). Sensate focus and its role in treating sexual dysfunction. *Urologic Nursing, 22*(6), 402-403.

Ambady, N., & Rosenthal, R. (1992). Thin slices of expressive behavior as predictors of interpersonal consequences: A meta-analysis. *Psychological Bulletin, 111,* 256-274.

Anderson, E., Siegel, E. H., Bliss-Moreau, E., & Barrett, L. F. (2011). The visual impact of gossip. *Science, 332*(6036), 1446-1448.

Antonovsky, A. (1987). *Unraveling the mystery of health.* San Francisco: Jossey-Bass.

Aron, A., Norman, C. C., Aron, E. N., McKenna, C., & Heyman, R. E. (2000). Couples' shared participation in novel and arousing activities and experienced relationship quality. *Journal of Personality and Social Psychology, 78,* 273-284.

Bandura, A. (2001). Social cognitive theory: An agentic perspective. *Annual Review of Psychology, 52,* 1-26.

Barazzone, N., & Davey, G. C. (2009). Anger potentiates the reporting of threatening interpretations: An experimental study. *Journal of Anxiety Disorders, 23*(4), 489-495.

Bargh, J. A., & Chartrand, T. L. (1999). The unbearable automaticity of being. *American Psychologist, 54*(7), 462-479.

Bateson, G. (1972). *Steps to an ecology of mind.* Chicago: The University of Chicago Press.

Baumeister, R. F., Bratslavsky, E., Finkenauer, C., & Vohs, K. D. (2001). Bad is stronger than good. *Review of General Psychology,* 5(4), 323-370.

Boden, M. T., & Berenbaum, H. (2010). The bidirectional relations between affect and belief. *Review of General Psychology, 14*(3), 227-239.

Bower, J., Low, C., Moskowitz, J., Sepah, S., & Epel, E. (2008). Benefit finding and physical health: Positive psychological changes and enhanced allostasis. *Social and Personality Psychology Compass, 2*(1), 223-244.

Brosschot, J. F., Gerin, W., & Thayer, J. F. (2006). The perseverative cognition hypothesis: A review of worry, prolonged stress-related physiological activation, and health. *Journal of Psychosomatic Research, 60*(2), 113-124.

Brown, K. W., Ryan, R. M., & Creswell, J. D. (2007). Mindfulness: Theoretical foundations and evidence for its salutary effects. *Psychological Inquiry, 18*(4), 211-237.

Bryant, F. B., Chadwick, E. D., & Kluwe, K. (2011). Understanding the processes that regulate positive emotional experience: Unsolved problems and future directions for theory and research on savoring. *International Journal of Wellbeing, 1*(1), 107-126.

Burns, A. B., Brown, J. S., Sachs-Ericsson, N., Plant, E. A., Curtis, J. T., Fredrickson, B. L., et al. (2008). Upward spirals of positive emotion and coping: Replication, extension, and initial exploration of neurochemical substrates. *Personality and Individual Differences, 44*, 360-370.

Cacioppo, J. T., Gardner, W. L., & Berntson, G. G. (1999). The affect system has parallel and integrative processing components: Form follows function. *Journal of Personality and Social Psychology, 76*(5), 839-855.

Cannon, W. B. (1929). Organization of physiological homeostasis. *Physiology Review, 9*, 399-431.

Carrico, A. W., Ironson, G., Antoni, M. H., Lechner, S. C., Duran, R. E., Kumar, M., et al. (2006). A path model of the effects of spirituality on depressive symptoms and 24-h urinary-free cortisol in HIV-positive persons. *Journal of Psychosomatic Research, 61*(1), 51-58.

Castaneda, C. (1968). *The teachings of Don Juan: A Yaqui way of knowledge*. Berkeley: University of California Press.

Centerbar, D. B., Schnall, S., Clore, G. L., & Garvin, E. D. (2008). Affective incoherence: When affective concepts and embodied reactions clash. *Journal of Personality and Social Psychology, 94*(4), 560-578.

Chambers, R., Gullone, E., & Allen, N. B. (2009). Mindful emotion regulation: An integrative review. *Clinical Psychology Review, 29*(6), 560-572.

Ciarrochi, J., & Bailey, A. (2008). *A CBT practitioner's guide to ACT*. Oakland, CA: New Harbinger.

Cicchetti, D., & Blender, J. A. (2006). A multiple-levels-analysis perspective on resilience: Implications for the developing brain, neural plasticity, and preventive interventions. *Annals of the New York Academy of Sciences, 1094*, 248-258.

Clore, G. L., & Gasper, K. (2000). Feeling is believing: Some affective influences on belief. In N. H. Frijda, A. S. R. Manstead, & S. Bem (Eds.), *Emotions and belief: How feelings influence thoughts* (pp. 10-44). Cambridge, England: Cambridge University Press.

Cohn, M. A., & Fredrickson, B. L. (2010). In search of durable positive psychology interventions: Predictors and consequences of long-term positive behavior change.

Cohn, M. A., Fredrickson, B. L., Brown, S. L., Mikels, J. A., & Conway, A. M. (2009).

Happiness unpacked: Positive emotions increase life satisfaction by building resilience. *Emotion, 9(3),* 361-368.

Corbetta, M., & Shulman, G. L. (2002). Control of goal-directed and stimulus-driven attention in the brain. *Nature Reviews: Neuroscience, 3*(3), 201-215.

Cruess, D. G., Antoni, M. H., McGregor, B. A., Kilbourn, K. M., Boyers, A. E., Alferi, S. M., et al. (2000). Cognitive-behavioral stress management reduces serum cortisol by enhancing benefit finding among women being treated for early stage breast cancer. *Psychosomatic Medicine, 62*(3), 304-308.

Davey, G. C., Bickerstaffe, S., & MacDonald, B. A. (2006). Experienced disgust causes a negative interpretation bias: A causal role for disgust in anxious psychopathology. *Behavior Research and Therapy, 44*(10), 1375-1384.

Desimone, R., & Duncan, J. (1995). Neural mechanisms of selective visual attention. *Annual Review of Neuroscience, 18*, 193-222.

Dunn, J. R., & Schweitzer, M. E. (2005). Feeling and believing: The influence of emotion on trust. *Journal of Personality and Social Psychology, 88*(5), 736-748.

Ekman, P. (1971). Universals and cultural differences in facial expressions of emotions. In J. Cole (Ed.), *Nebraska symposium on motivation* (pp. 207-283). Lincoln: University of Nebraska Press.

Ekman, P. (1977). Biological and cultural contributions to body and facial movement. In J. Blacking (Ed.), A.S.A. *Monograph 15, the anthropology of the body* (pp, 39-84), London: Academic Press.

Ellsworth, P. C., & Scherer, K. R. (2002). Appraisal processes in emotion. In R. J. Davidson (Ed.), *Handbook of affective sciences* (pp. 572-595). New York: Oxford University Press.

Folkman, S. (1984). Personal control and stress and coping processes: A theoretical analysis. *Journal of Personality and Social Psychology, 46*(4), 839-852.

Folkman, S. (1997). Positive psychological states and coping with severe stress. *Social Science & Medicine, 45*(8), 1207-1221.

Folkman, S., & Moskowitz, J. T. (2000). Positive affect and the other side of coping. *American Psychologist, 55*(6), 647-654.

Forgas, J. P. (1994). Sad and guilty? Affective influences on the explanation of conflict in relationships. *Journal of Personality and Social Psychology, 66*, 56-68.

Frankl, V. E. (1959). *Man's search for meaning.* New York: Simon & Schuster.

Fredrickson, B. L. (1998). What good are positive emotions? *Review of General Psychology, 2*(3), 300-319.

Fredrickson, B. L. (2004). The broaden-and-build theory of positive emotions. *Philosophical Transactions of the Royal Society of London B Biological Sciences, 359*(1449), 1367-1378.

Fredrickson, B. L., & Branigan, C. (2005). Positive emotions broaden the scope of attention and thought-action repertoires. *Cognition and Emotion, 19*(3), 313-332.

Fredrickson, B. L., Cohn, M. A., Coffey, K. A., Pek, J., & Finkel, S. M. (2008). Open hearts build lives: Positive emotions, induced through loving-kindness meditation, build consequential personal resources. *Journal of Personality and Social Psychology, 95*(5), 1045-1062.

Fredrickson, B. L., & Joiner, T. (2002). Positive emotions trigger upward spirals toward emotional well-being. *Psychological Science, 13*(2), 172-175.

Fredrickson, B. L., & Levenson, R. W. (1998). Positive emotions speed recovery from the cardiovascular sequelae of negative emotions. *Cognition and Emotion, 12*, 191-220.

Fredrickson, B. L., & Losada, M. F. (2005). Positive affect and the complex dynamics of human flourishing. *American Psychologist, 60*(7), 678-686.

Fredrickson, B. L., Mancuso, R. A., Branigan, C., & Tugade, M. M. (2000). The undoing effect of positive emotions. *Motivation and Emotion, 24*, 237-258.

Fredrickson, B. L., Tugade, M. M., Waugh, C. E., & Larkin, G. R. (2003). What good are positive emotions in crises? A prospective study of resilience and emotions following the terrorist attacks on the United States on September 11th, 2001. *Journal of Personality and Social Psychology, 84*(2), 365-376.

Friedman, B. H. (2011). Feelings and the body: The Jamesian perspective on autonomic specificity of emotion. *Biological Psychology, 84*(3), 383-393.

Friedman, R. S., & Forster, J. (2011). Implicit affective cues and attentional tuning: An integrative review. *Psychological Bulletin, 136*(5), 875-893.

Frijda, N. H. (1986). *The emotions.* Cambridge, England: Cambridge University Press.

Frijda, N. H. (1988). The laws of emotion. *American Psychologist, 43*(5), 349-358.

Frijda, N. H., & Sundararajan, L. (2007). Emotion refinement: A theory inspired by Chinese poetics. *Perspectives on Psychological Science, 2*(3), 227-241.

Gable, S. L., Gonzaga, G. C., & Strachman, A. (2006). Will you be there for me when things go right? Supportive responses to positive event disclosures. *Journal of Personality and Social Psychology, 91*(5), 904-917.

Garland, E. L. (2007). The meaning of mindfulness: A second-order cybernetics of stress, metacognition, and coping. *Complementary Health Practice Review, 12*(1), 15-30.

Garland, E. L. (forthcoming). Mindfulness-oriented recovery enhancement: *Reclaiming a meaningful life from addiction, stress, and pain*. Washington, DC: NASW Press.

Garland, E. L., Fredrickson, B. L., Kring, A. M., Johnson, D. P., Meyer, P. S., & Penn, D. L. (2010). Upward spirals of positive emotions counter downward spirals of negativity: Insights from the broaden-and-build theory and affective neuroscience on the treatment of emotion dysfunctions and deficits in psychopathology. *Clinical Psychology Review, 30*, 849-864.

Garland, E. L., Gaylord, S. A., & Fredrickson, B. L. (2011). Positive reappraisal coping mediates the stress-reductive effect of mindfulness: An upward spiral process. *Mindfulness, 2*(1), 59-67.

Garland, E. L., Gaylord, S. A., & Park, J. (2009). The role of mindfulness in positive reappraisal. *Explore (NY), 5*(1), 37-44.

Geschwind, N., Peeters, F., Drukker, M., van Os, J., & Wichers, M. (2011). Mindfulness training increases momentary positive emotions and reward experience in adults vulnerable to depression: A randomized controlled trial. *Journal of Consulting and Clinical Psychology, 79*, 618-628.

Goldstein, J. (2002). *One Dharma: The emerging western Buddhism*. San Francisco: Harper San Francisco.

Gootjes, L., Franken, I. H., & Van Strien, J. W. (2010). Cognitive emotion regulation in yogic meditative practitioners: Sustained modulation of electrical brain potentials. *Journal of Psychophysiology, 25*(2), 87-94.

Hayes, S. C., Luoma, J. B., Bond, F. W., Masuda, A., & Lillis, J. (2006). Acceptance and Commitment Therapy: Model, processes and outcomes. *Behavior Research and Therapy,*

44(1), 1-25.

Hayes, S. C., Strosahl, K. D., & Wilson, K. G. (1999). *Acceptance and Commitment Therapy: An experiential approach to behavior change.* New York: Guilford Press.

Hayes, S. C., & Wilson, K. G. (1995). The role of cognition in complex human behavior: A contextualistic perspective. *Journal of Behavior Therapy and Experimental Psychiatry, 26*(3), 241-248.

Hayes, S. C., & Wilson, K. G. (2003). Mindfulness: Method and process. *Clinical Psychology: Science and Practice, 10*(2), 161-165.

Heiman J. R., & Meston C. M. (1998). Empirically validated treatments for sexual dysfunction. In K. S. Dobson, K. D. Craig (Eds.), *Empirically Supported Therapies: Best Practice in Professional Psychology.* New York: Sage Publications.

Hejmadi, A., Waugh, C. E., Otake, K., & Fredrickson, B. L. (in press). Cross-cultural evidence that positive emotions broaden views of self to include close others.

Helgeson, V. S., Reynolds, K. A., & Tomich, P. L. (2006). A meta-analytic review of benefit finding and growth. *Journal of Consulting and Clinical Psychology, 74*(5), 797-816.

Higgins, E. T. (2006). Value from hedonic experience and engagement. *Psychological Review, 113*(3), 439-460.

Huston, D., Garland, E. L., & Farb, N. A. (2011). Mechanisms of mindfulness in communications training. *Journal of Applied Communication Research, 39*(4), 406-421.

Isen, A. M. (1987). Positive affect, cognitive processes, and social behavior. *Advances in Experimental Social Psychology, 20,* 203-253.

James, W. (1890). *The principles of psychology.* New York: Henry Holt & Co.

Janig, W. (2002). The autonomic nervous system and its coordination by the brain. In R. J. Davidson (Ed.), *Handbook of affective sciences* (pp. 135-186). New York: Oxford University Press.

Jha, A., Krompinger, J., & Baime, M. (2007). Mindfulness training modifies subsystems of attention. *Cognitive, Affective, and Behavioral Neuroscience, 7*(2), 109-119.

Kalisch, R. (2009). The functional neuroanatomy of reappraisal: Time matters. *Neuroscience & Biobehavioral Reviews, 33*(8), 1215-1226.

Kalupahana, D. J. (1987). *The principles of Buddhist psychology.* Albany: State University of

New York Press.

Kashdan, T. B., Barrios, V., Forsyth, J. P., & Steger, M. F. (2006). Experiential avoidance as a generalized psychological vulnerability: Comparisons with coping and emotion regulation strategies. *Behavior Research and Therapy, 44*(9), 1301-1320.

Kashdan, T. B., & Kane, J. Q. (2011). Posttraumatic distress and the presence of posttraumatic growth and meaning in life: Experiential avoidance as a moderator. *Personality and Individual Differences, 50*(1), 84-89.

Kashdan, T. B., & Rottenberg, J. (2010). Psychological flexibility as a fundamental aspect of health. *Clinical Psychology Review, 30*, 865-878.

Keeney, B. P. (1983). *Aesthetics of change.* New York: Guilford Press.

Keyes, C. L. (2002). The mental health continuum: From languishing to flourishing in life. *Journal of Health and Social Behavior, 43*(2), 207-222.

Killingsworth, M. A., & Gilbert, D. T. (2010). A wandering mind is an unhappy mind. *Science, 330*(6006), 932.

Koivisto, M., & Revonsuo, A. (2007). How meaning shapes seeing. *Psychological Science, 18*(10), 845-849.

Koob, G. F., & Le Moal, M. (2001). Drug addiction, dysregulation of reward, and allostasis. *Neuropsychopharmacology, 24*(2), 97-129.

Kringelbach, M. L., & Berridge, K. C. (2009). Towards a functional neuroanatomy of pleasure and happiness. *Trends in Cognitive Science, 13*(11), 479-487.

Lang, P. J., & Bradley, M. M. (2011). Emotion and the motivational brain. *Biological Psychology, 84*(3), 437-450.

Lang, P. J., Bradley, M. M., & Cuthbert, B. N. (1997). Motivated attention: *Affect, activation, and action.* New Jersey: Lawrence Erlbaum Associates, Inc.

Lazarus, R. (1991). *Emotion and adaptation.* New York: Oxford University Press.

Lazarus, R. (1999). *Stress and emotion*: A new synthesis. New York: Springer.

Lazarus, R., & Folkman, S. (1984). *Stress, appraisal, and coping.* New York: Springer.

LeBel, J. L., & Dubé, L. (2001). *The impact of sensory knowledge and attentional focus on pleasure and on behavioral responses to hedonic stimuli.* 13th Annual American Psychological Society Convention. Toronto, Ontario.

Lerner, J. S., & Keltner, D. (2001). Fear, anger, and risk. *Journal of Personality and Social Psychology, 81*(1), 146-159.

Longmore, R. J., & Worrell, M. (2007). Do we need to challenge thoughts in cognitive behavior therapy? *Clinical Psychological Review, 27*(2), 173-187.

Lutz, A., Slagter, H. A., Dunne, J. D., & Davidson, R. J. (2008). Attention regulation and monitoring in meditation. *Trends in Cognitive Science, 12*(4), 163-169.

Masters, W. H., & Johnson, V. E. (1970). *Human sexual inadequacy.* Boston: Little & Brown.

Mathews, A., & MacLeod, C. (2005). Cognitive vulnerability to emotional disorders. *Annual Review of Clinical Psychology, 1*, 167-195.

McEwen, B. S. (2003). Mood disorders and allostatic load. *Biological Psychiatry, 54*(3), 200-207.

McEwen, B. S. (2007). Physiology and neurobiology of stress and adaptation: central role of the brain. *Physiological Reviews, 87(3)*, 873-904.

McEwen, B. S., & Wingfield, J. C. (2003). The concept of allostasis in biology and biomedicine. *Hormones and Behavior, 43*(1), 2-15.

McGregor, B. A., Antoni, M. H., Boyers, A., Alferi, S. M., Blomberg, B. B., & Carver, C. S. (2004). Cognitive-behavioral stress management increases benefit finding and immune function among women with early-stage breast cancer. *Journal of Psychosomatic Research, 56*(1), 1-8.

Monat, A., Averill, J. R., & Lazarus, R. S. (1972). Anticipatory stress and coping reactions under various conditions of uncertainty. *Journal of Personality and Social Psychology, 24*(2), 237-253.

Moore, A., & Malinowski, P. (2009). Meditation, mindfulness and cognitive flexibility. *Consciousness and Cognition, 18*(1), 176-186.

Nelson, T. O., Stuart, R. B., Howard, C., & Crowley, M. (1999). Metacognition and clinical psychology: A preliminary framework for research and practice. *Clinical Psychology and Psychotherapy, 6*, 73-79.

Niemiec, C. P., Brown, K. W., Kashdan, T. B., Cozzolino, P. J., Breen, W., Levesque, C., & Ryan, R. M. (2010). Being present in the face of existential threat: The role of trait mindfulness in reducing defensive responses to mortality salience. *Journal of Personality and Social Psychology, 99,* 344-365.

Ohman, A., Carlsson, K., Lundqvist, D., & Ingvar, M. (2007). On the unconscious subcortical origin of human fear. *Physiology & Behavior, 92*(1-2), 180-185.

Olivares, O. J. (2010). Meaning making, uncertainty reduction, and the functions of autobiographical memory: A relational framework. *Review of General Psychology, 14*(3), 204-211.

Ong, A. D., Bergeman, C. S., Bisconti, T. L., & Wallace, K. A. (2006). Psychological resilience, positive emotions, and successful adaptation to stress in later life. *Journal of Personality and Social Psychology, 91*(4), 730-749.

Padesky, C. (1994). Schema change processes in cognitive therapy. *Clinical Psychology and Psychotherapy, 1,* 267-278.

Plutchik, R. (1962). *The emotions: Facts, theories, and a new model.* New York: Random House.

Plutchik, R. (1980). *Emotion: A psychoevolutionary synthesis.* New York: Harper & Row.

Quoidback, J., Berry, E. V., Hansenne, M., & Mikolajczak, M. (2010). Positive emotion regulation and well-being: Comparing the impact of eight savoring and dampening strategies. *Personality and Individual Differences, 49*(5), 368-373.

Rosmond, R. (2005). Role of stress in the pathogenesis of the metabolic syndrome. *Psychoneuroendocrinology, 30*(1), 1-10.

Rowe, G., Hirsh, J. B., & Anderson, A. K. (2007). Positive affect increases the breadth of attentional selection. *Proceedings of the National Academy of Sciences USA, 104*(1), 383-388.

Schmitz, T. W., De Rosa, E., & Anderson, A. K. (2009). Opposing influences of affective state valence on visual cortical encoding. *The Journal of Neuroscience, 29*(22), 7199-7207.

Schwartz, R. M., Reynolds, C. F., Thase, M. E., Frank, E., Fasiczka, A. L., & Haaga, D. A. (2002). Optimal and normal affect balance in psychotherapy of major depression: Evaluation of the balanced states of mind model. *Behavioural and Cognitive Psychotherapy, 30*(4), 439-450.

Segal, Z., Williams, J. M., & Teasdale, J. D. (2002). *Mindfulness-based cognitive therapy for depression.* New York: Guilford Press.

Shapiro, S. L., Carlson, L. E., Astin, J. A., & Freedman, B. (2006). Mechanisms of mindfulness. *Journal of Clinical Psychology, 62(3)*, 373-386.

Singer, J. A. (2004). Narrative identity and meaning making across the adult life span: An introduction. *Journal of Personality, 72*, 437-459.

Soto, D., Funes, M. J., Guzman-Garcia, A., Warbrick, T., Rothstein, P., & Humphreys, G. W. (2009). Pleasant music overcomes the loss of awareness in patients with visual neglect. *Proceedings of the National Academy of Sciences USA, 106*(14), 6011-6016.

Stein, N., Folkman, S., Trabasso, T., & Richards, T. A. (1997). Appraisal and goal processes as predictors of psychological well-being in bereaved caregivers. *Journal of Personality and Social Psychology, 72*(4), 872-884.

Sterling, P., & Eyer, J. (1988). Allostasis: A new paradigm to explain arousal pathology. In S. Fisher & J. Reason (Eds.), *Handbook of life stress, cognition, and health*. New York: John Wiley & Sons.

Talarico, J. M., LaBar, K. S., & Rubin, D. C. (2004). Emotional intensity predicts autobiographical memory experience. *Memory & Cognition, 32*(7), 1118-1132.

Teasdale, J. D. (1997). The transformation of meaning: The interacting cognitive subsystems approach. In M. Power & C. R. Brewin (Eds.), *The transformation of meaning in psychological therapies* (pp. 141-156). Chichester: Wiley.

Teasdale, J. D., Segal, Z., & Williams, J. M. (1995). How does cognitive therapy prevent depressive relapse and why should attentional control (mindfulness) training help? *Behavior Research and Therapy, 33*(1), 25-39.

Thayer, J. F., & Lane, R. D. (2009). Claude Bernard and the heart-brain connection: Further elaboration of a model of neurovisceral integration. *Neuroscience and Biobehavioral Reviews, 33*(2), 81-88.

Tugade, M. M., & Fredrickson, B. L. (2004). Resilient individuals use positive emotions to bounce back from negative emotional experiences. *Journal of Personality and Social Psychology, 86*(2), 320-333.

Tugade, M. M., Fredrickson, B. L., & Barrett, L. F. (2004). Psychological resilience and positive emotional granularity: Examining the benefits of positive emotions on coping and health. *Journal of Personality, 72*(6), 1161-1190.

Wadlinger, H. A., & Isaacowitz, D. M. (2008). Looking happy: The experimental manipulation of a positive visual attention bias. *Emotion, 8*(1), 121-126.

Wadlinger, H. A., & Isaacowitz, D. M. (2010). Fixing our focus: Training attention to regulate emotion. *Personality and Social Psychological Review, 15*(1), 75-102.

Watts, A. (1957). *The way of Zen.* New York: Pantheon Books.

Watts, A. (1961). *Psychotherapy East & West.* New York: Random House.

Waugh, C. E., & Fredrickson, B. L. (2006). Nice to know you: Positive emotions, self-other overlap, and complex understanding in the formation of a new relationship. *The Journal of Positive Psychology, 1*(2), 93-106.

Waugh, C. E., Wager, T. D., Fredrickson, B. L., Noll, D. C., & Taylor, S. F. (2008). The neural correlates of trait resilience when anticipating and recovering from threat. *Social Cognitive and Affective Neuroscience, 3*(4), 322-332.

Whitson, J. A., & Galinsky, A. D. (2008). Lacking control increases illusory pattern perception. *Science, 322,* 115-117.

Witvliet, C. V., Knoll, R. W., Hinman, N. G., & DeYoung, P. A. (2010). Compassion-focused reappraisal, benefit-focused reappraisal, and rumination after an interpersonal offense: Emotion-regulation implications for subjective emotion, linguistic responses, and physiology. *The Journal of Positive Psychology, 5*(3), 226-242.

제3장

사랑 그리고 인간의 조건

Robyn D. Walser
National Center for PTSD and TL Consultation Services; California

인간다움이란, 느끼고, 행동하며, 무엇보다도 사고하는 방식에서 다른 동물들과 차별화됨을 의미한다. 인간은 **지식**(knowledge)을 발전 및 성장시키는 방식으로 행동하고 사고할 수 있다. 우리는 우리 자신, 우리의 과거, 우리의 미래를 성찰하며 창조할 수 있다. 이러한 고유한 능력(capacity)은 기술의 발전, 아름다운 문학작품, 소통과 연결, 자기(self)에 대한 지각 등 놀라운 성과를 가져왔다. 반면, 독특한 능력은 **괴로움**(suffering)을 가져오기도 한다. 예를 들어, 우리는 언젠가 죽는다는 사실을 알고 있다. 그리고 우리는 상상으로 만들어 낸 이상적인 자신의 모습과 실제 자신의 모습을 비교하여 부정적인 감정을 경험할 수 있다. 우리는 사실이 아닐지라도 고통스러운 방식으로 평가하고 범주화할 수 있다. 지식은 인간의 경험에서 풍부하고 강력한 역할을 하는 반면 그림자 같은 이면도 있다. 우리는 기쁨에 대해 성찰하는 능력이 있는 만큼 고통과 두려움에 대해서도 성찰하는 능력이 있고, 때때로 그렇게 함으로써 오래 지속되는 방식으로 고통받게 된다.

심리학 분야는 그 시작부터 정서적 · 심리적 고통에서 비롯된 인간의 고통을 경감시키는 데 기여해 왔다. 심리학의 많은 노력은 심리적 문제를 고치고, 증상을 완화하는 방법

뿐 아니라 그 원인을 설명하는 근본적인 설명에 대해서도 강조하고 있다. 심리학은 성장과 발달 단계의 미충족, 냉담하고 거부적인 어머니들과 부재한 아버지들, 대상의 부적절한 내면화, 숨겨진 추동과 힘, 메마르고 파괴적인 성장 환경, 역기능적이고 비합리적 신념 등으로부터 비롯되는 인간의 고통을 제거하고자 하는 이론과 개입들을 발전시키고 검증해 왔다. 각 접근은 인간의 행동과 고통을 이끄는 문제들을 이해하기 위해 고안되었다.

긍정심리학(Positive Psychology)은 심리학의 관점을 **문제 초점**(problem-focused)의 개념에서 긍정정서, 심리적 강점 및 덕목 초점의 개념으로 전환시켰다(Seligman, 2002). Seligman이 설명한 안녕감은 시간이 지남에 따라 좋은 기분과 만족감을 느끼게 하는 개인의 긍정적 특성에 초점을 두는 것이다. 궁극적으로 긍정심리학에서 추구하는 목적은 어려운 환경 속에서도 번영(thrive)하고 일상의 충족감을 찾아내는 것이다(Compton, 2005; Seligman & Csiksentmihalyi, 2000).

수용전념치료(이하 ACT)(Hayes, Strosahl & Wilson, 2012) 또한 전형적인 정신병리 모델에서 벗어나, 인간이 어떻게 기능하는지를 근본적으로 제고해 왔다. ACT는 부정적 내적 경험을 개인이 해결해야 하는 문제적 사건으로 이해하기보다, 사건 그 자체가 아닌 사건의 기능에 초점을 두고 이러한 경험과 개인의 관계를 이해하고자 한다. ACT는 마음챙김을 사용하고 '기꺼이 경험하기'를 고안했는데, 이 방법은 의미 있고 활기 있는 삶을 창조하기 위해 개인적 가치를 활용하는 방법이다. 안녕감은 개인이 자신의 가치를 구현하는 활동을 선택하고, 경험에 개방적인 태도를 가질 때 발견할 수 있다. 안녕감을 느끼기 위한 이러한 개인적인 노력은 반드시 행복을 궁극적으로 성취하기 위한 것은 아니다. 오히려 그것은 미래보다 현재 일어나는 모든 내적 경험에 현존하는 것에 초점을 맞추는 지속적인 과정이고 동시에 가치에 따른 행동에 중점을 둔다.

ACT와 긍정심리학 모두 행동 및 인지 이론의 역할과 영향에 대한 가정을 갖고 있고, 변화의 기제에 대해 서로 다른 관점을 가진다. 그러나 각 접근은 증상 감소와 제거에 초점을 맞추는 관점의 대안으로 가치 또는 유사한 개념인 덕목을 주목한다는 공통점이 있다. 이는 심리학 분야의 유의미한 발전이며, 개인의 삶에 큰 움직임과 자유를 허용하는 것이다.

우리가 일상에서 마주하는 **모든** 감정과 심리적 경험은 인간의 핵심적인 부분이다. 우리는 불안, 슬픔, 실망감뿐 아니라 기쁨과 즐거움도 함께 경험한다. 나는 이전의 여러 심리학자들(몇몇만 언급하자면, Chodron, 1991; Hanh, 1976; Hayes et al., 2012; Kabat-Zinn, 1994를 보라)과 마찬가지로 이러한 실존적 진리로부터 벗어날 수 없음을 주장한다. 인간의 조건(human condition)을 진실하게 마주한다는 것은 충만한 행복을 경험한다는 것을 뜻하는 동시에 끔찍한 고통, 두려움의 힘, 외로움의 슬픔, 죽음에 대한 불안을 경험한다는 것을 뜻하기도 하며 그 외의 모든 것들은 '마음'의 섬세함과 관련된 경험의 깊이에서 비롯된다. 후자의 고통을 안다는 것은 인간이 이러한 경험에서 도망칠 뿐만 아니라 **도망쳐야만 한다**는 것을 배웠다는 뜻이기도 한다.

인간은 자신의 감정과 생각을 범주화하고 판단하도록 학습해 왔다. 내적 경험은 좋은 경험과 나쁜 경험으로 분류된 후, 이에 유사한 방식으로 반응하게 된다. 즉, 우리의 내적 세계 전체가 부정적인 것으로 명명되고 문제처럼 취급되는 것이다. 이러한 종류의 문제들은 제거되거나 도망가야 할 것으로 여겨진다. 우리는 이러한 문제들로부터 도망치고, 좋은 것으로 범주화된 내적 경험을 추구해야 한다. 때때로 이렇게 하는 것이 최선일 때도 있다. 그러나 그렇게 함으로써 인간은 존재하고 있음(being)의 경험을 뒤로하도록 배우게 된다. 그럼에도 불구하고, 이러한 동일한 조건들이 우리를 고통의 순간에 굳건히 서도록 하고, 견디도록 하며, 완전한 자비심과 현존 속에서 자기와 타인과 함께 머물도록 요구한다. 우리는 측량할 수 없는 고통과 두려움, 슬픔을 경험할 때, 취약해지고 방황하는 순간에 경험으로부터 벗어나는 것이 아닌 경험하는 쪽으로 방향을 돌려야 한다. 이때야말로 우리에게 가장 필요한 것이 수용이며, 가장 필요한 것이 사랑이다. 그렇다면 여기에서 사랑한다는 것은, 어려운 내적 조건이 나타날 때 자기와 타인과 함께 온전히 현존한다는 것을 의미한다.

사랑은 또한 다른 조건에서도 **함께 머묾**을 의미한다. 이는 기쁨, 행복, 흥분 등 마음을 들뜨게 하는 모든 조건에서 심리적으로 존재한다는 뜻이다. 일반적으로, 우리는 이러한 조건을 뒤로하는 법을 배우지 않는다. 대신 이러한 것들을 추구하는 것을 배운다. 일반적인 삶의 목표는 '행복'을 추구하는 것이다. 행복이 아주 멋진 경험이라는 데 동의하고, 나 스스로도 행복을 꽤 선호하는 편이지만, 행복은 종종 쉽게 잡히지 않거나, 예상치 않게 발견되거나 오르락내리락할 때가 있는데, 행복의 순간은 그저 그 순간일 뿐이다. 여기에 수수께끼가 있다. 인생에는 고통이 포함된다는 것이다. 그리고 고통을 경험했을 때 우리는 사랑이 없어진 것처럼 여길 수 있다. 그러나 그렇게 생각할 필요는 없다.

우리가 살아가는 세상에는 고통을 경험하도록 이끄는 많은 요인이 있다. 사랑하는 사람의 상실, 이별, 거절에 대한 두려움, 취약성(vulnerability)에 대한 두려움, 자유의 상실은 모두 우리를 어떤 경로로 이끄는데, 그것은 몇 마디로 표현될 수도 있지만, 종종 우리 안에 경험되는 두려움이다. 한편으로 두려움은 우리의 실존에 필수적이다. 그것은 우리를 계속 살아 있게 만드는 것이기도 하다. 반면에 두려움과 관련된 지식을 확장하고, 생존과 무관한 방식으로 반응하기 시작하면, 두려움 자체를 위험하고 때로는 공포스러운 것으로 생각하기 시작한다. 그리고 실제로는 현재 순간에 없는 두려움과도 관계를 맺기 시작한다(Hayes, Barnes-Holmes, & Roche, 2001 참고). 미래에 대한 두려움, 과거에 대한 두려움, 통제하지 못할 것에 대한 두려움과 관계를 맺는 과정에서 두려움을 피하려 애쓰다가 삶의 일부를 잃는다.

우리가 두려움과 맺는 관계는 일상에 영향을 주고, 때로는 우리의 존재를 정의하기도 한다. 사람들은 자신과의 관계에서부터 연인관계, 가족, 문화, 국가에까지 다양한 방식으로 두려움에 빠져든다. 그리고 이 속에서 두려움은, 특히 위험하고 끔찍한 경험과 약하고 전적으로 불쾌한 것으로 간주되고 평가될수록, 분리를 시킨다. 우리는 원하지 않는 것으로부터 멀어지려고만 한다. 우리는 두려움과 분리가 일어나는 과정을 볼 수 있는데, 이것은 자기와의 관계에서 경험하는 아주 작은 순간에서 시작하여 타인에 대한 두려움으로 확장된다. 이러한 자기와 타인과의 분리 속에서 사랑이 상실된다.

두려움(Fear)은 강력한 힘을 지니며, 때때로 두려움과 관계 맺는 모든 사람을 깊이 잠식하게 만든다. 우리는 두려움을 일상에서 마주하는 몇몇 고통스러운 이야기들 속에서 볼 수 있다. 동성을 보고 성적 생각을 떠올린 한 내담자가 있다고 예를 들어 보자. 이 내담자는 자신의 생각을 두렵고, 혐오스럽고, 수치스러운 것으로 느끼고 있었다. 내담자는 자신의 경험에 대해 끊임없이 분노하였으며, 수년 동안 약물 중독, 고립, 그리고 최종적으로 자살을 통해 자신의 성적 생각을 제거하고자 노력하였다. 딸은 점점 죽어 가는 어머니의 침상에 서서 그녀의 어머니가 서서히 떠나가는 것을 괴로움 속에서 지켜보고 있다. 사람들은 딸에게 그녀의 어머니가 "이제 더 좋은 곳에 계시니까 행복해야 한다"고 말한다. 죽음에 대한 공포 그리고 관련된 강력한 감정이 이런 말을 하게 만든다. 하지만 그 말이 이미 상처 입은 마음에 스며들어 단절감과 외로움이 자라났고, 그녀는 행복함을 느끼지 못했다. 수년을 침묵과 분리된 삶을 살아온 한 커플의 이야기를 하고자 한다. 커플 중 한 명은 거절당하는 것이 두려웠고, 다른 사람은 질투에 대한 두려움을 갖고 있었다. 이들은 버림당할 것에 대한 두려움이 점점 커졌지만, 서로에게 닿을 수 없을 것 같다고 느낀다.

그리고 이야기는 계속된다. 폭력으로 분열된 가정, 빈곤에 잠식된 지역사회, 폭력과 전쟁에 물들어 있는 문화 등 이러한 각각의 경험은 그 자체의 슬픔의 정도를 지니고 있다. 그러나 이러한 경험은 또한 사랑의 가능성을 지니고 있다. 이 가능성은 고통과 두려움의 경험을 '자각' 하는 것으로부터 시작되며, 개방적으로 수용하고, 현재에 머물며, 자비로운 태도로 반응하고자 하는 선택을 통해 실현된다.

그러나 우리의 가장 작은 두려움부터 가장 큰 두려움까지 이 감정은 우리의 현존과 자기수용 및 타인수용 능력 능력을 방해할 수 있다. 우리가 두려움을 더 이상 느끼지 않기 위해 이해하고 해결하려고 노력함으로써 두려움의 경험으로부터 도망치려고 할 때, 마치 사랑할 수 있도록 자유로워질 것처럼 보인다. 그러나 이 과정에서 우리는 우리의 경험으로부터 '떠나게' 되고, 머물기보다 벗어나 있으며, 실제 두려움 그 자체가 아닌 두려움에 대한 생각 안에서 우리는 약하고, 사랑스럽지 않고, 망가졌다는 말이 전부인 것처럼 살게 된다. 미래를 구성하는 능력과 과거를 회상할 수 있는 능력이 있는 우리의 마음은 두려움에 대한 감각, 생각, 감정을 넘어 우리에게 결함이 있다고 말하고, 두려움이 없어질 때까지 우리 자신과 타인을 분리해야 한다고 말한다. 그러나 분리 과정으로 인해 우리가 치러야 할 대가는 너무 크다. 우리는 더 이상 개방적이지도, 자비롭지도 않으며, 기분이 먼저 나아지기를 기다리며 사랑의 가능성을 포기하게 된다.

인간의 고통을 개선하는 한 가지 목표는 다시 사랑할 수 있는 능력을 얻도록 도와주는 것일 수 있다. 사랑하는 능력은 도망가지 않고, 대신 가장 필요할 때 자기 자신과 타인과 함께 머무는 것이다. 그리고 개인적인 생각으로는 아마도, 궁극적으로 사랑으로 돌아서는 것이 유일한 목표가 될지 모른다. 그러나 이는 어려운 과정으로, 인간이 되는 것이 무엇을 의미하는지에 대한 우리 자신의 체계에 대해 질문을 먼저 할 필요가 있기 때문이다. 이것은 가치와 덕목이 우리를 기분 좋게 만드는 것보다 우선할 수 있다는 것을 의미한다. 사랑의 가치에 참여하는 것은 자기 자신과 타인의 깊은 내면을 경청하고 자각하며 우리의 언어적 이해 이상의 무언가와 연결감을 느끼는 것을 의미하기도 한다. 사랑은 불편하고, 쉽게 공유되지 않고, 수치심, 모욕, 또는 당혹스러움으로 오염되고, 고통과 두려움으로 가득 찬 곳에 **함께 존재하는 것**을 포함한다. 우리는 어떻게 우리 스스로 가장 어두운 내면에 다가갈 것이며, 현재에 머물 수 있을까? 첫째로, 우리는 인간 고통의 보편성을 인식해야 한다. 이를 통해 우리가 갖고 있는 분노, 의심, 두려움으로부터 숨는 것을 그만둘 수 있다. 그리고 이러한 경험이 다른 곳에도 존재한다는 것을 보기 시작한다. 둘째, 경험을 완전히 의식적인 차원에서 인식할 필요가 있다. 자각 없이 반응하는 두려움의 결과를 살펴보면, 그것은 반사적인 것으로 보인다. 이는 마치 우리가 실수로 불꽃에 닿은 손을 급히 빼는 것과 같다. 그러나 고통과 두려움에 개방적이고 자각하는 태도로 응답한다는 것은 두려움이 반복적으로 오고 갈 수 있는 공간을 만들 수 있다. 이 과정에 함께 있는 것을 허락하는 것이 핵심이며, 두려움을 허용하는 것은 사람을 망가뜨리는 것이 아니라 한 사람이 되도록 하는 과정이다.

세상에 대해 아는 것

인간으로서 세상을 이해하는 방식에는 최소한 다음의 두 가지—언어적으로 또는 경험적으로(Hayes et al., 2012)—가 있다. 우리는 마음으로 아는 것과 경험으로 아는 것을 바탕으로 세상과 나와 타인과 상호작용을 한다. 우리는 풍부한 **언어적 지식**(verbal knowledge)을 배우고, 충만하고 적극적인 마음을 갖고 있다. 우리는 문제를 해결하고, 생각하고, 쓰고, 조직화하고, 결정을 내리고, 평가하고, 판단하는 방식을 배워 왔다. 또한, 사랑을 언어로 정의 내리고, 사랑의 언어를 우리의 상호작용과 삶 속에 포함시킨다. 사랑은 사전적으로 정의할 수 있으며, 이야기와 우화, 책, 매체 속에서 묘사된다. 로맨스로 칭송되기도 한다. 우리의 세상은 수천 가지의 방법으로 사랑을 언어적으로 '아는 것'에 대해 가르쳐 준다. 광범위하게 말하면, 사랑은 강렬한 개인적인 애정과 관련된 감정이나 강한 애착으로 설명될 수 있다(Merriam-Webster Collegiate Dictionary, 2000). 사랑은 또한 친절과 자비를 포함하는 하나의 **덕목**으로 정의될 수 있고, 이는 타인을 향한 인간의 모든 자비와 선의를 대표한다.

경험적인 지식(Experiential Knoweldege)은 인간됨의 경험으로부터 얻어진다. 이러한 종류의 지식은 단어로 포착되기 어렵다. 경험을 설명하기 위해 아무리 많이 노력하더라도 그 경험은 오직 실제 경험 그 자체에서만 '알려진다'. 이는 언어로는 명료하게 설명될 수 없는 체험적 감각이다. 우리는 지금 이 순간에 충분히 관여함으로써 순간의 사랑 경험을 알 수 있게 된다. 사랑은 예를 들어, 엄마가 그녀의 아기와 눈을 맞추며 멈춘 상태로 침묵하는 그 순간에 일어난다. 연인 사이의 친밀감을 느끼거나 상실로 인해 황량한 마음을 인식하는 순간에 올 수도 있다. 또는 전쟁 속에서 적과 마주했을 때 적군을 '적'으로 인식하는 대신 한 사람으로 **보게** 될 때 일어날 수도 있다. 보다 넓은 의미의 사랑은 근본적인 인간다움을 감지하는 감각적 인식 속에서 타인의 고통과 고난에 대한 강력한 현존의 순간에 경험하게 될 수도 있다.

언어적 지식과 경험적 지식은 모두 중요하며, 두 지식에 대한 구분은 각각 무엇을 허용하게 하느냐에 따라 다르다. 사랑에 대한 언어적 이해는 사랑을 가치로 분류하게 하는데, 가치는 우리의 삶을 보다 의미 있게 만들어 주는 선택된 방향을 나타낸다. 사랑에 대한 경험적 이해는 우리가 느끼고 지각하는 모든 것에 현존하도록 허용해 줌으로써 사고와 감정의 다양성 속에서 우리가 현존하기로 선택한 동안 우리가 자각하고 연결되도록 한다. 경험적 자기감(self of sense)은 우리 자신 또는 타인과 함께하기 위해 피하거나 이해할 필요 없이 우리의 변화하는 내면의 사건에 단순히 존재할 수 있게 한다.

경험자를 찾는 것

긍정심리학(Positive Psychology)과 ACT 모두 이 장에서 다룰 수 있는 것 이상으로 광범위하게 검토가 필요한 접근법들을 공유한다. 각 이론은 개인을 지금-여기 경험, 즉 '경험자(the experiencer)가 되는 방향으로' 안내한다는 공통점이 있다. 이는 마음챙김

(mindfulness) 또는 현재 순간 자각으로 광범위하게 정의할 수 있다. 그리고 각 접근은 이러한 과정을 탐색하는 고유한 방법을 갖고 있다. 예를 들어, 긍정심리학은 내담자가 현 순간을 '향유(savoring)'하도록 도울 수 있다(Seligman, 2002). 향유는 Bryant와 Veroff(2007)가 정의한 개념으로 즐거움의 경험에 대해 의도적이고 의식적인 주의를 기울이는 과정을 의미하며, 순간의 가치를 타인과 공유하고, 특정 활동에 완전히 몰두하며, 순간에 지각을 명료화함으로써 감각의 특정 요소에 집중하는 것과 같은 기술을 포함한다. 이 글에서 정의하고 있는 향유는 즐거운 경험의 순간이 가까이 있을 때, 사랑의 순간을 경험하도록 이끄는 과정을 의미한다.

ACT(Hays et al., 2012)는 내담자가 개인적 가치를 위해 탈융합을 하도록 돕는다. 이 작업은 내담자에게 문자 그대로의 마음으로부터 벗어날 수 있도록 교육하는 과정을 포함한다. 내담자는 차분하게 마음을 관찰하고, 마음을 지속적인 사고 경험(thought experience)의 흐름으로 있는 그대로 알아차리도록 한다. 이때 내담자는 마음을 융합됨 없이 관찰할 수 있다. 파멸의 전조가 될 수 있는 언어적 지식은 더 이상 문자 그대로의 진리로 유지되지 않으며, 내담자 마음의 어떤 부분도 먼저 변화시킬 필요 없이 개인적 가치에 따라 정의된 대로 사랑하는 행동에 자유롭게 관여할 수 있다.

긍정심리학과 ACT는 또한 마음챙김을 안녕감(well-being)으로 향하는 경로로 공유한다. 각 이론의 전통에서 마음챙김은 현재 순간과 완전히 연결된 상태를 의미하며, 의식 그 자체에 머무는 것을 의미한다. 마음챙김의 결과는 긍정심리학과 ACT 각기 다를 수 있다. 긍정심리학에서의 마음챙김은 즐거움과 기쁨을 증폭시키기 위해 활용되며, 이는 안녕감을 증가시킨다. 내담자는 '즐거운 삶을 발견하기 위한' 기술을 배우게 된다(Seligman, 2002, p. 111). ACT에서의 마음챙김은 현재 순간의 모든 측면, 즉 기쁨과 슬픔에 초점을 맞춘다. 완전히 자각하는 것은 일련의 과정을 통해 탐색되며, 이 과정은 경험에 기꺼이 참여하고 개방적인 태도를 취하는 것, 현재 순간의 자각을 연습하는 것, 그리고 경험을 의식하는 자기감(맥락으로서의 자기)을 갖는 것을 포함한다. 그리고 그 결과는 안녕감이 된다. ACT와 긍정심리학의 차이점은 아마도 안녕감에 대한 정의와 관련될 것이다. 긍정심리학에서의 안녕감은 타고난 재능 및 강점을 적극적으로 활용하여 행복과 의미를 창출하고, 이러한 결과를 토대로 보다 만족스러운 삶을 구축하는 것에 관한 것이다. ACT에서의 안녕감은 실현된 가치와 삶의 기능 속에서, 궁극적인 결과가 행복이 아니라 활력과 목적이라도, 가치 있는 행동에 참여하는 것을 통해 발견된다. 그럼에도 불구하고 두 접근 모두 근본적으로 지금-여기에서의 연결하는 힘을 지지한다.

의식적 자각과 사랑

현 순간을 자각(awareness)하는 과정을 연습함에 따라 우리는 개방에 대한 자유를 알게 된다(Kasl, 2001). 의식 그 자체에 연결될 수 있다는 것, 자각의 상태에 있는 것은 우리의 신체, 호흡, 소리, 감각, 마음에 주의를 기울이게 할 수 있을 뿐 아니라 우리 자신과 타인과의 관계를 자각하게 도와준다. 이러한 자각은 두려움 또는 다른 부정적으로 평가한 감정과 관련된 우리의 지속된 반응성과 자기보호적 행동을 완화시킨다. 우리는 우리가 마음과 융합된 시점을 관찰하기 시작하고, 붙잡은 생각과 신념을 느슨하게 하며, 이 과정에 부드럽게 전환되며, 보다 온전히 개방적이고 기꺼이 경험하는 자세로 있게 된다. 이럴 때, 가치와 연결된 행동에 관여할 수 있는 선택을 할 수 있게 된다.

더 나아가, 우리가 붙들고 있는 것들에 대한 의식적 자각(conscious awareness)은 우리가 어떻게 우리 스스로와 타인을 통제하려고 시도했는지 알려 준다. 우리는 통제의 작업 가능성(workability)을 점검하고 통제가 우리를 가치 있고 의미 있는 길로 이끄는지 아니면 두려움과 분리된 길로 안내하는지 여부를 알 수 있다. 우리는 고통과 두려움의 경험을 자각하기 시작하고, 감정에 좌우되지 않는 관찰을 하며, 역동적이고 위험하지 않은 마음 상태를 알게 된다. 바로 이러한 경험에 대한 비판단적 현존이 자기파괴적이고 반응적인 행동을 멈출 수 있도록 해 준다. 개방적인 마음챙김의 자세를 취할 때, 우리는 분리를 초래하는 평가적이고, 혼란스럽고, 거짓된 차이에서 도망 갈 필요가 없게 된다. 도망에 대한 욕구를 내어주게 되고, 머무는 것을 선택하게 된다. 우리가 완전히 깨어 있을 때, 바로 이 지점에서 타인에게 해를 입히는 것을 우리 자신에게 해를 입히는 것으로 경험하게 된다. 분리는 존재하지 않는다. 오히려, 우리는 '하나됨'의 인식과 경험에 대한 자각 속에 머물며 통제, 도망침, 회피, 다른 무엇이 되기보다 자기 자신, 타인, 공동체, 문화와의 관계 맺음을 선택할 수 있다. 우리는 이러한 내적 상태에서 우리가 두려워하거나 통제하기 원했던 모든 것 사이의 분리가 허구였음을 알게 된다. 그리고 우리와 타인은 똑같음을 '보게' 된다. 마음챙김의 자각 속에서 두려움을 향해 열려 있는 것이 방어를 줄이게 되고, 고통과 즐거움의 순간에 대한 가장 부드러운 순간으로 이어지게 한다. 지금-여기에 현존하는 것은 우리가 정서적 경험에 예측 가능한 방식으로 반응하는 것을 알아차리도록 도와주며, 다르게 반응할 수 있는 기회와 선택을 제공한다. 이러한 상태에서 가치 일관적으로 선택한 행동이 일어나게 되며, 자기와 타인에 대한 온전한 사랑을 경험할 수 있다.

사랑하는 상태로 머무는 것

결국 우리에게 남는 것은 우리가 선택한 것이다. 우리가 진정으로 인간의 조건을 살펴볼 때, 우리는 실제 홀로가 아니라는 것을 알게 된다. 우리가 경험과 접촉할 때, 언어를 넘어 고통과 두려움이 공유되는 것을 이해하게 된다. 우리는 진정으로 인간다움의 의미를 알게 될 때와 완전히 깨어 있고 자각하고 있을 때, 동시에 우리 자신과 타인에 대한 욕구와 두려움을 보게 된다. 우리는 인간의 조건을 알게 된다. 그리고 이러한 인식 속에서, 두려움과 고통을 더 이상 적으로 바라보지 않게 될 때, 고통과 두려움을 경험하는 것이 좋다는 것을 알게 된다. 우리의 두려움은 무엇이 좋고 가치 있는지를 알려 줄 수 있다. 만약 우리가 상실을 두려워하면 함께함을 찾을 것이고, 우리가 외로움을 두려워한다면 연결을 찾고, 우리가 죽음을 두려워한다면 삶을 보다 담대하게 살도록 요청될 것이다. 우리가 스스로를 위해 선택할 수 있는 모든 것, 불굴의 의지, 관용, 감사, 고마움, 끈기, 관용, 강인함, 우아함 등은 모두 저마다 슬픔을 갖고 있다. 그리고 모두 사랑(love)의 일부이다.

우리의 인간다움을 지적하는 것이 비관주의에 대한 요청은 아니다. 오히려 그 정반대이다. 이것은 우리를 쉽게 방해하는 것 같은 고난을 인식하고 극복해달라는 요청에 가깝다. 여기서 우리의 '함께 머무는' 능력이 가장 필요하다. 자기와 타인의 심연을 자유롭게 들여다보고 큰 절망의 순간에도 개방적이고 수용하는 자세를 유지하는 능력이 사랑의 토대가 된다. 자각 속에서 사랑은 명백하고 깊은 감정으로 느껴지고, 언어를 넘어 경험되며, 우리 자신과 타인의 관계를 바꾸어 분리되지 않게 된다. 사랑은 또한, 미덕으로 여겨질 수 있는데, 자비와 친절의 이타적 행동 속으로 자신을 확장할 수 있다. 진정으로, 사랑은 모든 인류와 그 너머에 대한 선의의 행동으로까지 향하는 광범위한 영역을 포함할 수 있다.

아마도 여기에서 ACT와 긍정심리학이 선구자적 역할을 하고 있는 것 같다. 각 접근은 고통과 두려움을 제거하는 어려운 과정보다 더 활기찬 삶으로 방향을 전환하는 과정에 관심을 가져왔다. 각 접근은 즐거움과 고통을 포함하는 인간의 근본적인 전체성에 열려 있으면서 고통의 경감에 자기, 연인 또는 배우자, 가족, 공동체, 문화, 그리고 국가를 포함하고자 한다. 각 접근은 낙관적이고 인간이 의미와 목적을 지지하고 유지하기 위해 관여하는 가치와 덕목을 바라본다. 만약 ACT와 긍정심리학에서 말하는 모든 것을 엮는 시도를 하게 된다면, 아마도 '사랑'으로 귀결될 것이다. 사랑 외에 또 다른 의미나 목적이 있을까?

참고문헌

Bryant, F. B., & Veroff, J. (2007). *Savoring: A new model of positive experience*. United Kingdom: Emerald Group Publishing Limited.

Compton, W. C. (2005). *Introduction to positive psychology*. Thomson-Wadsworth: Australia.

Chodron, P. (1991). *The wisdom of no escape and the path of loving-kindness*. Boston: Shambhala.

Hanh, T. N. (1976). *The miracle of mindfulness*. Boston: Beacon Press.

Hayes, S. C., Barnes-Holmes, D., & Roche, B. (Eds.). (2001). *Relational Frame Theory: A Post-Skinnerian account of human language and cognition*. New York: Plenum Press.

Hayes, S. C., Strosahl, K., & Wilson, K. G. (2012). *Acceptance and Commitment Therapy: The process and practice of mindful change* (2nd ed.). New York: Guilford Press.

Kabat-Zinn, J. (1994). *Wherever you go there you are: Mindfulness meditation in everyday life*. New York: Hyperion.

Kasl, C. (2001). *If the Buddha married: Creating enduring relationships on a spiritual path*. New York: Penguin Books.

Merriam-Webster Collegiate Dictionary. (2000). Merriam-Webster.com. Retrieved March 27, http://www.merriam-webster.com/cgi-bin/book.pl?c11.htm&1

Seligman, M. E. P. (2002). *Authentic happiness: Using the new positive psychology to realize your potential for lasting fulfillment*. New York: Free Press.

Seligman, M. E. P., & Csikszentmihalyi, M. (2000). Positive psychology: An introduction. *American Psychologist, 55*, 5-14.

제4장

자기자비와 수용전념치료

Kristin Neff
University of Texas at Austin

Dennis Tirch
Weill-Cornell Medical College,
American Institute for Cognitive Therapy

상담의 주요 목표 중 하나는 고통을 줄이는 것, 즉 내담자가 자기혐오와 불안, 우울의 어두운 구렁텅이에서 도망칠 수 있도록 돕는 것이다. 이 목표를 이루는 데 가장 효과적인 방법은 무엇인가? 수용전념치료(Acceptance and Commitment Therapy: ACT)(Hayes, Strosahl, & Wilson, 1999)에 따르면 내담자가 어려운 감정이나 스트레스 상황을 직면했을 때 사용할 수 있는 외적 및 내적 행동(예를 들어, 생각과 감정 등)의 레퍼토리를 넓히는 것이다. 심리적 유연성을 강조하는 ACT 기법은 마음챙김, 즉 현재에 집중된 비판단적 의식을 통해 내담자가 감정 및 생각과 다른 관계를 맺을 수 있도록 돕는다. 이 장에서는 마음챙김과 밀접하게 연관된 **자기자비**(self-compassion)라는 개념을 살펴보고자 한다. ACT의 심리적 안녕감 모형이 자기자비의 경험과 어떻게 연관되어 있는지를 논의하고, ACT의 과정이 어떻게 자기자비의 근본과 필수적인 연관성을 가지는지를 살펴보고자 한다(Hayes, 2008). 하지만 그전에 '자기자비'란 무엇인가에 대한 좀 더 심도 있는 이해가 필요하다.

자기자비란 무엇인가

자비는 고통의 경험에 대한 민감성과 그 고통을 완화하고자 하는 깊은 욕구를 포함한다(Goertz, Keltner, & Simon-Thomas, 2010). 단순하게 말하자면, 자기자비란 자기 자신을 향한 자비를 뜻한다. 여러 불교 사상가(예: Salzberg, 1997)의 글에 기반하여 Neff(2003b)는 자기자비가 친절, 보편적 인간성, 그리고 마음챙김으로 구성되어 있다고 주장하였다. 이 요소들의 결합과 상호작용을 통해 자기자비적 마음의 틀이 만들어진다. 자기자비는 자신의 결함이나 실수, 실패들을 대할 때, 그리고 우리의 통제를 벗어난 고통스러운 삶의 상황을 직면할 때와 관련이 있다.

자기친절(Self-kindness) 서양 문화는 힘들어하는 친구와 가족, 이웃에게 친절을 베풀 것을 강조한다. 하지만 그와 같은 친절은 우리 자신에게는 주어지지 않는다. 우리가 실수하거나 실패했을 때, 우리는 스스로에게 지지적인 제스처를 보내기보다는 자신을 몰아세울 때가 많다. 또한, 사고나 트라우마 사건 등 우리의 통제 밖의 요인으로 일어난 문제에 직면했을 때 우리 자신을 진정시키고 위로하기보다는 문제를 해결하는 데 더 초점을 두곤 한다. 서양 문화는 종종 강한 사람은 John Wayne[1)]과 같이 고통에 대해 금욕적이고 조용해야 한다는 메시지를 보낸다. 하지만 이러한 태도는 삶의 어려움을 대할 때 사용할 수 있는 가장 강력한 대처법 중 하나인 스스로를 위로할 수 있는 능력을 잃어버리게 만든다.

자기친절은 자신의 결점이 드러날 때, 스스로에게 비난보다는 지지와 동정을 보내는 경향을 뜻한다. 이는 우리 자신의 실수와 실패를 인내하고 이해하며, 완벽이란 도달할 수 없는 목표라는 것을 깨닫는 것을 포함한다. 자기자비는 가혹하거나 폄하적이기보다는 자애롭고 격려하는 내적 대화를 통해 나타난다. 스스로가 부족하다고 자기 자신을 깎아내리기보다는 따뜻함과 무조건적인 수용(unconditional acceptance)을 보여 주는 것이

1) 역자 주: 마초적 이미지가 강한 미국 배우.

다. 고통스러운 상황에 직면했을 때, 문제해결에 몰입된 나머지 자신의 고통을 무시하는 것이 아니라 정서적인 위로를 건네기 위해 멈춰 서는 것이다. 자기친절을 통해 우리는 스스로에게 따뜻함과 다정함, 동정으로 이루어진 화해의 선물을 건네고 진정한 치유를 경험할 수 있다.

보편적 인간성(Common humanity) 모든 인간은 결함이 있으며 완성되어 가는 과정 중에 있다. 그렇기에 모두가 실패하고 실수하며, 역기능적인 행동을 하고는 한다. 우리 모두는 우리가 가질 수 없는 것들을 추구하기도 하고, 간절하게 피하고 싶은 어려운 상황에 머물러야만 하기도 한다. 약 2,600년 전에 부처가 깨달은 것과 같이, 우리 모두는 괴로움 속에 있다. 하지만 종종 우리는 자신의 어려움과 결핍이 비정상적이라고 여기며, 우리가 타인들과 동떨어진 혼자라는 느낌을 받곤 한다. 이것은 논리적 사고라기보다는 자신의 약하고 무가치하다고 여겨지는 부분에 몰입된 터널 시야에서 비롯된 것이다. 이와 유사하게, 우리가 잘못하지 않았는데도 우리의 외적인 삶에 문제가 생길 때 우리는 종종 다른 사람들은 우리보다 더 나은 상황에 있다고 지레짐작하고 자신이 처한 상황이 비정상적이거나 불공평하다고 여긴다. 이에 따라 우리보다 더 '정상적이고' 행복한 삶을 살고 있다고 여겨지는 다른 사람들로부터 동떨어진 느낌을 받는 것이다.

하지만 자기자비는 우리가 스스로에게 자비로운 '타인'과 같은 자세를 취하게 한다. 이러한 조망을 통해 우리의 관점은 넓어지며, 삶의 어려움과 개인적 실패는 그저 인간됨의 일부분임을 깨닫게 된다. 자기자비는 고통 중에서 우리의 유대감을 증가시키고 소외감을 감소시킨다. 그뿐 아니라, 자기자비는 상황에 대한 맥락적 이해를 돕는다. 예를 들어, 직장에서 해고당하는 것처럼 처음에는 세상이 멸망한 것과 같이 느껴졌던 상황도, 다른 사람들이 기주지니 사랑하는 사람을 잃는 것에 비하면 그렇게 끔찍한 것은 아니라고 느끼게 된다. 괴로움의 보편성을 기억할 때, 우리는 소외감을 덜 느낄 뿐만 아니라 우리의 상황이 더 나쁠 수도 있었다는 것을 깨닫게 된다.

또한, 보편적 인간성은 자기가 된다는 것의 의미를 새로운 시각에서 보게 해 준다. 우리가 스스로의 부족함을 비난할 때, 우리는 이러한 원망의 대상이 될 수 있는 확실히 분리된 '나'라는 독립체가 있다고 여긴다. 하지만 이것이 정말 사실인가? 우리는 언제나 현재 시점이라는 맥락 속에 존재하며, 우리의 행동적 반응은 우리 개인의 과거사에 영향을 받는다(Hayes, 1984). 예를 들어, 당신이 당신의 분노조절 문제에 대해 스스로를 비난한다고 가정해 보자. 당신이 그렇게 분노하게 된 이유와 조건은 무엇이었는가? 아마 타고난 유전자의 영향이 있었을 것이다. 하지만 당신이 어떤 유전자를 가지고 태어날지 선택했는가? 어쩌면 당신은 소통하기 위해서는 소리를 지르고 화를 내야만 했던, 갈등으로 가득 찬 가정에서 자라났을 수도 있다. 하지만 당신이 이러한 당신 가족의 모습을 선택했는가? 우리 자신의 '개인적' 결함을 자세히 들여다보면, 이 문제가 온전히 개인적이지 않다는 것을 발견하게 된다. 우리의 현재 모습은 그 전의 수없이 많은 과거의 상황들이 모여서 만들어졌다. 우리의 경제적 · 사회적 배경, 관계, 가족력, 유전자, 이 모든 것들이 오늘날 우리를 만드는 데에 지대한 영향을 끼쳤다. 그렇기에 우리는 왜 우리가 원하는 대로 완벽한 사람이 될 수 없는지를 더 잘 수용하고 이해할 수 있다.

마음챙김(Mindfulness) 마음챙김은 현재 경험을 명확하고 중심이 잡힌 방식으로 인식하는 것을 포함한다(Brown & Ryan, 2003). 마음챙김적 수용은 모든 생각과 감정, 감각을 판단이나 회피, 억압 없이 인식 속으로 받아들이고, 현재의 사실성에 '경험적으로 열린' 상태가 되는 것을 포함한다(Bishop et al., 2004). 왜 마음챙김이 자기자비의 필수 요소인가? 첫째로, 스스로에게 자비를 베풀기 위해서는 자신의 고통을 알아차려야 한다. 언뜻 보기에 고통은 명백할 것 같지만, 사실 많은 사람은 자신이 얼마나 큰 고통 속에 있는지 알지 못한다. 특히, 그 고통이 자기 내면의 비판에서 비롯될 때 더욱 그렇다. 또는, 삶의 어려움에 직면했을 때 사람들은 종종 문제해결에 몰입되어서 자신이 그 순간 얼마나 힘들어하고 있는지를 고려하지 못한다. 고통을 억누르거나 무시하려는 경향은 매우 인간적이지만, 부정정서를 회피하려고만 하는 것은 약물 남용, 폭식, 사회적 위축 등 역기능적이고 궁극적으로 비효과적인 대처 전략으로 이어질 수 있다(Holahan & Moos, 1987). 마음챙김은 고통스러운 생각이나 감정을 회피하려는 경향에 대항하여 우리가 우리 경험의 진실(설령 그것이 불쾌할지라도)을 받아들일 수 있게 해 준다.

그와 동시에, 마음챙김은 우리가 부정적 생각이나 감정에 '과동일시(over-identification)' (Neff, 2003b)하지 않고 회피성 반응에 휩쓸리지 않게 한다(Bishop et al., 2004). 이러한 반추는 우리의 초점을 좁게 만들고 자기가치감에 주는 함의를 과장시킨다(Nolen-Hoeksema, 1991). 즉, 나는 단순히 실패한 것뿐만이 아니라 "**실패한 인간이다**", 나는 실망한 것뿐만이 아니라 "**내 삶은 실망스럽다**"가 되는 것이다. 과동일시는 순간의 경험을 구체화하여, 일시적인 사건을 확정적이고 영구적인 것으로 인식하게 한다. 하지만 우리가 자신의 고통을 마음챙김을 통해 관찰할 때 새로운 행동이 가능하게 된다. 물결 없이 잠잠한 연못처럼, 마음챙김은 무엇이 일어나고 있는지를 왜곡 없이 비추어 준다. 이를 통해 우리는 더 지혜롭고 객관적인 관점으로 우리 자신과 우리의 삶을 바라보게 된다.

자기자비와 안녕감

Gilbert와 Irons(2005)는 자기자비가 자기비난, 불안정 애착, 방어적 태도와 연관된 위협 시스템을 비활성화시키는 것을 통해 안녕감을 향상시킨다고 제안했다. 안정감과 유대감을 증가시키고 위협감과 소외감을 감소시키는 것을 통해, 자기자비는 정서적 균형을 증진시킨다. 최근 10년간 크게 늘어난 자기자비에 관한 연구 문헌은 자기자비의 심리적 유익에 대해 말해 준다.

자기자비에 관한 대부분의 연구들은 자기자비 척도(Self-Compassion Scale)(Neff, 2003a)라는 자기보고식 척도를 사용한 상관연구였다. 하지만 최근에는 실험을 통해 자기자비의 효과를 알아보는 연구가 진행되었다(예: Adams & Leary, 2007; Kelly, Zuroff, Foa, & Gilbert, 2009; Shapira & Mongrain, 2010). 가장 일관적인 연구 결과 중 하나는 자기자비가 불안과 스트레스, 우울과 부적으로 연관되어 있다는 것이다(MacBeth & Gumley, 2010의 메타분석 참고). 예를 들어, Neff, Kirkpatrick과 Rude(2007)는 모의 취업면접에 참여하는 참가자들에게 그들 자신의 '가장 큰 단점'에 대해 질문하였다. 높은 수준의 자기자비를 보이는 참가자들은 낮은 수준의 자기자비를 보이는 참가자들과 비슷한 수준의 부정적 자기 서술을 하였으나, 그로 인한 불안은 덜 경험하는 것으로 나타났다. 자기자비가 불안, 스트레스, 우울과 가지는 부적 상관에는 생리적 과정이 수반된다고 보여진다. Rockcliff 등(2008)의 연구에서 자기자비를 향상시키는 활동은 스트레스 호르몬인 코르티

정서적 고통 중에 있는 내담자가 스스로를 진정시키고 위로하도록 돕는 한 가지 쉬운 방법은, 그들이 스스로를 다정하게 포옹하거나 쓰다듬도록, 혹은 자신의 손을 심장에 얹고 그 온기를 느끼게 하는 것이다. 여기서 중요한 것은 사랑과 관심, 다정한 느낌을 전달하는 명확한 제스처를 취하는 것이다. 만약 주변에 다른 사람들이 있다면 눈에 띄지 않게 팔짱을 끼고 위로하듯이 부드럽게 팔을 주무를 수도 있다. 연구 결과에 따르면 이러한 **진정시키는 접촉**(soothing touch)은 옥시토신(oxytocin)을 분비시키며, 안정감을 주고, 고통스러운 감정을 진정시켜 주며, 심혈관성 스트레스를 줄여 준다(Goetz et al., 2010).

솔(cortisol)의 수준의 감소로 이어졌다. 이 활동은 또한 부교감 신경계를 활성화시키고 정서조절 능력(예: 스트레스 상황에서 스스로를 진정시키는 것)과 관련되는 심박 변동수 또한 증가시켰다(Porges, 2007).

자기자비는 부적응적 감정에서 우리를 지켜주는 것과 동시에 심리적 강점(strenghts)을 키우는 데에도 도움을 준다. 예를 들어, 자기자비는 더 높은 수준의 **조망 능력**(perspective-taking skills)(Neff & Pommier, 2012), 낮은 독단적 태도, 그리고 높은 인지적 유연성(Martin, Staggers & Anderson, 2011)과 관련이 있는데, 이는 자기자비적인 사람은 더 개방적이고 상황에 따라 인지행동적 반응을 더 잘 바꿀 수 있다는 것을 뜻한다. 자기자비가 자기 자신을 넘어서서 보편적 인간성을 고려하고 스스로에게 친절하게 대하는 것을 포함하기에, 연구 결과는 전반적인 조망 능력이 자신과 타인의 경험을 자비적인 태도로 이해하는 데 중요하다는 것을 시사한다.

자기자비의 또 다른 유익은 효과적인 대처 능력이다. 이는 별거 후의 삶에 적응하는 데 자기자비가 가지는 역할에 대한 연구에서 잘 나타났다(Sbarra, Smith, & Mehl, 2012). 연구자들은 이혼 과정 중에 있는 사람들에게 4분 동안 의식의 흐름에 따라 자신의 별거 경험에 대해 녹음하게 하였고, 이를 평점자가 듣고 자기자비가 표출된 정도를 평가하였다. 헤어짐에 대해 생각할 때 더 많은 자기자비를 보인 사람들은 그 당시에 더 심리적으로 안정되어 있었을 뿐만이 아니라, 이러한 차이는 9개월이 지난 다음에도 이어졌다. 이러한 결과는 초기의 발화에 긍정적 · 부정정서의 빈도, 애착 불안 혹은 회피, 우울, 자존감, 그리고 낙관성을 통제한 후에도 유의했다. 실제로, 자기자비는 적응을 예측하는 가장 강력한 변인이었다. 이 연구는 상담에서 내담자가 이혼이나 다른 스트레스 상황에 적응하도록 도울 때 자기자비에 초점을 두어야 함을 보여 준다.

자기자비는 부정적인 내면 상태를 완화하는 데 도움을 주지만, 이는 **부정정서**(negative emotions)를 밀어내는 것이 아님을 기억해야 한다. 실제로, 부정정서는 자기자비의 전제 조건이다. 이 말이 이상하게 여겨질 수도 있다. 우리 문화는 우리가 부정적이기보다는 긍정적으로 생각해야 한다고 말하기 때문이다. 하지만 부정정서를 제거하려는 노력은 역효과를 낳고는 한다. 연구에 따르면 원치 않는 생각을 억누르려는 노력은 그 생각을 더 강하게 더 자주 의식 속에 떠오르게 한다(Wenzlaff & Wegner, 2000). 이는 ACT 연구와 자기자비 연구가 가지는 중요한 공통점이다. 연구에 따르면 자기자비적인 사람들은 원하지 않는 생각이나 감정을 덜 억누르는 편이다(Neff, 2003a). 이와 유사하게, 이러한 사람은 어려운 감정을 경험하는 데 더 열려 있으며, 자신들의 감정이 타당하고 중요하다는 것을 인정한다(Neff, Kirkpatrick, & Rude, 2007). 이러할 때 고통은 더도 말고 덜도 말고 그 자체로만 존재하게 되며, 불필요한 추가적인 괴로움은 최소화된다.

새로운 **긍정정서**(positive emotions)는 부정정서를 긍정정서로 대체하는 것이 아니라, 부정정서를 **받아들임**으로써 만들어진다. 돌봄 받는다는 느낌, 유대감, 그리고 평온함은 우리가 우리의 괴로움을 친절함과 보편적 인간성, 마음챙김으로 대할 때 나타난다. 이러한 감정들은 부정정서와 함께 경험된다. 자기자비는 행복, 호기심, 열광, 흥미, 영감, 흥분과 같은 긍정정서와 연관되어 있다(Hollis-Walker & Colosimo, 2011; Neff, Rude, & Kirkpatrick, 2007). 고통을 자기자비의 따뜻한 품에 둠으로써, 부정정서와 균형을 맞출 수 있는 긍정정서가 생겨나게 된다. 자기자비의 친절하고, 유대적이며, 수용적인 마음가짐으로 인해 나타나는 긍정정서는 우리를 두려움에서 벗어나게 하고 우리 삶의 질을 향상시킨다. Barbara Fredrickson의 **확장-구축 이론**(broaden-and-build theory, 제2장 참고)에 따르면, 긍정정서는 단순히 위험에서 벗어나는 것이 아니라 기회를 잡을 수 있게 도와주는데, 이는 자기자비가 동기에 가지는 역할을 설명하는 데 도움을 줄 수 있다.

자기자비와 동기

많은 사람들은 자기자비와 **동기**(motivation)가 대척점에 있다고 여긴다. 즉, 동기부여를 위해서는 **자기비난**(self-criticism)이 필수적이며, 너무 과한 자기자비는 게으름과 방종으로 이어질 것이라고 생각한다. 하지만 정말 그러한가? 좋은 부모가 자녀에게 동기를 부여하는 방법이 좋은 비유가 될 수 있다. 아이가 실수하였을 때, 자비로운 부모는 너는 실패한 인생이라고 잔인하게 비난하지 않을 것이다. 오히려, 그 부모는 실수는 누구나 하는 것이라며 아이를 안심시키고 그가 최선을 다할 수 있도록 필요한 도움을 줄 것이다. 실패할 때도 부모의 격려와 수용을 기대할 수 있다면, 그 아이는 자신의 목표를 이루기 위해 노력할 더 큰 동기를 가지게 될 것이다.

이렇듯이 건강한 자녀양육에 대해 생각하면 당연하게 느껴지지만, 같은 논리를 자기 자신에게 적용시키는 것은 어렵다. 우리는 자기비난과 밀착되어 있으며, 때로는 고통이 도움이 된다고 생각하기도 한다. 자기비난이 동기부여 효과를 가지는 것은 우리가 실패할 때 경험할 자기비난을 피하고 싶어 하기 때문이다. 하지만 실패가 자기비난으로 이어질 것이라고 생각하면, 시도조차 두려워질 수 있다(Powers, Koestner, & Zuroff, 2007). 우리는 또한 개인적 약점에 직면했을 때, 스스로를 수치스럽게 비난함으로써 행동을 이끌어내려고 한다. 하지만 이러한 방식은 자기검열을 피하기 위해 약점을 인정하지 않을 때 역효과를 불러온다(Horney, 1950). 예를 들어, 당신이 쉽게 질투하는 문제를 가지고 있지만 그 사실을 인정할 수가 없어서 계속해서 상대방을 비난한다고 가정해 보자. 이러한 상태에서 어떻게 관계를 개선할 수 있겠는가? 자기자비를 통해 우리는 다른 이유, 즉 사랑으로 동기부여를 받게 된다. 만약 우리가 정말 스스로에게 친절해지고 자신의 괴로움을 줄이고 싶어 한다면, 우리는 우리의 잠재력을 발산할 일들(예를 들어, 새로운 프로젝트에 도전하거나 새로운 기술을 배우는 것)을 찾게 될 것이다. 자기자비가 우리의 약점을 인정할 수 있는 안정감을 주기 때문에, 우리는 그 약점을 바꿀 수 있다.

연구에 따르면 자기자비는 게으름보다는 동기부여를 향상시킨다. 예를 들어, 자기자비는 스스로를 위해 세운 수행 기준의 정도와 관련이 없었지만, 부적응적 완벽주의와는 부적인 관계를 보였다(Neff, 2003a). 다시 말하면, 자기자비적인 사람은 그렇지 않은 사람과 같은 수준의 목표를 추구하지만, 그 목표에 도달하지 못했을 때 덜 좌절한다. 연구에 따르면 자기자비적인 사람은 실패에 대한 두려움이 낮았는데(Neff, Hsieh, & Dejitterat, 2005), 이는 그들이 실패하더라도 자기비난의 표적이 되지 않으리라는 것을 알기 때문이다. 그들은 또한 실패 후에 새로운 목표를 향해 다시 나아갈 가능성이 더 많다(Neely, Schallert, Mohammed, Roberts, & Cohen, 2009). Breines와 Chen(2012)은 네 개의 실험에서 기분 유도를 통해 개인적 약점, 실패, 과거의 도덕적 잘못에 대해 자기자비를 일으켰다. 다양한 통제 조건과 비교했을 때, 자기자비 집단은 더 나아지고자 하고, 배우기 위해 더 노력하며, 과거의 실수를 반복하지 않기 위한 더 높은 수준의 동기를 보였다. 또한, 자기자비는 Robitschek(1998)이 더 생산적이고 성취적인 삶을 살기 위해 능동적으로 변화하는 것으로 정의한 자기성장 주도성과도 관련이 있는 것으로 나타났다(Neff, Rude, & Kirkpatrick, 2007).

자기자비는 식단 준수(Admas & Leary, 2007), 금연(Kelly et al., 2009), 운동(Magnus, Kowalski, & McHugh, 2010) 등의 건강과 관련된 행동을 촉진한다. 또한, 자기자비적 사람들은 근골격 통증에 더 잘 적응하고 더 효과적으로 대처한다(Wren et al., 2012). 즉, 자기자비는 신체적 · 심리적 안녕감에 도움을 주는 것으로 보인다.

게슈탈트 상담자인 Leslie Greenberg가 연구한 **두 의자 기법(two-chair dialog technique)**에서 내담자는 자신 안의 대립하는 부분들이 현재 순간에 어떻게 느껴지는지를 경험하기 위해 두 의자에 번갈아 앉게 된다. 이 기법을 변형시켜 자기자비를 향상하는 데 사용할 수 있다. 먼저, 세 의자를 삼각형을 이루도록 배치한다. 그다음, 내담자에게 자기비난을 불러일으키는 고민이 되는 문제를 떠올리게 한다. 의자 하나를 내면의 비평가에게 지정하고, 또 다른 하나를 비난받는 부분에게 지정한다. 마지막 의자는 지혜롭고 자비로운 관찰자에게 지정한다. 내담자는 자신의 이 세 부분을 역할 놀이한다. 대화가 끝난 뒤, 상담자는 내담자가 방금 일어난 일에 대해 고찰하도록 돕는다. 자신을 어떻게 대해야 할지에 대한 새로운 통찰이 생겼는가? 어떻게 자기비난이 아닌 친절함으로 스스로를 동기부여 할지에 대해 깨달았는가? 주어진 상황을 더 생산적이고 지지적인 방향으로 바라볼 수 있는 새로운 관점이 생겼는가?

자기자비 대 자기존중감

자기자비와 자기존중감(self-esteem)은 비슷하게 여겨질 수 있기에, 이 둘을 구별하는 것이 필요하다. 자기존중감은 스스로를 긍정적으로 평가하는 정도를 나타내며, 종종 타인과의 비교에 기반한다(Harter, 1999). 미국 문화에서 높은 자기존중감이란 군중 속에서 돋보이는 것, 즉 특별하고 평균 이상이 된다는 것을 의미한다. 하지만 자기존중감 자체는 아니지만 자기존중감을 가지게 되는 과정에 대해 잠재적인 문제들이 존재한다. 연구에 따르면 사람들은 높은 자기존중감을 가지기 위해 역기능적인 행동을 할 때가 있는데(Crocker & Park, 2004), 예를 들어 스스로를 좋게 여기기 위해 다른 사람을 깎아내리고 자신의 가치를 과하게 부풀리고는 한다(Tesser, 1999). 자기존중감은 또한 다양한 삶의 영역에서의 능력 여부에 달린 경우가 많은데(Harter, 1999), 이럴 경우 자기존중감은 최근의 성공이나 실패에 따라 불안정하게 변동하게 된다(Kernis, Paradise, Whitaker, Wheatman, & Goldman, 2000).

그에 비해, 자기자비는 긍정적인 평가에 달려 있는 것이 아니라, 우리가 스스로와 긍정적인 관계를 맺는 것을 뜻한다. 우리가 특별하거나 평균 이상이기 때문이 아니라, 인간이기 때문에 스스로에게 자비로워지는 것이다. 즉, 분리가 아닌 유대에 초점이 맞춰진다. 자기자비는 성공이나 실패에 상관없이 존재하는 것이기 때문에 자기존중감보다 더 큰 정서적 안녕감을 제공한다. 예를 들어, 개인적 약점에 대해 생각하는 상황에서, 자기자비는 더 낮은 수준의 불안과 자의식과 관련이 있었고(Leary, Tate, Adams, Allen, & Hancock, 2007; Neff, Kirkpatrick et al., 2007), 더 안정적인 자기가치감과 연관을 보였다(Neff & Vonk, 2009). 부정적인 피드백을 받은 상황에서, 자기자비는 더 낮은 수준의 사회적 비교와 자의식, 자아방어와 연관을 보였다(Leary et al., 2007; Neff & Vonk, 2009). 또한, 기질적 자기존중감이 자기애와 상당 부분 겹치는 것과 달리, 자기자비는 자기애와 관련이 없는 것으로 보인다(Neff, 2003a; Neff & Vonk, 2009). 즉, 자기자비는 자기존중감의 여러 유익들을 공유하면서도 더 적은 수의 문제점을 가지는 것으로 보인다.

자기자비와 자기존중감을 구별하는 것은 수치심이나 낮은 자기가치감으로 인해 괴로워하고 있는 내담자와 상담할 때 특별히 중요하다. 내담자가 자신을 더 긍정적으로 평가하도록 돕는 것은 내담자로 하여금 특정한 부적응적 행동보다 전반적인 자기평가에 초점을 두게 함으로써 변화를 더 어렵게 만들 수 있다. 이는 부분적으로 낮은 자기존중감을 가진 사람들이 높은 자기존중감을 가진 사람들처럼 긍정적인 착각에 빠지기보다는 자신의 정체성을 확인하고 유지하고 싶어 하기 때문이다(Swann, 1996). 그렇기에 부정적인 자기평가를 긍정적으로 바꾸기보다는 자신의 인간적 한계를 인정하고 따뜻하게 수용하는 것을 통해 자기자비를 향상하는 것이 더 가능성이 높은 일일 수 있다.

자기자비와 대인관계적 기능

자기자비는 개인에게 심리적인 유익을 가져다줄 뿐만 아니라 **대인관계**(interpersonal relationships)에도 도움을 준다(Yarnell & Neff, 2012). 이성애 커플을 대상으로 한 연구(Neff & Beretvas, 2012)에서, 자기자비적인 참여자들은 더 높은 정서적인 유대감을 보이며, 수용적이고 지지적이며, 덜 무심하고 덜 통제적이며, 언어 · 신체적 공격성을 덜 보이는 것으로 나타났다. 이와 연관되게, 그들의 연인들은 더 높은 관계 만족도를 보고했다. 자기자비적인 사람들은 자신의 돌봄과 지지 욕구를 스스로 채워 줄 수 있기 때문에 연인에게 자비로울 수 있는 정서적 자원을 더 많이 가지고 있다. 그들 스스로를 수용하고 타당화하기 때문에, 그들은 자신의 자기존중감을 지키기 위해서 타인의 인정을 갈구할 필요가 없다. 그렇기에 과도한 정서적 요구, 분노, 통제, 자아방어 등의 관계적 어려움을 겪고 있는 커플을 상담할 때, 자기자비 기법을 가르치는 것이 효과적일 수 있다. 이러한 기법은 또한 커플 사이의 친밀감과 상호 지지를 향상하는 데 도움을 줄 수 있다.

자기자비적인 사람은 타인에게 더 자비로운가? 이에 관한 몇 안 되는 연구 중 하나에서, Neff와 Pommier(2012)는 자기자비와 공감, 심리적 괴로움, 그리고 용서에 대한 연구를 대학생, 일반 성인, 명상 수련을 하는 불교 신자를 대상으로 진행하였다. 이 세 집단 모두에서 자기자비적인 참가자는 타인의 고통에 관해 더 낮은 수준의 심리적 괴로움을 보였다. 즉, 이들은 괴로움에 압도되기보다 이를 더 잘 직면할 수 있었다. 이러한 결과는 자기자비가 타인의 트라우마에 노출됨으로 번아웃을 경험하기 쉬운 부양자와 의료진이 습득해야 할 중요한 기법임을 시사한다(Barnard & Curry, 2012). 또한, 자기자비는 용서(forgiveness)와도 유의미한 상관을 보였다. 용서는 타인의 행동에 영향을 미친 여러 다양한 요인들을 이해하는 것을 필요로 한다(Worthington et al., 2005). 스스로의 불완전한 인간성을 용서하고 수용하는 것은 타인의 잘못을 용서하고 수용하는 것과 밀접한 관계가 있어 보인다.

이 연구에서는 또한 자기자비가 타인에 대한 공감적 염려와 상관을 보였는데, 이러한 상관은 일반 성인과 불교 신자 집단에서는 유의미하게 나타났으나 대학생 집단에서는 유의미하지 않았다. 이는 청년들이 공통된 삶의 경험을 잘 인식하지 못하고 자신을 과하게 특별하게 생각하는 경향에서 비롯된 것일 수 있다(Lapsley, FitzGerald, Rice, & Jackson, 1989). 왜 자신이나 타인이 돌봄을 받을 만한지에 대한 도식(schema)이 초기 성인기에는 제대로 정립되어 있지 않기 때문에, 자신과 타인을 대하는 방식이 상대적으로 덜 연관되어 있을 수 있다. 자기자비와 타인을 향한 염려 사이의 관계는 명상 수행자들 사이에서 가장 높게 나타났는데, 이는 의식적으로 자신과 타인을 향한 자비를 기르고 인간 보편적인 괴로움과 괴로움에서 벗어나고자 하는 욕구를 의식하게 하는 명상의 영향일 수 있다(Hofmann, Grossman & Hinton, 2011 참고). 이러한 연구 결과는 청년들을 상담할 때 자신과 타인의 관계를 명시시켜 주는 것이 필요하며, 명상이 도움이 될 수 있다는 것을 시사한다.

자기자비의 기원

자기자비가 돌봄 체제와 관련이 있다는 Gilbert와 Iron(2005)의 주장을 뒷받침하는 연구는 아직 초기 단계이지만, 이를 뒷받침하는 근거가 어느 정도 쌓여 왔다. Neff와 McGehee(2010)가 청소년과 청년들을 대상으로 진행한 연구에서 어머니의 지지는 자기자비와 정적인 상관을 보인 반면, 어머니의 비난은 부적 상관을 보였다. 또한, 자기자비는 전반적인 가족의 기능(family functioning) 수준에 의해 예측되었다. 화목하고 친밀한 가정에서 자란 사람들은 더 높은 수준의 자기자비를 보였으나, 스트레스와 갈등으로 가득 찬 가정에서 자란 사람들은 더 낮은 수준의 자기자비를 보였다. 자기자비와 **애착유형**(attachment style) 사이의 연관 또한 나타났는데, 안정유형은 자기자비와 정적 상관을 보였다. 이는 자라면서 부모로부터 충분한 따뜻함과 지지를 받지 못한 사람들은 스스로에게 자비로울 수 있는 안정적인 정서적 기반을 갖지 못하고 있을 수도 있다는 점을 시사한다. 이와 유사하게, Vettese, Dyer, Li와 Wekerle(2011)의 연구에서 아동학대를 경험했던 청소년들은 유의하게 낮은 수준의 자기자비를 보고하였으며, 이는 학대가 정서 조절 어려움, 심리적 문제, 알코올 및 약물 의존성과 가지는 관계를 매개하였다. 이러한 연구 결과들은 어려운 가정사를 가진 사람들이 효과적으로 대처할 수 있도록 돕기 위해 자기자비를 향상시키는 임상적 개입이 필요함을 나타낸다.

자기자비와 임상적 개입

자기자비는 심리치료적 **변화 과정**(change process)에서 중요한 역할을 한다고 여겨진다. 예를 들어, **마음챙김 기반 인지치료**(Mindfulness-Based Cognitive Therapy: MBCT)와 **마음챙김 기반 스트레스 감소 치료**(Mindfulness-Based Stress Reduction: MBSR)와 같은 마음챙김에 기반한 개입의 효과성 기저에 자기자비가 있다고 여겨진다. 1970년대 후반에 Jon Kabat-Zinn(1991)에 의해 처음 개발된 MBSR은 아마 전 세계적으로 가장 보편화된 마음챙김 기법일 것이다. MBSR은 경험적 학습 프로그램으로 매주 집단 회기, 규칙적인 개인 훈련, 공식적 · 비공식적 마음챙김 기법에 관한 핵심 커리큘럼을 포함한다. 이 핵심 커리큘럼은 이후 우울증의 재발 방지를 위해 MBCT에 포함되었으며(Segal, Williams, & Teasdale, 2001), 우울증과 관련된 심리교육(psychoeducation)과 훈련이 추가되었다. 메타 연구에 따르면 MBSR과 MBCT는 다양한 스트레스와 건강 문제를 가진 내담자들을 돕는 데 효과적인 것으로 나타났다(Grossman, Niemann, Schmidt, & Walach, 2004).

Shapiro, Astin, Bishop과 Cordova(2005)의 연구에서 MBSR 프로그램을 이수한 의료진은 대기 명단 통제집단에 있던 사람들보다 더 높은 자기자비 수준과 더 낮은 스트레스 수준을 보고하였다. 자기자비의 증가는 또한 개입 프로그램이 스트레스 감소로 이어지는 경로를 매개하였다. 이와 유사하게, Kuyken 등(2010)은 MBCT가 우울 증상의 재발에 가지는 효과를 항우울제와 비교하여 살펴보았다. 그 결과, MBCT를 통해 향상된 마음챙김과 자기자비가 MBCT 개입과 15개월 후의 추적 우울 증상 사이의 관계를 매개하는 것으로 나타났다. MBCT는 또한 인지적 반응성(cognitive reactivity; 슬픈 감정에 대해 우울한 사고방식으로 반응하는 경향성)과 우울 증상의 재발 사이의 관계를 약화시켰는데, 이 효과를 자기자비가 매개하였다(마음챙김은 유의한 매개효과를 보이지 않았다). 이러한 결과는 자기자비 기술이 습관적 사고 패턴을 바꿈으로써 우울 삽화를 방지한다는 것을 보여 준다.

자기자비가 마음챙김에 기반한 개입의 중요 치료 요소로 보이기 때문에 최근 들어 자기자비를 가르치는 방법들이 개발되고 있다. Paul Gilbert(2010b)는 자기자비적 마음의 기술과 특성의 발달을 도와주는 **자비중심 치료**(compassion-focused therapy: CFT)라는 치료법을 개발하였다. 이 치료법은 자기 자신과 관계 맺는 방식이 주로 수치와 자기공격을 포함하는 내담자에게 특별히 유용하다. CFT는 내담자가 자기비난과 같이 오랜 기간 진화해 온 자동적 정서 반응을 알아차리고, 이러한 패턴이 초기 아동기에 어떻게 강화되었는지 이해하도록 돕는다. CFT의 주요 요소는 내담자가 스스로를 돌볼 수 있도록 동기부여하는 것, 자신의 필요와 고통에 대한 민감성을 기르는 것, 스스로에게 따뜻하게 대하고 스스로를 이해하는 것을 포함한다. CFT 기법은 마음챙김 훈련, 심상(visualization), 공감적 인지 반응, 그리고 자기자비적인 외적 행동과 습관을 포함한다. 이러한 기법은 **자비로운 마음 훈련**(compassionate mind training: CMT)을 통해 진행된다. 이 훈련 프로그램은 섭식장애, 불안장애, 양극성 장애, 금연, 수치심, 기타 여러 형태의 괴로움을 치료하는 데 사용되고 있다(Gilbert, 2010a; Gilbert & Procter, 2006; Kelly, Zuroff, Foa, & Gilbert, 2009).

Kristin Neff와 Chris Germer(2012)는 비임상군을 위한 **마음챙김-자기자비**(mindful self-compassion: MSC)라는 자기자비 훈련 프로그램을 개발했다. 프로그램이 기초적인 마음챙김 기법을 포함하고 있기 때문에 이름에 '마음챙김'이라는 표현이 들어갔다. 앞에 서술되었듯이, 마음챙김은 스스로에게 자비로울 수 있는 능력의 매우 중요한 요소이다. MSC의 구조는 MBSR의 모형을 따랐는데, 참가자들은 8주 동안 매주 한 번 2시간 동안 만나며, 반나절 동안의 '미니 리트릿'도 참석하게 된다. 프로그램은 논의, 경험적 활동, 사색적 명상을 통해 자기자비를 향상하고 이를 어떻게 일상에서 실천할 수 있을지에 대해 배운다. MSC는 자기자비 기술을 가르치는 데 주로 초점을 두며 마음챙김은 이차적으로만 다루어진다는 점에 주목하라(8주 과정에서 마음챙김을 집중적으로 다루는 것은 한 회기밖에 없다). 그에 비해, MBSR과 MBCT와 같은 프로그램들은 마음챙김 기법을 주로 가르치며 자기자비는 간접적으로만 다룬다. 이는 MSC 프로그램이 마음챙김에 기반을 둔 프로그램의 경쟁 상대가 아니라 상호 보완적임을 시사한다.

Neff와 Germer(2012)는 MSC 프로그램을 대상으로 한 무작위 대조군 연구에서 치료집단과 대기 명단 통제집단 사이의 차이를 살펴보았다. 통제집단에 비해, MSC 치료집단은 자기자비가 더 높은 수준으로 증가하였다(43%). MBSR을 사용한 세 연구에서 자기자비는 평균 19%의 증가율을 보였으며(Birnie, Speca, & Carlson, 2010; Shapiro, Astin, Bishop, & Cordova, 2005; Shapiro, Brown, & Biegel, 2007), MBCT를 사용한 다른 세 연구에서는 평균 9%의 증가율을 보였다는 것을 생각하면(Kuyken et al., 2010; Lee & Bang, 2010; Rimes & Wingrove, 2011) MSC의 상대적 효과를 짐작할 수 있다. 이러한 결과는 MSC 프로그램에서 자기자비를 특정하여 목표로 하는 것이 효과적임을 시사한다. MSC 치료집단은 또한 마음챙김(19%), 타인을 향한 자비(7%), 삶의 만족도(24%)에서도 유의한 증가를 보였으며, 우울(24%), 불안(20%), 스트레스(10%), 정서적 회피(16%)에서는 유의한 감소를 보였다. 이러한 변화는 6개월 후와 1년 후 추적검사에서도 유지되었다. 실제로, 프로그램이 완료된 시점부터 1년 후 추적검사 사이에 MSC 치료집단의 삶의 만족도가 증가하였는데, 이는 계속해서 자기자비를 실천하는 것이 지속적으로 삶의 질 향상에 도움을 줌을 보여준다. 이 연구는 또한 안녕감의 증진이 자기자비 혹은 마음챙김의 향상으로 인한 것인지를 알아보았다. 그 결과, 안녕감 증진의 대부분이 자기자비의 증가로 설명되는 반면, 마음챙김은 행복감, 스트레스, 정서적 회피에 대한 추가적인 분산을 설명하였다. 이는 자기자비와 마음챙김이 둘 다 MSC 프로그램의 중요한 유익임을 시사한다.

변화 기제로써의 자기자비에 대한 이해는 기존의 심리치료에도 적용될 수 있다. ACT는 자기자비 개입을 융합하기에 적절한 상담이론이다. 후술하듯이, ACT의 여러 핵심 요소는 Neff가 개념화한 자기자비와 일치되는 면이 많다. ACT가 기존에 가지고 있는 자기자비와의 연결고리를 넘어서서, ACT 상담자들이 자기자비를 조금 더 직접적으로 다루는 것이 도움이 될 수 있다. 예를 들어, John Forsyth와 Georg Eifert(2008)는 그들의 불안을 다루는 ACT 프로토콜과 자기계발서에는 자비 기법이 포함되어 있다. 이 자기계발서의 효과성에 대한 검증은 현재 무작위 대조군 연구를 통해 이루어지고 있다. 현재까지 얻은 중간결과는 자기자비가 이 ACT 개입의 중요한 과정 및 결과 변인임을 나타낸다(Van Dam, Sheppard, Forsyth, & Earleywine, 2011). 이러한 연구를 통해 이론 · 실무적 통합이 지속됨에 따라, 자기자비가 ACT의 주요 심리치료적 과정으로 더욱 명료하게 떠오를 것이라 기대한다.

ACT 관점에서 바라본 자기자비

아직 자기자비가 ACT의 정식 요소로 포함되지는 않았지만, 상당 기간 ACT 상담자와 연구자들은 자기자비가 심리치료에서 가지는 역할에 대해 고찰해 왔다(Forsyth & Eifert, 2008; Hayes, 2008; Luoma, Kohlenberg, Hayes, & Fletcher, 2012; Tirch, 2010; Van Dam et al., 2011).

ACT의 관점에서 자기자비를 이해하기 위해서는 ACT의 기반을 이루는 인지 이론인 관계구성틀 이론(relational frame theory: RFT)을 살펴보는 것이 필요하다. 다른 여러 심리적 현상 중에서 RFT는 마음챙김, 자기계발, 조망수용(perspective taking)을 다룬다. 이 이론은 언어와 인지에 관한 행동적 설명을 제공하는데, 우리가 자신과 타인에 대한 인식을 어떻게 발달시키며, 시간과 공간 속에서 어떻게 자신을 경험하는지에 대해 고찰하는 데 유용하다(Barnes-Holmes, Hayes, & Dymond, 2001; Törneke, 2010). 이 모든 것은 자기자비가 어떻게 형성되는지를 이해하는 것과 관련이 있다. 자기자비에 대한 RFT의 설명은 자기자비가 어떻게 기능하고 우리가 자기자비적 행동을 어떻게 예측하고 영향을 줄 수 있을지를 이해하는 데 도움을 준다.

RFT 이론에 따르면, 자신에 대한 더 넓은 인식을 가질 수 있는 능력은 우리의 관점을 유연하게 옮길 수 있는 능력을 포함한다. 유연하게 조망을 수용할 수 있는 학습된 능력은 공감(Vilardaga, 2009) 및 자비 경험과도 관련이 있다. 즉, RFT 관점에서 자기자비를 이해하기 위해서는 자비의 초점이 되는 '자기(self)'를 고려해야 한다. 우리가 '자기'로 존재함과 '자기'가 있음에 대해 생각하는 것, 우리가 '자기'를 경험하기 위해 언어를 사용하는 것은 모두 정적인 개념이 아니라 지속적인 언어적 · 행동적 과정이다(Vilardaga, 2009).

RFT에서 '자기'의 경험은 조망을 형성하는 언어적 학습에서 나타난다. 조망이란 시간과 공간에 위치한 어느 특정한 관점을 의미한다. 우리는 이 조망을 여러 상징적인 방법으로 나타낼 수 있다. 예를 들어, 우리는 다른 특정한 조망에 빗대어 자신의 조망을 고려할 수 있다("그가 나였다면 어떻게 느꼈을까?"). 우리는 또한 다른 모든 조망에 빗대어 자신의 조망을 고려할 수 있다("이렇게 느끼는 건 세상에서 나 하나밖에 없을 것 같아!").

행동분석의 용어를 빌려, RFT는 이러한 언어적 관계['직시적 관계(deictic relations)']는 학습된 관계적 조작적 행동이며, 지속적인 사회적 교류를 통해 빚어진다고 보았다(Barnes-Holmes, Hayes, & Dymond, 2001). 직시적 관계는 우리가 세상, 우리 자신, 그리고 시간의 흐름을 어떻게 경험하는지의 구성 요소이다. **'너-나'**, **'여기-저기'**, **'그때-지금'**에 대한 언어적 관계는 조망수용을 포함한다. **'나'**라는 개념이 의미를 가지기 위해서는 **'너'**가 있어야 한다. **'여기'**가 관점으로서 의미가 있기 위해서는 **'저기'**가 필요하다. 자기의 의식은 조망수용에서 비롯된다.

우리가 누구인지에 대한 질문을 받는다면, 그 답으로 우리의 '삶의 이야기'를 나눌 수 있다. 예를 들어, 누군가는 "제 이름은 프레드이고, 저는 텍사스 출신 변호사입니다"라고 답할 수 있다. ACT 관점에서 이러한 자기의식은 **'내용으로서의 자기(self-as-content)'**에 해당된다. 하지만 마음챙김과 자기자비는 다른 종류의 자기를 경험할 수 있게 해 준다. 이 자기는 아주 오랜 시간 동안 당신의 매 순간의 경험을 바라보아 온 조용한 '너,' 즉 관찰자로서 존재한다. 때때로 **'관찰하는 자기(observing self)'** 혹은 **'초월적 자기(transcendent self)'**라고 불리기도 하는 이 자기는 ACT에서는 가장 흔히 **'맥락으로서의 자기(self as context)'**라고 불린다(Hayes, Strosahl, & Wilson, 1999).

어째서 경험하는 자기와 구분되는 '관찰자 자기'가 생겨나는가? 이를 이해하기 위해서는 ACT의 근원인 인간 언어와 인지에 대한 연구, 즉 RFT로 돌아가야 한다. 일부 대인관계 반응은 조망수용을 위한 훈련된 능력을 포함한다. 이러한 과정을 통해 우리의 존재 경험은 우리 삶을 통틀어 진행되는 모든 경험이 펼쳐지는 것을 조망하는 관점을 포함하게 된다. 이러한 관찰자로서의 자기는 ACT에서 맥락으로서의 자기라고 불리는데, 이는 이 경험적인 자기가 우리의 경험을 담아내는 맥락으로써 작용하기 때문이다(Hayes, Strosahl, & Wilson, 1999). 이러한 '관찰하는 자기'는 의식의 내용을 알아차릴 수 있지만 내용 그 자체는 아니기 때문에 중요하다. 마치 우리가 팔을 가지고 있지만 우리는 팔보다 더 큰 존재인 것처럼, 우리는 생각을 가지고 있지만 그 생각보다 큰 존재이다. 감정은 스스로를 느끼지 않고, 생각은 스스로를 관찰하지 않고, 신체적 고통은 스스로를 경험하지 않는다. 우리 삶의 전반에 걸쳐 우리는 우리의 경험이 생겨나고 존재하고 사라지는 것을 관찰하는 자기를 알아차릴 수 있다.

맥락으로서의 자기와 자기자비 사이의 관계에 대해 생각해 보면 맥락으로서의 자기를 알아차림으로써 우리의 경험과 부속되지 않고 동일시되지 않은 관계를 맺을 수 있음을 알게 된다. 이는 우리의 괴로운 사적 사건과 이야기가 습관적으로 주는 영향의 강도를 줄여 준다. 존재의 나-여기-지금의 관점에서, 나는 타인의 고통을 보듯이 나 자신의 고통을 바라볼 수 있고, 수치스러운 자기평가를 내릴 가능성이 있는 나의 언어적 학습 과거력의 영향력에서 벗어나 그 경험의 고통을 마주한다(Vilardaga, 2009; Hayes, 2008).

Steven Hayes(2008)는 자비가 ACT의 심리적 안녕감 모형에 내재한 유일한 가치일 수도 있다고 주장하였다. Hayes에 따르면 '육각 모형(hexaflex process)'이라 불리는 ACT의 심리치료적 변화 모형에 기술된 여섯 가지 핵심 과정에서 자기자비와 자비의 근원을 발견할 수 있다(Hayes, Luoma, Bond, Masuda, & Lillis, 2006). 이 여섯 개의 과정은 다음과 같은 결과를 위해 상호작용한다.

- 현재의 경험을 직접적이고 경험적으로 마주하기
- 가능한 행동의 범위를 좁히는 심리적 사건의 문자화된(literalized) 경험을 저지하기
- 경험적 수용 촉진하기
- '자기'에 대한 서술적 느낌에 대한 과동일시 내려놓기
- 가치 저술(values authorship) 과정 돕기
- 삶의 가치로운 방향에 대한 전념 촉진하기

Dahl, Plumb, Stewart와 Lundgren(2009)은 이러한 육각 모형의 과정이 자신과 타인에 대한 자비에 어떻게 직접적으로 영향을 주는지에 대해 논의하였다. 그들의 이론에 따르면 자기자비는 어려운 감정을 기꺼이 경험하고, 자기평가적이고 괴롭고 수치스러운 생각들이 우리의 행동이나 마음의 상태를 지배하도록 두지 않으면서 이를 마음챙김적으로 관찰하고, 자기친절과 자기타당화를 가지고 삶의 과업에 더 온전히 관여하며, 더 넓고 초월적인 자기를 향해 유연하게 조망을 옮길 수 있는 능력을 포함한다(Hayes, 2008).

육각 모형은 '심리적 유연성(psychological flexibility)'이라고 불리는 ACT의 심리적 안녕감의 근본적인 요소라고 보여진다(Hayes et al., 2006). 심리적 유연성은 "의식을 가진 인간으로서 현재 순간을 더 온전하게 마주할 수 있으며, 가치 있는 목표를 이루기 위해 주어진 상황에 맞게 행동을 바꾸거나 유지하는 능력(Luoma, Hayes, & Walser, 2007, p. 17)"으로 정의될 수 있다. 자기자비와 같이, 심리적 유연성은 우울, 불안, 심리적 문제와 강한 부적 상관을 보이며 삶의 질과 강한 정적 상관을 보인다(Kashdan & Rottenberg, 2010).

자비의 진화적 기초

자기자비는 애착과 유대와 관련된 인간의 행동 시스템에서 비롯된 인간의 진화된 능력이라는 Gilbert(2009)의 주장은 경험적 연구로 뒷받침되었다. 안전한 활동기지가 되어 주는 양육자와 가까이 있기를 원하고 위로를 구하는 것은 유도된 관계적 반응(derived relational responding)을 할 수 있는 능력, 직시적 관계구성틀(deictic relational framing), 마음챙김 훈련에서 비롯되는 관찰 능력을 선행하는 포유류적 행동이다.

유도된 관계적 반응을 할 수 있는 능력은 우리 인간들이 가진 진화적 이점이며 이를 통해 자기 인식이라는 인간적 특징, 즉 추상적인 생각이나 상상(예를 들어, 목격한 타인의 고통에 마음이 동하는 것, 마음챙김을 통해 스스로의 인식을 자각할 수 있는 것)에 행동 기반을 두는 능력을 가지게 되었다. Wilson, Hayes, Biglan과 Embry(2014)에 따르면 이러한 상징적 사고가 가능한 인간의 능력은 재조합된 DNA처럼 다양하게 재조합될 수 있는 '상속 시스템(inheritance system)'을 가능하게 한다. 이러한 방식으로 우리의 유전자적 · 심리언어적 진화는 우리가 자기자비의 경험으로 인해 위로받고, 그러한 위로의 경험과 뒤따르는 용기를 얻기 위해 심리적 유연성과 안전한 활동기지를 가지게 한다.

Wang(2005)은 인간의 자비는 진화적으로 결정된 '종 보존적(species-preservative)' 신경생리적 시스템에서 비롯된다고 주장하였다. 이러한 시스템은 더 오래된 '자기 보존적(self-preservative)' 시스템보다 상대적으로 최근에 진화되었다고 여겨진다. 이러한 '종 보존적' 시스템은 "자기에 대한 포괄적 느낌에 기반을 두며, 타인과 우리의 상호 연결성에 대한 인식을 촉진시킨다(Wang, 2005, p. 75)." 다른 동물들에 비해 인간의 아기와 아동은 무력하며 굉장히 많은 돌봄과 보호를 필요로 한다. 그 결과, 타인을 보호하고 돌보는 것을 포함한 양육 행동을 촉진하는 특정 뇌 구조 및 기타 신경 요소, 호르몬 시스템이 진화되었다. 이러한 진화적 진보는 파충류 및 양서류의 양육 행동과 포유류의 양육 행동을 비교하면 알 수 있다. 파충류 및 양서류는 자신들의 어린 자녀에게 가장 기초적인 양육 행동조차 보이지 않으나, 포유류는 다양한 양육 행동을 보인다.

Wang의 문헌 고찰에 따르면 인간의 전두엽, 대상엽, 복측 미주신경 복합체가 '종 보존적인' 시스템을 활성화하는 데 참여한다(Wang, 2005). 이러한 뇌 구조물들은 건강한 애착 관계와 자기자비를 형성하는 데에도 참여한다. 위험에 대항하는 개인적 · 집단적 · 적응적 행동 시스템의 발달은 다층 선택 이론(multilevel selection theory)(Wilson, Van Vugt, & O'Gorman, 2008)의 한 예시이며, 어떻게 우리의 언어적 관계망이 타인과 관계를 맺게 해 주고 삶의 흐름 속에서 우리의 자리를 알게 해 주는지에 대한 진화적 배경을 나타낸다. 이러한 진화적 관점은 본질적으로 맥락적이며, 앞으로 자기자비 분야에서 다학제적 이론적 융합이 어떻게 이루어질 수 있을지를 반영한다.

마음챙김과 자기자비, 심리적 유연성의 상호작용

보편적 인간성, 친절, 마음챙김은 ACT 이론에서 말하는 육각 모형의 각 과정에 포함되어 있으며, 자기자비는 의도적으로 이 과정들을 괴로움을 완화하는 방향으로 돌린다. 그렇기에 자기비는 마음챙김 하나만 고려했을 때보다 심리적 문제의 분산의 더 많은 부분을 설명할 수 있다(Kuyken et al., 2010). Van Dam 등(2011)은 일반인의 심리적 건강을 설명하는 데 있어 자기자비가 마음챙김보다 10배는 더 많은 고유 분산 설명도를 지녔음을 밝혔다. ACT에서 자기자비가 가지는 역할에 대해 생각할 때 육각 모형에 자기자비가 들어갈 방법을 찾고자 하는 마음이 들 수도 있다. 육각 모형은 RFT의 요소를 상대적으로 이해하기 쉽고 임상적으로 적용이 가능한 중간 수준의 용어로 나타낸 것임을 기억해야 한다. 육각 모형의 요소들은 유용한 기술이지만, 인간의 안녕감과 심리적 유연성을 아우르는 모든 것을 표현할 필요는 없다. 맥락적 행동과학(contextual behavioral science: CBS)을 구분 짓는 것은 근본적인 행동 원리들을 인간 행동을 예측하고 변화를 주는 데 적용하는 데 있다. 추후 서술될 것처럼, CBS 연구의 진보는 자기자비 속에서 발견되는 강력한 심리치료 과정 변인을 더 효과적으로 사용하는 데 도움을 줄 수 있다. 이와 유사하게, 자비에 기반을 둔 기법들은 게슈탈트 심리치료, 인지행동치료, 인간 잠재 능력 회복 운동(human potential movement) 기법들이 그러했듯이 ACT의 기법적 기반을 이론과 일관된 방식으로 확장할 수 있다.

결론

ACT는 Neff의 자기자비 개념화와 여러 방면에서 유사하며, 심리적 회복탄력성을 이해하는 여러 접근법은 서로에게 시사점이 있다. 비록 ACT의 내담자 프로토콜이 대체로 이해하기 쉬운 언어로 제시되어 있기는 하지만, ACT가 기반을 두고 있는 행동 이론과 임상적 문헌은 행동 분석적 접근을 배우지 않은 상담자에게 어렵게 느껴질 수 있다. 여러 사람은 RFT가 새로운 용어와 개념들을 포함하기 때문에 가파른 학습 곡선을 가지고 있다고 느낀다. 자기자비 문헌에서 사용되는 직접적이고 이해하기 쉬운 언어와 설명은 ACT 상담자들에게 유용할 것이다. 또한, MSC 프로그램(Neff & Germer, 2012)과 CFT(Gilbert, 2010b)와 같이 자기자비와 자비 이론에 기반을 둔 개입법은 ACT 상담자들에게 공통적인 심리치료 변화 과정을 촉진하는 데 사용될 수 있는 여러 다양하고 효과적이며, ACT와 일관적인 방법들을 제시해 줄 것이다.

이와 유사하게, 자기자비에 관한 연구에서 자기자비가 수용과 조망수용, 심리적 유연성과 같은 ACT 구성개념과 어떤 연관성을 지니는지 살펴보는 것이 도움이 될 것이다. ACT와 관련된 목표인 인간 행동의 예측 및 변화와 기능 분석의 정확도, 깊이, 범위는 증가하고 있는 자기자비 문헌을 과학적으로 건강하게 보완해 줄 것이다.

당연하게도, 최근에 개발된 마음챙김과 자기자비에 영향을 받은 심리치료에 대해서는 지속적인 연구가 필요하다. 특별히, 심리치료 과정 변인 간의 매개효과의 중요성을 염두에 두고 설계된 무작위 대조군 연구가 필요하다. 이는 ACT와 CFT, MSC 모두에 해당된다. 매개 검증을 통해 심리적 유연성과 자기자비가 이러한 상담치료에서 중요한 과정 변인으로 작용하는지를 알아볼 수 있을 것이다. ACT 개입에서 육각 모형의 각 과정과 자기자비가 가지는 상대적 기여도를 성분 분석하는 것 또한 필요하다. 이러한 분석은 자기자비 요소가 포함된 ACT 개입 조건과 직접적으로 자기자비를 다루지 않는 ACT 개입 조건을 비교함으로써 진행될 수 있다.

개념들이 통합되어 감에 따라 우리가 AAQ-II(Bond et al., 2011)와 SCS(Neff, 2003a)와 같은 척도들을 사용하여 인지적 유연성과 자기자비를 측정할 때, 과연 무엇이 실제로 측정되고 있는가에 대한 질문이 생긴다. 아직 이 주제에 관한 연구는 많이 이루어지지 않았지만, 현존하는 연구에서는 이 척도 간에 강한 상관이 나타났다. 예를 들어, 자폐 아동 부모 51명을 대상으로 한 연구에서 Neff(출간되지 않은 자료)는 SCS와 AAQ 사이에 .65의 상관계수를 발견하였다. AAQ와 SCS 사이의 차이점과 그 기저의 과정을 알아내는 것이 중요한 다음 과업이 될 것이다. 자기자비, 타인을 향한 자비, 자비에 대한 두려움, 수치심을 측정하는 것은 모두 조망수용, 직시적 틀, 마음 이론(theory of mind)에 관한 연구에 포함될 수 있다. 감정이 고조된 조망수용 활동은 조망수용 향상 훈련 전반에 걸친 자비의 역동을 살펴보기 위해 사용될 수 있는데, 이를 통해 맥락으로서의 자기가 마음챙김, 자비, 공감의 경험에 가지는 역할을 더 깊이 탐색할 수 있을 것이다.

임상적으로, ACT 상담자는 CFT나 MSC와 같이 자비의 영향을 받았으며 ACT와 일관적인 기법과 개입들이 다양하게 존재함을 발견할 수 있을 것이다. 그 외에도 자비와 자기자비를 향상하기 위해 집중과 심상을 사용하는 불교에서 유래된 활동들이 존재한다. 이러한 기법들을 상담자가 기존에 가지고 있던 심리치료 기술 레퍼토리에 접목시키는 것이 권장된다. 추가적으로, 자비와 자기자비의 과학과 실천에 관한 글들이 가치 있는 방향으로 삶을 저술하는 데 있어 상담자와 내담자 모두에게 유용한 자료가 될 수 있다.

CFT와 MSC 상담자들은 ACT 문헌에서 내담자의 행동 레퍼토리를 확장하는 데 도움을 줄 수 있는 여러 기법들을 찾을 수 있을 것이다. 탈융합(defusion) 기법, 가치 저술(value authorship) 기법, 자비로운 노출에서 기꺼이하기를 목표로 하기(targeting willingness in compassionate exposure) 등은 자비에 기반을 둔 접근법과 일관적인 ACT 기법 중 일부이다. 추가적으로, ACT의 기반이 되는 심리치료의 기저 심리적 유연성 과정 모형은 행동 역동이 자기자비 경험을 어떻게 설명할 수 있는지를 알아보는 데 유용한 맥락을 제공한다.

덜 기법적이고 이론에 묶인 관점에서 ACT나 자기자비에 기반을 둔 접근법의 경험적이고 사색적인 기법들을 경험한 상담자와 내담자는 각 기법의 이름이 다를지라도 공통된 경험을 하였다. 이러한 경험은 그저 개념을 조정하는 것을 뛰어넘는다. ACT와 MSC 방법들은 사람들에게 현실에 들어가 스스로를 마음챙김적이고 자비로우며, 온전히 수용적인 방식으로 만날 수 있는 공간과 시간을 제공한다. 아마도 이러한 급진적인 수용과 사랑이 자기자비 심리학과 ACT 사이의 가장 큰 공통분모일 것이다.

참고문헌

Adams, C. E., & Leary, M. R. (2007). Promoting self-compassionate attitudes toward eating among restrictive and guilty eaters. *Journal of Social and Clinical Psychology, 26*, 1120-1144.

Baer, R. A. (2010). Self-compassion as a mechanism of change in mindfulness-and acceptance-based treatments. In R. A. Baer (Ed.), *Assessing mindfulness and acceptance processes in clients: Illuminating the theory and practice of change* (pp. 135-153). Oakland, CA: New Harbinger Publications.

Barnard, L. K., & Curry, J. F. (2012). The relationship of clergy burnout to self compassion and other personality dimensions. *Pastoral Psychology, 61*, 149-163.

Barnes-Holmes, D., Hayes, S. C., & Dymond, S. (2001). Self and self-directed rules. In S. C.

Hayes, D. Barnes-Holmes, & B. Roche (Eds.), *Relational frame theory: A post-Skinnerian account of human language and cognition* (pp. 119-139). New York: Plenum.

Birnie, K., Speca, M., Carlson, L. E. (2010). Exploring Self-compassion and Empathy in the Context of Mindfulness-based Stress Reduction (MBSR). *Stress and Health, 26*, 359-371.

Bishop, S. R., Lau, M., Shapiro, S., Carlson, L., Anderson, N. D., Carmody, J., ... Devins, G. (2004). Mindfulness: A proposed operational definition. *Clinical Psychology: Science and Practice, 11*(3), 230-241.

Bond, F. W., Hayes, S. C., Baer, R. A., Carpenter, K. M., Guenole, N., Orcutt, H. K., Waltz, T., & Zettle, R. D. (2011). Preliminary psychometric properties of the Acceptance and Action Questionnaire-II: A revised measure of psychological flexibility and experiential avoidance. *Behavior Therapy, 42*(4), 676-688.

Brown, K. W., & Ryan, R. M. (2003). The benefits of being present: Mindfulness and its role in psychological well-being. *Journal of Personality and Social Psychology, 84*, 822-848.

Crocker, J., & Park, L. E. (2004). The costly pursuit of self-esteem. *Psychological Bulletin, 130*, 392-414.

Dahl, J. C., Plumb, J. C., Stewart, I., & Lundgren, T. (2009). *The art and science of valuing in psychotherapy: Helping clients discover, explore, and commit to valued action using acceptance and commitment therapy*. Oakland, CA: New Harbinger.

Forsyth, J. P., & Eifert, G. H. (2008). *The mindfulness & acceptance workbook for anxiety: A guide to breaking free from anxiety, phobias, and worry using Acceptance and Commitment Therapy*. Oakland, CA: New Harbinger.

Gilbert, P. (2009). *The compassionate mind*. London: Constable.

Gilbert, P. (2010a). An introduction to compassion focused therapy in cognitive behavior therapy. *International Journal of Cognitive Therapy, 3*(2), 97-112.

Gilbert, P. (2010b). *Compassion focused therapy: Distinctive features*. New York: Routledge.

Gilbert, P. & Irons, C. (2005). Focused therapies and compassionate mind training for shame and self-attacking. In P. Gilbert (Ed.), *Compassion: Conceptualisations, research and use in psychotherapy*. London: Routledge.

Gilbert, P., & Procter, S. (2006). Compassionate mind training for people with high shame and self-criticism: Overview and pilot study of a group therapy approach. *Clinical Psychology*

& Psychotherapy, 13, 353-379.

Goetz, J. L., Keltner, D., & Simon-Thomas, E. (2010). Compassion: An evolutionary analysis and empirical review. *Psychological Bulletin, 136,* 351-374.

Grossman, P., Niemann, L., Schmidt, S., & Walach, H. (2004). Mindfulness-based stress reduction and health benefits: A meta-analysis. *Journal of Psychosomatic Research, 57*(1), 35-43.

Harter, S. (1999). *The construction of the self: A developmental perspective.* New York: Guilford Press.

Hayes, S. C., Strosahl, K. D., & Wilson, K. G. (1999). *Acceptance and Commitment Therapy: An experiential approach to behavior change.* New York: Guilford Press.

Hayes, S. C., Barnes-Holmes, D., & Roche, B. T. (2001). *Relational frame theory: A post-Skinnerian account of human language and cognition.* New York: Plenum.

Hayes, S. C., Luoma, J., Bond, F., Masuda, A., & Lillis, J. (2006). Acceptance and Commitment Therapy: Model, processes, and outcomes. *Behaviour Research and Therapy, 44*(1), 1-25.

Hayes, S. C. (1984). Making sense of spirituality. *Behaviorism, 12,* 99-110.

Hayes, S. C. (2008a). The roots of compassion. Keynote address presented at the fourth Acceptance and Commitment Therapy Summer Institute, Chicago, IL. http://www.globalpres.com/mediasite/Viewer/?peid=017fe6ef4b1544279d8cf27 adbe92a51

Hofmann, S. G., Grossman, P., & Hinton, D. E. (2011). Loving-kindness and compassion meditation: Potential for psychological interventions. *Clinical Psychology Review, 31,* 1126-1132.

Holahan, C. J., & Moos, R. H. (1987). Personal and contextual determinants of coping strategies. *Journal of Personality and Social Psychology, 52*(5), 946-955.

Hollis-Walker, L., & Colosimo, K. (2011). Mindfulness, self-compassion, and happiness in non-meditators: A theoretical and empirical examination. *Personality and Individual Differences, 50*(2), 222-227.

Horney, K. (1950). *Neurosis and human growth: The struggle toward self-realization.* New York: Norton.

Kabat-Zinn, J. (1991). *Full catastrophe living: Using the wisdom of your body and mind to face stress, pain, and illness.* New York: Dell.

Kashdan, T. B., & Rottenberg, J. (2010). Psychological flexibility as a fundamental aspect of health. *Clinical Psychology Review, 30,* 865-878.

Kelly, A. C., Zuroff, D. C., Foa, C. L., & Gilbert, P. (2010). Who benefits from training in self-compassionate self-regulation? A study of smoking reduction. *Journal of Social and Clinical Psychology, 29,* 727-755.

Kernis, M. H., Paradise, A. W., Whitaker, D. J., Wheatman, S. R., & Goldman, B. N. (2000). Master of one's psychological domain? Not likely if one's self-esteem is unstable. *Personality and Social Psychology Bulletin, 26*, 1297-1305.

Kuyken, W., Watkins, E., Holden, E., White, K., Taylor, R. S., Byford, S., ... Dalgleish, T. (2010). How does mindfulness-based cognitive therapy work? *Behavior Research and Therapy, 48*, 1105-1112.

Lapsley, D. K., FitzGerald, D. P., Rice, K. G., & Jackson, S. (1989). Separation-individuation and the "New Look" at the imaginary audience and personal fable: A test of an integrative model. *Journal of Adolescent Research, 4,* 483-505.

Leary, M. R., Tate, E. B., Adams, C. E., Allen, A. B., & Hancock, J. (2007). Self-compassion and reactions to unpleasant self-relevant events: The implications of treating oneself kindly. *Journal of Personality and Social Psychology, 92,* 887-904.

Lee, W. K. & Bang, H. L. (2010). Effects of mindfulness-based group intervention on the mental health of middle-aged Korean women in community. *Stress and Health, 26,* 341-348.

Luoma, J. B., Hayes, S. C., & Walser, R. D. (2007). *Learning ACT: An Acceptance & Commitment Therapy skills-training manual for therapists.* Oakland, CA: New Harbinger.

Luoma, J. B., Kohlenberg, B. S., Hayes, S. C., & Fletcher, L. (2012). Slow and steady wins the race: A randomized clinical trial of acceptance and commitment therapy targeting shame in substance use disorders. *Journal of Consulting and Clinical Psychology, 80*, 43-53.

MacBeth, A., & Gumley, A. (2012). Exploring compassion: A meta-analysis of the association between self-compassion and psychopathology. *Clinical Psychology Review, 32*, 545-552.

Magnus, C. M. R., Kowalski, K. C., & McHugh, T.-L. F. (2010). The role of self-compassion in women's self-determined motives to exercise and exercise-related outcomes. *Self and*

Identity, 9, 363-382.

Martin, M. M., Staggers, S. M., & Anderson, C. M. (2011). The relationships between cognitive flexibility with dogmatism, intellectual flexibility, preference for consistency, and self-compassion. *Communication Research Reports, 28,* 275-280.

Neely, M. E., Schallert, D. L., Mohammed, S. S., Roberts, R. M., & Chen, Y. (2009). Self-kindness when facing stress: The role of self-compassion, goal regulation, and support in college students' well-being. *Motivation and Emotion, 33*(1), 88-97.

Neff, K. D. (2003a). Development and validation of a scale to measure self-compassion. *Self and Identity, 2,* 223-250.

Neff, K. D. (2003b). Self-compassion: An alternative conceptualization of a healthy attitude toward oneself. *Self and Identity, 2*, 85-102.

Neff, K. D. (2009). Self-compassion. In M. R. Leary & R. H. Hoyle (Eds.), *Handbook of individual differences in social behavior* (pp. 561-573). New York: Guilford Press.

Neff, K. D., & Beretvas, S. N. (2012). The role of self-compassion in romantic relationships. *Self and Identity, 12*(1), 78-98.

Neff, K. D., & Germer, C. K. (2012). A pilot study and randomized controlled trial of the Mindful Self-Compassion Program. *Journal of Clinical Psychology, 69*(1), 28-44.

Neff, K. D., Hsieh, Y., & Dejitterat, K. (2005). Self-compassion, achievement goals, and coping with academic failure. *Self and Identity, 4*, 263-287.

Neff, K. D., Kirkpatrick, K., & Rude, S. S. (2007). Self-compassion and its link to adaptive psychological functioning. *Journal of Research in Personality, 41*, 139-154.

Neff, K. D., & McGehee, P. (2010). Self-compassion and psychological resilience among adolescents and young adults. *Self and Identity, 9*, 225-240.

Neff, K. D., & Pommier, E. (2012). The relationship between self-compassion and other-focused concern among college undergraduates, community adults, and practicing meditators. *Self and Identity, 12*(2), 160-176.

Neff, K. D., Rude, S. S., & Kirkpatrick, K. (2007). An examination of self-compassion in relation to positive psychological functioning and personality traits. *Journal of Research in Personality, 41*, 908-916.

Neff, K. D., & Vonk, R. (2009). Self-compassion versus global self-esteem: Two different ways of relating to oneself. *Journal of Personality, 77*, 23-50.

Nolen-Hoeksema, S. (1991). Responses to depression and their effects on the duration of depressive episodes. *Journal of Abnormal Psychology, 100*, 569-582.

Porges, S. W. (2007). The polyvagal perspective. *Biological Psychology, 74*, 116-143.

Powers, T., Koestner, R., & Zuroff, D. C. (2007). Self-criticism, goal motivation, and goal progress. *Journal of Social and Clinical Psychology, 25*, 826-840.

Rimes, K. A., & Wingrove, J. (2011). Pilot study of Mindfulness-Based Cognitive Therapy for trainee clinical psychologists. *Behavioural and Cognitive Psychotherapy, 39*, 235-241.

Robins, C. J., Keng, S., Ekblad, A. G., & Brantley, J. G. (2012). Effects of mindfulness-based stress reduction on emotional experience and expression: A randomized controlled trial. *Journal of Clinical Psychology, 68*, 117-131.

Robitschek, C. (1998). Personal growth initiative: The construct and its measure. *Measurement and Evaluation in Counseling and Development, 30*, 183-198.

Rockcliff et al. (2008). A pilot exploration of heart rate variability and salivary cortisol responses to compassion-focused imagery. *Clinical Neuropsychiatry, 5*, 132-139.

Salzberg, S. (1997). *A heart as wide as the world.* Boston: Shambhala.

Sbarra, D. A., Smith, H. L., & Mehl, M. R. (2012). When leaving your ex, love yourself: Observational ratings of self-compassion predict the course of emotional recovery following marital separation. *Psychological Science, 23*, 261-269.

Segal, Z. V., Williams, J. M. G., & Teasdale, J. D. (2001). Mindfulness-based Cognitive Therapy for Depression: *A New Approach to Preventing Relapse.* New York: Guilford Press.

Shapira, L. B., & Mongrain, M. (2010). The benefits of self-compassion and optimism exercises for individuals vulnerable to depression. *The Journal of Positive Psychology*, 5(5), 377-389.

Shapiro, S. L., Astin, J. A., Bishop, S. R., & Cordova, M. (2005). Mindfulness-based stress reduction for health care professionals: Results from a randomized trial. *International Journal of Stress Management, 12*, 164-176.

Shapiro, S. L., Brown, K. W., & Biegel, G. M (2007). Teaching self-care to caregivers: Effects of mindfulness-based stress reduction on the mental health of therapists in training.

Training and Education in Professional Psychology, 1, 105-115.

Shapiro, S. L., Brown, K., Thoresen, C., & Plante, T. G. (2011). The moderation of mindfulness-based stress reduction effects by trait mindfulness: Results from a randomized controlled trial. *Journal of Clinical Psychology, 67*, 267-277.

Swann, W. B. (1996). *Self-traps: The elusive quest for higher self-esteem*. New York: W. H. Freeman.

Tesser, A. (1999). Toward a self-evaluation maintenance model of social behavior. In R. F. Baumeister (Ed.), *The self in social psychology* (pp. 446-460). New York: Psychology Press.

Tirch, D. (2010). Mindfulness as a context for the cultivation for compassion. *International Journal of Cognitive Psychotherapy, 3*, 113-123.

Törneke, N. (2010). *Learning RFT: An introduction to relational frame theory and its clinical applications*. Oakland, CA: New Harbinger.

Van Dam, N., Sheppard, S. C., Forsyth, J. C., & Earleywine, M. (2011). Self-compassion is a better predictor than mindfulness of symptom severity and quality of life in mixed anxiety and depression. *Journal of Anxiety Disorders, 25*, 123-130.

Vettese, L. C., Dyer, C. E., Li, W. L., & Wekerle, C. (2011). Does self-compassion mitigate the association between childhood maltreatment and later emotional regulation difficulties? A preliminary investigation. *International Journal of Mental Health and Addiction, 9*, 480-491.

Vilardaga, R. (2009). A relational frame theory account of empathy. *The International Journal of Behavioral Consultation and Therapy, 5*, 178-184.

Wang, S. (2005). A conceptual framework for integrating research related to the physiology of compassion and the wisdom of Buddhist teachings. In P. Gilbert (Ed.), *Compassion: Conceptualizations, research and use in psychotherapy*. New York: Routledge.

Wenzlaff, R. M., & Wegner, D. M. (2000). Thought suppression. In S. T. Fiske (Ed.), *Annual review of psychology* (Vol. 51, pp. 59-91). Palo Alto, CA: Annual Reviews.

Wilson, D. S., Hayes, S. C., Biglan, A., & Embry, D. (2014). Evolving the future: toward a science of intentional change. *Behavioral and Brain Sciences, 37*(4), 395-416.

Wilson, D. S., Van Vugt, M., & O'Gorman, R. (2008). Multilevel selection theory and major evolutionary transitions: Implications for psychological science. *Current Directions in*

Psychological Science, 17(1), 6-9.

Worthington, E. L., O'Connor, L. E., Berry, J. W., Sharp, C., Murray, R., & Yi, E. (2005). Compassion and forgiveness: Implications for psychotherapy. In P. Gilbert (Ed.), *Compassion: Conceptualizations, research and use in psychotherapy* (pp. 168-192). New York: Routledge.

Wren, A. A., Somers, T. J., Wright, M. A., Goetz, M. C., Leary, M. R., Fras, A. M., Huh, B. K., & Rogers, L. L. (2012). Self-compassion in patients with persistent musculoskeletal pain: Relationship of self-compassion to adjustment to persistent pain. *Journal of Pain and Symptom Management, 43*, 759-770.

Yarnell, L. M., Neff, K. D. (2012). Self-compassion, interpersonal conflict resolutions, and wellbeing. *Self and Identity, 12*(2), 146-159.

제5장

조망수용

Ian Stewart
National University of Ireland, Galway

Louise McHugh
University College Dublin

전 세계의 교사, 사회학자, 정책입안자, 학부모들은 공감 능력이 평화를 실현하기 위해 반드시 강화해야 할 가장 핵심적인 특성이라는 사실을 인식하고 있다.

—Arundhati Ray

도입

조망수용(Perspective Taking)은 영아 초기부터 시작해 아동기 이후까지 발달하는 매우 중요한 사회적 능력으로 간주된다(예: Baron-Cohen, 1994). **긍정심리학**(positive psychology)에서는 조망수용 및 관련 현상이 이론적으로 중요한 의미를 갖는다. 예를 들어, 조망수용 자체는 Peterson과 Seligman(2004)이 제시한 24가지 주요 특성 중 하나이며, 이는 개방성, 친절, 사회성, 용서, 공정성, 자기통제 등 다른 특성들과 관련이 있는 것으로 보인다.

그렇다면 조망수용이란 정확히 무엇이며 이 능력을 어떻게 기를 수 있을까? **관계구성틀 이론**(relational frame theory: RFT)은 언어와 인지과정을 이해하고 이에 영향을 미치는 맥락적 행동 접근법으로, 이러한 질문에 대한 새로운 통찰을 제공할 수 있다. RFT에서는 조망수용 능력을 어린 시절부터 발달하는 핵심 언어 기반 능력으로 간주하며, 이는 공감, 정교한 자기감(sense of self), 그리고 초월성과 같은 주요 현상의 발달을 뒷받침한다. 이 장에서는 아동과 성인의 조망수용 능력 발달에 대한 RFT 연구와 이 능력이 발달하지 않는 경우에 대한 이유도 살펴볼 것이다. 그런 다음, 치료적 맥락에서 공감 능력을 향상시키기 위한 3단계 가이드를 통해 조망수용이 공감 능력 발달, 자기와 타인의 구성(construction), 심리적 '초월' 달성에 어떤 중요한 역할을 하는지 살펴볼 것이다. 이러한 조망수용의 역할은 심리적 장벽에 직면했을 때 공감을 유지하는 데 도움이 된다. 이 과정에서 우리는 RFT가 긍정심리학자들이 핵심 성격 특성으로 보는 요소들의 발달을 어떻게 설명할 수 있는지, 그리고 이를 통해 다양한 긍정심리 개입으로 이어지는 방향을 어떻게 제시할 수 있는지를 살펴볼 것이다.

조망수용에 대한 관계구성틀 접근 방식

최근까지 조망수용에 대한 대부분의 심리학 연구는 **마음 이론**(theory of mind: ToM)을 기반으로 수행되어 왔다. ToM은 조망수용이 다른 사람의 마음(예: 신념, 욕구, 의도, 감정 등)을 정신적으로 표상하는 능력에 기반한다고 제안한다(예: Howlin, Baron-Cohen, & Hadwin, 1999). 그러나 이러한 접근 방식에는 근본적인 문제가 있다. 예를 들어, 조망수용을 형성하는 기능적 과정(즉, 환경-행동 수반성을 포함하는 과정)에 대한 의문이 남아 있다. 예를 들어, 아동이 일상적인 언어를 통해 자신의 관점과 타인의 관점을 비교하며 질문하고 답하는 방법을 어떻게 배울 수 있을까?

ToM과 달리 RFT 접근 방식의 기본 가정 중 하나는 행동에 대한 설명을 통해 예측하는 것과 영향력을 발휘하는 것 모두 중요하다는 것이다. 후자는 조작 가능한 과정을 구체적으로 명시하는 것이 필요하며, 이로 인해 RFT가 개입 수준에서 ToM에 비해 이점을 가지게 된다. 이어지는 내용에서는, 복잡한 인간 행동의 주요 형태를 기능적으로 분석하는 RFT를 간략히 소개한 후, 조망수용의 개념을 설명할 것이다.

관계구성틀 이론

관계구성틀 이론가들은 수십 년간의 연구를 바탕으로, 언어와 인지를 포함한 복잡한 인간 행동은 '임의적 맥락 통제(arbitrary contextual control)' 속에서 자극들 간의 관계를 학습하는 능력, 즉 관계구성틀을 통해 이해할 수 있다고 주장한다(Hayes, Barnes-Holmes, & Roche, 2001 참조). 임의적 맥락 통제의 의미를 이해하기 위해 다음의 예를 살펴보자. 어떤 사람이 우리 두 저자 중 어느 쪽도 만난 적이 없는 아동에게 '이안이 루이스보다 키가 크다'고 말한 후, 누가 더 작은지 물으면 어린이는 '루이스'라고 대답한다. 이 아동의 대답은 물리적 관계(이 아동은 우리를 만난 적이 없다)가 아니라 (사회적 관습에 근거하여) 임의적 맥락 단서인 '키가 크다'를 기반으로 한다. 이 아동은 이 단서가 있을 때 비교 관계에 따라 자극을 '관계적으로 구성'하는 법을 이전에 배웠기 때문에, 이 단서를 들었을 때 이안과 루이스를 이런 식으로 관계를 구성하고 루이스가 키가 더 작다는 결론을 내린다.

RFT는 인간이 사회언어(socioverbal) 공동체[1]에서 강화 수반성(contingencies of reinforcement)에 노출됨으로써 관계구성틀을 학습한다고 주장한다. 앞에서 설명한 비교틀의 경우, 예를 들어 처음에 '어느 것이 더 큰지 또는 더 작은지'를 묻는 질문에 대답할 때 서로 다른 실제 길이 사이에서 선택하는 방법을 배울 수 있다. 결국에는 이러한 반응이 일반화되어 맥락 단서만으로 반응 패턴을 통제하고, 이안과 루이스 관련 질문을 받았을 때 적절하게 대답할 수 있게 된다. 대등(same), 구별(different), 반대(opposite) 등을 포함한 다른 관계구성틀도 유사한 방식으로 학습된다.

RFT 연구자들은 관계구성틀의 다양한 패턴과 이 틀이 어떻게 형성되고 영향받는지 보여 주는 경험적 증거를 점점 더 많이 제공하고 있다(예: Dymond, Roche, DeHouwer, 2013). 이러한 다양성에도 불구하고, 모든 관계구성틀의 형태는 다음과 같은 세 가지 특징을 가지고 있다. **상호적 함의**(mutual entailment; 관계적 반응의 기본적인 양방향성, 예를 들어 '키가 크다'가 '높다'를 의미한다면, '높다'는 '키가 크다'를 의미한다), **조합적 함의**(combinational entailment; 이미 알려진 관계를 조합하여 새로운 관계 생성: 예를 들어, 이안이 루이스보다 크

1) 역자 주: 언어를 통한 사회적 상호작용이 이루어지는 환경 전체를 말한다.

고 루이스가 조보다 크다면 이안이 조보다 크고 조는 이안보다 작다), 그리고 **자극 기능의 변환**(transformation of stimulus functions; 특정 맥락에서 주어진 관계에 따라 자극이 갖는 심리적으로 관련된 기능이 변화하는 현상; 예를 들어, 이안이 조보다 크고 또 다른 농구 선수가 필요하다면 조 대신 이안을 선택할 수 있음).

RFT 관점에서 보면, 개인이 사회언어 공동체와의 상호작용을 통해 관계를 구성하기 시작한 순간부터, 그 이후에는 사물, 단어, 사건, 개념들로 이루어진 관계망을 계속 확장하게 된다. 이 관계망은 타인과의 대화처럼 겉으로 드러나는 방식뿐만 아니라, 사고 과정처럼 내면에서 일어나는 방식으로도 형성된다. 그 결과, 개인이 경험하는 환경의 심리적 특성은 점점 더 복잡하고 다양한 방식으로 변화하게 된다. 자연스럽게, 자신의 행동과 타인의 행동은 개인의 세계에서 매우 중요한 부분을 이루며, 따라서 이러한 행동들 역시 관계적으로 변환된 자극 연결망 속에 포함되고, 그 연결망에서 매우 강력한 영향력을 갖는 요소가 된다. RFT 관점에서 이것이 곧 조망 취하기 레퍼토리(repertoire)의 시작이다.

RFT와 조망수용

조망수용 능력은 화자의 관점을 기준으로 관계를 명시하는 '직시적(deictic)'[2] 관계구성틀에 기반한다(McHugh, Barnes-Holmes, & Barnes-Holmes, 2004). 이와 관련해 가장 중요한 세 가지 구성틀은 **'나-너(I-YOU)'**, **'여기-거기(HERE-THERE)'**, **'지금-그때(NOW-THEN)'**이다. 이 관계구성틀을 습득하는 것은 나의 행동('**나**')과 다른 사람의 행동('**너**')을 구분하고, 나의 현재 반응이 다른 위치('**거기**')가 아니라 항상 이 위치('**여기**')에 있음을, 그리고 다른 시간('그때')이 아니라 항상 현재 시간('**지금**')에 있음을 학습하는 것을 의미한다.

직시적 관계구성틀은 적어도 한 가지 중요한 측면에서 다른 관계구성틀들과 다르다. 앞서 언급한 대로, 다른 관계구성틀들에는 이들의 발달을 촉진하는 형식적이거나 비임

2) 역자 주: '나-너', '여기-저기', '지금-그때'처럼 지시 대상이 화자의 관점과 맥락에 따라 달라지는 특성을 말한다.

의적인 대응물(counterparts)을 가지고 있다. 그러나 직시적 관계구성틀의 경우 쉽게 식별할 수 있는 비임의적 관계가 없다. 이 경우에는 개인과 다른 사건 간의 관계가 관계구성틀의 기반이 되는 고정 변수 역할을 한다. 이러한 이유로, 직시적 관계구성틀을 이해하려면 관계 패턴을 보여 주고 여러 예시를 통해 가르쳐야 한다. Barnes-Homes, Hayes와 Dymond(2001, p. 122)에 따르면, '세상에 대한 개인의 관점과 타인의 관점을 추상화하려면 충분히 발달된 관계적 레퍼토리와 이를 활용한 다양한 사례의 경험이 필요하다'고 설명하고 있다. 언어공동체[3]와의 상호작용 중에, 아동은 점차 다음과 같은 질문에 적절하게 대답하고 질문하는 법을 배운다. "여기서 뭐하는 거야?", "내가 지금 뭐하는 거야?", "너는 거기서 뭐할 거야?" 이러한 질문과 대답이 이루어지는 물리적 환경은 예시에 따라 다르지만, 필요한 관계 패턴인 '**나-너**', '**여기-거기**', '**지금-그때**'는 일관되며, 이러한 패턴은 시간이 지나면서 추상화된다.

세 가지 조망수용틀은 **나-여기-지금**, **너-여기-지금**, **나-여기-그때**, **너-여기-그때**, **나-거기-지금**, **너-거기-지금**, **나-거기-그때**, **너-거기-그때**와 같은 다양한 관계망을 생성할 수 있다. 예를 들어, '나는 지금 여기 있지만, 너는 그때 여기 있었다' 또는 '너는 그때 거기 있었지만, 나는 지금 여기 있다'와 같이 일상 대화에서 흔히 볼 수 있는 많은 문구가 이 8개의 관계망에서 파생된다. 물론 실제 대화에서는 이러한 문구가 특정한 사람, 장소, 시간과 연결되는 단어로 보완되거나 대체되는 경우가 흔하다. 예컨대, "지금은 9시이고 나[이안]는 직장에 있지만[여기-지금], 당신[루이스]은 아직 집 침대에 있다[거기-지금]." 조망수용틀은 특정 단어로 정의하기 어려운데, 이것이 조망수용틀을 특히 유용하면서도 복잡하게 보이게 만드는 이유이다. 즉, '나', '너', '여기', '거기', '지금', '그때'와 같은 단어들은 조망수용틀을 통제하는 관계적 단서의 예시에 불과하며, 다른 여러 단어와 맥락적 특징들도 동일한 역할을 할 수 있다. 관계구성틀에서 핵심은 자극의 겉모습(topography)이 아니라, 자극들이 서로 맺는 일반화된 관계적 활동, 즉 다양한 상황에서도 일관되게 적용되는 관계 맺기 방식이다.

나-너, **여기-거기**, **지금-그때**의 직시적 관계구성틀이 한 개인의 언어적 행동 레퍼토

3) 역자 주: 동일한 언어가 통용되는 집단을 말한다.

리에 형성되면, 이는 그 개인이 언어를 사용하는 대부분의 상황에서 자연스럽게 나타나는 특징이 된다. 이 설명에 따르면, 개인이 다른 사람과 대화할 때, 그 대화는 나 자신이 지금 여기에 있을 때 그때 거기에서 발생한 사건에 관한 관점에서 이루어진다. 예를 들어, 간단한 인사말인 "어떻게 지내세요?"라는 표현에서도 나는 지금 여기에서 **거기**(조금 떨어진 곳)에 있는 **당신**(청자)에 대해 묻고 있으며, 당신은 **그때**(내 질문에 대답할 때) 그 질문에 응답하게 된다. 이러한 분석은 내가 (보통은 마음속으로) 자신과 대화할 때도 동일하게 적용된다. 예를 들어, 실수를 한 후에 '그건 어리석었어'라고 생각한다면, **지금 여기**에서 나는 (실수를 저지른) **그때 거기**의 자신에 대해 판단하고 있는 것이다. 요약하면, 직시적 관계구성틀에서는 화자가 항상 지금 여기에 있고, 청자는 항상 **그때 거기**에 있다는 구분이 변하지 않는다.

경험적 지지

RFT 관점에서 직시적 관계구성틀(deitic relational framing)을 통해 조망수용을 설명하는 경험적 증거가 계속해서 증가하고 있다. McHugh, Barnes-Holmes와 Barnes-Holmes (2004)는 다양한 연령대에 걸쳐 직시적 틀 능력이 어떻게 발달하는지에 대한 프로파일을 제공하기 위해 특정 프로토콜을 사용해 조사하였다. 이 프로토콜은 세 가지 조망수용틀(**나-너, 여기-거기, 지금-그때**)과 세 가지 수준의 관계 복잡성(단순 관계, 역방향 관계, 이중 역방향 관계)에 중점을 두었다. 연구 결과에 따르면, 명확한 발달 추세가 나타났다. 3~5세 사이의 어린 아동들은 6~30세 사이의 다른 연령 집단들보다 더 많은 오류를 보였다. 또한 이러한 차이는 주요 인지발달 연구 결과들과 대체로 일치한다. 이 연구들에 따르면, 간단한 마음 이론 과제에 대한 수행은 일반적으로 4~5세 사이에 발달하고, 6세가 되면 대체로 잘 확립된다고 보고하고 있다.

추가 연구를 통해 직시적 관계구성틀이 틀린 믿음(false belief) 이해 및 거짓말을 포함한 다양한 조망 기반 능력(perspective-dependent skills)과 어떻게 연관되는지 조사하였다. 틀린 믿음 이해는 다른 사람이 틀린 믿음을 가지고 있는지 파악하고, 그 믿음에 따라 행동하는 경우를 구별할 수 있는 능력을 필요로 한다. 틀린 믿음 이해는 인지 발달의 중요한 이정표이자 다른 사람에게 의도적으로 틀린 믿음을 만들어 내는 거짓말을 이해하기 위한 전제 조건으로 여겨진다(예: Perner, Leekam, & Wimmer, 1987). McHugh, Barnes-Holmes, Barnes-Holmes와 Stewart(2006)는 옳은 믿음 이해와 틀린 믿음 이해에 있어 직시적 관계구성틀의 역할을 조사했으며, McHugh, Barnes-Holmes, Barnes-Holmes, Stewart와 Dymond(2007)는 거짓말에 대한 관계구성틀 분석을 수행하였다. 두 연구 모두 아동 초기부터 성인기까지 참가자들의 수행에서 명확한 발달 추세를 보였고, 특히 연령집단 간 오류 수의 유의한 차이와 연령에 따른 오류율 감소가 확인되었다.

이 연구들에 따르면, 조망수용에 필요한 관계적 레퍼토리는 뚜렷한 발달 추세를 보이는 것으로 나타났다. 또한 RFT의 실용적인 초점과 부합하게, 최근의 여러 연구에서는 어린 아동의 조망수용틀의 결함을 평가하고 교정하기 위해 McHugh 등(2004)의 프로토콜을 변형하여 사용하였다(예: Heagle & Rehfeldt, 2006; Weil, Hayes, & Capurro, 2011). 앞서 인용한 두 연구는 직시적 관계구성틀의 훈련이 가능하다는 것뿐만 아니라 이러한 형태의 반응 훈련이 대안적 조망수용 과제와 대안적(실제 세계 포함) 맥락에서의 수행에 긍정적인 영향을 미칠 수 있다는 증거를 제공한다. Heagle과 Rehfeldt(2006)는 6~11세 사이의 전형적인 발달 단계에 있는 3명의 아동에게 조망수용 기술을 훈련시켰다. 이 연구는 '표본크기'가 작은 연구에서 특정 개입의 효과를 입증하기 위해 사용되는 다중 프로브 설계(multiple probe design)를 사용하였다. 이 설계는 특정 개입의 도입이 개선과 연관되어 있음을 보여 주기 위해 사용된다. 새로운 자극(즉, 새로운 상황에 관한 질문)과 현실 세계 대화 주제(즉, 아동에게 생태학적으로 타당한 대화 주제)에 대한 조망수용의 일반화도 검증되었다. 3명의 아동 모두 조망수용 프로토콜을 성공적으로 훈련 받았으며, 일반화 검증에서 높은 정확도로 수행하였다. Weil 등(2011)은 또한 57개월에서 68개월 사이의 3명의 아동을 대상으로 조망수용 프로토콜을 훈련시키기 위해 다중 프로브 설계를 사용하였다. 조망수용 프로토콜 훈련 전, 훈련 중, 훈련 후에 ToM 과제수행 능력을 검증한 결과, 3명의 아동 모두 개선된 것으로 나타났다.

조망수용에 대한 RFT적 접근에서 또 다른 중요한 진전은 임상집단을 대상으로 직시적 관계구성틀의 결함을 조사한 연구이다. 선행 연구에 따르면, 자폐스펙트럼장애(autistic spectrum disorder: ASD)를 가진 개인은 조망수용 과제에서 결함을 보이는 것으로 나타났다(예: Baron-Cohen, Leslie, & Frith, 1985). 따라서 Rehfeldt, Dillen, Ziomek과 Kowalchuk(2007)은 ASD 아동의 직시적 관계구성틀을 검증하고 이들의 수행을 동연령의 정상 발달 아동의 수행과 비교하였다. 연구 결과에 따르면, ASD집단은 McHugh 등의 프로토콜, 특히 역전 관계 시행(reversed relation trials)에서 더 많은 오류를 보였다. 주요 연구들에서도 조현병 환자들의 조망수용 능력에 결함이 있다는 사실이 입증되었다(예: Langdon, Colheart, Ward, & Catts, 2001). 따라서 많은 연구들이 McHugh 등의 프로토콜을 사용하여 **조현병**(schizophrenia) 환자집단을 대상으로 직시적 관계 반응의 수준을 평가하였다. 예를 들어, Villatte, Monestès, McHugh, Freixai Baqué와 Loas(2010)의 연구에 따르면, 조현병 환자는 간단한 직시적 관계 시행에서는 대조군과 비슷한 수행을 보였지만, 역전 관계 및 이중 역전 관계 시행에서는 더 낮은 수행을 보여 특정 결함을 나타냈다.

직시적 관계의 결함은 준임상적 상태인 **사회적 무쾌감**(social anhedonia)에서도 조사된 바 있다. 사회적 무쾌감은 조현병과 연관된 정상 범위의 성격 특성인 조현형 성격(schizotypy)의 한 차원으로, 사회적 무관심, 위축, 그리고 사회적 접촉에서 즐거움을 느끼지 못하는 특징을 가지며, 이는 정신병 발현의 중요한 예측 요인으로 알려져 있다. 예를 들어, Villatte, Monestès, McHugh, Freixa i Baqué와 Loas(2008)는 사회적 무쾌감증이 심한 개인과 비임상 대조군을 McHugh 프로토콜을 통해 비교하였다. 사회적 무쾌감증 집단은 McHugh 프로토콜에서 특히 대인관계 관점(즉, 나-너, 여기-거기 관계)이 포함된 관계 복잡성이 높은 과제에서 대조군보다 정확도가 낮았다.

사회적 무쾌감증은 낮은 수준의 대인 상호작용과 관련이 있으며, 대인관계에서 나타나는 이러한 직시적 반응의 결함은 사회적 상호작용 부족으로 인한 결과일 수 있다. 이는 조현병에서 관찰되는 보다 심각한 ToM 결함이, 조현병의 진단 가능 단계가 시작되기 이전에도 나타날 수 있음을 시사한다. 최근 다른 RFT 기반 연구에서는 사회적 무쾌감증 점수가 직시적 관계구성틀, 공감적 관심(empathic concern), 경험 회피로 설명될 수 있다는 증거를 제시함으로써 이러한 해석을 뒷받침하였다(Vilardaga, Estévez, Levin, & Hayes, 2012). 이 연구는 사회적 상호작용이 여러 요인들에 의해 결정되며, 그 요인들에는 직시적 관계구성틀 수준뿐만 아니라 그로부터 파생되는 공감과 수용과 같은 능력도 포함된다는 아이디어에 기반하고 있으며, 이에 대해서는 이 장 후반에서 더 자세히 다룬다.

RFT는 이와 같은 반응 패턴이 어떻게 변화될 수 있는지 제시하기 때문에(즉, 기본 직시적 관계구성틀은 훈련 가능하고, 앞으로 살펴볼 것처럼 감정 수용에 필요한 고급 직시적 관계구성틀도 훈련 가능하다), 이 연구는 조현병의 임상 상태를 예측하는 중요한 요인을 제시하는 동시에 이러한 상태를 덜 유발할 수 있는 방법도 제시하였다.

요약하면, 최근의 많은 발달 및 임상 연구 결과들은 조망수용을 직시적 관계구성틀로 설명하는 RFT를 지지한다. 앞서 제시한 대로, 이 설명은 조망수용과 긍정심리학자들이 관심을 갖는 강점과 덕성을 포함한 관련 심리 현상에 대해 유용한 새로운 통찰력을 제공할 것으로 기대된다. 지금까지 살펴본 연구들 가운데 일부는 이 설명을 직접적으로 뒷받침하는 근거를 제공하며, 이미 이러한 가능성이 어떻게 실현될 수 있는지를 보여 주고 있다. 이러한 연구들을 검토한 뒤, 우리는 공감과 수용을 비롯한 주요 관련 심리 현상들을 아우르는 보다 확장된 이론적 틀 속에서 조망수용에 대한 이 접근을 살펴볼 것이다.

직시적 관계구성틀로서의 조망수용: 3단계 가이드

Vilardaga와 Hayes(2009)는 임상 장면에서 성인 내담자와의 치료적 관계를 발전시키기 위한 3단계 가이드를 제시하였다. 이는 RFT 접근 방식을 활용하여 조망수용을 실제 상황에 적용한 구체적인 사례를 제시하며, 조망수용과 관련된 현상에 대한 보다 일반적인 이론 모델을 제안한다. 이 가이드는 직시적 관계 반응을 중심으로 하며 자세한 내용은 〈표 5-1〉에서 확인할 수 있다. 1단계는 기본적인 관점(직시적 관계) 훈련을 포함하고, 2단계는 공감(직시적 관계를 통한 감정 기능의 변환) 훈련을 포함하며, 3단계는 심리적 유연성(자기/타인을 맥락으로 인식) 훈련을 포함한다.

1단계: 기본 직시적 훈련

조망수용 RFT 훈련에 대한 경험적 사례는 앞서 다루었다. 연령이나 상황에 맞춰 조망수용 훈련이 주류 교육과정에서 제공될 수 있을 것으로 보인다. 다른 유형의 관계 반응

표 5-1 조망 훈련을 위한 3단계 가이드: 공감을 통한 조망수용

단계	이론	예
1. 기본 직시적 훈련	직시적 관계구성틀은 화자의 관점에서 관계를 지정한다. 가장 중요한 틀은 나–너, 여기–거기, 지금–그때이다. 이러한 틀을 습득한다는 것은 내 행동('나')과 타인의 행동('너')을 구별하는 법을 배우고, 현재 내가 반응하는 것은 항상 '거기'가 아니라 '여기', '그때'가 아니라 '지금'이라는 것을 배우는 것을 의미한다.	'만약 내가 너라면 나는 어디에 있을까?' '내가 너라면 그리고 여기가 거기라면 나는 어디에 있을까?'
2. 공감 훈련	공감은 직시적 관계구성틀을 통한 감정 기능의 변환을 포함한다. 비전문적인 용어로 말하면, 우리는 다른 사람의 관점을 취하고 이를 통해 '그들의 고통을 느낄 수 있게 된다.' 이로 인해 우리는 그들을 돕게 될 수도 있지만, 고통이 너무 심하다면 직시적 관계구성틀을 회피할 수 있다.	'슬퍼. 만약 네가 나라면 어떤 기분일까?'
3. 맥락으로서의 자기/타인	직시적 관계구성틀은 또한 맥락으로서의 자기/타인의 경험을 가능하게 하며, 모든 직시적 구별에서의 불변적인 부분, 즉 '지금–여기'를 포함한다. 맥락으로서의 자기/타인은 심리적 내용을 초월하여 그 내용을 수용할 수 있게 하는 것으로 생각할 수 있다. 이는 다른 사람의 고통에 공감하여 생긴 고통스러운 내용을 수용하는 것을 포함하며, 이는 공감적 반응을 촉진할 수 있다.	'나는 생각과 감정이 왔다가 사라지는 것을 지켜본다. 그것을 지켜보는 건 누구인가?'

훈련과 함께 사용하면, 이는 일반적인 인지 훈련의 중요한 형태가 될 것이다. 그러나 조망 (직시적) 관계에 대한 훈련은 다른 (비직시적) 관계에 대한 훈련과는 다른 영향을 미칠 것으로 예상되며, 적어도 유사한 영향은 미칠 것으로는 보이지 않는다.

예를 들어, 앞서 우리는 직시적 관계 반응을 통해 옳은 믿음과 틀린 믿음에 대한 이해 그리고 이와 관련된 거짓말 현상을 살펴본 RFT 연구를 다루었다. 이러한 능력은 사회 환경을 탐색하는 데 중요하다. 예를 들어, 거짓말은 부정적인 의미도 있지만, 다른 사람의 감정을 보호하기 위해 거짓말을 하는 등 긍정적인 사회적 상호작용을 촉진하는 데 중요한 역할을 하는 경우가 많다. 따라서 이러한 능력의 기반이 되는 직시적 관계 훈련을 통해 긍정심리학자들이 **사회성**(social intelligence)이라고 부르는 것을 향상시킬 수 있다. 이는 개인(예: 더 많은 친구를 사귀고 행복감이 향상됨)과 사회(예: 친사회적 행동의 가능성 증가

및 반사회적 행동의 가능성 감소) 모두에 중요한 이점을 제공할 수 있다. 앞서 언급한 조망과 관련된 현상들을 훈련하기 위한 직시적 관계 절차를 개발하고 최적화하기 위해서는 추가적인 기초 RFT 연구가 필요하다. 이는 또한 개인이 타인이나 제3자에 대해 가지고 있는 믿음을 다른 사람이 어떻게 인식하고 있는지를 구성하는 복잡한 2차 조망수용과 같은 더 고차원적인 기술로까지 확장될 수 있다(예: Perner & Wimmer, 1985). 향후 응용 연구에서는 이러한 절차를 활용하여 특정 집단에서 더 고차원적인 직시적 관계 능력을 평가하고 훈련할 수 있으며, 또한 이러한 훈련이 사회적 기능에 미치는 장기적 효과를 추적할 수도 있을 것이다.

조망 관계(Perspective Relation)에 대한 훈련은 자신의 행동을 관리하는 능력, 즉 **자기통제**(self-control)와도 관련이 있다. 기본적인 행동 수준에서 '자기'는 자신의 반응에 반응하는 것을 의미한다(예: Skinner, 1974 참조). 비인간을 대상으로 경험적으로 모델링된 이 개념(예: Lattal, 1975)은 인간의 자기에 대한 행동적 접근에 중요한 토대를 제공하지만, 이 현상의 복잡성을 이해하는 데는 충분하지 않다. RFT는 반응에 대한 반응이 언어적이라는 점, 즉 관계구성틀, 더 구체적으로는 직시적 관계를 의미한다는 점이 중요하다고 주장한다(예: Barnes-Holmes, Hayes, & Dymond, 2001). 언어적 자기인식(verbal self-knowledge)은 잠재적으로 중요할 수 있다. 왜냐하면 자신의 행동, 특히 그 행동을 통제하는 수반성(contingencies)에 대한 언어적 설명이 관련 행동 기능을 변화시킬 수 있기 때문이다. 장기적으로 더 큰 보상을 얻기 위해 즉각적인 자기만족의 충동을 자제하는 자기통제가 대표적인 예이다. 예를 들어, 만족지연 능력에 관한 발달 검사에서는 어린 아동들에게 일반적으로 1개의 먹을 수 있는 보상(예: 사탕)을 즉시 받을 수 있고, 몇 분 동안 기다리면 2개를 받을 수도 있다고 말해 준다. RFT에서는 언어 능력이 충분히 발달한 아동은 이 상황을 '만약 ~라면 ……이다(IF…THEN)' 틀에 따라 '기다리는 것'은 '더 많이'로 '기다리지 않는 것'은 '더 적게'로 관계적으로 구성할 수 있다고 제안한다. 이렇게 하면 기다릴 가능성이 더 높아질 수 있다. 반대로 더 적은 양을 선택하는 아이를 생각해 보자. 아동이 자신의 행동을 설명하고 대안과 비교하는 능력(예: '기다리지 않았기 때문에 지금 얻을 수 있는 것보다 더 적게 얻었어')이 부족하면 기능의 변환을 통해 사탕의 강화 효과가 떨어질 수 있다.

이러한 간단한 자기통제는 엄밀히 말하자면 직시적 관계가 필요하지 않을 수도 있다.

특정 **관계구성틀**(relational frames)(예: 대등, 시간, 비교)과 이를 통한 기능의 변환이 필요하지만, 직시적 관계가 반드시 필수적인 것은 아니다. 그럼에도 불구하고, 나이가 들면서 자기통제력이 향상된다는 증거가 있으며, 이는 직시적 관계 반응의 개선과 관련될 수 있다. 특히, **지금-그때 관계**(NOW-THEN relations)에 중점을 두는 이러한 직시적 관계 훈련은 간단한 자기통제력을 향상시키는 데 특히 적합할 수 있다. 앞서 검토한 연구(예: McHugh et al., 2004)에 따르면, 시간 기반 직시적(지금-그때) 관계를 통한 기능의 변환은 나-너 또는 여기-거기 관계를 통한 기능의 변환보다 늦게 나타날 수 있다고 한다. 여기에서 유추할 수 있는 한 가지는 자기통제력과 관련해 아주 어린 아동들은 현재의 '나'에게 반응하는 것과 같은 방식으로 미래의 '나' 또는 과거의 '나'에게 반응하지 않을 수 있다는 것이다. 아동의 자기개념이 미래로 확장되기 시작하는 시기가 4세 때라는 연구 결과과 이를 뒷받침한다. 앞서 언급한 대로, 자기통제력을 발휘하기 위해 반드시 직시적 관계 반응이 있어야 하는 것은 아니다. 그러나 아동이 현재의 자기에 반응하는 방식과 유사한 방식으로 미래의 자기에 반응할 수 있다면, 현재의 '나'를 위한 선택이 줄어들고 미래의 '나'를 위한 선택이 늘어나 충동적인 반응이 아닌 자기통제 반응이 나올 가능성이 더 높아질 수 있다. 향후 RFT 연구에서는 시간 기반 직시적 관계의 발달 과정을 더 자세히 탐색하는 동시에, 이러한 관계 훈련이 자기통제력에 어떤 영향을 미치는지 평가할 수 있을 것이다.

2단계: 공감 훈련

Vilardaga와 Hayes(2009) 가이드의 2단계에는 **공감**(empathy) 훈련이 포함되어 있다. 공감은 "다른 사람의 감정 상태를 이해하고 공유하는 능력"으로 정의되어 왔다(예: Hoffmann, 2000). 일반적으로, 공감은 남을 돕는 것과 같은 긍정적인 행동을 촉진하고, 공격성, 비행 등 반사회적 행동을 예방하거나 감소시키는 것으로 알려져 있다. 또한 공감은 친절, 공정성, 용서와 같은 덕목에서 중요한 요소일 가능성이 높다.

RFT의 관점에서 공감은 직시적 관계구성틀을 통해 감정의 기능이 변환되는 과정을 포함한다. 이는 공감이 단순히 주어지는 능력이 아니라 여러 학습 단계를 거쳐 발달한다는 점을 시사한다(예: Valdivia-Salas, Luciano, Gutierrez-Martinez, & Visdomine, 2009). 일반적으로 발달 중인 아동들은 감정 상태를 구분하고 명명하는 방법을 배우며, 이를 통해 명칭-상태 대등 관계(예: '두렵다'는 말은 두려움의 감정과 대등한 관계를 나타낸다)를 형성한다. 조망수용 관계도 이러한 이해의 발달과 관련이 있다. 예를 들어, 반응은 항상 '나-지금-여기'의 관점에서 이루어지며, 비교는 과거 경험들(나-그때-거기)과도 할 수 있다. 이런 식으로 자신의 감정(emotions)을 언어적으로 구분하는 법을 배우는 것은 공감 능력 발달의 핵심 요소 중 하나이다. 두 번째는 다른 사람의 감정을 언어적으로 구분하는 방법을 배우는 것이다. 그중 한 가지 측면은 다른 사람의 감정의 징후(signs)를 구분하고 명명할 수 있는 능력이다. 아동이 다른 사람의 감정을 정확하게 변별하기 시작하면, 감정의 명칭과 특정 감정 및 생각 사이의 대등 관계를 통한 기능 변환이 이루어진다. 이는 이후 필수적인 핵심 반응인 직시적 관계를 통한 기능 변환이 더욱 발달하도록 촉진하는 데 기여한다. 후자를 직접 훈련하고 강화하기 위해 Vilardaga와 Hayes(2009)가 제안한 것처럼 '그녀의 입장이라면, 어떤 감정을 느낄 것 같나요?'와 같은 질문을 사용하여 다중사례 훈련(multiple exemplar training)을 제공할 수 있다. 공감 반응이 확립된 후에는, 느끼는 감정을 넘어 특정 반응 패턴을 촉진하기 위해 추가 작업이 필요할 수 있다. 예를 들어, 아동에게 상대방을 가장 잘 도울 수 있는 방법을 가르쳐야 할 수도 있다. 또한 도움 행동과 상대적으로 지연된 결과를 연결하는 규칙(예: '여동생을 도와주면 여동생이 더 행복해지고, 온 가족이 그 날을 더 즐겁게 보낼 것이다')을 추적하는 방법을 가르쳐야 할 필요가 있을 수도 있다.

앞의 순서는 응용 분야에서의 연구 및 교육 목적을 위한 가이드로 활용될 수 있다. 가능한 관련 영역 중 하나는 따돌림(bullying)이다. Sutton, Smith와 Swettenham(1999)은 아동과 청소년 사이에서 발생하는 따돌림은 종종 참여 집단 내 권력 다툼과 관련된 복잡한 사회적 맥락 속에서 이루어지며, 가해자는 집단 구성원의 사회적 충성심을 유지해야 할 필요가 있다고 주장한다. 또한 이러한 상호작용에서는 최소한 리더에게 고차원적인 조망수용 능력이 요구된다고 보았다. 또한 사회적 배척과 소문 퍼뜨리기와 같은 간접적인 따돌림 방법도 똑같이 높은 조망수용 능력을 필요로 하는 것처럼 보인다. 그럼에도 불구하고 따돌림 가해자는 공감 능력이 낮은 것으로 나타난다. 일부 드문 경우(즉, '반사회성 성격장애'로 분류된 개인)에는 유전적 이상으로 인해 극도로 낮은 수준의 정서적 고통을 유발하는 유전적 이상이 있을 수 있으며, 이로 인해 직시적 관계를 통한 혐오적 정서 기능의 변환이 거의 또는 전혀 일어나지 않을 수 있다. 이러한 개인들은 타인의 고통을 함께 느끼는 능력이 결여되어 있을 수 있으며, 따라서 공감을 형성하는 측면에서는 치료가 매우 어렵거나 거의 불가능할 수 있다. 그러나 대부분의 경우, 따돌림 가해자의 공감 수준이 상대적으로 낮은 데에는 아마도 다른 이유들이 더 크게 작용할 것이다. 예를 들어, 자기 또는 타인에 대한 이들의 특정한 관계구성틀 형성 패턴이 따돌림 상황에서든, 혹은 더 넓은 맥락에서든 기능의 변환이 일어나기 어렵게 만드는 경우가 있다. 예를 들어, 따돌림 가해자가 감정을 느끼지만 다른 사람의 존경을 잃지 않기 위해 의도적으로 그 감정을 억누르는 것일 수 있다.

자폐 스펙트럼 및 기타 발달장애가 있는 개인은 공감 능력이 극도로 부족할 수도 있다. 이 경우 주요 원인은 관계구성틀, 특히 직시적 관계구성틀의 결함이다. 따라서, 이를 훈련하기 위해서는 이 장의 앞부분에서 설명한 방법과 같은 과정이 필요할 수 있다. 이 레퍼토리가 자리를 잡으면 직시적 관계를 통한 감정 기능의 변환을 제대로 확립하기 위해 추가적인 감정 관련 훈련이 필요할 것이다. 그러나 이러한 훈련은 다른 집단에 필요한 훈련과 유사할 것이다.

방금 제안한 바와 같이, 조망수용 또는 직시적 관계를 통한 감정 기능의 변환 능력이 결여된 경우, 이러한 레퍼토리를 훈련함으로써 공감 능력을 향상시킬 수 있다. 그러나 이러한 레퍼토리가 존재하는 상황에서도, 공감이 보장되는 것은 아니다. 감정 기능의 변환이 약화되거나 부재하여 공감에 실패하는 데에는 여러 가지 이유가 있을 수 있다. 그러나 순수한 기능적인 측면에서 보면, 모두 유사한 문제를 가지고 있으며 Vilardaga와 Hayes(2009) 가이드에서도 유사한 유형의 개입을 권장한다. 이러한 개입은 RFT와 그리고 RFT에 근거를 둔 심리치료의 한 형태인 수용전념치료(acceptance commitment therapy: ACT; Hayes, Wilson, & Strosahl, 2011)에 기반한다. ACT와 Vilardaga와 Hayes(2009)가 제안한 개입에서 중요한 것은 직시적 관계 반응을 통해 발달하는 RFT 기반의 자기와 타인에 대한 개념이다. 다음 섹션에서는 이러한 개념에 대해 설명할 예정이다.

3단계: 자기 타인 초월

Vilardaga와 Hayes(2009) 가이드의 3단계는 자신의 사적(private) 사건에 대한 직시적 '맥락으로서의 자기' 훈련을 포함한다. 수용전념치료의 핵심인 이 개념은 자기 자신에 대한 RFT 접근에 기반하고 있다. RFT에 따르면, 확장된 관계적 레퍼토리(extended relational repertoire)와 결합될 때 조망수용은 기능적으로 서로 다른 세 가지 유형의 자기를 형성할 수 있다. 내용으로서의 자기, 과정으로서의 자기, 맥락으로서의 자기가 바로 그것이다(Hayes, 1995).

내용으로서의 자기(Self-as-content) 내용으로서의 자기(개념화된 자기; conceptualized self)는 한 사람이 시간의 흐름에 따라 자신과 자신의 역사에 대해 구성하는 정교한 서술적이고 평가적인 관계망으로 이루어져 있다(예: '나는 남편이자 아버지이다. 나는 약간 고지식하다. 나는 야구를 좋아하며 애틀랜타 브레이브스의 열렬한 팬이다'). 자기평가는 항상 '그때' '거기'에서 일어나는 우리의 행동에 대해 '지금' '여기'에서 이루어진다. 그러나 우리는 현재 순간에 일어나는 일을 해석하고 평가하는 과정에는 거의 관심을 기울이지 않는다. 관계적 반응의 산물(예: 생각, 신념, 판단)을 객관적인 사실이나 현실 세계의 변하지 않는 특징으로 받아들일 때 어려움이 발생하는데, 이러한 과정을 ACT에서는 **인지적 융합**(cognitive fusion)이라고 부른다. 자기평가를 마치 과거에 이미 굳어져서 바꿀 수 없는 것처럼 여기면 문제가 될 수 있다. 이로써 우리의 이야기는 경직되고 굳어져, 더 이상 단순히 과거의 행동을 설명하는 데 그치지 않고, 이야기의 일관성을 유지하는 방향으로 미래의 행동을 이끌 수 있다.

과정으로서의 자기(Self-as-process) 과정으로서의 자기(인식하는 자기; knowing self)는 심리적 사건이 발생하는 순간 이를 언어적으로 구별하는 활동을 의미한다(예: '나는 슬프다'). 과정으로서의 자기는 개념화된 자기를 형성하는 데 기여한다(예: 내가 자주 슬프다고 구별한다면, 나는 자신을 '우울한 사람'이라고 묘사할 수 있다). 또한 과정으로서의 자기는 '초월적 자기(transcendent self)'에 접촉하기 위해서도 필요하다. 왜냐하면 '관찰자를 관찰'하기 위해서는 자기 자신을 점검하고 살필 수 있는 능력이 요구되기 때문이다.

과정으로서의 자기는 행동 조절(behavioral regulation)에 있어 사회언어적 공동체와 개인 모두에게 매우 유용하다. 이를 통해 타인은 한 개인의 학습 이력(learning history)을 알지 못하더라도 그 사람의 행동을 예측할 수 있다. 예를 들어, 누군가가 화가 났다고 말하면 그 사람의 행동을 어느 정도 예측할 수 있다. 과정으로서의 자기는 개인의 심리 발달에도 매우 중요하다. 자신의 반응에 효과적으로 반응하기 위해서는 먼저 그 반응과 그 반응이 미치는 영향을 알아차려야 한다. 예를 들어, 다른 사람의 행동에 대한 나의 생각과 감정을 융통성 있고 유연한 방식으로 이해하고 반응하는 것은 인간관계를 맺는 데 매우 중요하다.

과정으로서의 자기는 언어 공동체로부터 충분한 훈련을 받지 못할 경우 제대로 발달하지 못할 수 있다. 예컨대, 아동 방임이나 학대 상황에서 흔히 보이듯, 감정 · 사고 · 감각을 인식하고 표현하는 것이 처벌되거나 무시되거나 부정될 때 이러한 어려움이 발생한다. 자기인식이 약한 것은 혐오스러운 경험을 피하거나 도피하려는 경향인 경험 회피의 결과일 수도 있다. 만성적인 경험 회피는, 예를 들어 우울증과 같은 장애를 겪는 사람들이 자신의 생각, 감정, 감각을 관찰하고 묘사하는 데 어려움을 초래할 수 있다.

맥락으로서의 자기(Self-as-context) 맥락으로서의 자기(초월적 자기: transcendent self)는 자기구별(self-discrimination)에서 언제나 변하지 않는 부분이다. 예를 들어, 어떤 사람이 자신과 자신의 행동에 대해 여러 질문에 답한다고 해도, 시간에 따라 변하지 않고 항상 같은 것은 답이 나오는 맥락, 곧 '나, 여기, 지금'이다. 맥락으로서의 자기는 언어적 반응의 내용을 추상화한 것이기 때문에 '내용이 없는' 것이며, 따라서 처음 등장했을 때부터 변하지 않고 일정하다(즉, 내용이 없으면 아무것도 변할 대상이 없는 것이다). 맥락으로서의 자기는 언어적 반응의 산물이지만, 개인이 지금까지 해온 모든 것에 적용되는 언어적 범주로서 기능한다. 이 범주는 비언어적 자기(언어로 표현되기 이전에 드러나는 감정, 신체 반응, 표정과 같은 즉각적인 경험)와 언어적 자기(관계적 구성틀을 통해 얻어진 지식의 대상이자 과정)를 모두 포함한다. 따라서 맥락으로서의 자기는 비언어적 자기 지식과 언어적 자기 지식을 연결하는 경험적 다리 역할을 한다.

맥락으로서의 자기는 관계구성틀의 산물임에도 불구하고 언어적으로 설명하거나 접촉하기 어렵기 때문에 종종 초월적 자기라고도 불린다. 대상을 경험하려면 자신의 관점이 아닌 다른 관점을 채택해야 하는데, 이는 불가능하기 때문에 대상으로서 경험될 수 없다. 따라서 맥락으로서의 자기는 특정 대상으로 존재하지 않기 때문에 무한하고 변하지 않으며 항상 존재한다고 설명할 수 있다. 이러한 이유로 종종 영적이고 종교적인 개념 및 경험과 관련이 있다.

맥락으로서의 자기는 개념화된 자기나 과정으로서의 자기와 같이 혐오스러운 내용에 위협받지 않기 때문에, 인간이 **심리적 고통**(psychological pain)을 경험하고 조절하는 방식에 중요한 영향을 미친다. 이는 개인이 깊은 감정적 고통에 직면할 수 있도록 하고 기꺼이 경험하기(willingness), 자비, 친밀감을 촉진한다. 이러한 특성으로 인해 ACT의 관점에서 이 개념은 매우 중요하다.

언어적 타인 RFT에서는 조망수용이 기능적으로 구분되는 세 가지 유형의 자기를 형성할 수 있는 것처럼, 타인 또한 세 가지 유형의 타인, 즉 **내용으로서의 타인**(other-as-content), **과정으로서의 타인**(other-as-process), **맥락으로서의 타인**(other-as-context)도 형성할 수 있다고 제안한다(Hayes, 1995). 내용으로서의 타인은 청자를 언어적으로 구성하는 것을 의미한다. 예를 들어, 새로운 사람이 종교를 가진 사람이라는 사실을 알게 되었을 때와 무신론자라는 사실을 알게 되었을 때 우리는 서로 다른 것을 가정할 수 있다. 다시 말해, 우리는 각 경우에 따라 언어적으로 서로 다른 청자를 구성하고, 그에 따라 특정 주제에 접근하는 방식도 달라질 수 있다. 과정으로서의 타인 역시 언어적으로 구성되지만, 이 경우에는 순간마다 다른 사람의 행동을 구성하기 때문에 보다 유동적인 특성을 가지고 있다. 이러한 현상은 대화 중에 흔히 발생하는데, 상대방이 우리에게 어떻게 반응하고 있는지 언어적으로 구성하는 과정에서 주로 발생한다. 특히, 보다 사적인 대화에서는 상대방이 자신의 감정을 더 자주 드러내곤 한다(예: "네가 그렇게 말해서 좀 실망했어."). 맥락으로서의 타인(초월적 타인)은 비교적 드물며, 이는 화자가 순수한 의식적 존재로서 청자와 심리적으로 연결되어 있을 때 발생한다. 초월은 항상 '**지금 여기**'로 경험되며, 따라서 이 수준에서는 화자와 청자가 사실상 하나이다. 왜냐하면 '**지금 여기**'는 정의상으로 하나의 사건 이상으로 나타날 수 없기 때문이다. 따라서 맥락으로서의 자기는 초월적 타인과 자동적으로 연결되며, 이러한 관점을 설명하는 데 '맥락으로서의 자기 타인' 또는 '초월적 자기 타인(transcendent self-other)'이라는 용어를 사용할 수 있다.

자기 그리고 공감의 실패 자기와 타인의 구성을 설명하는 이러한 RFT적 분석은 직시적 관계를 통한 기능 변환(즉, 공감적 반응)이 실패하는 다양한 사례를 이해하고 이를 교정하는 방법을 제안하는 데 활용될 수 있다. 한 가지 예는 특정한 개념화된 자기와의 융합이 지나치게 강해 모든 사건이 그 자기와의 관련성이라는 틀 속에서 보이게 되는 경우이다(예: 자기애성 성격장애). 이로 인해 타인의 관점을 취하는 것이 어려워질 수 있다. 다른 경우에는 기능의 변환으로 인해 고통이 발생하여, 다른 사람에 대한 동정심 대신 자기중심적인 관심(self-concern)이 생겨난다(예: Eisenberg, 2000 참조). 따라서 결과적으로, 다시 한번 강조하지만 명백한 공감적 반응이 나타나지 않게 된다. 이는 일부 파괴적 행동장애가 있는 아동 및 청소년 사례에서 공감 능력 부족을 설명하는 이유로 제시되어 왔다. 또한, 다른 사람의 고통을 다루는 전문가들에게도 관련이 있을 수 있으며, 과도한 감정적 고통을 피하려는 경향으로 인해 내담자들에 대한 공감 능력이 떨어지고, 때로는 소진을 경험할 수도 있다. 직시적 관계를 통한 정서 기능의 변환이 특정 개인에게서 특히 약화되는 심리적 과정이 있는 경우 외에도, 공감적 반응이 전반적으로 더 잘 일어나거나 덜 일어나도록 만드는 여러 맥락적 요인들이 존재한다. 이러한 요인에는 관찰자와 대상 간의 유사성, 친숙성, 사회적 성향, 협력적 맥락과 경쟁적 맥락의 차이, 그리고 관찰자가 대상을 얼마나 호의적으로 평가하는지가 포함된다.

ACT 관점에서 보면, 앞서 든 사례들은 모두 사적 내용과의 융합으로 인해 공감 반응이 약화되는 경우에 해당한다. 첫 번째 사례는 특정한 자기개념과의 강한 융합으로 인해 타인이 덜 두드러지게 되는 상황을 보여 준다. 단락 마지막에 제시된 맥락적 요인들은 자기개념이 타인과 대립하는 방식으로 작용하는 융합과 관련된다. 또 다른 사례는 경험을 피하도록 하는 규칙과의 융합이 영향을 미치고 있음을 시사한다. 가이드의 세 번째 단계에서는 이러한 사례들에서 볼 수 있는 은밀한 반응(covert responding)과의 융합을 상쇄시키는 것이 목표이다. Vilardaga와 Hayes(2009)는 맥락으로서의 자기/타인을 훈련시키는 개입을 제안하는데, 이 과정에서 치료자는 다양한 시간과 상황에서 자신을 내담자로 상상하는 것과 자기 자신으로 상상하는 것 사이에서 유연하게 움직여야 한다. 이들의 제안은 심리치료사를 대상으로 하고 있지만, 공감 능력이 부족한 다른 상황에도 도움이 될 수 있다(제시한 다양한 사례 간의 차이는 경험적 연구가 필요하지만 Vilardaga와 Hayes가 목표로 삼은 과정은 모두에게 공통적이다). 초월적 관점에서는 특정한 규칙(예: "나는 완벽해야 한다", "이 고통은 도저히 견딜 수 없다", "나는 이 사람이 마음에 들지 않는다")에 따른 바람직하지 않은 기능 변환이 줄어든다. 그 결과, 가치에 따라 행동을 선택함으로써 자기 자신에 대한 연민이나 타인에 대한 공감을 담은 반응이 가능해진다.

직시적 관계와 직시적 관계를 통한 기능의 변환은 각각 조망수용과 공감에 유용한 방법일 수 있다. 새롭게 도입된 각각 세 가지의 자기감(sense of self)과 타인감(sense of other)에 대한 개념은 직시적 관계 개념에 근거를 두고 있으며, 연구 및 실용적 목적에 흥미로운 방향을 제시한다. 현재 상황과 관련하여 앞서 언급한 모든 내용은 긍정심리학자 및 인간의 상태를 이해하고 인간의 잠재력을 극대화하려는 사람들이 관심을 갖고 있는 복잡한 인간 행동의 주요 패턴에 대한 향후 경험적 분석에 중요한 토대가 될 것이다.

결론

긍정심리학은 '개인, 가족, 지역사회의 번영을 위한 과학적 이해와 효과적인 개입을 달성하는 것'을 목표로 한다(Seligman & Csikszentmihalyi, 2000, p. 13). RFT와 ACT를 아우르는 맥락적 행동 과학은 경험에 기반한 실용 지향적 심리학적 접근법으로, 긍정심리학자들이 관심을 갖는 주요 행동 범주의 행동 기원에 대한 새로운 통찰력을 제공하기 시작하였다. 조망수용은 이러한 범주 중 하나이며, 개방성, 친절, 사회성, 용서, 공정성, 자기통제력, 영성 등 다른 여러 가지 요소와 밀접하게 연관되어 있기 때문에 특히 중요하다. 이 장에서는 맥락적 행동, 더 구체적으로는 조망수용에 대한 RFT 접근법을 소개하였다. 이 실용 지향적인 '상향식' 분석은 긍정심리학자들이 추구하는 이러한 현상에 대한 과학적 이해와 효과적인 개입을 촉진하는 데 도움이 될 것이다.

참고문헌

Barnes-Holmes, D., Hayes, S. C., & Dymond, S. (2001). Self and self-directed rules. In S. C. Hayes, D. Barnes-Holmes, & B. Roche (Eds.), *Relational frame theory: A post-Skinnerian account of human language and cognition* (pp. 119-139). New York: Plenum.

Baron-Cohen, S. (1994). How to build a baby that can read minds: Cognitive mechanisms in mind reading. *Cahiers de Psychologie Cognitive, 13*, 513-552.

Baron-Cohen, S., Leslie, A. M., & Frith, U. (1985). Does the autistic child have a "theory of mind"? *Cognition, 21*, 37-46.

Dymond, S., Roche, B., & De Houwer, J. (2013). *Advances in Relational Frame Theory: Research and Application*. Oakland, CA: New Harbinger Publications.

Eisenberg, N. (2000). Empathy and sympathy. In M. Lewis & J. M. Haviland-Jones (Eds.), *Handbook of emotions* (677-691). New York: Guilford Press.

Hayes, S., Barnes-Holmes, D., & Roche, B. (2001). *Relational frame theory: A post-skinnerian account of human language and cognition*. New York: Plenum.

Hayes, S. C. (1995). Knowing selves. *The Behavior Therapist, 18*, 94-96.

Hayes, S. C., Strosahl, K., & Wilson, K. G. (2011). *Acceptance and Commitment Therapy: The process and practice of mindful change* (2nd ed.). New York: Guilford Press.

Heagle, A. I., & Rehfeldt, R. A. (2006). Teaching perspective-taking skills to typically developing children through derived relational responding. *Journal of Early and Intensive Behavior Intervention, 3*(1), 1-34.

Hoffman, M. L. (2000). *Empathy and moral development: Implications for caring and justice*. New York: Cambridge University Press.

Howlin, P., Baron-Cohen, S., & Hadwin, J. (1999). *Teaching children with autism to mind-read: A practical guide*. Chichester: Wiley.

Langdon, R., Coltheart, M., Ward, P., & Catts, S. (2001). Visual and cognitive perspective-taking impairments in schizophrenia: A failure of allocentric simulation? *Cognitive Neuropsychiatry, 6*(4), 241-269.

Lattal, K. A. (1975). Reinforcement contingencies as discriminative stimuli. *Journal of the Experimental Analysis of Behavior, 23*, 241-246.

McHugh, L., Barnes-Holmes, D., Barnes-Holmes, Y., Stewart, I., & Dymond, S. (2007). Deictic relational complexity and the development of deception. *The Psychological Record, 57*, 517-531.

McHugh, L., Barnes-Holmes, Y., & Barnes-Holmes, D. (2004). Perspective-taking as relational responding: A developmental profile. *The Psychological Record, 54*, 115-144.

McHugh, L., Barnes-Holmes, Y., Barnes-Holmes, D., & Stewart, I. (2006). False belief as generalised operant behavior. *The Psychological Record, 56*, 341-364.

Perner, J., Leekam, S., & Wimmer, H. (1987). Three year olds' difficulty with false belief. The case for a conceptual deficit. *British Journal of Developmental Psychology, 5*, 125-137.

Perner J., & Wimmer, H. (1985). "John thinks that Mary thinks that..." Attribution of second-order beliefs by 5-to 10-year-old children. *Journal of Experimental Child Psychology, 39*, 437-471.

Peterson, C., & Seligman, M. E. P. (2004). *Character strengths and virtues: A handbook and classification*. Washington, D.C.: APA Press and Oxford University Press.

Rehfeldt, R., Dillen, J. E., Ziomek, M. M., & Kowalchuck, R. (2007). Assessing relational learning deficits in perspective-taking in children with high-functioning Autism Spectrum Disorder. *The Psychological Record, 57*, 23-47.

Seligman, M. E. P., & Csikszentmihalyi, M. (2000). Positive psychology: An introduction. *American Psychologist, 55*, 5-14.

Skinner, B. F. (1974). *About behaviorism*. New York: Vintage.

Sutton, J., Smith, P. K., Swettenham, J. (1999). Social cognition and bullying: Social inadequacy or skilled manipulation? *British Journal of Developmental Psychology*, *17*(3), 435-450.

Valdivia-Salas, S., Luciano, C., Gutierrez-Martinez, O., & Visdomine, C. (2009). Establishing empathy. In R. A. Rehfeldt & Y. Barnes-Holmes (Eds.), *Derived relational responding applications for learners with autism and other developmental disabilities*. Oakland, CA: New Harbinger.

Vilardaga, R., Estévez, A., Levin, M. E., & Hayes, S. C. (2012). Deictic relational responding, empathy and experiential avoidance as predictors of social anhedonia: Further contributions from relational frame theory. *The Psychological Record, 62*, 409-432.

Vilardaga, R., & Hayes, S. C. (2009). Experiential avoidance and superstition: Considering concepts in context. *Philosophy, Psychiatry, and Psychology*, *15*(3), 269-271.

Villatte, M., Monestès, J. L., McHugh, L., Freixa i Baqué, E., & Loas, G. (2008). Assessing perspective taking in schizophrenia using Relational Frame Theory. *The Psychological Record*, *60*, 413-424.

Villatte, M., Monestès, J. L., McHugh, L., Freixa i Baqué, E., & Loas, G. (2010). Adopting the perspective of another in belief attribution: Contribution of Relational Frame Theory to the understanding of impairments in schizophrenia. *Journal of Behavior Therapy and Experimental Psychiatry*, *41*, 125-134.

Weil, T. M., Hayes, S. C., & Capurro, P. (2011). Establishing a deictic relational repertoire in young children. *The Psychological Record*, *61*, 371-390.

제6장

전념행동

Lance M. McCracken, PhD
Health Psychology Section, Psychology Department,
Institute of Psychiatry, King's College London

우리가 취하는 행동의 특성(quality) 때문에 원하는 결과를 얻지 못하는 경우가 종종 있다. 우리는 이러한 특성이 나타났을 때 적어도 어느 정도는 인식할 수 있다. 이러한 특성에는 '성의 없는', '고집 센', '주저하는', '무심한', '수동적인', '의욕이 없는', '포기하는' 등이 있다. 일부 행동 특성은 예상치 못한 실패의 위험을 내포할 수도 있다. 이러한 특성에는 '완벽한', '신중한', '빈틈없는', '일단 한번 해 보기(just do it)' 등이 있다. 이 장에서는 수용전념치료(Acceptance and Commitment Therapy: ACT)(Hayes, Strosahl, & Wilson, 2012)에서 강조하는 효과적인 행동의 특성인 '전념(committed)'이라는 특성에 대해 살펴보고자 한다. 긍정심리학의 관점에서 전념행동(committed action)은 '몰입하는 삶(engaged life)' 영역에 속하며 '강점의 현명한 활용(wise deployment of strengths)' 또는 '인내심(perseverance)'의 일부로 볼 수 있지만(Duckworth, Steen, & Seligman, 2005), 이는 특정 유형의 인내심을 의미한다. 이는 곧 자세히 살펴볼 예정이다. 이 장에서는 행동의 일부 특성들을 살펴보고, 전념행동과 그렇지 않은 행동을 명확히 구분하며, 전념행동을 형성하는 방법에 대해 간략하게 논의하는 것을 목적으로 한다. 여기서는 만성통증을 예로 들어 설명하고자 한다.

만성통증은 우리가 원하는 행동을 하기 어렵게 만들 수 있는 문제가 있지만, 높은 유연성을 가진 전념행동을 하게 되면 이러한 문제를 극복할 수 있다.

ACT와 보다 포괄적인 긍정심리학적 접근은 평가와 연구의 초점을 개념화하고 구조화하는 방식에서 서로 다른 관점을 취하는 경우가 있다. ACT에서는 행동에 특정 특성(qualities)이나 기능(functions)이 있다고 말하는 것이 더 일반적이지만, 긍정심리학에서는 사람의 특질(traits)이나 특성(qualities)에 대해 말하는 것이 더 일반적일 수 있다. 동시에, 단순히 긍정적 특질(traits)과 개인적 특성(characteristics)에만 초점을 맞추는 것은 충분하지 않다는 주장도 제기되어 왔다. 특질(traits)은 본질적으로 긍정적이거나 부정적인 것이 아니므로, 다양한 특질(traits)이 어떤 조건에서 안녕감(well-being)을 증진시키거나 저해하는지를 이해하는 것이 중요하다(McNulty & Fincham, 2011). 물론 긍정심리학 접근법이 맥락(context)에 더 민감할수록, ACT와의 일관성이 더 높아지는 것으로 볼 수 있다. 어쨌든 이 두 접근법은 어떤 면에서는 서로 다르지만 동시에 양립할 수 있다는 점을 말하고 싶다. 여기서 전념행동은 개인의 특성(quality)으로 보지 않는다. 다만, 개인이 발전시켜 나갈 수 있는 능력이기는 하다. 전념행동은 행동의 특성(quality)으로 정의되며, 그 전념의 정도와 목표 달성을 위한 효과성은 모두 맥락에 따라 결정된다.

활동속도조절의 문제점

'활동속도조절(pacing)'은 적어도 1970년대 이래 재활 및 만성통증 관리(chronic pain management)에서 전통적으로 사용되어 온 치료 방법이다. 활동속도조절은 여기서 논의되는 바와 같이 행동의 특성(quality)이기도 하다. 활동속도조절은 일시적으로 유용해 보이고 오랜 역사를 가지고 있지만, 만성통증이나 만성피로와 같은 다른 질환에 실질적인 도움이 된다는 것을 입증할 증거가 거의 없다는 것이 문제다(White et al., 2011 참조). 실제로 최근 활동속도조절에 대한 고찰에서 저자들은 '정의에 대한 합의와 증거 기반 부족'으로 인해 만성통증 치료법으로서 활동속도조절이 문제가 있다고 결론 내렸다(Gill & Brown, 2009). 이 장에서는 '활동속도조절'을 행동 변화와 기능 개선을 위한 상식적이고 합리적인, 그러나 한계가 있는 접근법으로 살펴볼 것이다. 여기에서는 보다 나은 접근법으로 전념행동을 제안하고자 한다.

활동속도조절은 표면상으로는 매우 매력적으로 보인다. '적절함'은 너무 과하지도, 너무 부족하지도 않은 그 중간에 위치한다. 사람들은 극단적인 상태보다는 중간이나 균형 잡힌 상태를 선호한다. 이는 중간을 목표로 함으로써 성공을 이룰 수 있다는 생각에서 비롯될 수 있다. 우리 문화는 '중간 접점(happy medium)', '중도(middle of the road)', '일과 삶의 균형' 등 이러한 경험을 강조하는 표어와 문구로 가득 차 있다. 실제로 음식은 너무 뜨겁지도 차갑지도 않을 때 가장 맛있다. 이러한 경험과 생각들이 바로 '활동속도조절'이라는 개념이 생겨난 하나의 동기가 되었을 가능성이 있다.

'정의에 대한 합의 부족'이라는 점은 제쳐두고, '활동속도조절'이라는 용어의 한 가지 의미만 살펴보도록 하자. 일반적으로 '활동속도조절'이라는 용어를 일상적으로 사용할 때는, 활동의 속도를 설정하거나 조절하는 것, 특히 활동을 중단하지 않고 계속할 수 있도록 하는 것을 의미한다. 만성통증 치료 장면에서 활동속도조절은 '회피'와 대조되는데, '회피'는 '과활동 주기(overactivity cycling)', '과활동-저활동 주기(overactivity-underactivity cycling', '모 아니면 도(boom and bust)' 등의 용어로 다양하게 불린다. 다시 한번 강조하지만, 활동속도조절은 일상생활에서 대부분의 시간 동안 활동을 너무 적게 하거나, 최소한 간헐적으로 활동을 너무 많이 하는 것 사이의 중간 지점을 찾으려는 것이다. 활동속도조절 기법에서는 환자에게 활동을 작은 단위로 쪼개고, 휴식 시간을 활용하며, 속도를 늦추고, 작업을 전환하며, '3P'라고 불리는 우선순위 정하기(prioritize), 계획 세우기(plan), 속도 조절하기(pace)를 수행하는 방법을 가르친다. 위와 같은 방법들은 합리적으로 들릴 수 있지만, 이러한 활동 패턴을 연구해 보면 일반적으로 건강한 참여(healthy engagement)와 긍정적 안녕감(well being)보다는 회피, 고통(distress), 장애(disability)와 더 관련이 있는 것으로 나타났다(McCracken & Samuel, 2007). 일부 연구에서는 이러한 활동 패턴이 일상 기능과 관련이 없는 것으로 보인다(Karsdorp & Vlaeyen, 2009). 물론 일상 기능의 개선을 위한 것이라면 이러한 결과가 나와서는 안 된다. 만성통증 관리에서 활동을 너무 많이도, 너무 적게도 하지 않는 '적절한 중간 수준(happy medium)'이 항상 해답은 아닌 것처럼 보인다. 그렇다면 왜 그런 현상이 일어나는 걸까?

활동속도조절의 한 가지 문제는, 행동이 실제로 어떻게 이루어지는지를 깊이 이해하기보다 상식적인 판단에 주로 의존한다는 점이다. 상식에 기반한 접근이기 때문에, 활동속도조절 훈련은 행동 변화를 이루는 과정의 복잡성을 충분히 고려하지 못하는 경우가 많다. 결국 상식만으로는 충분하지 않다. 또한 자주 간과되는 문제 중 하나는, 회피 행동을 만들어 내고 유지시키는 힘이 매우 강하고 오래 지속된다는 점이다. 예를 들어, 만성통증을 겪고 있는 사람들이 두려움을 느끼고 회피하는 경우, 교육(instruction)하거나 안심(reassurance)시키는 것만으로는 많은 경우 이를 바꾸지 못할 것이다(Linton, McCracken, & Vlaeyen, 2008). 보다 강력하고 정확한 방법이 필요하다. 시간 경과에 따른 속도 및 패턴과 같이 행동의 표면적 특징(features)을 바꾸려는 시도는 감정(고통, 두려움, 불안)과 생각의 내용을 변화시키는 데에는 효과적이지 않을 수 있다. 그리고 만성통증 및 통증 관련 장애로 치료를 받고자 하는 사람들 중에는 대부분 통증을 피하려는 생각의 영향을 받고 있다고 할 수 있다. 다르게 말하면, 고통과 두려움을 감소시키기 위해 형성된 기존의 행동 패턴 위에 새로운 행동 구조를 인위적으로 덧씌우려는 시도는 효과를 거두기 어렵다. 치료에서는 먼저 그 기존 행동 패턴과 이를 가능하게 하는 상황적 조건을 해체하는 데 초점을 두어야 한다. 이는, 두려움과 회피의 경우 노출 기반 접근법과 같은 효과적인 치료를 통해 기존 행동을 유지시키는 근본적 요인을 다루어야 함을 의미한다. 이는 또한 우리가 마음속에서 만들어 내는 생각과 그에 담긴 지배적인 영향력, 그리고 통증 · 통증 관리 · 자기 자신에 대해 우리가 믿고 살아가는 이야기들을 약화시키는 방법을 활용하는 것을 뜻한다. ACT의 용어로 보자면, 이러한 과정은 수용과 개방성을 높이고, 인지적 탈융합을 촉진하기 위한 기법들을 필요로 한다. 즉, 경험에 대해 우리가 가진 생각에 매이지 않고 그 경험 자체와 접촉할 수 있는 능력을 기르는 것이다.

목표를 세우고(Setting), 그것을 향해 나아가고(Seeking), 결국 실패한(Screwing up) 경험이 있는 사람이라면, 즉 이른바 '3S'를 경험한 사람이라면 누구나 알고 있다. 행동 패턴의 겉모습만을 조금 바꾸는 시도는, 아무리 강한 확신을 가지고 하더라도 항상 성공을 보장하지는 않는다. 행동에는 여러 요인이 지속적으로 작용하며, 그중에서도 생각의 내용(cognitive content)은 지속적이고 때로는 행동을 압도할 만큼 강하게 영향을 미친다.

활동속도조절의 또 다른 문제점은 행동을 구분하는 것이 모든 경우에 항상 심리적으로 관련성이 있는 것이 아닐 수도 있다는 점이다. 활동속도조절의 관점에서는 회피와 '과활동'을 구분한다. 어떤 면에서는 정반대되는 것처럼 보이기 때문에 이렇게 구분하는 것이 합리적일 수 있다. 그러나 이는 중요한 유사점을 가리고 있을 수 있다. 과활동 패턴이 어떻게 전개되는지 살펴보면 이러한 패턴이 처음에 보이는 것보다 회피와 더 많은 공통점을 가지고 있다는 것을 알게 된다. 활동을 과도하게 한 뒤 통증이 심해지고 기능이 방해받는 상황이 반복된다면, 이는 단순히 활동량의 문제가 아니라 감정과 한계에 대한 태도와도 관련이 있다. 즉, 통증에 대한 불안이나 두려움을 인정하지 않고 피하려 하거나, 자신의 한계를 무시하거나, 통증을 고려해 활동을 조정해야 함에도 불구하고 그런 변화를 받아들이기를 꺼리는 태도가 이러한 악순환을 강화할 수 있다. 아마도 이러한 통증을 더 잘 인식하고 개방적인 태도로 받아들인다면, 더 효과적으로 기능하고 더 유연하고 지속적인 행동 패턴을 유도할 수 있을 것이다. 달리다가 아킬레스건에 통증이 생기는 경우, 무시하고 달리면 결국 더 아프게 될 수도 있다. 또한 아킬레스건에 주의를 기울이고 보폭을 줄이면 통증이 완화되어 계속 달릴 수 있거나 속도를 늦추거나 멈출 수도 있다.

만성통증이 있는 사람이 원하지 않는 결과로 이어지는 특정 행동을 계속해서 반복한다면, 예를 들어 활동량이 과도하여 사회적으로 고립되거나 활동이 제한된다면, 이는 심리적으로 경직되었다는 것을 의미한다. 따라서 통증의 맥락에서 과활동과 회피는 모두 회피로서 기능할 수 있으며 심리적 경직성을 반영할 수 있다. 두 가지 모두 개방적 태도가 부족하고 직접적인 경험과의 단절이 있을 수 있으며 개인의 목표와 가치에 부합하지 않을 수 있다.

개방적인 태도와 알아차림: 도움이 되지만 충분하지 않음

ACT는 사람들의 변화를 돕기 위해 광범위하게 적용할 수 있는 접근법이다. 여기에는 사람들이 자신의 경험을 받아들이고, 생각에 사로잡히지 않으며, 현재와 자신의 가치에 더 잘 연결될 수 있도록 돕는 효과적이고 널리 알려진 방법들이 포함된다(Hayes, Strosahl, & Wilson, 2012). ACT의 가장 잘 알려진 과정 중 하나인 **수용**(acceptance)은 만성

통증에 매우 매력적이고 적용하기 쉬운 과정으로 알려져 있다. 그래서 ACT의 다른 과정들과 비교했을 때 가장 많은 연구를 촉발하고 임상 서비스 개발에 가장 많이 활용되어 왔다. 그 개념이 비교적 빠르게 주목을 받으면서, 통증 수용에 관한 연구 결과가 1990년대 초반 이미 발표되었다(McCracken, 1998). 그 후 약 8년이 지나서야 연구의 범위가 확장되었고, ACT의 또 다른 핵심 과정인 가치에 대한 연구 결과가 보고되었다(McCracken & Yang, 2006). 최근에 들어서야 만성통증에서 '현재 순간과의 접촉(contact with the present moment)', 인지적 탈융합(cognitive defusion) 등의 과정이 마침내 연구되었는데(McCracken, Gutiérrez-Martínez, & Smyth, 2012), 이러한 과정은 수용과 함께 ACT 내에서 마음챙김 기반 과정으로 간주된다.

ACT 모델에서 가장 간과되고 있는 부분, 특히 만성통증 연구에서 그러한데, 그것은 바로 '전념행동'이라 불리는 과정이다. 경솔한 생각일지 모르지만, 대부분의 연구팀들은 ACT의 행동 구성 요소에 대한 치료 개발 작업에 충분한 주의를 기울이지 못한 것 같다. 대신, 우리는 사람들이 자신의 경험에 마음을 열고, 생각과 신념에서 벗어나 현재의 경험과 가치에 연결되도록 돕는 데 초점을 맞추었다. 돌이켜보면, 이 모든 과정에서의 암묵적인 가정은 건강한 행동이 이로부터 자연스럽게 나타날 것이라는 것이었다. 이 방법을 따라가면서 교육이나 치료를 제공한다면 흥미로운 결과가 나타날 수 있다. 행동을 많이 하지 않아도 개방적 태도, 탈융합, 가치와의 연결을 위한 능력을 개발할 수 있다는 것을 알 수 있다. 하지만 아직 부족한 부분이 있다. 어떤 의미에서는 우리는 마음챙김에 초점을 두었지만 행동에는 충분한 주의를 기울이지 않았다.

우리가 아는 한 '전념행동'에 대한 표준화된 측정 도구는 아직 없다[1)]. 그러나 전념행동을 더 깊이 연구하고 심리적 유연성이라는 더 넓은 과정에서 그 역할을 명확히 하기 위해서는 전념행동을 측정하고 추적할 수 있는 도구가 필요하다.

1) 역자 주: 원서가 출판된 당시에는 전념행동을 표준화하여 측정하는 도구가 아직 개발되지 않은 시점이었다. 이후 이 장의 저자에 의해 *Committed Action Questionnaire*(CAQ)와 그 단축형인 *Committed Action Questionnaire-8*(CAQ-8)이 개발되었으며, 이 중 *CAQ-8*은 이후 박용순, 진병주, 김영훈, 김도완, 조성근(2016)에 의해 한국판 타당화가 이루어져 현재 국내에서도 활용되고 있다.

전념은 정신적 행위가 아니다

평소 우리가 사용하는 '전념'이란 용어는 일반적으로 어떤 목표나 원칙에 대한 약속이나 강한 신념을 의미하는 것처럼 들린다. 사실 이 일반적인 의미는 함정이 될 수 있는데, 그 함정은 우리가 실제로 그 행동을 실천하지 못하게 막을 수 있다. 일상적인 의미에서 전념을 한다는 것은 정신적 헌신의 힘을 필요로 한다는 것을 말한다. 따라서 정신적 헌신이 없는 것은 곧 실천하지 않는 것과 같다.

ACT에서 전념행동은 "특정 시점에 발생하는 가치 기반 행동으로, 그 행동이 자신이 중요하게 여기는 가치를 실천하는 삶으로 이어지도록 스스로 의도한 행동"이다(Hayes et al., 2012, p. 328). 따라서 ACT에서 전념행동의 세 가지 중요한 특징은 미래가 아닌 현재 시점에서 일어난다는 점, 가치와 구체적으로 연결되어 있다는 점, 그리고 행동이라는 점이다. 따라서 활동속도조절은 통증을 기준으로 삼아 행동의 속도, 지속 시간, 휴식 일정, 휴식 사용 등과 같은 특징들을 미래에 계획하는 것에 초점을 둔다. 반면, 전념행동은 가치를 기준으로 삼아 현재 순간에 명확한 초점을 둔다.

전념행동 과정에 대한 연구가 충분히 이루어지지 않은 상황을 개선하기 위해, 우리 연구팀은 최근에 전념행동을 측정할 수 있는 도구를 개발하기 시작하였다. 이 작업은 만성통증 관리를 다루는 임상 현장에서 수행되었다. 다시 말해, 여기서의 목적은 언젠가 전념행동이 만성통증 치료에서 활동 회복을 이해하는 데 있어 기존의 활동속도조절보다 더 나은 접근법이 될 수 있음을 보여 주는 것이다. ACT에서 전념행동의 정의를 참고하여, 우리는 전념행동을 반영하고 측정 도구의 기반을 형성하기 위한 문항 풀(pool)을 만들었다. 이 문항들을 측정 도구로 만들기 위해서는 이들과 관련된 데이터를 수집하고 척도 분석(scale analyses)과 타당화 검증(validation)을 진행해야 한다. 〈표 6-1〉에는 우리가 만든 문항의 예시가 나와 있다. 이 장의 맥락에서 이 문항들이 유용할 수 있는 점은, 적어도 전념행동과 그렇지 않은 행동 패턴을 구별하기 위한 예비적인 시도라는 점이다. 이 문항들은 해당 유형의 대표적 사례일 뿐만 아니라, 아직 그러한 측정 도구가 존재하지 않는 영역에서 새로운 측정 도구를 만들어가는 과정을 어떻게 시작할 수 있는지에 대한 통찰도 제공한다.

표 6-1 전념행동을 평가하기 위한 예비 도구의 예시 문항

전념행동 긍정 문항(Positively Keyed Committed Action Items)
• 어려움을 겪은 후에도 계속해서 행동을 유지할 수 있다. • 목표 달성에 실패하면 목표에 접근하는 방법을 바꿀 수 있다. • 목표를 달성하기 어려울 때, 그 목표를 달성하기 위해 작은 단계들로 나누어 수행할 수 있다. • 목표를 포기하기보다는 목표에 접근하는 방법을 바꾸는 것을 선호한다. • 진척이 느릴 때에도 장기적인 계획을 지킬 수 있다. • 다짐을 하면 그것을 지키면서도 상황이나 필요에 따라 변경할 수도 있다. • 쉬울 때나 어려울 때나 내 목표를 추구할 수 있다. • 목표 달성에 도움이 되는 것이 무엇인지에 따라 현재 하고 있는 일을 지속하거나 변경할 수 있다. • 계속해서 달성할 수 없는 목표들을 포기할 수 있다. • 장기적인 계획을 추구하는 과정에서 좌절을 겪어도 그 계획을 계속 추진할 수 있다. • 삶에서 중요한 일을 해 나가는 과정에서 실패를 경험의 일부로 받아들일 수 있다 • 나의 한계를 수용하고 그에 따라 내가 하는 일을 조정할 수 있다.
전념행동 부정 문항(Negatively Keyed Committed Action Items)
• 하는 일에서 고통을 경험하면 어떤 대가를 치르더라도 그 일을 피할 것이다. • 압박감을 느낄 때 충동적으로 행동한다. • 하고 싶은 일을 이루지 못하면 다시는 그런 일을 하지 않겠다고 다짐한다. • '모 아니면 도' 방식으로 목표에 접근한다. • 성공하지 못하더라도 같은 일을 계속 반복하게 된다. • 활동이 잘되고 있다고 느끼지 못하면 계속하기 어렵다. • 목표보다는 감정에 따라 행동할 가능성이 더 높다. • 다짐을 하고 나중에 그 다짐을 이행하지 못하면 포기한다. • 괴롭거나 낙담하면 다짐을 미루게 된다. • 생각이나 감정에 너무 얽매여 정작 중요한 일을 하지 못한다. • 내 방식대로 할 수 없는 일이라면 아예 하지 않는다.

목표 설정과 전념행동

전념행동을 형성하는 가장 쉽고 익숙한 방법 중 하나는 목표를 설정하는 것이다. 만약 목표 설정이 실제로 실천 가능하고, 현재에 초점을 맞추며 가치에 기반한 확장된 행동 패턴으로 일상에 통합된다면, 전념행동이 나타나게 된다. ACT에서 목표 설정과 전념행동 방법은 이미 언급한 바와 같이 가치와 연결되어 있다. 중요한 것은 이러한 방법들이 수용과 인지적 탈융합을 증가시키는 방법들과 함께 사용된다는 것이다. 수용과 인지적 탈융합이 필요한 이유는, 가치에 따른 행동 과정에서는 생각과 감정이 장벽으로 나타나기 마련이며, 이것은 누구도 피할 수 없기 때문이다. 〈표 6-2〉는 Luoma, Hayes와 Walser (2007)의 목표 설정을 통한 전념행동 접근 방법을 간략하게 요약한 것이다.

목표 설정은 때때로 기계적이거나 교훈적인 과정처럼 느껴질 수 있다. 이를 개선하는 한 가지 방법은 체험적인 요소를 포함하는 것이다. 예를 들어, 심상 훈련이나 눈을 감고 하는 간단한 연습을 통해 목표를 이루는 데 도움이 되거나 방해가 되는 여러 심리적 경험을 살펴보고 조절할 수 있다.

표 6-2 전념행동을 증진하기 위한 단계

다음은 목표 설정과 수용전념치료의 방법을 사용하여 전념행동을 증진하기 위한 간략한 지침이다.

1. 중요도가 높은 가치 영역을 확인하고, 실행 계획을 세운다.
2. 환자가 다짐하고 행동에 옮기도록 돕는다.
3. 기꺼이 경험하기(willingness), 탈융합, 현재 순간과의 접촉, 관찰자 자기(self-as-observer) 기술을 통해 행동에 대한 장애물을 인식하고 직면한다.
4. 시간이 지남에 따라 더 확장된 행동 패턴과 다양한 상황에 일반화한다.

연습

먼저 적절한 준비를 하고, 좋은 목표의 특성(예: 구체적이고, 측정 가능하며, 달성 가능하고, 관련성이 있으며, 시간 제한이 있는 목표)에 대해 설명한다. 그런 다음 참가자들이 눈을 감고 앉아 안내에 집중하도록 한다. 그런 다음 참가자에게 그들이 가지고 있는 목표를 상상해 보고, 그것을 달성했을 때의 모습을 상상하도록 요청하고, 그 과정에서 어떤 일이 일어나는지 주의를 기울이도록 한다. 일반적으로 참가자들은 이렇게 하면 기분이 좋아진다고 말한다. 이 시점에서 참가자들이 어떤 말을 하더라도 상관없다. 논의가 이어진다면, 특히 현대 서구 문화에서는 목표를 마음속에 그려 보면 실제로 목표를 더 잘 이룰 수 있다고 믿는 경향이 있다는 점을 살펴볼 수 있다. 사실 이에 대한 연구를 살펴보면, 목표를 시각화하는 전략은 우리의 기분이 좋아지는 데 도움을 주지만, 목표 달성에는 큰 영향을 주지 않는 것으로 보인다.

연습의 다음 단계에서는 동일한 시각화 과제로 시작하며, 참가자들에게 두 가지 추가 과제를 수행하도록 요청한다. 먼저 목표를 추구하기 위해 다음 이틀 동안 실제로 할 수 있는 구체적인 행동을 파악한다. 이 작업이 끝난 후 이 행동이 지금 필요하고 해야 한다는 말을 들으면 경험상 어떤 일이 일어나는지 살펴보라고 한다. 보통 참가자들은 이 시점에서 사실상 "이것은 불가능하다"라고 말하거나 장애물로 보이는 생각이나 감정을 갖게 될 것이다. 참가자들에게는 나중에 추가 검토를 위해 이 시점에서 그저 장애물을 알아차리고 파악하라고 요청한다.

목표를 떠올려 보고 실제로 행동해 본 경험을 함께 이야기하면서, 참가자들이 이것이 어떻게 작동하는지 깨달았는지를 살펴볼 수 있다. 즉, 목표를 상상할 때는 기분이 좋아지지만, 실제로 행동에 옮겨야 할 때가 되면 자연스럽게 여러 가지 장애물이 떠오른다는 것이다. 이어지는 논의에서는, 연구에 따르면 목표는 구체적인 행동 계획을 세우고, 예상되는 장애물을 미리 파악하며, 그것을 다루는 방법을 준비하고 연습할 때 더 잘 이루어진다는 점을 다룰 수 있다. 이러한 연습 과정, 즉 실제로 무언가를 해야 할 때 나타나는 심리적 내용에 대해서는 수용, 탈융합 또는 관찰자 자기 연습을 직접적으로 적용해 볼 수 있다.

이 연습의 다음 단계는 구체적인 목표를 정하고, 그 목표를 이루겠다고 공개적으로 약속하는 것이다. 이렇게 공개적으로 약속하는 것은 목표 달성 연구에서 효과가 입증된 방법일 뿐만 아니라, 목표를 방해할 수 있는 요인을 다시 한번 점검하고 대처할 기회를 제공한다.

물론 결국 전념행동 방법의 목적은 그 자체로 강화 기능이 있는 전념행동 패턴을 만들고 일상생활에 통합시키며 일상 기능의 다양한 영역에 일반화하는 것이다. 어떤 면에서 보면,

목표를 소리 내어 말하는 것도 전념행동의 하나이고, 앞으로의 계획을 세우는 것도 전념행동이라 할 수 있다. 하지만 이런 것들만으로는 목표에 담긴 전체적인 행동 패턴을 모두 보여주지는 못한다.

전념행동 작업의 마지막 단계는(만약 그런 단계가 있다면), 가치에 기반한 행동 패턴과 목표 달성이 계속적으로 유지되고 유연하게 이루어지는 단계이다. 이는 환자들이 회기 사이에도 이러한 활동에 참여하게 됨을 의미한다. 그리고 치료자와 환자는 이러한 특성이 실제로 달성되고 있는지를 함께 확인하거나, 달성될 때까지 그 과정에서 나타나는 걸림돌들을 계속 다루게 된다.

요약

전념행동은 현재에 초점을 맞추고 가치와 연결되어 있으며 그 가치를 실천하는 지속적인 삶의 행동 흐름 속에서 이루어지는 구체적인 행동이다. 이는 종종 '선택하고 다시 선택하기(choosing and choosing again)'라고도 표현된다. 전념행동은 미래에 대한 다짐이 아니다. 우리가 특정 목표를 향해 행동을 취할 때 원하지 않는 결과를 경험하거나 어려움에 부딪힐 수 있는데, 이때 전념행동은 우리가 유연하게 계속해서 노력하고 포기하지 않도록 도와준다. 전념행동은 가치에 기반하고 행동 지향적이기 때문에 현재 긍정심리학의 관점에서는 '몰입하는 삶' 영역과 유사하다(Duckworth et al., 2005).

우리가 중요하게 생각하는 목표에 대해 전념행동을 취하면 필연적으로 감정과 생각의 형태로 잠재적인 장애물이 나타난다. 이때 ACT에서 수용과 인지적 탈융합을 증진하는 방법들이 매우 유용하게 사용될 수 있다. 성공적인 전념행동의 패턴에서는, 생각과 감정, 실패 경험 등은 피해야 할 대상이 아니라, 그 행동의 과정 속에서 자연스럽게 포함되어야 하는 일부이다. 즉, 이러한 요소들을 통합하여 전체적인 행동 패턴을 형성하는 것이 중요하다.

여기서 분석을 위해 선택한 예는 심리학적 방법을 사용하는 통증 관리 센터에서 거의 보편적으로 수행되는 활동속도조절 훈련 방법이다. '활동속도조절'이라는 단어의 다양한 의미와 이에 초점을 맞춘 다양한 방법이 존재할 수 있다는 점을 인정하더라도 활동속도조절 접근법에서 배울 수 있는 교훈이 있다. 활동속도조절은 놀라울 정도로 상식적인 접근 방식이다. 또한 활동속도조절은 30년 이상 사용되어 왔지만 사실상 효과가 있다는 증거가 없다. 활동속도조절은 지속적인 참여, 즉 중단 없이 활동을 계속할 수 있는 행동 패턴을 만들기 위해 노력한다. 활동속도조절에서 얻을 수 있는 중요한 교훈 중 하나는, 활동속도조절이 통증과 관련된 행동을 바꾸는 데 충분히 강력하지 않다는 점이다. 왜냐하면 활동속도조절이 바꾸려는 기존의 행동 패턴은 오랫동안 이어져 온 회피 행동이기 때문이다. 단순히 '일단 한번 해 보기' 식의 강제적인 활성화나 미리 정해진 '딱 맞는' 구조를 따르는 활동 패턴은 항상 성공적이지 않을 수 있다. 오히려 효과적인 활동 패턴은 맥락에 민감하다. 즉, 활동 중에 발생하는 경험에 개방적이고, 목표와 가치, 그리고 현재 상황과의 연결을 고려하며 유연하게 참여하고 다시 선택하는 것을 의미한다.

참고문헌

Duckworth, A. L., Steen, T. A., & Seligman, M. E. P. (2005). Positive psychology in clinical practice. *Annual Review of Clinical Psychology, 1*, 629-651.

Gill, J. R., & Brown, C. A. (2009). A structured review of the evidence for pacing as a chronic pain intervention. *European Journal of Pain, 13*, 214-216.

Hayes, S. C., Strosahl, K. D., & Wilson, K. G. (2012). *Acceptance and Commitment Therapy: The process and practice of mindful change*. New York: Guilford Press.

Karsdorp, P. A., & Vlaeyen, J. W. S. (2009). Active avoidance but not activity pacing is associated with disability in fibromyalgia. *Pain, 147*, 29-35.

Linton, S. J., McCracken, L. M., & Vlaeyen, J. W. S. (2008). Reassurance: Help or hinder in the treatment of pain. *Pain, 134*, 5-8.

Luoma, J. B., Hayes, S. C., Walser, R. D. (2007). *Learning ACT: An acceptance & commitment skills training manual for therapists*. Oakland, CA: New Harbinger.

McCracken, L. M. (1998). Learning to live with the pain: Acceptance of pain predicts adjustment in persons with chronic pain. *Pain, 74*, 21-27.

McCracken, L. M., Gutiérrez-Martínez, O., & Smyth, C. (2012). "Decentering" reflects psychological flexibility in people with chronic pain and correlates with their quality of functioning. *Health Psychology*, *32*(7), 820-823.

McCracken, L. M., & Samuel, V. M. (2007). The role of avoidance, pacing, and other activity patterns in chronic pain. *Pain, 130*, 119-125.

McCracken, L. M., & Yang, S-Y. (2006). The role of values in a contextual cognitive-behavioral approach to chronic pain. *Pain*, *123*, 137-145.

McNulty, J. K., & Fincham, F. D. (2011). Beyond positive psychology? Toward a contextual view of psychological processes and well-being. *American Psychologist*, *67*(2), 101-110.

White, P. D., Goldsmith, K. A., Johnson, A. L., Potts, L., Walwyn, R., J. C. DeCesare, ... Sharpe, M. (2011). Comparison of adaptive pacing therapy, cognitive behaviour therapy, graded exercise therapy, and specialist medical care for chronic fatigue syndrome (PACE): A randomised trial. *Lancet*, *377*, 823-836.

제7장

긍정적 개입

과거, 현재, 그리고 미래

Acacia Parks
Hiram College

Robert Biswas-Diener
Portland State University
Positive Acorn

긍정적 개입: 과거, 현재, 그리고 미래

우리는 긍정적 개입 연구자로서 종종 ACT의 지지자들이 접근해 오는 경우가 많은데, 이어지는 대화는 꽤 빈번하게 같다. 질문하는 사람들은 이렇게 말한다. "나는 긍정적 개입과 ACT의 차이가 무엇인지 항상 궁금했어요." 이 공손한 말 속에는 그들이 **진짜로** 묻고 싶은 질문이 가려져 있다: 긍정적 개입에 어떤 새로운 것이 있는가, 아니면 우리는 '새 병에 담긴 오래된 포도주'를 파는 것인가? 긍정적 개입은 다른 개입이 제공하지 않는 어떤 것을 제공하는가? 우리가 생각하기에 이러한 질문들은 합리적이며, 우리 분야의 다른 연구자들이 답변하는 데 시간을 너무 할애하지 못하고 있는 것들이다. 동일하게 시급한 문제로 더 드물게 듣지만 질문자들의 머릿속에 어느 정도 정기적으로 숨어 있는 질문은 다음과 같다. 개인의 문제를 무시하는 것은 무책임한 일 아닌가? 이러한 접근이 내담자들에게 해를 끼칠 수 있는 위험이 있지는 않은가?

이 장의 핵심 목표 중 하나는 긍정적 개입 연구가 정확히 이러한 문제들에 대해 신중하게 고려했거나, 고려하지 않은 방식들을 탐색해 보는 것이다. 첫째, 우리는 먼저 긍정적 개입이 정확히 무엇인지에 대한 질문을 다룬다. 다음으로 전형적 활동에 대한 설명과 효과성, 그리고 그것의 적용에 있어 중요한 고려 사항을 포함하여 긍정적 개입의 다양한 영역들에 대해 고찰할 것이다. 마지막으로, 우리는 긍정적 개입 연구의 몇 가지 추후 방향에 대해 논할 것이다. 이 중 가장 주목할 만한 것은 긍정적 개입이 특정 맥락에서 비효과적이거나, 심지어 해를 끼칠 수 있는 가능성에 대한 탐구이다. 각 섹션은 우리의 최종적인 목표인 무엇이 일반적으로 긍정적 개입을 다른 접근들, 특히 수용-기반 접근들과 구분해 주는지를 향해 한 단계 다가가도록 구성되어 있다.

긍정적 개입은 무엇인가

긍정적 개입 연구에 대한 정당한 비판 중 하나는 무엇이 실제로 '긍정적 개입'으로 간주되는지를 결정하기 어렵다는 것이다. 물론, '긍정적 개입'에 대한 결정적인 정의는 없으며, 개입들을 '긍정적'이라고 분류할 수 있는 명확한 지침도 존재하지 않는다. 그러나 이 문제는 연구자들이 해결하기 위해 시도해 온 것이다. 이에 대한 우리의 종합적 노력은 긍정적 개입에 대한 세 가지 광범위한 개념화로 정리된다: ① 긍정적 주제에 초점을 맞춘 개입, ② 긍정적 기제에 의해 작동되거나 긍정적 결과 변인을 목표로 하는 개입, ③ 약점을 고치기보다 건강을 높이기 위해 설계된 개입.

첫째, '긍정적' 개입은 긍정적인 주제에 초점을 맞추는 개입으로 정의할 수 있다. 바꾸어 말하면, 문제에 대한 언급이 거의 또는 전혀 없고, 대신 사람들의 삶의 긍정적 측면을 강조하는 것이다. 이러한 '긍정적 내용' 접근은 Seligman, Rashid와 Parks(2006)에 의해 제안된 **긍정심리치료**(positive psychotherapy: PPT) 개입과 일관된다. "[PPT의] 목표는 내담자의 삶의 긍정적 측면을 그들의 마음에 최우선으로 두는 것이다. …… 그리고 이미 존재하는 긍정적 측면을 강화시키는 것이다"(p. 780). 우리는 이 정의가 너무 광범위하다고 생각한다. 그것은 개인이 자신의 문제에 주의를 기울이지 않거나 어떤 유쾌한 일을 하는 모든 개입을 포함한다. 이 정의에 의하면, 새벽 4시까지 비디오게임을 하며 미루는 것도 긍정적 개입에 해당하며, 불안을 감추기 위해 망각할 때까지 술을 마시는 것도 그렇다. 즉, 내용-수준의 정의가 모든 긍정적 개입을 설명하긴 하지만, 그것은 긍정적 개입이 아닌 다양한 다른 행동들도 설명하기 때문에 충분하지 않다.

어떤 개입의 기제나 목표 결과가 긍정정서, 의미 등과 같은 긍정적 변인인 경우에도(이러한 변인들에 대한 포괄적 개요는 아래 참조), 그 개입을 '긍정적'이라고 정의할 수 있다. Sin과 Lyubomirksy(2009)의 메타분석에서 사용한 정의는 이러한 접근의 좋은 예이다. 그들은 긍정적 개입을 "긍정적 정서, 긍정적 행동, 또는 긍정적 인지를 발달시키는 것을 목표로 하는"(p. 1) 것이라고 정의하고 있다. 이 정의는 어느 정도의 이론적 발달 수준을 요구하기 때문에 덜 포괄적이라는 점에서 이전 정의보다 낫다(어떤 긍정적 변인을 목표로 해야 하기 때문에 회피는 적합하지 않다.). 그러나 이 정의는 개입이 목표 변인을 규정해야 한다거나, 목표 변인이 어떤 경험적 근거가 있어야 한다거나, 개입이 실제로 목표 변인을 변화시켜야 한다는 어떠한 요건도 포함하지 않는다. 예를 들어, '긍정성'이라면 충분한데, '긍정성'이 무엇을 의미하는지 전혀 모르거나, 그것을 어떻게 측정하고 변화시켜야 하는지에 대해 몰라도 말이다. 그러므로 변인-수준의 정의는 "긍정적이 되라" 또는 "긍정적으로 생각하라"와 같은 태그라인이 있는 모든 것—말하기 몸서리쳐지지만, 시크릿과 수많은 엉터리 자조적 접근[1]—을 포함한다.

마지막으로, 개입의 목표가 고치는 것보다 향상시키는 것일 때 '긍정적'일 수 있다. 즉, 목표 대상이 문제가 없는 상태이기 때문에 치료라기보다 자조적인 개입이 된다. 그렇다면 그 개입의 목표는 개인을 수용 가능한 수준의 기능에서 '좋은' 또는 '훌륭한' 상태로 끌어올리는 것이다. 이 정의는 긍정심리학이 시작된 후 첫 몇 년 동안의 Seligman과 동료들의 수사와 일관된다. 예를 들어, 긍정심리학 운동의 일반적인 목표에 대해 Seligman, Parks와 Steen(2005)은 다음과 같이 말하였다. "우리는 대부분의 날을 뚜렷한 정신적 역기능 없이 살아가는 사람들의 삶을 향상시키는 방법에 대해서는 아는 것이 거의 없습니다"(p. 1379). 이 정의에 따르면 긍정적 개입은 정신장애로 고통받고 있지 않은 하위 집단을 위해 설계된 것이다. 이 정의는 이전 두 정의보다 더 선별적이지만, 주요우울장애

1) 우리는 여기에서 시크릿의 잘못된 부분을 모두 지적하거나, 사람들이 시크릿이 긍정심리학의 일부라고 생각할 때 우리가 얼마나 불쾌감을 느끼는지를 충분히 표현할 지면이나 자격이 없다.

(Seligman, Rashid, & Parks, 2006), 조현병(Meyer et al., 2012), 그리고 니코틴 의존(Kahler et al., 2011)에 적용된 가장 대표적인 긍정적 개입—긍정심리치료(PPT)—을 배제한다.

이러한 정의들이 처음에는 합리적으로 보일지라도, 개입들이 '긍정적'인지의 여부를 분류하기 위한 단일한 방법으로 사용될 때에는 각각 고유의 문제를 갖는다. 우리는 이것이 한 가지의 정의를 만든다는 목표가 비현실적일 수 있기 때문이라고 믿는다. 긍정적 개입에 대한 연구는 누군가 그것을 이론과 접목시키기 전부터 이미 활발하게 진행되어 왔기 때문에 어떤 공통적인 이론적 흐름을 따르지 않는다. 그렇다면 우리가 고안하는 어떤 정의도 이론에 기반한 분류의 시도라기보다 지금까지 수행된 연구를 사후적으로 합리화한 것이 될 것이다. 응집되지 않은 노력으로 이루어진 광범위한 작업물을 모으는 시도이기 때문에 간단하지 않을 것이다. 그러므로 하나의 정의를 고안하기보다 위에서 제시한 정의들을 통합하고 정교화한 일련의 기준들을 제안한다.

- 개입의 주요 목표는 몇몇 '긍정적' 변인 또는 변인들(예: 주관적 안녕감, 긍정정서, 의미)을 구축하는 것이다. 이 기준은 자기 향상을 위한 실질적 기능이 없는 자기 탐닉적 또는 회피적인 행동들을 제외시킨다.
- 개입이 앞에 제시한 목표 변인(들)을 성공적으로 조작한다는 경험적 근거가 존재한다. 이 기준은 연구 근거가 없는 기존의 수많은 자조 접근들을 제외시킨다.
- 목표 변인을 향상시키는 것이 개입이 행해지는 집단에 긍정적 결과로 이어진다는 경험적 근거가 존재한다. 이 기준은 목표 변인이 경험적 근거가 있어야 한다는 기준을 필요로 한다.[2] 이것은 임상적 집단에 긍정적 개입이 책임있게 적용되는 특별한 경우(예를 들어, Kahler et al., 2011은 긍정정서가 성공적인 치료의 예측 변인이기 때문에

2) 우리는 '경험적 근거'를 필요로 한다는 것이 무엇이 경험적 근거를 구성하는지에 대한 공식적인 기준 없이는 위태로운 일이라는 것을 인정한다. 또한 다른 분야에서 이를 위한 이전의 노력들[예: 1995년 미국심리학회의 심리적 개입에 대한 홍보와 보급에 대한 특별위원회(APA Task Force on Promotion and Dissemination of Psychological Procedures)]에 의해 제안된 '경험적으로 지지된 치료(Empirically Supported Treatment)'가 무엇을 구성하는지에 대한 지침)이 성과를 거둔 것으로 입증되었다는 것 또한 안다. 이러한 기준을 만드는 것이 이 장의 범위에는 벗어나는 것이지만, 다른 곳에서 하는 것에 대해서는 열의를 갖고 있다.

금연에 긍정적 개입을 사용한다.)를 허용한다. 또한 이러한 접근이 적합하지 않은 내담자들에게는 긍정적 변인을 목표로 하는 개입들을 제외시킨다. 예를 들어, 최근 외상 피해자들에게는 감사 개입이 긍정적 결과를 낳을 가능성이 낮기 때문에, 이를 긍정적 개입이라고 할 수 없을 것이다.

우리는 이러한 일련의 기준들이 포괄성과 배타성의 적절한 균형을 이룬다고 믿는다. 즉, 그것은 기존의 모든 긍정적 개입을 포함하지만 우리가 아는 어떤 것도 배제하지 않는다.

우리는 긍정적 개입의 이점에 대해 무엇을 아는가

현대의 긍정적 개입 연구는 특정 행복 관련 구성개념(이에 대한 포괄적 고찰은 아래를 보라)을 목표로 하는 개별적 기법으로 시작되었다. 다음에 더 자세히 논할 이런 중요한 연구들에서, 참여자들은 몇 개의 가능한 활동들을 연습하도록 무선으로 배정이 된다. 그중 일부는 '대조군'의 역할을 하고, 다른 활동들은 안녕감의 어떤 측면을 증진시키도록 설계되어 있다. 그들은 개입 전 설문 배터리를 작성하고, 그 활동을 1~6주 사이의 미리 정해진 기간 동안 연습하고, 개입 후 설문을 작성한다. 어떤 경우에는 참여자들이 하나 또는 그 이상의 장기 후속 설문을 작성할 수도 있다.

다른 장들(제1저자에 의해 작성된 것을 포함)은 기존의 긍정적 개입을 하나 또는 다른 이론적 틀에 따라 정리하려고 시도하였다. 그러나 '긍정적 개입'에 대한 어떤 공통된 정의가 없듯이, 긍정적 개입을 통합하는 하나의 근거 기반 이론적 틀 또한 존재하지 않는다. 이론이 연구를 이끄는 심리학의 많은 분야들과 달리, 긍정적 개입은 그 반대가 사실이다. 어떤 활동이 효과적이라는 자료가 먼저 제시되었고, '어떻게'와 '왜'의 질문들은 나중에 다루어진다. 그러므로 아래 제시된 일련의 요약은, 우리가 아는 한 포괄적이지만, 어떤 특정 순서에 의한 것은 아니다. 우리가 논의하는 각 개입 영역마다 우리는 가장 흔한 기법들뿐 아니라 그것의 효과성에 대한 근거를 기술하고자 노력하였다. 그러나 적절한 경우, 유의 사항과 특별한 고려 사항을 강조하며 비판적 접근을 취하고자 하였다.

강점(Strengths) 강점에는 다양한 개념화가 존재하는데, 일부는 성격에 더 초점을 맞추고(VIA-IS; Peterson & Seligman, 2004), 또 다른 일부는 재능에 더 초점을 맞추고 있다(Clifton StrengthsFinder; The Gallup Organization, 1999). 그러나 강점은 대체로 긍정적 성격 특성이며, **강점 개입**(strengths interventions)은 개인의 강점을 식별하고, 활용하고, 또는 개발하는 활동들을 포함한다. 모든 강점 개입의 일반적 패러다임은 동일하다. 개인이 강점 검사를 하고,[3] 자신의 강점에 대한 피드백을 받은 다음, 자신의 강점을 더 자주 사용하도록 행동을 변화시킨다.

비록 갤럽이 수년 동안 강점 기반 모델을 현장에서 사용해 왔지만(Hodges & Clifton, 2004), 이러한 접근법은 현대의 긍정심리학 운동의 출현과 함께 대중화되었다. 예를 들어, Seligman, Steen, Park과 Peterson(2005)은 개인의 강점을 식별하고 사용하는 것이 행복을 증가시키고 우울 증상을 감소시키며, 이러한 이점은 이것을 계속해서 사용하는 사람들에게 6개월의 추적 관찰에서도 지속된다는 것을 발견하였다. 개인의 강점을 실제로 사용하는 것은 개인의 강점이 **무엇인지**를 배우는 것 이상으로 이 활동의 필수적인 요소이다. '평가만' 하는 조건의(자신의 강점에 대해 배우지만 그 정보를 어떤 방법으로든 사용하도록 요청받지 않은) 참여자들은 플라세보(placebo) 활동을 수행한 참여자들과 차이가 없었다(Seligman, Steen, et al., 2005).

최근에 연구자들은 Seligman 등(2005)의 '식별과 사용' 접근의 잠재적 함정에 대해 탐구하기 시작하였다. 특히 우려되는 것은, 강점을 안정적 특성으로 간주하는 것이 주는 함의이다. Biswas-Diener, Kashdan과 Minhas(2011)는 Dweck과 동료들의 연구를 언급하며, '변별과 사용' 접근이 강점을 영구적이고 불변하는 것으로 생각하게 만들 수 있으며, 이는 결과적으로 더 나아지고자 하는 개인의 동기를 떨어뜨릴 수 있다고 하였다. Louis(2011)의 연구는 이러한 관점을 지지하는 초기 근거를 제공한다. 자신의 강점을 '식별'하도록 무선 배정된 참여자들은 자신의 강점이 고정/안정되었다는 믿음이 증가했다고 보고한 반면, 자신의 강점을 '개발'하도록 배정된 참여자들은 그러한 증가를 경험하지

3) 갤럽의 조사는 유료인 반면, VIA 강점 검사는 온라인에서 무료로 제공된다. 이러한 차이는, 부분적으로, 왜 VIA 모델이 문헌에서 왜 그렇게 강하게 대표되는지를 설명해 준다.

않았다고 보고하였다. 이 연구에서 강점의 성질에 대한 고정된 믿음이 자신의 강점을 높이려는 동기를 감소시키는 것으로 이어지는지에 대해 평가하지 않았지만, Dweck의 연구실에서 수행된 광범위한 연구는 다른 영역에서도 이러한 현상이 발생함을 시사한다 (Grant & Dweck, 2003).

또 다른 중요한 문제는 강점 대 약점에 대한 작업의 상대적 중요성이다. 구체적으로, 개인이 자신의 가장 덜 발달된 특성(즉, 약점)을 개선하려고 노력하는 것보다 자신의 가장 발달된 특성(즉, 강점)을 **개발**해야 하는 것을 어떻게 알 수 있는가 하는 것이다. Haidt(2002)는 자신의 학생들의 자료를 바탕으로 한 비공식 논문에서 학생들이 두 접근 모두에 의해 도움을 받았다고 보고했지만, 강점 초점의 접근을 더 **좋아했다**고 한다. 이것은 긍정심리치료의 참여자들이 표준적인 (개선 중심) 심리치료의 참여자들보다 중도탈락을 할 가능성이 눈에 띄게(유의하지는 않지만) 낮았다는 Seligman, Rashid와 Parks(2006)의 예비 자료와도 일관된다.

요약하자면, 강점을 식별하고 개발하는 것이 가치 있으며, 이러한 이점이 심리적이고 동기적이라는 증거가 존재하는 것으로 보인다. 즉, 강점 개발은 사람들에게 내재적인 보상감을 느끼게 하여 강점 개발 과정에 참여하고자 하는 동기를 더 불러일으킨다. 그러나 우리는 강점 연구가 조금 더 정교해지면 유용할 것이라고 주장한다. Schwartz와 Hill(2006)의 '실용적 지혜'에 대한 필요성과 일관되게, 개인은 자신의 강점을 더 자주 활용하도록 노력할 뿐 아니라 그러한 강점을 **잘**, 그리고 **적절하게** 활용하는 것을 목표로 해야할 것이다. 예를 들어, 유머는 만약 적절하게 사용된다면 관계 형성과 스트레스 대처에 매우 유용한 도구가 될 수 있다. 그러나 유머는 무감각하거나 상처를 주게 될 수도 있다.

더 나아가, 강점 개발을 타인에게 가르쳐 본 저자들의 다양한 경험 속에서 우리는 공통적인 딜레마에 직면하였다. 즉, 강점을 어떻게 활용해야 할지에 대한 구체적 아이디어를 생각해내는 것이 항상 쉽지는 않다는 것이다. 우리의 관점에서 볼 때, 이것은 내담자들에게 강점을 가르치고자 하는 실무자들이나 긍정적 개입을 독립적으로 적용하기를 희망하는 개인들에게 중요한 장애물을 나타낸다. 어떻게 해야 할지 모른다면 자신의 강점을 개발할 수 없으며, 이러한 과정에 대해 조언을 줄 수 있는 지침이 없는 상황에서 실무자들은 직관이나 시행착오에 의존할 수밖에 없다. Haidt(2002)는 자신의 긍정심리학 수업 학부생들로부터 모은 목록에서 24개의 VIA 강점이 각각 적용될 수 있는 상황에 대한 아이디어를 제공한다. 그러나 이 목록은 강점 개발을 촉진하고자 하는 실무자들과 내담자들에게 필요한 종합적 자료의 시작에 불과하다.

감사(Gratitude) 가장 초기의 긍정적 개입 중 몇몇은 감사를 목표로 했는데, Wood, Froh와 Geraghty(2010)는 감사를 개인의 삶에서 좋은 것을 알아차리고 인정하는 일반적 습관이라고 정의한다. Emmons와 McCullough(2003)는 그들의 영향력 있는 논문에서 참여자들을 무선배정하여 매주 **감사 일기**(gratitude journal)를 적도록 하였다. 이 일기에서 참여자들은 자신들이 감사한 일을 최대 다섯 개까지 적었다. 번거로운 일이나 중립적인 사건을 기록하게 한 참여자들에 비해 감사 조건의 참여자들은 더 다양한 정서적·신체적 건강 결과 변인에서 높은 점수를 받았다. Lyubomirsky, Sheldon과 Schkade(2005)는 이러한 결과를 반복 검증했으며, Emmons와 McCullough(2003)에 의해 사용된 '복용량'인 주 1회가 감사 일기에 이상적인 빈도일지도 모른다는 증거를 발견하였다. 감사 일기를 더 자주(한 번 대신 주 3회) 쓰는 조건의 참여자들은 주 1회 집단과 동일한 향상을 경험하지 못했으며, 대신 그 활동이 진부하고 과도하게 느껴진다고 보고하였다(Lyubomirsky, Sheldon, & Schkade, 2005).

Seligman, Steen, Park과 Peterson(2005)는 **세 가지 좋은 일**(Three Good Things)이라는 이름의 관련된 활동을 제안하고 검증하였다. 그들은 참여자들에게 밤마다 방금 끝난 하루 동안 일어난 일 중 **긍정적인 사건들**(positive events)에 대해 기록하도록 요청하였는데;[4] 이 활동은 1개월의 추적 관찰 결과 행복감의 증가와 우울 증상의 감소를 나타냈으며, 3개월과 6개월의 추적 관찰에서도 효과가 계속해서 높아지는 결과가 나타났다. 이러한 결과가 처음에는 감사가 '지나칠 수 있다'는 Lyubomirsky, Sheldon과 Schkade(2005)의 결과와 상충되는 것처럼 보일 수 있지만, 감사 일기와 세 가지 좋은 일 사이에는 중요한 차이점

4) 세 가지 좋은 일이 '감사'의 범주에 속하는지는 논란의 여지가 있다. 이러한 불확실성은 기존의 많은 긍정적 개입이 일반적으로 이론적 근거가 부족하다는 것을 보여 주는 좋은 예시이다. 세 가지 좋은 일은 특정 이론 없이 사람들을 더 행복하게 만들기 위해 설계되었다. 이 활동이 효과적인 것으로 나타난 후에야 비로소 연구자들은 그것이 어떻게 기능하는지를 추측하기 시작하였다.

이 있다. 즉, 그것은 완전히 다른 분석 수준에서 작동한다. 감사 일기가 지속적인 감사의 영역(예: 가족, 친구, 좋은 직업)을 중심으로 이루어질 수 있거나 종종 그렇게 되는 반면, 세 가지 좋은 일은 개인에게 그날에 일어난 사건들에 집중하도록 요구한다. 따라서 감사 일기는 너무 자주 수행하면 내용이 크게 달라지지 않기 때문에 반복적이 될 수 있지만, 세 가지 좋은 일은 매일 내용이 달라진다.

Seligman, Steen, Park과 Peterson(2005)은 두 번째 감사 활동['감사 방문(The Gratitude Visit)']에 대한 결과를 보고하는데, 이 활동에서 참여자들은 누군가에게 상세한 감사 편지를 작성하고 직접 전달한다. 이전 활동과 달리, 감사 방문은—플라세보 조건보다 훨씬 큰—행복의 초기 상승을 가져왔지만, 이러한 변화는 일시적이어서, 1개월 후 추적 관찰에서 상당히 많이 약화되고 3개월 후에는 완전히 사라졌다. 일부 연구자들은 이러한 효과를 연장시키는 방법에 대한 아이디어를 제시하였다. 예를 들어, 한 내담자는 그녀의 배우자가 하는 일 중에 감사한 것을 매일 기록한 다음, 그 기록을 사용하여 한 달에 한 번씩 '감사 보고서'를 정기적으로 만드는 데 사용할 수 있을 것이다. 그러나 아직까지 '개선된' 감사 방문 설계를 검증한 사람은 없다. 그러나 Lyubomirsky, Dickerhoof, Boehm과 Sheldon(2011)은 편지를 전달하는 추가적인 단계 없이 **감사 편지**(gratitude letter)를 쓰는 것이 그들의 표본에서 안녕감의 향상으로 이어졌다고 보고하였다. 멋진 감사 편지를 누군가에게 전달하는 것이 처음에는 매우 강력할지 모르지만, 반복될 경우 그것이 식상해지거나 어색해질 수 있다는 것을 상상해 볼 수 있을 것이다. 감사 편지를 쓰는 것의 '전달' 단계와 그에 수반되는 어색함을 제거함으로써 이 활동을 반복적으로 수행할 가능성이 높아지는 것이다.

기존 문헌에서 감사가 가치 있는 활동이라는 비교적 설득력 있는 사례를 제시하지만, 감사는 또한 해로운 효과가 관찰된 몇 안 되는 영역 중 하나이기도 하다.[5] 예를 들어,

5) 명확하게 말하자면, 감사는 처음부터 결과의 조절변인을 살펴본 유일한 분야 중 하나이기 때문에, (우리가 일부 사람들에게는 반드시 그럴 것이라고 생각하듯이) 만약 다른 활동들에서도 해로운 효과들이 발생한다면, 이러한 효과가 감지되었을 가능성이 매우 낮다. 우리는 이러한 결과를 감사 개입이 나쁘다고 제안하기 위해 논의하는 것이 아니라, 연구자들에게 다른 유형의 개입에도 이러한 유형의 연구를 더 하라고 강조하기 위함이다. 이러한 유형의 뉘앙스는 긍정적 개입을 더 효과적일 뿐 아니라 정확하게 적용할 수 있도록 도울 수 있을 것이다.

Sin, Della Porta와 Lyubomirsky(2011)는 감사 편지를 쓰는 것이 경도-중등도의 우울 증상을 가진 사람들에게는 즉각적인 안녕감을 **감소시켰다**고 보고하였다. 이 활동이 효과가 있을 것이라고 믿은 참여자들은 초기의 해로운 효과에도 불구하고 계속해서 3주 동안 사용하여 결국 향상을 경험했지만, 그러한 기대가 없었던 참여자들은 그 활동의 결과로 증상이 계속해서 더 나빠졌다고 보고하였다. Sergeant와 Mongrain(2011)은 이 문제를 다양한 '유형'의 우울한 사람들을 살펴봄으로써 연구하였는데, 우울 증상이 대인관계 지향적인('자기비판적'이라기보다 '요구적인') 사람들의 경우, 감사 활동을 할 때 아무런 이득을 얻지 못했거나, 경우에 따라서는 더 악화되었다는 것을 발견하였다. 반면에 자기비판적인 사람들은 그 활동을 함으로써 평균 이상의 혜택을 받았다.

그렇다면 감사 활동을 우울 증상이 있는 사람들에게 권할 때는 주의하는 것이 중요할 것이다. 어떤 자료는 감사가 경도-중등도 우울(depression)에 도움이 된다는 직접적인 증거를 제공하며(Seligman, Steen, Park, & Peterson, 2005), 또 다른 자료는 감사 개입(gratitude interventions)이 경도-중등도 증상 범위의 사람들에게 잘 받아들여질 수 있다거나(Seligman, Rashid, & Parks, 2006), 우울 증상을 보고하는 사람들에게 평균적으로 대체로 효과적이라는(Sin & Lyubomirsky, 2009) 보다 간접적 증거를 제공한다. 그러나 이러한 일반화가 적용되지 않는 일부 우울한 개인들이 있는 것으로 보이며, 우리는 그들이 누구이고, 그들을 어떻게 식별할 수 있을지에 대해 이제 막 이해하기 시작하였다.

우리가 발견한 감사에 영향을 주는 또 다른 요인은 문화이다. 예를 들어, 제1저자는 감사를 **표현**하는 것과 관련된 활동(예: 감사 방문)을 아시아계 미국인 학생들이 사용했을 때 때때로 역효과를 낸다는 것을 발견하였다. 특히, 주의를 끄는 것을 피하는 것이 문화적 규범인 경우라면 감사를 표현하는 것이 개인을 매우 불편하게 만들 수 있다. 상황은 그 편지의 대상이 아시아계 미국인 부모라면 더욱 복잡해질 수 있다. 한 학생의 경우, 부모는 그녀의 편지를 모욕적이라고 느꼈다. 즉, 그들이 자신의 자녀에게 적절한 보살핌을 제공하지 않았을 수도 있다는 가능성을 인정하는 것으로 받아들인 것이다. 우리는 또한 수신자들이 의심을 보이는 사례들도 발견했는데, 그것은 활동의 성공을 저해할 수 있다. 예를 들어, 제1저자의 한 학생은 그녀의 아버지가 감사 편지를 받고서 의심스러워하였다고 보고하였다. 그는 그 학생이 무언가를 받아내기 위해 그를 조종하려는 시도라고 생각하였다. 그렇다면 누구에게 감사 활동을 추천할지를 어떻게 결정할 수 있을까? Sin, Della Porta와 Lyubomirsky(2011)는 **지각된 적합성**(perceived fit)이 결과의 중요한 예측 요인이라고 보고한다. 즉, 감사 활동을 보고 그것이 자신에게 도움이 될 것이라고 생각한 참여자들은 일반적으로 활동이 도움이 되었다는 것을 발견하였다. 이것은 긍정적 개입을 내담자들과 협력적으로 선택하는 것의 중요성을 강조하며, 어쩌면 '뷔페' 접근—모든 활동을 시도해 보고, 그다음에 그 개인에게 가장 잘 기능하는 것을 선택하는 것—이 모든 내담자들에게 최적의 방법이 아닐 수도 있음을 시사한다.

용서(Forgiveness) 일상적 언어에서 용서는 흔히 화해와 연관된다. 그러나 용서 개입(forgiveness interventions) 문헌에서 용서는 주로 내적 과정으로 개념화된다. 누군가의 과오(transgression)를 경험한 개인은 그 과오와 과오를 범한 사람(transgressor)과 연관된 부정 감정을 내려놓는다. 그리고 이러한 변화는 과오를 범한 사람과 관련된 어떤 행동적 변화로 이어지거나 이어지지 않을 수 있다. 문헌에서 정서적 용서(emotional forgiveness)가 강조되는 이유는 용서의 정서적 측면이 용서와 신체적 건강 간의 강력한 연관성에 가장 큰 역할을 하는 것으로 나타나기 때문이다(Worthington, Witvliet, Petrini, & Miller, 2007).

대부분의 용서 개입은 과정 기반 모델을 따르는데, 그것은 용서하기로 결정하기까지 점진적이고 단계적 진행을 허용한다(Baskin & Enright, 2004). REACH 모델은 용서에 대한 과정-기반 접근의 한 예시이다. 개인은 과오를 **회상**하고; 과오를 범한 사람에게 **이타적**인 행동인 **공감**을 발달시키고; 용서하기로 하며, 그런 다음 용서를 **유지하도록** 노력한다. Worthington(2006)은 REACH 모델을 따르는 6회기 집단 개입의 예시를 제공한다. 과정 기반 용서 개입만을 초점으로 하는 최근 메타분석에서 용서 결과 변인에 대한 평균 효과크기가 .82, 긍정정서는 .81, 부정정서는 .54로 나타나 용서 개입들이 안정적으로 용서를 촉진하고, 원한이 초래할 수 있는 감정적 피해를 개선시킨다는 것을 시사한다(Lundahl, Taylor, Stevenson, & Roberts, 2008).

용서를 목표로 하는 더 작은 단위의 개입도 존재한다. 예를 들어, McCullough, Root과 Cohen(2005)은 누군가의 과오로 경험한 개인적 이익에 대해 20분 동안 적도록 하는 글쓰기 개입을 검증하였다. 과오의 불쾌한 측면 또는 과오와 관련되지 않은 주제에 초점을 맞춘 통제집단에 비해, 이익 찾기 조건의 참여자들이 더 많은 용서를 보고하였다.

Hook, Worthington과 Utsey(2009)는 용서가 개인주의적 · 집단주의적 문화 모두에서 가치 있게 여겨지지만, 집단주의적 문화는 용서를 구성하는 요소에 대한 정의가 다르다고 주장한다. **개인주의적 문화**(individualistic cultures)에서는 용서의 정서적 측면을 중심적이라고 보는 경향이 있다. 즉, 만약 개인이 자신의 분노를 내려놓았다면, 과오를 범한 사람에 대한 행동을 전혀 바꾸지 않더라도 용서를 한 것이다. 반면 **집단주의적 문화**(collectivistic cultures)에서는 행동적 변화를 우선시하기 때문에 사회적 조화가 회복되기 전(즉, 두 개인이 원만하게 상호작용할 수 있을 때까지)에는 용서가 이루어지지 않은 것이다. 현재까지 용서 개입이 개인주의적 또는 집단주의적 문화의 구성원들에게 다르게 영향을 주는지를 조사한 연구는 아직 없으나, 이러한 문제는 정서적 · 결정적 용서가 얼마나 가치 있게 여겨지는지에 대한 명백한 문화적 차이를 고려했을 때 제기할 만한 가치가 있다.

용서가 어떤 특정한 경우에는 문제의 소지가 있다는 것은 말할 필요도 없을 것이다. 예를 들어, 정기적으로 신체적 학대를 가하는 배우자를 용서하는 것은 지속적인 신체적 학대로 이어질 가능성이 높다. 그러나 McNulty(2011)의 최근 연구에 따르면, 연애관계 맥락에서의 습관적 용서는 심리적 공격성의 유지 및 잠재적 악화로 이어질 수 있음을 시사한다. 즉, 용서가 어떤 사람에게 어떤 상황에서 적절한 권고인지를 주의 깊게 고려해야 한다. 특히, 실무자들은 용서가 어떤 부정적 행동을 연장시킬 수 있는 가능성이 있는지 여부를 고려해야 한다. 예를 들어, 오래전에 단 한 번의 과오를 저지른 사람을 용서하는 것에 대해서는 이러한 역효과를 낼 가능성은 상대적으로 적다. 하지만 관계에서 일반적으로 용서를 채택하는 것은 대인관계적 문제를 일으킬 가능성을 지닌다.

사회적 연결(Social Connections) 긍정적 과정을 통해 사회적 연결을 강화시키는 것을 목표로 하는 두 갈래의 연구가 있다. 첫 번째는 **친절 행동**(act of kindness; 즉, 타인을 향한 이타적 행동에 관여하는 것)과 관련된다. Dunn, Aknin과 Norton(2008)은 타인에게 돈을 쓰는 것은 행복감의 증가로 이어지며, 이 효과는 횡단적 · 종단적 · 실험적 조작 연구에서 유지된다고 보고하였다. 더 최근의 근거는 이러한 결과가 136개의 다른 국가의 자료에서 확장되어 나타남을 시사한다(Aknin et al., 2013). Lyubomirsky, Sheldon과 Schkade(2005)는 한 가지 주의 사항을 고려한다면, 의도적 친절행동에 관여하는 것이 안녕감의 증가로 이어질 수 있다는 것을 보여 주었다. 그것은 개인의 평소 친절 경향성을 넘어서는 방식으로 해야 한다는 것이다. 구체적으로, 한 주 동안 매일 하나의 친절행동을 하는 것은 안녕감의 증진으로 이어지지 않지만, 하루에 다섯 개의 친절행동을 하는 것은 도움이 된다는 것이다(Lyubomirsky, Sheldon, & Schkade, 2005). 흥미롭게도, 더 많은 친절행동을 하기 위한 의도적 노력 없이도 자신이 한 친절행동에 특별히 주의를 기울이는 것만으로 이득이 있는 것으로 보인다(Otake et al., 2006). 그러나 이러한 두 전략은 직접적으로 비교된 적이 없기 때문에 '친절행동' 개입의 효과성 중 몇 퍼센트가 주의의 전환(예: 친절행동에 대한 인식) 대 행동의 변화에 의한 것인지는 불분명하다. 더 나아가, 친절행동을 표준화하거나 개입의 대상(낯선 사람 대 지인 대 가까운 사람) 또는 그 행동이 인정받았는지 익명인지 여부와 같은 주요 변인의 영향을 체계적으로 조사하고자 하는 노력은 거의 이루어지지 않았다. 이러한 변인들이 '친절행동' 개입에 있어서 얼마나 중요한지는 아직 지켜보아야 할 것이다.

두 번째 갈래의 연구는 두 가지 연구에 기반하는데, 이 연구들은 커플이 좋은 소식을 함께 기뻐할 수 있을 때 친밀한 관계가 더 만족스럽고 오래 지속된다는 사실을 보여 준다(Gable, Reis, Impett, & Asher, 2004). 구체적으로, 연구자들은 가장 성공적인 커플은 좋은 소식을 공유할 때, 적극적이고(관심을 갖고 참여하는), 건설적으로(지지적으로 반응하며, 축하를 격려하는) 반응하는 커플이라는 것을 발견하였다. 예를 들어, 배우자의 승진 소식에 대해 어떤 사람은 관계에 대한 염려로 다음과 같이 반응할 수 있을 것이다. "당신의 더 바빠진 일정 때문에 이제 당신을 더 자주 못 보게 되겠네요." 이것은 적극적-파괴적 반응이며, 이러한 유형의 반응은 관계에서 좋지 않은 결과를 예측한다. 하지만 어떤 사람은 그 대신 배우자에게서 보이는 흥분감에 초점을 맞추고 그 흥분감을 반영하여 배우자가 승진을 하기 위해 열심히 노력한 점을 강조하고, 친구 및 가족들과 소식을 공유하는 등으로 반응할 수 있을 것이다. 이러한 방식으로 서로에게 반응하는 커플들은 더 높은 관계 만족감을 보고하며, 오래도록 함께할 가능성이 높다고 한다.

Seligman, Rashid과 Parks's(2006)의 **집단 PPT 개입**(Group PPT intervention)에는 이러한

연구 결과에 근거한 활동이 포함되어 있다. 내담자들은 자신의 삶에서 사람들에게 더 적극적이고 건설적으로 반응하려고 시도하였다. 한 일화에 따르면 이 활동이 일부에게 도움이 되었다고 하지만, 집단 PPT는 일련의 활동들이기 때문에 하나의 활동의 효과에 대한 상대적 기여도를 분리해 내기는 어렵다. 안타깝게도, 현재까지 출간된 연구들에서는 이 활동을 단독으로 연구한 것은 없다. 그러나 제1저자의 비공식적 자료 분석과 일화적 관찰에 의하면, **적극적-건설적 반응**(active-constructive responding)은 Parks, Della Porta, Pierce, Zilca와 Lyubomirsky(2012)가 '저하(degradation)'라고 부른 것에 해당할 수 있다는 것을 시사한다. 즉, 적극적-건설적 반응은 단순한 서면 지시 사항으로 가르치기에는 너무 복잡할 수 있으며(많은 긍정적 개입이 그렇듯이) 그 결과, 현실 세계에서 실행되었을 때는 그 효과를 잃을 수 있다. 향후 연구에서는 단독 활동으로서 적극적-건설적 반응의 효과와 (간단한 서면 지시 사항과 대조적으로) 실제적인 안내의 효과에 대한 상대적 중요성을 구별해내야 할 것이다.

의미(Meaning) 지배적인 이론들은 사람들이 자신의 삶에 대해 일관적인 내러티브를 형성함으로써 의미감을 느낀다고 제안한다(Pennebaker & Seagal, 1999). 따라서 대부분의 의미 개입들이 글쓰기와 관련된다는 것은 당연한 일이다. 의미 만들기(meaning making)에 관한 초기의 주요 저명한 연구들은 트라우마 또는 스트레스 생애 사건에 대한 개인적 내러티브를 다루었으나, 더 최근 연구들은 긍정적 생애 사건, 특히 미래에 발생할 것이라고 예상되는 사건들에 대한 내러티브의 형성에 대해 탐구하기 시작했다. King(2001)은 사람들에게 '최고의 가능한 자기(best possible self)'—가장 높은 희망과 포부에 따라 나타날 미래의 자기—에 대해 4일에 걸쳐 매일 20분 동안 글을 쓰도록 하였다. Seligman, Rashid와 Parks(2006)은 '인생 요약(Life Summary)'이라고 부르는 유사한 활동을 사용하였는데, 참여자들은 자신의 삶을 자신이 살고 싶었던 대로 기술하는 1~2쪽의 에세이를 작성하게 된다. 또한 그 활동의 일부로 참여자들은 에세이에서 기술한 장기 목표를 향해 적극적으로 나아가고 있거나 그렇지 않은 것에 대해 생각해 보라고 지시를 받는다. Sheldon과 Lyubomirsky(2006)의 후속 연구에서는 개인이 긍정적 미래를 상상하는 것의 이점은 글쓰기에만 국한되지 않는다는 것을 시사한다. 그들은 참여자들에게 최고의 가능한 자기를 적어도 한 주에 두 번 생각해 보게 하였으며, 그것 또한 유익하다는 것을 발견하였다.

그러나 제1저자는 자신의 긍정적 미래에 대해 글을 쓰는 것이 참여자들에게 불쾌감을 주었던 사례들을 접했다는 것을 언급해야 할 것이다. 특히, 상대적으로 불안한 학생들은 종종 자신의 미래를 상상하게 하는 것이 오히려 그들을 더 불안하게 만든다고 보고하였다 (그러나 이들이 미래가 꽤 불확실한 대학생들이라는 것을 유념해야 할 것이다; 불안 반응은 이 활동이 검증된 연령집단의 산물인 수도 있다.). 또한 우울한 학생들은 그 활동을 더 우울하게 느낄 수 있다는 것을 발견하였다. 한 학생은 나와의 디브리핑에서 다음과 같이 말했다: "이것 중 아무것도 절대로 일어나지 않을 거예요. 이것에 대해 쓰는 것이 무슨 의미가 있나요?" 그렇다면 일화적 근거는 의미 지향 활동이 상대적으로 기능이 높은 내담자들 또는 치료를 받은 지 꽤 된 내담자들에게 더 적합할 수 있다는 것을 시사한다. 임상적 집단에서는 개인의 미래에 대한 생애 내러티브를 만드는 과정에 주의 깊게 접근해야 할 것이다.

흥미롭게도, 과거의 부정적 생애 사건에 대해 분석적으로 말하고 글을 쓰는 것은 신체적 건강과 안녕감의 향상을 가져오는 반면, 긍정적 사건의 경우에는 그 반대일 수도 있다는 것이다. Lyubomirsky, Sousa와 Dickerhoof(2006)는 과거의 긍정적 사건에 대해 글을 쓴 참여자들은 통제집단에 비해 더 낮은 삶에 대한 만족을 보고했다는 것을 발견하였다. 이들의 연구 결과는 인생의 최고점에 대해서는 지나치게 생각하지 않는 것이 최선이라는 것을 시사한다.

향유(Savoring) 향유는 경험으로부터 즐거움을 도출하는 의도적 행위로 특징지어진다. 향유 활동에서 개인은 어떤 집착이나 산만함 없이 경험에 완전한 주의를 기울이고['몰입(absorption)'], 그 경험의 긍정적 측면에 집중한다. 일반적으로 향유 활동은 한번에 몇 분 정도로 간단하지만 그럼에도 불구하고 매우 강력한 긍정정서의 원천이다. 물론, 향유 경험의 지속적 연습은 낙관주의, 삶에 대한 만족, 그리고 더 적은 우울 증상을 예측한다 (Bryant, 2003).

향유 경험의 전형적 예시는 음식을 포함한다. 예를 들어, Kabat-Zinn(2003)의 유명한 건포도 음미 활동에서는 건포도의 각 개별 특성에 차례로 초점을 맞춘다. 이 기법은 '지각 **명료화**(sharpening perceptions)'라고 불리며, 어떤 감각 경험이든 향유하기 위해 몰입과 함께 결합될 수 있다. 미각(예: 음식), 시각(예: 예술 또는 아름다운 일몰), 촉각(예: 마사지 또는 따뜻한 목욕), 후각(예: 와인의 복합적인 향), 청각(예: 음악) 또는 이들 중 어느 조합도 가능하다(Bryant & Veroff, 2007). 예를 들어, 제1저자가 한 집단의 학생들을 대상으로 향유 활동을 지도할 때 가까운 고급 초콜릿 가게의 휘핑크림, 초콜릿 조각, 그리고 웨하스가 들어 있는 핫초코를 사용했다. 학생들은 핫초코 향을 맡고, 그들의 손에서 온기를 느낀 다음, 휘핑크림, 초콜릿 조각, 웨하스, 그리고 핫초코 순으로 각 요소를 차례로 맛보았다. 그들은 그것을 입에 넣고, 씹기 전에 그 촉감과 맛을 (적절한 만큼) 탐색한 후, 삼켰다. 그런 다음 그들은 요소를 다르게 조합해 보는 실험을 하기 시작했으며, 결국 네 가지 모두의 조합을 만들었다. 각 요소를 따로 맛본 상태에서 그들은 각 측면을 맛보고 재료 간의 상호작용을 즐기며 핫초코를 더 완전히 경험할 수 있었다. 전체 과정은 단 몇 분밖에 걸리지 않았지만, 우리(제1저자와 학생들)는 그것이—함께 공유했다는 사실로 인해 더 증폭된—매우 강력한 경험이라는 것을 발견했다.

향유하기는 비감각적 경험에도 적용될 수 있다. 예를 들어, 사진을 찍는 것과 같이 '**기억 쌓기**(memory building)'를 통해 현재 순간을 향유할 수 있다. 이러한 유형의 활동들은 현재 경험의 찰나에 주의를 기울이게 하고, 그 경험을 더 잘 향유할 수 있도록 유도한다(Kurtz & Lyubomirsky, 2012). 기억 쌓기는 또한 과거 경험에 대한 기억을 향유하는 '**회상**(reminiscence)'으로 이어질 수 있는 길을 열어준다. 기억 쌓기가 순간의 즐거움을 촉진하는 기법인 반면, 회상은 보다 인지적인 활동으로, 가치 있는 과거 경험을 심상을 사용하여 가능한 상세하게 기억하게 하는 것이 특징이다. 출간된 여러 연구에서 의도적으로 회상을 더 자주 하는 것이 종종 우울과 불안 증상을 개선시키고, 특히 노년층에서 긍정 정서와 삶에 대한 만족을 높이는 것으로 나타났다(Bryan, Smart, & King, 2005).

조망수용(Perspective Taking) 조망수용은 긍정심리학 자체에서 많은 주목을 받지는 못했으나, 이것이 몇몇 성공적인 개입이 고안된 중요한 구성개념이라고 생각한다. 조망수용은 다른 사람을 포용하고 돕도록 이끌기 때문에 중요하다. 자신과 이웃 사이의 지각된 '거리'('자기 타인 중첩')를 줄임으로써, 공감적 관심이 이웃의 문제를 자신의 문제처럼 느끼게 해 준다(Davis, Conklin, Smith, & Lucke, 1996). 이것은 이웃을 도울 가능성을 더 높여 주며, 이웃과 연관된 사람들을 돕는 데에도 더 관심을 갖게 만든다(Batson, Chang, Orr, & Rowland, 2002).

조망수용이 종종 용서 개입의 한 구성 요소이기도 하지만(윗 섹션 참조), 이 섹션에서 우리는 조망수용을 직접적으로 기르도록 설계된 개입들에 초점을 맞춘다. 조망수용 개입은 사랑하는 이들(연인, 부모와 자녀)부터 일상에서 마주치는 사람들(예를 들어, 의사라면 환자), 외집단의 구성원들(다른 인종, 사회경제적 지위, 종교 등)까지 다양한 맥락에서 성공적으로 적용되어 왔다(최근 리뷰는 Hodges, Clark, Myers, 2011 참조). 모든 경우에 이러한 개입의 기본 목적은 같다. 즉, 자신의 편향을 넘어 다른 사람의 관점을 인식하고 인정하는 개인의 능력을 증진시키는 것이다.

Myers와 Hodges(2012)는 다른 사람—이 경우에는 외집단의 구성원—의 관점을 택하는 것을 유도하는 대표적 활동을 제시한다. 참여자들은 24세 노숙자에 대한 단락을 읽고, "이 사람이 자신에게 일어난 일과 그것이 그의 삶에 어떤 영향을 주었을까에 대해 어떻게 생각하고 느끼고 있는지를 상상해 보라"고 지시를 받는다. 즉, 그들은 다른 사람의 정서적 경험을 상상하는 데 집중하도록 요청을 받는다. 이 지시문이 다른 사람의 경험을 상상하도록 명시적으로 요청한다는 것에 주목할 필요가 있다. 지시문은 자신이 만약 같은 상황이라면 어떻게 느낄지를 상상하라고 요청하지는 않는다. 모든 연구에서 발견된 것은 아니지만(Davis et al., 1996), 자신을 다른 사람의 입장에 놓으려는 시도가 (거리를 두고 그들의 어려움을 상상하는 것과 대조적으로) 불안을 야기하고 그 불안이 공감을 친사회적 행동으로 이어지게 할 가능성을 낮춘다는 증거가 있다(Hodges, Clark, & Myers, 2011).

긍정적 개입 '패키지'(Packaged Positive Interventions) 지금까지 우리는 참여자들이 한 가지 활동을 사용한 연구에 중점을 두었다. 이러한 유형의 연구는 실험 설계의 관점에서는 이상적이지만, 개인과 실무자들이 그러한 활동을 실제로 사용하는 모습을 대표하지는 못한다. 예를 들어, Parks 등(2012)은 자기 스스로 행복(happiness)을 추구하는 사람들이 스스로 (즉, 실험자로부터 특별히 무엇을 하라고 지시를 받지 않고) 한 번에 7~8개의 활동들을 수행한다고 보고했다. 더 나아가, 그들은 행복을 추구하는 사람들에게 다양한 활동들을 선택할 기회를 제공했을 때, 더 다양한 활동을 실천한 사람이 더 큰 기분 향상을 경험했다는 것을 발견하였다. 요약해서 말하자면, 현실 세계에서 그 누구도 한 가지 활동을 독자적으로 사용한다는 증거는 없으며, 그렇게 하는 것이 효과성 측면에서 '최적'이라는 근거도 없다. 그렇다면 활동들의 '패키지'에 대한 연구 또한 주목할 만한 가치가 있다.

초기의 긍정적 개입 연구 중 일부는 '패키지' 개입 설계를 사용했다. 예를 들어, Fordyce (1977)는 청년들에게 14가지 행복 기법들을 제공하고, 이 활동들을 2주 동안 매일 가능한 한 많이 실천하라고 요청했다. 그는 1년 후, 참여자들이 통제집단에 비해 유의하게 행복하다는 것을 발견하였다(Fordyce, 1983). 이 연구는 여태까지 검증된 것 중 가장 현실적인 개입 중 하나이며, 행복이 일시적이지 않은 방식으로 향상될 수 있다는 것을 최초로 보여 준 연구 중 하나이다. 더 최근에는, Parks 등(2012)이 두 가지 수정 사항을 더하여 유사한 '자율 선택' 설계를 사용하였다. 사용된 활동들은 경험적으로 도출되었으며, 그 활동들은 스마트폰 기술을 사용하여 실행되었다. 이 연구들의 광범위한 특성 때문에 어느 연구에서도 활동이 행복의 증가를 가져왔다는 일반적인 견해를 넘어선 결론을 내리기는 어렵다. 그러나 두 연구 모두 현실 세계의 실천을 모방한다는 점에서 분명히 가치 있는 발견이라 할 수 있다.

대안적인 '패키지' 행복 연구 설계는 참여자들로 하여금 각 활동을 일주일 동안, 한 번에 하나씩 수행하고 어떤 활동들을 계속해서 사용할 것인지를 선택하도록 요구하는 것이다(Seligman, Rashid, & Parks, 2006; Schueller & Parks, 2012). 이 설계 또한 함정을 갖고 있으나—만약 모든 참여자들이 세트에 있는 각 활동을 모두 사용한다면, 어떤 활동이 변화를 일으켰는지 알기 어렵다—이 설계가 다른 방면에서는 이상적이다. 예를 들어, '패키지' 설계를 사용하는 개별 활동 수준에서는 개인-활동 적합성에 대한 질문을 다루기 어려우나, 다른 적합성에 대한 질문들(예: 활동 A에 대한 선호가 활동 B 대 활동 C에 대한 선호를 예측하는지의 여부)은 동일한 사람들이 여러 활동을 수행하는 설계를 통해서만 답할 수 있다(Schueller, 2010).

그렇다면 '패키지' 개입에 대한 연구는 단일 활동 설계의 대체제가 아니며, 가치 있는 보완책인 셈이다.

추후 방향

여태까지 우리는 기존 긍정적 개입에 대한 개관을 제공했다. 우리는 이제 이 분야에서 앞으로 다루어지기를 바라는 몇 가지 중요한 문제를 살펴보고자 한다.

대안적 결과 긍정심리학을 경험적 근거에 기반한 시도로 확립하고자 했던 초기적 단계 중 하나는 과학적 통찰력과 명성을 갖춘 저명한 학자들을 포함시키는 것이었다(Seligman & Csikszentmihaly, 2000). 이러한 초기 '모집'에는 Mihalyi Csikszentmihaly와 Ed Diener를 포함한 긍정심리학 운영위원회의 선구자적 구성원들이 있다. 물론 의도된 바는 아니었지만, 안녕감 연구자들과 너무 밀접하게 연계된 결과 중 하나는 행복 관련 구성개념이 긍정심리학의 기본적 **결과 변인**(outcome measures)이 되었다는 것이다(Biswas-Diener, 2011). 실제로, 초기 운영위원회의 논의에서 행복이 '궁극적인 결과 변인'이 될 수 있는 정도를 명시적으로 다루었다(Seligman, 2000, 개인적 서신). 개인적 안녕감이 정책과 개입 모두에서 가치 있는 목표이지만, 우리는 이것이 긍정심리학 연구에서 다른 가치 있는 결과 변인에 비해 불균형적으로 과대평가되고 있다고 주장한다. 예를 들어, Biswas-Diener, Kashdan과 Minhas(2011)는 행복이 개인주의적 문제이며 결과로서의 행복에만 관심을 제한하는 연구자들이 신뢰, 우정, 연결감 등의 집단 수준의 결과를 간과하고 있다고 주장한다. 행복 연구와 가장 많이 연관된 학자들은 긍정심리학의 결과 변인에 대해 유사하게 광범위한 이해를 주장하지만(예: Diener & Diener, 2011), 긍정적 개입 연구에서 명백히 개인에게 초점화되지 않은 측정 도구는 찾아보기 매우 어렵다.

더 정교한 연구 설계 우리가 앞서 언급했듯이, 긍정적 개입은 실험실에서 연구되므로 현실 세계에서 사람들에 의해 사용되는 것과 다소 차이가 날 수 있다. 대부분의 연구는 참여자들에게 다른 활동을 배제한 채로 한 가지 활동을 어떤 특정 기간 동안 정확히 똑같은 방식으로 수행하기를 요청한다(Sin & Lyubomirsky, 2009). 그러나 실제로 행복을 추구하는 사람들은 동시에 여러 활동을 수행하며, 지루함을 방지하기 위해 각 활동을 수행하는 방법을 의도적으로 변화시킨다(Parks et al., 2012). 더 심각한 것은, 연구자들이 참여자들을 한 번에 하나의 활동으로 제한시킴으로써 그 활동의 효과성을 실제로 약화시킬 가능성이 있다는 것이다. Parks 등(2012)은 전체적인 노력 수준이 대체로 비슷할 때도, 다양한 활동을 수행하는 것이 하나의 활동을 하는 것보다 더 나은 결과를 예측한다고 보고한다. 현실 세계의 수행과의 이러한 차이점은 개념적 관점에서뿐 아니라 실용적 관점에서도 문제가 된다. 같은 활동을 변화 없이 반복적으로 사용하는 것 (그것에 적응하는 것), 그리고 한 번에 하나의 활동만을 함으로써 (다양성의 이익을 놓치는 것), 참여자들이 실제로 혜택을 충분히 경험하는 것을 막을 수 있다.

실행을 위한 기준: 해를 끼치는가 긍정적 개입의 정의가 갖는 강점 중 하나는 그 활동이 제공되는 개인에게 유익할 것이라는 이론적이든 다른 형태의 근거이든 어떤 근거를 요구한다는 것이다. 이것은 우리가 아는 한 최초의 제안이지만 우리 관점에서는 필수적인 것이다. 긍정심리학 분야의 연구자와 실무자 모두와 이야기해 본 우리의 경험에 의하면, 지배적인 정서는 긍정적 개입이 특히 임상적인 ('고위험군') 집단이 아닌 정상 집단을 대상으로 할 때는 해를 끼칠 가능성이 매우 낮다는 것이다. 그러나, 최근 연구는 이것이 비현실적 관점이라는 것을 보여 주기 시작하였다. 이제 이 분야가 효과적이라고 여겨지는 개입의 레파토리를 구축하기 시작했기 때문에, 우리는 이러한 개입들을 더 책임감 있게 실행하기 위한 질문으로 주의를 돌려야 한다.

어떤 개인에게 특정 활동이 더 효과적이라는 증거는 이미 존재한다(Schueller, 2010). 행복을 추구하는 사람들은 초기 수준의 행복감과 우울 증상(Parks et al., 2012) 또는 행복해지고자 하는 동기와 흥미(Lyubomirsky et al., 2011)에 있어 동질적이지 않다. 그렇기 때문에 특정 활동이 '보편적으로' 효과적이라는 것을 가정하는 것은 부적절하다. 개인차는 그 결과(Sergeant & Mongrain, 2011)뿐 아니라 개인이 처음부터 그 활동을 할 가능성을 위해서도 중요하다(Sheldon & Lyubomirsky, 2006). 앞에서 논의한 많은 출간된 연구들과 더불어, 제1저자는 최근 FRIENDS−OF−PP 리스트서브[6)]의 토론에 참여했는데, 몇몇 구성원들

6) 특정 그룹 전원에게 메시지를 전자 우편으로 자동 전송하는 시스템.

은 긍정적 개입이 특정 내담자에게 '역효과'를 일으킨다고 하였다. 이러한 일은 실제로 발생하지만, 우리는 단지 그것이 언제, 누구에게 일어나는지를 완전히 알 수 없을 뿐이다.

보다 광범위한 차원에서, 우리는 전반적인 행복을 증진시키려는 노력에 접근하는 방식에 신중을 기할 필요가 있다고 제안한다. Mauss 등(2011)에 의한 최근 연구에 따르면 행복을 목표로 삼는 것은 그 목표를 성취하기 더 어렵게 만든다. 자신에게 '**행복해져야만**' 한다고 말함으로써 자신의 정서적 경험에 더 쉽게 실망하게 되기 때문이다. 앞에서 언급한 Louis(2001)의 연구에 의하면 완전히 **똑같은 활동**이라고 하더라도—이 경우, 강점 검사를 하고 그 검사 결과를 개인의 행동을 수정하는 데 사용하는 것—내담자들에게 어떻게 제공되고 해석되는지가 중요함을 강조한다. 활동 지시문의 문구와 같이 간단한 것도 그 활동이 도움이 되거나 해롭게 하는 차이를 만들 수 있다.

요약하면, 개인차가 중요하다는 증거는 명확하지만, 이 정보를 실제로 어떻게 활용할 수 있을지에 대해서는 아직 충분히 파악되지 않았다. 우리는 이러한 질문을 다루고자 하는 긍정적 개입 연구의 최근 물결이 한동안 유지되기를 바란다.

긍정적 개입은 수용 기반 접근과 어떻게 구분되는가

이 장에서 우리는 긍정적 개입의 새롭고 통합적인 정의를 제안하였다. 우리는 또한 기존 긍정적 개입에 대한 광범위한 고찰을 제공하였다. 이를 통해 우리는 긍정적 개입이 무엇인지(그리고 무엇이 긍정적 개입이 아닌지)가 명료화되었기를 바란다. 그러나 우리는 이 장을 시작할 때 제기했던 질문, 즉 긍정적 개입이 수용 기반 접근과 어떻게 구분되는가에 대해서는 아직 다루지 않았다. 우리가 보기에는 세 가지 주요 구분점이 있다. 첫째, 수용 기반 접근은 균형 있는 경험을 목표로 하여 긍정적이거나 부정적인 모든 경험에 관여하는 반면, 긍정적 개입은 긍정적 경험이 종종 부정적 경험에 의해 가려진다는 것을 전제로 거의 독점적으로 긍정적 경험을 강조한다(Baumeister, Bratslavsky, & Vohs, 2001). 이러한 접근 방식은 개인이 경험하는 긍정적 상호작용이 부정적 상호작용보다 많을 때 가장 잘 기능할 것이라는 제안에 기반한다(Driver & Gottman, 2004; Fredrickson & Losada,

2005).

둘째, 수용 기반 접근이 개인에게 자신의 경험을 바꾸려 하지 말고, 자신의 경험을 판단 없이 수용해야 한다고 가정하는 반면, 긍정적 개입은 긍정적 경험을 식별하고 증폭시키며, 때로는 새로운 긍정적 경험을 만들어 내는 것을 중심으로 이루어진다. 즉, 긍정적 개입은 부정적 경험을 긍정적 경험으로 대체하는 것을 목표로 하는 반면, 수용 기반 접근은 내담자의 경험을 바꾸려는 어떤 시도도 하지 않는다. 셋째, 수용 기반 접근은 문제를 반드시 다루어야 한다고 가정하는 반면, 긍정적 개입은 긍정적 요인이 부정적 요인을 덜 현저하고, 덜 긴급하고, 덜 중요하게 만든다는 가정 위에 작동한다(Seligman, Rashid, & Parks, 2006).

이것은 수용 기반 접근과 긍정적 개입 간에 어떠한 공통점도 없다는 것을 말하기 위함이 아니다. 실제로, 우리는 수용전념치료(ACT)와 긍정적 개입이 **자기 결정성**(Self-determination theory)(Ryan & Deci, 2000)이라는 중요한 개념적 공통점을 갖고 있다고 주장한다. 두 접근 모두 긍정정서와 부정정서가 모두 심리적 기능에 중요한 역할을 한다는 것을 인정한다. 또한 '행복학'이라는 명성에도 불구하고, 긍정심리학이 부정정서라는 닻이 없는 자유로운 긍정정서(예: 조증)가 문제적일 수 있음을 인정한다. 두 가지 접근 모두 내담자들에게 자신의 목표를 진정성 있고, 자기주도적으로 추구할 수 있도록 도와주며; 그 기법은 다르지만, 목표는 같다. 그럼에도 불구하고 우리는 긍정적 개입이 수용 기반 접근과—이론적으로나 실용적으로나—구별되는, 사람들의 삶을 향상시키는 접근이라는 것을 확실하게 말할 수 있다.

결론

이 장에서 우리는 긍정적 개입의 새로운 정의를 제공하였다. 긍정적 개입이란 어떤 긍정적 변인을 성공적으로 증진시키며, 그것이 적용되는 어떤 맥락에서든 합리적이고 윤리적으로 적용될 수 있는 활동이다. 우리는 다양한 구성개념을 대상으로 하는 긍정적 개입이 존재한다는 근거를 제공했으며, 각 개입은 적어도 넓은 의미에서 효과성에 대한 최소한의 예비적 근거를 갖고 있다. 우리는 또한, 긍정적 개입을 현실 세계의 수행에 적용할 때 주의가 필요하다는 것을 주장했다. 우리는 이러한 활동들이 '역효과'를 일으킬 수 있지만, 아직 언제, 어떻게, 그리고 어떤 활동에서 이런 일이 발생하는지를 이해하지 못한다고 주장하였다. 마지막으로, 우리는 긍정적 개입이 일반적으로 다른 심리적 접근, 특히 ACT와 구분된다고 주장하였다.

참고문헌

Aknin, L. B., Barrington-Leigh, C. P., Dunn, E. W., Helliwell, J. F., Burns, J., Biswas-Diener, R., Kemeza, I., Nyende, P., Ashton-James, C. E., & Norton, M. I. (2013). Prosocial spending and well-being: Cross-cultural evidence for a psychological universal. *Journal of Personality and Social Psychology*, *104*(4), 635-652.

Baskin, T., & Enright, R. D. (2004). Intervention studies on forgiveness: A meta-analysis. *Journal of Counseling and Development*, *82*, 79-90.

Batson, C. D., Chang, J., Orr, R., & Rowland, J. (2002). Empathy, attitudes, and action: Can feeling for a member of a stigmatized group motivate one to help the group? *Personality and Social Psychology Bulletin*, *28*, 1656-1666.

Baumeister, R. F., Bratslavsky, E., Finkenauer, C., & Vohs, K. D. (2001). Bad is stronger than good. *Review of General Psychology*, *5*, 323-370.

Biswas-Diener, R., Kashdan, T. B., & Minhas, G. (2011). A dynamic approach to psychological strength development and intervention. *Journal of Positive Psychology*, *6*, 106-118.

Bryant, F. B. (2003). Savoring Beliefs Inventory (SBI): A scale for measuring beliefs about savoring. *Journal of Mental Health*, *12*, 175-196.

Bryant, F. B., Smart, C. M., & King, S. P. (2005). Using the past to enhance the present: Boosting happiness through positive reminiscence. *Journal of Happiness Studies*, *6*, 227-260.

Bryant, F. B., & Veroff, J. (2007). *Savoring: A new model of positive experience*. Mahwah, NJ:

Lawrence Erlbaum Associates.

Davis, M. H., Conklin, L., Smith, A., & Luce, C. (1996). Effect of perspective taking on the cognitive representation of persons: A merging of self and other. *Journal of Personality and Social Psychology, 70*, 713-726.

Diener, E., & Diener, C. (2011). Monitoring psychosocial prosperity for social change. In R. Biswas-Diener (Ed.), *Positive psychology as social change* (pp. 53-72). Dordrecht, Netherlands: Springer Press.

Driver, J. L., & Gottman, J. M. (2004). Daily marital interactions and positive affect during marital conflict among newlywed couples. *Family Processes, 43*, 301-314.

Dunn, E. W., Aknin, L. B., & Norton, M. I. (2008). Spending money on others promotes happiness. *Science, 319*, 1687-1688.

Emmons, R. A., & McCullough, M. E. (2003). Counting blessings versus burdens: An experimental investigation of gratitude and subjective well-being in daily life. *Journal of Personality and Social Psychology, 84*, 377-389.

Fordyce, M. W. (1977). Development of a program to increase personal happiness. *Journal of Counseling Psychology, 24*, 511-521.

Fordyce, M. W. (1983). A program to increase happiness: Further studies. *Journal of Counseling Psychology, 30*, 483-498.

Fredrickson, B. L., & Losada, M. F. (2005). Positive affect and the complex dynamics of human flourishing. *American Psychologist, 60*, 678-686.

Gable, S. L., Reis, H. T., Impett, E. A., & Asher, E. R. (2004). What do you do when things go right? The intrapersonal and interpersonal benefits of sharing positive events. *Journal of Personality and Social Psychology, 87*, 228-245.

The Gallup Organization. (1999). *Clifton StrengthsFinder*. Washington, DC: Author.

Grant, H., & Dweck, C. S. (2003). Clarifying achievement goals and their impact. *Journal of Personality and Social Psychology, 85*, 541-553.

Haidt, J. (2002). It's more fun to work on strengths than weaknesses (but it may not be better for you). Manuscript retrieved from http://people.virginia.edu/~jdh6n/strengths_analysis.doc

Hodges, S. D., Clark, B., & Myers, M. W. (2011). Better living through perspective taking. In

R. Biswas-Diener (Ed.), *Positive psychology as a mechanism for social change* (pp. 193-218). Dordrecht, Netherlands: Springer Press.

Hodges, T. D., & Clifton, D. O. (2004). Strengths-based development in practice. In A. Linley & S. Joseph (Eds.), *Handbook of positive psychology in practice. Hoboken*, New Jersey: John Wiley and Sons, Inc.

Hook, J. N., Worthington, E. L., Jr., & Utsey, S. O. (2009). Collectivism, forgiveness, and social harmony. *The Counseling Psychologist, 37*, 786-820.

Kabat-Zinn, J. (2003). Mindfulness-based stress reduction (MBSR). *Constructivism in the Human Sciences, 8*, 73-107.

Kahler, C. W., Spillane, N. S., Clerkin, E., Brown, R. A., & Parks, A. (2011, July). *Development of positive psychotherapy for smoking cessation*. Paper presented at the Second World Congress on Positive Psychology, Philadelphia, PA.

King, L. A. (2001). The health benefits of writing about life goals. *Personality and Social Psychology Bulletin, 27*, 798-807.

Kurtz, J. L., & Lyubomirsky, S. (2012). Using mindful photography to increase positive emotion and appreciation. In J. J. Froh & A. C. Parks (Eds.), *Activities for teaching positive psychology: A guide for instructors*. Washington, DC: American Psychological Association Press.

Louis, M. (2011). Strengths interventions in higher education: Effects on implicit self-theory. *Journal of Positive Psychology, 6*, 204-215.

Lundahl, B. W., Taylor, M. J., Stevenson, R., & Roberts, K. D. (2008). Process-based forgiveness interventions: A meta-analysis. *Research on Social Work Practice, 18*, 465-478.

Lyubomirsky, S., Dickerhoof, R., Boehm, J. K., & Sheldon, K. M. (2011). Becoming happier takes both a will and a proper way: An experimental longitudinal intervention to boost well-being. *Emotion, 11*, 391-402.

Lyubomirsky, S., Sheldon, K. M., & Schkade, D. (2005). Pursuing happiness: The architecture of sustainable change. *Review of General Psychology, 9*, 111-131.

Lyubomirsky, S., Sousa, L., & Dickerhoof, R. (2006). The costs and benefits of writing, talking, and thinking about life's triumphs and defeats. *Journal of Personality and Social*

Psychology, 90, 692-708.

Mauss, I. B., Tamir, M., Anderson, C. L., & Savino, N. (2011). Can seeking happiness make people unhappy? Paradoxical effects of valuing happiness. *Emotion, 11*, 767.

McCullough, M. E., Root, L. M., & Cohen, A. D. (2006). Writing about the benefits of an interpersonal transgression facilitates forgiveness. *Journal of Consulting and Clinical Psychology, 74*, 887-897.

McNulty, J. K. (2011). The dark side of forgiveness: The tendency to forgive predicts continued psychological and physical aggression in marriage. *Personality and Social Psychology Bulletin, 37*, 770-783.

Meyer, P., Johnson, D., Parks, A. C., Iwanski, C., & Penn, D. L. (2012). Positive living: A pilot study of group positive psychotherapy for people with severe mental illness. *Journal of Positive Psychology*, 7(3), 239-248.

Myers, M. M., & Hodges, S. D. (2012). Perspective taking and pro-social behavior: Caring for others like we care for the self. In J. J. Froh & A. C. Parks (Eds.), *Activities for teaching positive psychology: A practical guide for instructors*. Washington, DC: American Psychological Association Press.

Otake, K., Shimai, S., Tanaka-Matsumi, J., Otsui, K., & Fredrickson, B. L. (2006). Happy people become happier through kindness: A counting kindnesses intervention. *Journal of Happiness Studies*, 7, 361-375.

Parks, A. C., Della Porta, M. D., Pierce, R. S., Zilca, R., & Lyubomirsky, S. (2012). Pursuing happiness in everyday life: A naturalistic investigation of online happiness seekers. *Emotion, 12*(6), 1222-1234.

Pennebaker, J. W., & Seagal, J. D. (1999). Forming a story: The health benefits of narrative. *Journal of Clinical Psychology, 55*, 1243-1254.

Peterson, C., & Seligman, M. E. P. (2004). *Character strengths and virtues: A handbook and classification*. New York: Oxford University Press.

Ryan, R. M., & Deci, E. L. (2001). On happiness and human potentials: A review of research on hedonic and eudaimonic well-being. *Annual Review Psychology, 52*, 141-166.

Schueller, S. M. (2010). Preferences for positive psychology exercises. *The Journal of Positive Psychology, 5*, 192-203.

Schueller, S. M., & Parks, A. C. (2012). Disseminating self-help: Positive psychology exercises in an online trial. *Journal of Medical Internet Research, 14*(3), e1850.

Schwartz, B., & Hill, K. E. (2006). Practical wisdom: Aristotle meets positive psychology. *Journal of Happiness Studies, 7*, 377-395.

Seligman, M. E. P. (2000). Personal communication during the 2000 annual positive psychology steering committee meeting in Oahu, HI. attendance: Robert Biswas-Diener, Mihalyi Csikszentimihaly, Ed Diener, Martin Seligman and George Vaillant.

Seligman, M. E. P., & Csikszentmihalyi, M. (2000). Positive psychology: An introduction. *American Psychologist, 55*, 5-14.

Seligman, M. E. P., Parks, A. C., & Steen, T. (2005). A balanced psychology and a full life. In F. Huppert, N. Baylis, & B. Keverne (Eds.), *The science of well-being* (pp. 275-283). New York: Oxford University Press.

Seligman, M. E. P., Rashid, T., & Parks, A. C. (2006). Positive psychotherapy. *American Psychologist, 61*, 774-788.

Seligman, M. E. P., Steen, T. A., Park, N., & Peterson, C. (2005). Positive psychology progress: Empirical validation of interventions. *American Psychologist, 60*, 410-421.

Sheldon, K. M., & Lyubomirsky, S. (2006). How to increase and sustain positive emotion: The effects of expressing gratitude and visualizing best possible selves. *Journal of Positive Psychology, 1*, 73-82.

Sergeant, S., & Mongrain, M. (2011). Are positive psychology exercises helpful for people with depressive personality styles? *The Journal of Positive Psychology, 6*(4), 260-272.

Sin, N. L., Della Porta, M. D., & Lyubomirsky, S. (2011). Tailoring positive psychology interventions to treat depressed individuals. In S. I. Donaldson, M. Csikszentmihalyi, & J. Nakamura (Eds.), *Applied positive psychology: Improving everyday life, health, schools, work, and society* (pp. 79-96). New York: Routledge.

Sin, N. L., & Lyubomirsky, S. (2009). Enhancing well-being and alleviating depressive symptoms with positive psychology interventions: A practice friendly meta analysis. *Journal of Clinical Psychology: In Session, 65*, 467-487.

Wood, A. M., Froh, J. J., & Geraghty, A. W. A. (2010). Gratitude and well-being: A review and theoretical integration. *Clinical Psychology Review, 30*, 890-905.

Worthington, E. L., Jr. (2006). *The path to forgiveness: Six practical sessions for becoming a more forgiving person*. Unpublished manual. available online at http://www.people.vcu.edu/~eworth.

Worthington, E. L. Jr., Witvliet, C. V. O., Pietrini, P., & Miller, A. J. (2007). Forgiveness, health, and well-being: A review of evidence for emotional versus decisional forgiveness, dispositional forgivingness, and reduced unforgiveness. *Journal of Behavioral Medicine, 30*, 291-302.

제8장

사람들을 더 긍정적이고 합리적으로 만드는 방법

긍정심리학 개입의 잠재적 이면

Mairéad Foody

Yvonne Barnes-Holmes

Dermot Barnes-Holmes
National University of Ireland, Maynoot

자기감(Self of Sense)은 가치를 달성하기 위한 필수 요소이다(왜냐하면 '나만의' 가치이기 때문이다). 그렇기에 불안과 같은 정신적 고통의 흔한 문제가 자기의 문제와 연결되어 있다는 것은 놀랄 만한 일이 아니다(예: Ingram, 1990). 심리학 분야의 연구자들과 실무자들은 우리가 하는 거의 모든 행위에서 자기감의 중요성을 오랫동안 인식해 왔다. 그러나 자기감이 무엇이고, 어떻게 작동하는지에 대해서는 일관된 설명이 부재하다.

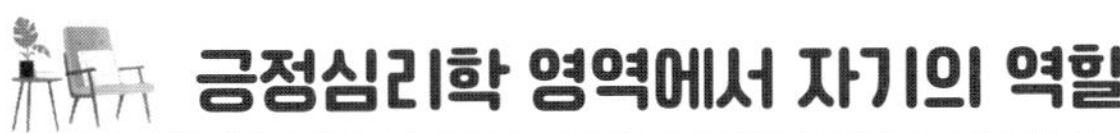

긍정심리학 영역에서 자기의 역할

하나의 학문 분야로서 긍정심리학은 긍정적 및 친사회적 행동을 포함한 인간의 최적 기능을 연구하고 촉진하고자 하며(Duckworth, Steen, & Seligman, 2005; Gable & Haidt,

2005) 이러한 목적을 위해 다양한 개입 방법을 사용한다(Seligman, Steen, Park, & Peterson, 2005). 가장 일반적으로 추천되는 방법은 절정의 순간을 향유하는 것, 성격의 재능과 성격강점을 파악하고 이를 사용할 수 있는 새로운 기회를 찾는 것, 주기적으로 명상 수행을 하고, 사람들에게 감사함을 표현하는 방법 등이다(Seligman et al., 2005).

이러한 활동들의 명확한 공통점은 **자기**(self)에 대한 강조와 개인적 삶의 프로젝트와 가치에 전념하도록 촉진하는 것이다[이것은 종종 번영(flourishing)이라고 불린다]. 실제로 긍정심리학자들은 수많은 자기 관련 개념을 활용한다. 여기에는 자기 저하 자기조절(hypo-egoic self-regulation, Leary, Adams, & Tate, 2006); 자기자비(Neff, 2003); 자존감(Baumeister, Smart, & Boden, 1999); 자기효능감(Bandura, 1999); 자기 가치(self-worth, Crocker & Park, 2004)가 포함된다.

자기에 기반한 다양한 개념과 일관되게 수많은 **긍정심리 개입들**(positive psychology interventions)은 자기에 초점을 맞추고 있다. 일례로 긍정적 귀인 개입은 긍정적 사건을 자신에게 귀인하고, 부정적 사건은 외부적 요인으로 귀인하는 정도를 탐색한다(Fredrickson & Joiner, 2002). **희망 개입**(hope interventions)은 스스로가 자신의 목표를 효과적으로 달성할 수 있다고 지각하는 정도를 증진시키고자 한다(Ciarrochi, Heaven, & Davies, 2007). **낙관주의 개입**(optimism intervention)은 지각된 이상적인 자기 탐색을 시도하며(Lyubomirsky, Dickerhoof, Boehm, & Sheldon, 2011), **자기자비 개입**(self-compassion)은 자기수용을 향상시키는 것을 목적으로 한다(Neff, 2003).

긍정심리학 영역은 이처럼 개념적으로나 기술적으로나 자기에 대해 강조하고 있으나, 아직 자기에 대한 '완전한' 설명은 물론, 자기의 긍정적 행동 촉진 역할에 대한 설명 또한 제시하지 않고 있다. 요약하면, 다양한 이론가와 연구자들이 자기의 특정 부분에 초점을 맞춰 왔지만, 아직 이를 완전하고 일관된 작업 정의(working definition)로는 통합하지 못하였다.

관계구성틀 이론(Relation Frame Theory: RFT)으로 알려진 인간 언어와 인지에 대한 현대적 행동 및 기능적 설명은 자기에 대한 기술적 설명을 제시해 왔다(Hayes, Barnes-Holmes, & Roche, 2001). 이 이론은 자기지각과 조망수용을 포함한 인간 언어와 인지의 모든 측면이 개인사에 의해 형성된 복잡한 '언어적 행동(verbal acts)'이라고 제안한다. 곧 설명하듯이 이 접근은 자기의 이해를 촉진하는 접근인데, 우리의 역사가 우리를 독특하게 만든다는 사실을 반영한다. 자기에 대한 보다 심층적인 이해는 개인 및 공동체 수준 모두에서 인간의 고통이 어떻게 인식되고 다루어지는지에 대한 명백하고 광범위한 적용 가능성을 갖는다.

이 장의 목적

이 장의 주요 목적은 자기에 대한 RFT의 기술적인 설명과 긍정심리학자들이 자기와 관련하여 활용하는 개입 간의 적용 가능성을 제안하고, 잠재적인 중첩 영역을 탐색하는 것이다. 자기는 RFT와 긍정심리학 두 관점에서 중추적 역할을 하며, 서로 다른 두 관점이 공통 기반을 어떻게 해석하고 있는지 탐색하는 것은 종종 유용한 활동이다. 우리의 핵심 질문은 자기에 대한 기능적 행동주의적 설명이 긍정심리학에서 명시하는 인간 번영에 대한 이해와 추구에 직접적으로 기여할 수 있는가이다. 이러한 개념적 연결을 시도하기 위해 이 장의 내용을 두 부분으로 구분하였다. 첫 번째 파트는 자기에 대한 RFT의 설명에 대한 간략하지만 필수적인 요약을 제공한다. RFT의 기본 과정에 대한 요약은 제1장을 참조하기 바란다. 두 번째 파트는 긍정심리학이 제안하는 두 가지 주요 활동을 설명하고 있는데, 이는 명백하게 자기에 초점이 맞추어져 있으며, 보다 나은 심리적 건강을 위해 자기감을 조작하려는 시도를 포함하고 있다. 구체적으로 삶의 긍정적 사건 및 성공에 대한 글쓰기와 감사 표현이 포함된다. 각 활동의 맥락 안에서 RFT의 핵심 심리적 기제가 무엇인지, 그리고 잠재적 한계가 무엇인지에 대한 해석을 제공하고자 한다.

자기에 대한 RFT 접근: 조망수용 관계

RFT에서의 조망수용(perspective taking)은 나 vs 너, 여기 vs 거기, 지금 vs 그때(I vs. YOU, HERE vs. THERE, and NOW vs. THEN)로 알려진 세 가지 유형의 파생된 자극 관계

(stimulus relations)로 구성된다. 간단히 설명하면, 조망의 세 가지 핵심적인 측면을 이렇게 묘사할 수 있다. 첫째, 세상을 '너' 또는 다른 누군가가 아닌 '나'로 본다(그러므로 나 vs 너로 칭한다). 둘째, 세상을 '나'로 볼 때, 항상 '거기' 또는 '여기'가 아닌 어딘가가 아니라 '여기'에서 본다(그러므로 여기 vs 거기로 칭한다). 셋째, 세상을 '나'로 볼 때, 항상 '그때' 또는 '지금'이 아닌 어떤 시점이 아니라 '지금'에서 본다(그러므로 지금 vs. 그때로 칭한다). 요약하면, '나'는 언제나 세상을 '여기'와 '지금'에서 보고, 내 관점에서 나는 항상 '너'를 '거기'와 '그때'에서 본다.

나 vs. 너(I vs. YOU) 우리는 '나'라는 관점에서 기능할 때, 우리 스스로를 수많은 차원에서 타인과 구분하고, 비교하며, 대조하게 된다. 이는 아동기에 처음으로 신체적 특성을 통해 학습하게 된다(예: 엄마는 나보다 크지만 아빠는 엄마보다 더 크다 등). 이러한 이해 방식은 겉보기에 문제가 되지 않아 보인다. 그러나 우리가 이미 다른 사람들과 비교하고 대조할 수 있다는 사실은 이러한 비교를 평가할 수 있다는 것을 의미한다. 다음의 상황을 생각해 보자. 앤은 자신이 자매인 메리보다 매력적이지 않다는 생각에 항상 열등감을 느껴 왔다. RFT 관점에서 앤의 조망은 메리가 신체적으로 앤보다 매력적이라는 것이고, 매력적인 것이 더 낫다는 것을 의미하며, 따라서 메리는 앤보다 더 낫다는 것을 의미한다. 처음 비교의 시작은 단순히 신체적 특성에 기반하는 것이었지만(타인에게 직접적으로 관찰되지 않았을지도 모르는), 앤의 비교 관계(comparative relations)는 이 신체적 우월성을 대조하게 만들었고, 그녀의 대등 관계(coordination relations)는 이 우월성을 "전반적으로' 나은 것과 동일하게 만들었다. 물론, 후자는 또한 빠르게 앤이 그녀 스스로에 대해 부정적 감정을 느끼게 되는 것과 동일시되었을 것이다. 따라서 이러한 단순한 관계들도 감정이 수반되면, 생애 초기에 낮은 자존감의 경로로 쉽게 이끌 수 있음을 볼 수 있다.

앞의 예시는 조망수용 행동이 어떻게 점점 자의적으로 한 수준에서 신체적 특징으로부터 멀어지도록 하는지 보여 준다. 물론, 언어적으로 정교한 성인들은 더 이상 신체적 특징에 귀인하여 서로를 비교하지 않는다. 예를 들어, 나의 관점에서는 이웃이 나보다 더 부유해 보이기 때문에 질투심에 사로잡힐 수 있지만, 이웃이 실제로 얼마나 많은 돈을 갖고 있는지는 알 수 없다.

사실, 우리가 시간의 흐름에 따라 알게 되는 '나'는 타인에 대한 나의 관점에 기초하여 형성된다. 그렇기에 '너'가 없는 상황에서 '나'는 존재할 가능성이 거의 없어 보인다. 조망수용이 다른 관계적 활동과 차별되는 점은 '나 vs. 너' 관계가 우리 삶의 많은 측면들이 끊임없이 변할 때에도 우리의 지각에 일정한 참조 기준이 된다는 역설에 있다. 예를 들어, 내가 만약 나의 '부유한' 이웃의 실직 사실을 갑작스레 알게 되었다면, 나는 이제 이웃과 부에 있어서 동등하다고 믿을 수 있지만 우리는 여전히 다른 사람이다. 즉, 당신이 누구인지에 대한 부분들은 끊임없이 변하지만, 이러한 변화들이 관찰되는 당신의 조망은 변하지 않는다. 요컨대, 당신은 항상 당신의 관점으로부터 세상을 본다.

여기 vs. 거기(Here vs. There) 인간 발달에서 **장소감**(sense of place)의 중요성에 대한 연구는 오랜 역사를 갖고 있으며, RFT에서는 이를 '여기'와 '거기'의 공간적 관계로 포착하고 있다. 앞서 논의된 나 vs. 너의 관계적 발달과 함께, 우리는 ('거기'가 아닌) '여기'와 ('여기'가 아닌) '거기'를 구분하는 법을 배우게 된다. 예를 들어, 아빠가 집에 왔을 때, 아이는 다음과 같이 말할 수 있다. "나는 TV를 보고 있어요(여기), 하지만 엄마는 부엌에 계셔요(거기)." **나-너 관계**(I-YOU relations)와 유사하게 공간적 관계는 점점 물리적 위치에 덜 기반하게 되고, 점차 자의적이 된다. 예를 들어, 이 순간, "나 여기 있어"라는 말은 지금 여기, 내 사무실 안에 있다는 것을 말하지만, 만약에 한 시간 뒤 "나 여기 있어"라고 말하는 것은 내가 주방에 있다는 것을 뜻할 것이다. 달리 말해, '여기'라는 단어는 그 시간에 내가 있는 장소로 변경되며 끊임없이 변화한다. 역설적으로, 우리가 사용하는 언어의 많은 부분이 물리적 공간을 뜻하지만 은유적인 방식으로 사용된다. 우울감에 대해 자신의 감정을 "그녀를 억누르는 것 같다"라고 표현하거나 "어깨에 한 짐을 싣고 가는 것 같다"라고 표현하는 세리의 예시를 생각해 보자.

앞선 예시들을 통해, 나-너 관계가 **여기-거기 관계**(HERE-THERE relations)에 내재되어 있음을 명확히 알 수 있다. 작동할 관점이 없으면, 특정 위치에서 어떤 관점을 규정하기가 불가능하기 때문이다. 결과적으로, 세라가 그녀의 감정에 관해 얘기하는 것은 그녀가 그 순간 그녀 스스로를 바라보는 방법의 일부가 된다. 이처럼 공간적 관계는 개인의 조망의 매우 중요한 특징이며, 이는 '나'는 항상 ('거기'와 구분되는) '여기'와 결합되면, '너'는 항상 ('여기'와 구분되는 '거기'와 결합되기 때문이다.

지금 vs. 그때(NOW vs. THEN) 시간적 관계(temporal relations)는 조망수용의 또 다른 핵심적인 특징이며, RFT는 이를 지금–그때 관계(NOW-THEN relations) 관계로 표현한다. 명칭이 암시하듯이 시간적 관계는 시간을 뜻하며, 우리가 일상적으로 자주 사용하는 대부분의 문장에 포함되어 있다. 예를 들어, "오후 2시에는 근무 중이었고, 오후 3시에는 집에 있었어"라는 문장을 생각해 볼 수 있다. 또다시 우리는 시간적 관계를 물리적 특징을 통해 배우게 되는데, 이는 특히 처음으로 시간을 보는 법을 배우게 될 때 그렇다. 한번 기술이 습득되면, 실제로 시간이 어떻게 되는지 알지 못해도 시간을 말할 수 있고, 시간적 관계는 며칠, 몇 주, 몇 달, 심지어 몇 년에 걸쳐 확장될 수도 있기 때문에 관계는 대부분 자의적이 된다. 다리를 다쳐 더 이상 어떤 경기에도 참여할 수 없는 운동선수의 예를 생각해 보자. 그녀는 아마도, 현재 시점에서 그녀가 지난해에 어땠는지에 대한 생각에 집착하여 현재 삶을 보지 못할 수 있다[예: 나는 작년(그때) 경기에서 우승자였으나, 올해(지금)는 패배자이다]. 다시 말해, 나–너 관계는 시간적 관계에 내재되어 있는데 개인의 관점은 항상 '그때'와 구분되는 '지금'으로부터 오기 때문이다. 물론, 과거(그때)에 어떻게 느꼈는지에 대해 언급할지라도, 현재 조망의 시간적 관계는 항상 '지금'에 있다는 것을 기억하는 것은 중요하다.

자기에 대한 ACT 관점: 세 가지 자기

관계틀 이론(RFT)은 언어 발달에 대한 상세한 설명을 제공해 왔으며, 그것은 인간의 자연스러운 능력 중 가장 어두운 면에 대한 이해를 포함한다. 앞에서 예시로 제시했듯이, 우리가 비교 관계를 갖기 시작하면, 우리는 스스로를 타인과 비교하며, 내가 원하는 것이 무엇인지 찾기 시작한다. 단 하나의 차원이라도 한 번 이렇게 하기 시작하면, 그것이 현실에 기반하지 않더라도 다른 많은 차원들과 동일시될 수 있다. 그 결과 자기 자신을 정말로 무가치하다고 지각하는 상태에 이르게 될 수 있다. 이처럼 RFT는 인간의 괴로움(suffering)의 발달에 대한 이해를 돕는 방향성을 제시한다.

수용전념치료(Acceptance and Commitment Therapy: ACT)는 인간의 괴로움과 그 완화에 대한 접근으로, 여러 수준에서 RFT와 관련되어 있다(Hayes, Strosahl, & Wilson, 1999). 예를 들어, 두 이론 모두 동일한 기능적 행동주의 전통을 기반으로 설명하고 있다. 현재 RFT의 과학적 개념과 ACT의 치료적 개념 간의 경험적 중첩의 탐색을 시도하는 연구가 증가하고 있다(예: Luciano et al., 2011). 예를 들어, Foody, Barnes-Holmes와 Barnes-Holmes(2012)는 RFT의 조망수용 관계와 ACT의 세 가지 자기개념 간 통합을 제시하였다.

ACT에 따르면, 자기는 내용적 자기, 과정적 자기, 맥락적 자기로 알려진 세 가지 자기로 개념화된다(Hayes et al., 1999). 다중 자기(multiple selves) 개념은 자기와 관련된 여러 다른 이론적 접근에서도 사용되었지만(예: Higgins, 1999), 자기의 두 기능적인 측면, '행위자와 행위의 관찰자'(Hayes, 1995, p. 1)의 핵심적인 구분이 ACT의 기초를 형성한다. 간단히 말해 행위자는 자신이 경험하는 심리적인 내용과 동일하다(예: 자신의 생각, 감정, 정서 등), 반면, 관찰자는 이 내용에 대한 자신의 조망이다. 이 접근에 관해 기억해 둘만한 세 가지 사항이 있다. ① 행위자와 관찰자는 항상 동시에 작동한다. ② 세 가지 자기는 관찰자가 아닌 행위자의 작동 방식을 설명한다. ③ 어느 한 시점에서 하나의 자기에 따라서만 작동할 수 있다. 이러한 세 가지 사항은 다음에서 세 가지 자기를 차례로 살펴보며 더 명확해질 것이다.

내용적 자기(Self as content) 명칭이 암시하듯이 내용적 자기는 관찰자와 행위자가 가장 낮은 수준에서 구분되는 심리적 공간이다. 요약하면, 자신이 누구인지가 자신이 생각하고, 느끼고, 기억하는 것으로부터 구분되지 않는다. ACT에서는 이러한 공유된 심리적 공간을 융합(fusion)이라고 하며, 자신이 누구인지(관찰자)가 자신이 생각하고 느끼는 등(행위들)과 융합되어 있다. 물론, 만약 특정 시점에서 당신의 심리적 내용이 고통스럽고 부정적으로 평가된다면(예를 들어, "나는 쓸모없는 사람이야"라고 생각하고 있다면), 이러한 생각과 관찰자 사이의 융합으로 인해 압도되는 느낌을 받을 것이다. 마치, '당신의 모든 것'이 쓸모없는 것처럼 느껴질 것이다(어떤 특정 순간에 갖게 되는 단지 떠오르는 생각으로 보기보다는). 이러한 방식으로 관찰자와 행위자의 융합된 관계는 특히 행위자가 부정적일 때, 항상 부정적인 기분을 느끼게 하고, 위협적인 느낌을 느끼게 할 것이다.

전반적으로는 관찰자와 긍정적인 심리적 내용이 융합되는 것을 괜찮다고 여길 수 있지만, ACT 관점에서는 그렇지 않다. 요약하면, 관찰자로서 당신과 당신의 내용 사이의 모든 융합은 심리적으로 건강하지 않은 기반에서 작동하는데, 이는 당신이 당신의 내용의 합보다 훨씬 더 큰 존재이기 때문이다. 실제로 ACT의 나머지 두 자기에서 볼 수 있듯이 관찰자와 행위자의 구분이 클수록 삶의 더 많은 영역이 관찰자에게 귀속될 수 있고, 그 결과 우리의 외현적 행동은 순간적으로 떠오르는 심리적 내용이 아니라 중요하게 여기는 가치에 의해 이끌릴 수 있다. 달리 말하면, 내용적 자기가 끊임없이 말하는 내용으로만 자신을 국한시킨다면, 당신은 풍부하고 충만한 가치 기반의 삶을 살 수 없을 것이다.

마틴이라는 만성 통증으로 고통받는 가상 내담자의 사례를 통해 내용적 자기를 이해해 보자. 첫 번째 단락에서, 우리는 마틴을 소개한다. 두 번째 단락에서 우리는 그의 고통과 관련된 내용적 자기가 작동함으로써 그가 경험하는 어려움을 탐색하고자 한다.

마틴은 만성 통증과 씨름하며 살고 있고, 대부분의 시간을 이상적으로는 통증을 없애거나, 적어도 약간의 통제감을 갖도록 해 주는 완전히 입증된 전략을 떠올리기 위해 보낸다. 그는 모든 것을 시도해 보았지만, 아무것도 소용이 없었다고 강하게 믿는다. 여전히 고통의 일부분은 항상 있었다. 그는 어떤 유형의 고통이 실제로 존재하는지 여부를 더 이상 말하기도 어려워질 지경이었다. 그래서 그가 할 수 있는 유일한 일은 아직까지 단순히 발견하지 못했다는 가정하에 '알맞은' 전략을 떠올리기 위해 노력을 쏟는 것뿐이었다. 그의 통증과 이를 해결하고자 하는 그의 노력은 꽤 요구적인 일이었고, 그는 이것이 삶의 다른 측면들까지 모두 어렵게 만들거나, 거의 불가능하게 만들었다고 믿는다. 그는 실제 통증 또는 통증의 '대기실'에 갇혀 있다고 느꼈으며, 이로 인해 그는 계속해서 끝없는 좌절감 속에서 '완벽한' 해결책을 찾고자 하였다. 그보다 못한 것이 그가 여태까지 투자한 노력을 정당화해 주지 못할 것이기 때문이다.

마틴의 삶은 그의 통증과 그 통증과의 투쟁으로 지배되어 마틴이 심리적으로 누구인가는 대부분 통증에 관한 것이었다. 달리 말해, 마틴은 자신을 만성 통증으로 고통받는 사람으로 가장 먼저 이해하게 되었다. 이러한 자기감은 (단지 외현적 행동뿐 아니라) 그의 삶의 많은 다른 측면들을 이차적인 것으로 밀려나게 하였다. 이 문제와 자신을 동일시함으로써 마틴 자신 전체가 통증 속에서만 삶을 사는 사람이 되었고 삶의 다른 측면들(예: 남편, 아빠, 근로자)은 행동적으로 떨어져 나가게 되었다(예: "나는 등이 아플 것이기 때문에 아이들과 더 이상 놀아줄 수 없어."). 그리고 마틴은(관찰자로서) 종종 이러한 상황을 본다. 그는 종종 예전의 마틴이 어디로 갔는지 자문하며, 그의 아내도 이것을 궁금해한다는 것을 안다. 그와 아내 모두 그가 다시 돌아오기를 원하지만, 통증이 항상 예전의 그에게 돌아가는 길을 막고 있는 것처럼 보인다. 그는 자기 자신을 영영 잃어버릴까 봐 걱정한다. 요약하면, 마틴의 자기감은 통증과 씨름하는 과정에 크게 융합되어 있었다.

ACT 관점에서 보면, 마틴의 삶이 열리기 위해서는 몇 가지 단계가 필요하다. 마틴은 그가 인식하고 있는 것처럼, 가치 있는 삶을 희생한 채 통증을 중심으로 한 진공 상태에 빨려 들어갔기 때문이다. 이것은 자신을 오로지 통증으로 보는 관점에서 자신을 통증과 구분되며 분리된 것으로 지각하는 관점의 변화를 요구한다. 달리 말해, 마틴은 통증에 관한 자기 내용이 관찰자를 '점유한' 내용적 자기중심으로 작동하는 것에서 벗어나야 한다. 우리는 이것을 종종 내담자들에게 '큰 내용, 작은 관찰자'로 묘사하는데, 이상적으로는 그 반대가 되어야 할 것이다.

이제, RFT가 내용적 자기 내에서 과정 수준에서 일어나는 일을 어떻게 설명할 수 있는지 고려해 보고자 한다. [그림 8-1]의 좌측에 제시된 내용은 ACT에서 설명하는 것처럼 관찰자와 행위자를 구분하고 있다. RFT에서 관찰자는 관계적 측면에 항상 지금-여기에

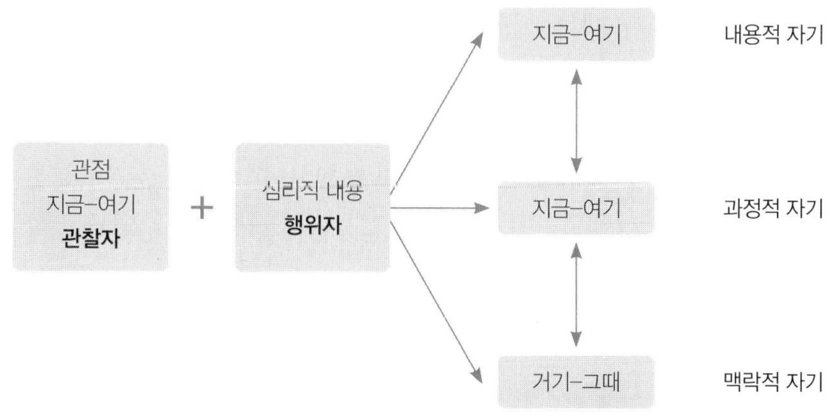

[그림 8-1] 관점조망 관계의 세 가지 자기 개념

위치해 있어야 함이 강조된다. 이것은 당신의 관점이다. 그리고 이것은 세 가지 자기에 대해서도 마찬가지다. 관찰자가 작동하는 곳(즉, 지금-여기)은 절대 변하지 않지만, 행위자가 존재하는 심리적 공간은 어느 시점에 어떤 자기에 있는지에 따라 변화한다. 이에 대한 내용은 그림 오른쪽에 제시되어 있다.

[그림 8-1]은 내용적 자기 내 심리적 내용이 지금-여기에 위치함을 보여 주며([그림 8-1], 우측 상단), 관찰자 또한 마찬가지이다(후자는 언제나 해당이 된다). 관찰자와 행위자 사이의 동일시는 자기의 내용이 행동을 통제할 가능성을 높인다. 이 관계는 또한 왜 괴로움을 경험하는 사람이 압도되고, 위협적인 느낌을 느끼는지 보여 주며, 이는 내가 아는 사람이 내가 생각하는 것 등과 동일시되어 있기 때문이다. 핵심만 말하면, '관찰자와 행위자 사이의 관계'가 어떤 시점에든 세 가지 자기에 의해 포착될 수 있으며, 내용적 자기에서는 그들이 가장 동일시되어 있는 (또는 심리적으로 '동등한') 상태이다.

과정적 자기(Self as process) 과정적 자기는 관찰자와 행위자 사이에서 지속적인 구분을 가능하게 하는 심리적 공간이다. 이 공간에서는 끊임없이 일어나는 활동을 통해 두 자기의 구분이 지속적으로 형성된다. 요약해서, 당신이 누구인지는 당신이 생각하고, 느끼고, 기억하는 등의 내용으로부터 구분된다. ACT 관점에 따르면, 이 심리적 공간은 관찰자가 생각하고, 느끼는 등(행위들)의 과정과 이에 수반되는 평가를 지각할 수 있기 때문에 융합되지 않는다. 이러한 구분은 자연스럽게 평가와 연합된 이전의 고통을 경감시킬 수 있는 잠재력을 갖는다(예: 관찰자는 내용적 자기만큼 압도감을 느끼지 않을 것이다).

내용 기반 과정의 '지속적 자각'은 과정적 자기의 가장 중요한 특징이다. 핵심적으로, 자기의 내용을 끊임없이 변화하는 것으로 인식하기 때문에 융합은 일어나지 않는다. 다음의 예를 통해 이해해 보도록 하자. "나는 우울함을 느껴, 그리고 우울한 생각을 갖고 있어. 그러나 이 생각과 느낌은 단지 이 순간의 생각과 느낌일 뿐이야. 내일은 아마도 달라질 거야." 이러한 지속적 자각은 자기의 내용이 떠올랐다 사라지는 과정을 알아차리고 있기 때문에 마음챙김의 개념과 동일하다.

과정적 자기 내에서 작동하는 것은 내용에 의한 행동이 아닌 가치 일관적 행동을 하기 쉽게 만든다. 가치를 지향하면서도 내용에 대한 구분된 자각을 할 수 있기 때문이다. 보다 단순히 설명하면, 과정적 자기는 양쪽 모두를 허락하며, 따라서 행동과 관련하여 보다 큰 유연함을 갖도록 허락한다. 그래서 자기의 내용을 있는 그대로 볼 수 있다면, 가치 기반의 삶을 풍부하고 충만하게 살아갈 수 있다. 그러나 과정으로서 자기는 '내용이 없는' 상태를 요구하는 것이 아니라 (그게 만약 가능할지라도) 끊임없이 변화하는 내용의 본질을 관찰할 수 있는 상태를 제시하고는 한다.

종합적으로 볼 때, 과거에 씨름해 온 고착된 심리적 내용(sticky psychological content)은 내용으로서의 자기가 다시 떠오르게 만들 가능성이 있다. 다시 말해 당신은 과정적 자기에 머물기만 하면 된다고 가정할 수 없다. 왜냐하면 개인사에 의해 특정한 강력한 자기 내용은 그것이 나타나는 순간, 내용으로서의 자기로 회귀하도록 만들 수 있기 때문이다. 따라서 ACT 이론은 내용적 자기와 과정적 자기가 매우 미세한 경계에 있음을 강조한다. 그리고 지속적으로 자각하는 과정은 당신을 내용적 자기로부터 멀어지게 하며, 과정적 자기에 머물 수 있도록 돕는다. 우리는 내담자 마틴의 사례로 돌아가 과정적 자기가 어떻게 작동하는지 살펴보자.

주기적으로 마틴은 신체의 한 부분 또는 여러 부분에 통증을 경험하였다. 고통스러운 경험을 하는 즉시, 이 경험과 관련하여 내용적 자기가 작동해 온 이력이 거의 불가피하게 활성화되면서, 행동의 유연성이 줄어들고 통증의 완화만이 선택지인 것처럼 지각하게 된다(예: "나는 통증이 없는 사람이어야만 해."). 이러한 내용으로서의 자기 속에서 발생하는 융합은 어렵겠지만 그 순간에도 통증 외의 다른 선택지들이 존재한다는 것을 보지 못하게 만든다. 예를 들어, 그는 통증이 가치를 위해 견뎌질 수 있다는 논리적인 가능성을 보지 못하게 된다. 아마도 요약하면 통증이 있을 때, 다른 가치에 따른 행동들도 일어난다. 그러나 이 모든 것은 통증 관련 내용이 하나의 경험에 그치지 않고, 또 하나, 그리고 또 하나의 통증 관련 경험으로 지속적으로 나타나지 않는다면 경험될 수 없다. 왜냐하면 마틴이 통증을 수용하는 방법을 배울 수 있기 전에, 그는 반드시 그의 통증 경험의 과정들이 관찰될 수 있는 다른 곳에서 작동하는 방법을 배워야 하기 때문이다. 이것이 과정적 자기이다.

이제 RFT가 과정으로서 자기 내 관계적 수준에서 일어나는 일을 어떻게 설명할 수 있을지 살펴보고자 한다. [그림 8-1]의 우측을 다시 보면, 내용적 자기와 과정적 자기가 경험적으로 크게 다르지만 '관계적' 차이가 없음을 알 수 있다. 내용적 자기 및 과정적 자기 모두 행위자는 지금-여기에 있고, 항상 그렇듯이 관찰자도 지금-여기에 있다.

과정적 자기 안에서는 심리적 내용이 지금-여기에서 거기-그때로 움직인다. 즉, 내용적 자기 안에서는 심리적 내용이 지금-여기에 있어 문제가 되지만, 과정적 자기는 지금-여기의 내용이 단순히 우리의 생각, 감정, 행동에 대해 이야기하는 방식이기 때문에, 융합보다 자기 지식을 촉진한다는 차이가 있다.

맥락적 자기(Self as context) 맥락적 자기는 관찰자와 행위자를 가장 강하게 구분하는 심리적 공간이다. ACT에서는 자신이 누구인지가 자신이 생각하고, 느끼고, 기억하는 것 등과 구분되기 때문에 탈융합을 구현한다. 다음의 예를 생각해 보자. "나는 우울함을 느끼고 우울한 생각을 하고 있어. 하지만 나는 내가 누구인지 알고 이는 부정적인 생각과 감정보다 그 이상이라는 것을 알고 있어." 자연히 이러한 구분은 내용과 그에 대한 평가와 관련된 이전의 고통을 줄여 줄 수 있는 잠재력을 갖고 있다(예: 관찰자는 내용적 자기일 때만큼 압도된 느낌을 갖지 않는다). 다시 마틴의 사례로 돌아가, 맥락적 자기를 활성화하는 것에 대한 ACT 접근을 설명하고자 한다.

상담 초기, 마틴은 통증의 존재를 변별해 낼 때마다 그의 통증에 대한 경험은 항상 통증으로 괴로워하는 사람으로서의 자기 지식과 융합되어 있다. 이것은 그의 자기감 전반에 영향을 주며, 통증이 존재하는 지금-여기 외에는 거의 아무것도 없다고 생각된다. 맥락적 자기 내 훈련은 마틴이 자기감 경험을 통증과 구분하게 만들고, 다른 경험도 통증과 함께 존재할 수 있다는 사실을 강조한다. 마틴이 그의 자기감과 보다 더 접촉하는 방법을 배울 때, 그것은 행동을 이끄는 주요 원천으로 가치에 대한 접근을 증진시키며, 맥락으로서의 자기감이 커질수록 그는 꾸준히 그의 행동을 가치 지향적인 방향으로 유지할 수 있게 된다. 맥락적 자기는 또한 더 큰 수용을 촉진하는데, 왜냐하면 그것은 통증이 완전히 압도적이거나 지배적이지 않게 경험될 수 있도록 안전한 장소를 열어주기 때문이다. 통증은 그의 일부이지만, 그의 전부는 아니다.

관계적 수준에서 RFT는 맥락적 자기 내의 행위자는 다른 두 자기의 경우처럼 지금-여기가 아니라 거기-그때에 위치해 있다고 제안한다([그림 8-1] 우측 하단). 관찰자와 행위자 간의 이러한 강한 관계적 구분은 이곳을 자신의 생각, 느낌 등을 바라볼 수 있는 가장 안전한 공간으로 만들고, 내용과 외현적 행동 간의 더 큰 구분을 촉진시킨다. 달리 말해, 심리적 내용이 관찰자와 같은 장소에 있지 않을 때, 내용은 행동을 통제하는 내재적 힘을 갖지 않는다. 그러므로 당신은 당신의 삶을 심리적 내용으로부터 영향받지 않고 가치 일관적인 방식으로 삶을 살아갈 수 있다.

ACT 관점에서, 맥락적 자기는 관찰자와 행위자 사이의 가장 큰 구분을 제공하기 때문에, 최대한의 **탈융합**(또는 최소한의 융합)을 촉진한다. 그러나 반드시 기억해야 할 중요한 두 가지 사항이 있다. 첫째, 작동할 수 있는 가장 이상적인 장소가 맥락적 자기인 것처럼 보여 항상 이 모드에서 작동해야 할 것 같을 수 있다. 그러나 이것은 실현 가능하지 않고, 필수적이지도 않다. 왜냐하면 대부분의 내용은 과정적 자기로 충분하며, 역사적으로 고착된 내용은 어차피 당신을 내용적 자기로 끌어당길 가능성이 높기 때문이다. 결과적으로, 과정적 자기는 아마도 대부분의 시간에 작동하기에 가장 좋은 모드이지만, 고착된 내용이 자신을 내용적 자기로 빨아들인 역사가 있는 경우에는 맥락적 자기가 가장 안전하다.

실제로, ACT의 주요한 목표는 **심리적 유연성**(psychological felxibility)을 기르는 것이다. 이는 필요할 때 세 가지 자기 간에 전환할 수 있는 능력과 관련된다. 요약하면, 융합을 최소화하기 위해 ACT는 내용적 자기에서 과정적 자기로 전환할 것을 제안한다. 그러나 과정적 자기는 언제든 쉽게 내용적 자기로 빨려 들어갈 수 있기 때문에 여전히 위험할 수 있다. 때문에, ACT 활동들은 또한 과정적 자기로부터 맥락적 자기로 전환하는 유연성을 촉진한다(예: 탈융합을 최대화하기 위해).

마틴의 예를 다시 생각해 보자. 초기에 마틴은 그의 통증 경험과 관련하여 내용적 자기에 작동하며 통증으로 주로 괴로워하는 사람이 되었다(즉, 최대한의 융합 상태). 이러한 융합은 그의 행동을 통증을 제거하기 위한 시도로 지배될 가능성을 높였고, "나는 통증이 사라지기 전까지는 이전의 내가 될 수 없어"라는 생각을 갖게 하였다. 마틴에게 그의 통증과 관련하여 과정적 자기에서 작동하도록 가르치는 것은, 통증 경험의 특성과 빈도를 지속적으로 알아차릴 수 있게 하고, 이에 대한 어느 정도의 탈융합을 촉진시킬 수 있을 것이다. 예를 들어, ACT 전문가는 하나의 통증 사건 뒤에 또 하나, 그리고 또 하나, 그리고 또 하나의 통증 사건을 알아차리도록 독려할 것이며, 이는 나뭇잎이 시냇물의 흐름을 따라 떠내려가는 것에 비유할 수 있다. 과정적 자기 훈련은 그의 과거사를 볼 때, 전부는 아니지만 몇몇 통증 사건과의 융합을 감소시킬 수 있다. 따라서 동시에 마틴에게 그가 그의 통증 경험보다 훨씬 더 큰 존재라는 것을 볼 수 있는 맥락적 자기에서 작동할 수 있는 방법을 가르치는 것은 중요할 것이다(따라서 동시에 마틴에게 그가 그의 통증 경험보다 훨씬 더 큰 존재라는 것을 볼 수 있는 맥락적 자기에서 작동할 수 있는 방법을 가르치는 것은 중요할 것이다(큰 관찰자, 작은 행위자). 이러한 경우, 과정적 자기와 맥락적 자기 모두 가치를 위해 행동적 유연성을 촉진시키는 데 활용될 수 있다. 왜냐하면 통증이 나타나더라도, 이는 알아차려지고, 이해될 수 있기 때문이고, 대안적 가치 기반 행동이 여전히 일어날 수 있기 때문이다.

이어지는 내용에서 본 우리는 자기에 대한 ACT와 RFT 접근이 긍정심리학 분야의 다양한 활동들과 잠재적으로 중첩된 부분을 탐색할 것이다. 각 접근은 매우 다른 철학적·심리학적 전통에서 출발하였지만, 과학적 관점과 치료적 관점 모두를 위해 잠재적인 공통점을 탐구하는 것은 매우 유용하다. 특별히, 이 장에서는 개인의 자기감에 강한 기반이 있는 것으로 보이는 두 개의 긍정심리학 활동을 선택하였다.

긍정심리학 개입에 대한 RFT 해석

긍정심리학의 주요 목표는 개인 성격의 긍정적인 측면을 규명하고, 이를 활용하여 인간의 최적 기능(optimal human functioning)을 성취하도록 돕는 것이다. 달리 말하면, 안녕감을 촉진시키는 전략들은 이러한 긍정심리학 운동의 핵심에 자리 잡고 있다. 이러한 측면에서 유익한 수많은 긍정심리 전략이 있다(예: Algoe & Haidt, 2009; Cohn & Fredrickson 2010). 예를 들어, Sin과 Lyubomirsky(2009)는 긍정심리학 개입에 대한 메타분석 연구를 수행하였는데 그 결과, 전반적으로 자기보고된 안녕감의 증가와 우울 증상 감소가 긍정심리학 개입과 관련 있음을 발견하였다. 특히, Seligman 등(2005)은 감사 방문(gratitude visit), 삶에서 세 가지 좋은 일 작성하기(three good things in life), 새로운 방식으로 **대표 강점 사용하기**(using signature strengths in a new way) 등이 주관적으로 자기보고된 행복감의 향상과 관련이 있다고 보고하였다. 이 외에 **글쓰기 연습**(writing exercises)(예: Frattaroli, Thomas, & Lyubomirsky, 2011), **감사 연습**(예: Lyubomirsky et al., 2011) 전반의 사용을 지지하는 연구 결과가 축적되고 있다. 아래 섹션에서 우리는 두 가지 긍정심리학 개입에 대해 RFT 접근으로 이해하고자 한다.

삶의 긍정적 사건과 성취에 대한 목록 글쓰기 긍정적 글쓰기 연습(positive writing exercises)은 긍정심리학에서 잘 정립된 훈련 도구이다(Seligman et al., 2005). 예를 들어, 삶에서 세 가지 좋은 일 작성하기는 지난 일주일 동안 매일 '잘 진행된' 세 가지 사건을 쓰게 하는 것이고, 여기에는 긍정적 성과의 지각된 원인이 포함된다. 이 개입 과정에서 Seligman 등은 1개월, 3개월, 6개월 추수 연구에서 자기보고된 행복감이 증가하고 우울 증상이 감소함을 발견하였다. 이 연습의 변형으로 King(2001)은 앞으로 삶에 일어날 가장 긍정적인 사건을 상상하여 기록하는 연습 또한 3주 간의 추수 연구에서 주관적 안녕감을 증가시키는 것과 관련 있음을 발견하였다. King에 따르면, 긍정적 글쓰기 연습은 목표에 대한 자기 초점을 촉진하며, 이는 결과적으로 더 나은 행동적 자기조절을 이끌어 낸 것으로 나타났다.

대조적으로, Lyubomirsky, Sousa와 Dickerhoof(2006)의 연구는 긍정적 생애 사건에 관해 단순히 생각하는 것에 비해 분석적으로 글을 썼을 때 덜 긍정적인 결과를 가져온다고 보고하였다. 구체적으로, 앞선 연구 참여자들은 삶의 만족, 개인적 성장, 자기 수용, 전반적 건강 수준이 낮은 것으로 나타났다. 이러한 모순된 연구 결과를 설명하기 위해 우리는 이 문제를 본 섹션 후반부에서 다시 논의하고자 한다.

긍정적 글쓰기에 대한 탐구는 부정적 또는 외상성 사건에 대한 글쓰기의 효과에 집중했던 전통적인 초점에 비해, 연구와 치료 분야에서 비교적 새로운 시도이다. 실제로, **표현적 자기노출 글쓰기**(expressive disclosive writing)를 다룬 문헌은 그 양이 그야말로 방대하다(예: Sloan & Mark, 2004b). 요약하면, 이 기법은 개인들이 외상성 생애 사건과 관련된 생각 및 감정을 기록할 것을 요구한다. 몇몇 연구는 이 기법의 사용에 대한 긍정적 결과를 보고하였으며, 건강 문제의 감소(Pennebaker & Beall, 1986), 실직 후 빠른 재취업(Spera, Buhrfeind, & Pennebaker, 1994), 더 나은 시험 점수(예: Pennebaker, Colder, & Sharp,

1990), 천식의 고통으로부터 향상된 폐 기능에까지 영향을 주는 것으로 나타났다(Smyth, Stone, Hurewitz, & Kaell, 1999). 몇몇의 연구자들은 이러한 긍정적 성과가 이전의 억제된 감정을 표현하며 나타난다고 밝혔고(Pennebaker, 1989), 그래서 정서적 회피의 필요성을 감소시킨다고 제안하였다(Sloan & Marx, 2004a).

이상의 두 가지 접근 사이에(즉, 긍정적 사건과 부정적 사건을 작성하는 것), 몇몇 치료적 연습은 부정적 사건의 긍정적 측면을 작성하는 활동을 포함하고 있다. 예를 들어, Stanton 등(2002)은 암환자들 중 자신의 암에 대한 긍정적 생각과 감정을 작성한 여성의 병원 방문 횟수가 통제 집단에 비해 유의미하게 적다는 것을 발견하였다. Wing, Schuttte와 Byrne(2006)에 따르면, 이 사례에서의 글쓰기는 보다 깊은 인지 처리 과정을 요구하며, 이는 이러한 사건과 연관된 정서에 대한 더 나은 이해와 동화를 통해 이루어진다고 하였다(Pennebaker & Seagal, 1999).

긍정적인 주제나 부정적인 주제, 또는 이 두 사이에 어딘가이든 글쓰기는 어떤 이점이 있는 것처럼 보인다. 예를 들어, Frattaroli 등(2011)은 앞으로 다가올 시험에 대한 글쓰기 훈련이 통제 집단과 비교했을 때 고등학생들의 유의하게 높은 시험 성적과 낮은 시험 전 우울 증상과 관련 있음을 발견하였다. 실제 여러 저자들은 자기 관련 내용이 담긴 글쓰기를 하는 것이 더 큰 자기인식과 그에 수반된 자기조절을 촉진시킨다고 설명하였다(King & Miner, 2000). 유사하게 Burton과 King(2004)은 이러한 향상된 자기인식이 개인의 경험을 자기개념으로 통합하는 과정을 용이하게 할 수 있다고 제안하였다. 요약하면, 글쓰기는 보다 더 명확하게 표현된 자기감을 촉진하는 역할을 할 수 있다.

긍정심리학이 강조하는 자기 글쓰기와 ACT의 과정적 자기 및 탈융합 개념 사이에는 공통적인 기반이 있는 것으로 보인다. 즉, 두 설명의 목표는 (내용으로 이끌리는 것보다) 가치 일관적 행동의 측면에서 자기조절을 향상시키는 사고, 행동, 감정 등의 지속적인 경험과 묘사이다. RFT에 따르면, 자신의 심리적 내용을 작성하는 과정은 탈융합을 위한 신체적 메타포가 된다. 왜냐하면 글쓰기는 과정적 자기의 행위이기 때문이다(즉, 자신이 글을 쓰며 내용을 알아차린다). 이러한 방식으로 지금-여기에서의 내용은 단순히 자신이 말하고, 글을 쓰는 방식이며, 자신의 현재 경험에 대한 것일 뿐이다(Hayes, 1995). 요약하면, 그것들은 자신이 지금-여기에서 묘사하는 것일 뿐, 시간과 공간에 걸친 당신의 모든 것은 아니다.

마틴의 예를 다시 생각해 보자. 그의 상담자는 그에게 그가 통증을 경험하고 있었거나 통증이 임박한 것 같던 시간을 선정할 것을 요청한다. 그녀가 그에게 각 통증과 관련된 감각 또는 생각을 메모지에 하나씩, 하나씩 떠오를 때마다 천천히, 체계적으로 받아적으라고 요청하는 모습을 상상해 보자. 그런 다음 그녀는 그에게 그 메모지들을 하나씩 차례대로 그의 셔츠에 붙일 것을 요청할 수 있을 것이다. 예를 들어, ACT와 RFT 관점에서 생각이 그의 몸 안에서 바깥으로 물리적으로 이동하는 것은 탈융합의 행위이다. 글쓰기 행위는 '지금'과 '여기'에서 끊임없이 나타나는 내용을 바라보는 과정적 자기이다. 이 행위는 내용을 감추어 두었다는 것에서 마틴이 여태까지 해왔던 것과는 상당히 다를 것이다. 또한 이러한 방식의 글쓰기는 상담자와 공유된 연습이라는 점을 주목해야 한다. 다시 말해, 이것은 이전에 마틴에게 통증 관련 내용이 나타났을 때 그가 누구와도 이것에 대해 이야기하려고 하지 않았던 것과 반대되는 것이다. 아마도 그는 스스로 실제로 일어난 것이 아니라는 것을 증명하기 위해 노력해 왔을 것이며, 이러한 경험적 회피가 상황을 더 상황을 악화시켰을 것이다.

마틴이 이전에 해 왔던 행동은 여러 수준에서 유연성이 부족하였다. 첫째로, 내용적 자기는 너무나 압도되어 그가 그의 내용의 고통을 피하는 것에 대한 어떤 대안도 생각해 내지 못하게 만들었다. 둘째로, 그가 내용을 피하려고 노력할수록, 그것은 더 많이 떠올랐고, 그것과 융합될 가능성이 높아졌으며, 따라서 그는 그의 고통 이상의 것이 아니라는 관점을 강화하였다. 종합하면, 이러한 사건들은 마틴의 대부분의 시간과 에너지가 다른 유형의 가치 기반 행동을 희생하고, 통증을 '다루는 데' 사용되었음을 확증하였다.

RFT와 ACT 관점에서 우리는 **최고의 가능한 자기**(best possible selves) 연습에서와 같이 **긍정적** 경험 글쓰기에 대한 긍정심리학의 초점이 지닌 한 가지 잠재적 한계를 볼 수 있다. ACT와 RFT에서는 긍정적인 내용과 부정적인 내용 간에 어떤 기능적 차이를 두지 않으며, 둘 다 단순히 다르게 평가되는 내용의 유형이다. 실제로, 내용적 자기는 당신이 어떤 유형의 내용과 융합되어 있는지와 상관없이 종종 문제가 된다. 유사하게, 과정적 자기는 스스로 심리적 내용의 특정 유형의 경험에 대해 관심을 두지 않고, '모든' 내용에 초점을 둔다는 것이 핵심이다.

직관적인 수준에서는 자신의 부정적인 내용에 융합될 가능성이 높은데, 이는 보다 고통스러울수록 회피할 가능성이 높기 때문이다. 따라서 당신이 고통을 갖고 있지 않기 위해 투쟁할수록, 고통은 더 큰 위협이 된다. 아마도, 긍정적인 내용의 경우는 덜할 것이며, 이 경우에는 덜 회피하고자 할 것이다. 그럼에도 불구하고 과정 수준에서는 당신의 긍정적 내용에 집착하게 될 수 있으며, 이는 많은 내담자들이 시도하는 것이다(즉, 나는 만약 내가 행복한 생각만 할 수 있다면 더 좋아질 수 있어요). 그러나 이러한 움직임은 부정적 내용에 대한 집착만큼 문제가 될 수 있는데, 왜냐하면 당신은 항상 당신의 내용(좋은 것이든 나쁜 것이든) 이상이기 때문이다. 요약하면, 내용적 자기와 과정적 자기 모두 '좋은' 내용을 '나쁜' 내용으로부터 분리시키지 않는다. 모든 내용은 내용적 자기의 관점에서 바라보면 문제가 되고, 과정적 자기 안에서 끊임없이 관찰되어야 한다. 이러한 중요한 차이를 묘사하기 위해, ACT의 메타포 중 하나인 **체스판 비유**(metaphor of the chessboard)를 생각해 보자.

> 체스판의 흰 말이 당신의 긍정적인 생각을, 검은 말이 부정적인 생각을 대표한다고 가정해 보자. 그리고 다양한 유형의 생각과 감정이 팀을 이루어 함께 어울린다고 상상해 보자. 예를 들어, (불안과 같은) '부정적' 감정은 ("나는 쓸모없어"와 같은) '부정적' 생각과 함께 다닌다. 그리고 '좋은 것'(행복감, 내 삶을 통제할 수 있을 것 같은 생각)들도 마찬가지다. 그래서 게임이 진행되는 방식은 우리가 어느 쪽이 이기길 원하는지 선택하는 방식처럼 보인다. 당신은 '좋은' 말을 한편에 둘 것이고, '나쁜' 말을 다른 한편에 둘 것이다. 그러고 나서 흰 퀸의 등에 올라타 전투에 나가 나쁜 말들과 대항하여 승리하기 위해 싸울 것이다. 그러나 이 위치에서 보면 당신은 자신의 상당 부분을 적으로 만들게 된다. 그리고 검은 말과 싸우기 위해 노력할수록, 그들이 당신의 삶을 지배할 수 있도록 더 많은 공간을 내어 주게 된다. 물론, 당신의 희망은 충분히 많은 말을 체스판에서 넘어뜨려 결국 당신이 흰 말로 그들을 지배하는 것이다. 당신은 절망감을 느끼고, 이길 수 없을 것 같은 느낌을 받지만 싸우는 것을 멈출 수 없다. 당신이 흰 말을 타고 있는 이상, 검은 말은 생명의 위협을 가하는 것처럼 보이기 때문에 싸움이 유일한 선택이다. 그러나 모든 시간을 전쟁터에서 보내며 살아가는 것은 비참한 삶의 방식이다.

ACT에서 내담자의 목표는 체스판과 동일시하도록 하는 것인데, 그것은 흰 말과 검은 말의 내용에 대한 유용한 관점이 된다. 만약 당신이 어떤 말에라도 집착한다면 게임을 하는 것이 매우 중요해지고, 당신은 '승리'에 초점을 맞출 것이다. 체스판으로서 당신은 모든 체스 말을 볼 수 있고, 그들을 붙잡을 수 있으며, 전쟁이 전개되는 과정을 지켜볼 수 있다. 당신은 체스판의 수준을 포기하지 않고서는 특정 말(그것이 설령 흰 말일지라도)에 집착할 수 없게 된다. Hayes(2004)는 다음의 인용구를 통해 체스판 수준에서 작동하는 것의 본질을 포착하였다. "ACT 내담자는 그들의 생각과 평가의 문자 그대로의 진실에 대한 어떤 관심도 버리도록 독려받는다"(p. 647). 이와 같이 어떤 내용도 문자 그대로 진실한 것으로, 그리고 당신이 누구인지 말해 주는 것으로 확신해서는 안 되며, 이를 통해 관찰자와 행위자 관계의 구분을 확고하게 유지할 수 있다. 만약 당신이 어떤 유형의 내용에 집착하도록 허락한다면, 그 내용이 긍정적이더라도, 이 구분은 희생되고 만다.

RFT와 ACT 관점에서 긍정적 글쓰기 연습은 다음 두 가지 기능 중 한 가지를 수행할 가능성이 있어 보인다. 첫 번째 가능성은 과정적 자기 대신 내용적 자기를 촉진할 수 있다는 것이다. 이것은 당신이 부정적인 내용을 줄이거나 없애려고 할 때, 자신의 긍정적인 내용과 융합되도록 독려할 수 있다. 이러한 유형의 경험 회피는 정신건강이 저하된 결과와 연관되어 있고, ACT와는 전혀 일치하지 않는다(Hayes, Pankey, & Palm, 2005). 두 번째 가능성은 이러한 연습이 탈융합과 가치명료화를 촉진한다는 것이다. 예를 들어, 당신이 만약 건강한 부모 역할을 가치 있게 평가한다면, 당신은 아마 "나는 정말 좋은 부모야"라고 쓸 것이다. 이것의 탈융합적 요소는 당신이 잘못된 부모 역할에 대해 가질 수 있는 어떤 고통스러운 경험으로부터도 거리를 둘 수 있게 해 준다. 가치명료화 요소는 당신이 미래에 부모 역할의 어떤 측면을 더 잘 해낼 수 있을지 보게 해 주며, 탈융합과 가치명료화는 시작부터 핵심적인 ACT 구성 요소이고, 긍정적 인상 결과에 있어 그 역할에 대한 충분한 경험적 증거가 존재한다(Hayes, Luoma, Bond, Masuda, & Liilis, 2006 참고).

표현적 글쓰기 연습에 대한 치료적 제언

- 글쓰기 연습은 글쓰는 사람과 쓰여진 내용 사이에 거리를 두게 하여 탈융합을 촉진

해야 한다.

- 글쓰기 연습은 가치명료화를 촉진해야 하며, 이전에 가치에 기반하지 않았던 행동에 대한 기억을 회피하지 않도록 해야 한다.
- 글쓰기 연습은 내용적 자기보다 과정적 자기를 독려해야 한다. 심지어, 긍정적인 심리적 내용도 집착할 때 문제가 된다.

'감사'에 대한 RFT의 해석 감사를 "특정 타인으로부터 받은 실질적 혜택이든, 자연의 아름다움으로 불러일으켜진 평화로운 황홀의 순간이든, 어떤 선물에 대한 반응으로 느끼는 감사함과 기쁨의 감각"이라 정의 내렸다(p. 554). 감사는 긍정심리학 운동에서 중요한 부분을 차지하며(Bono & McCullough, 2006; McCullough, Kimeldorf, & Cohen, 2008), '감사 목록'과 같은 감사 경험과 발달에 기반을 둔 여러 개입이 고안되어 왔다(Wood, Froch, & Geraghty, 2010 참고). 실제 긍정심리학을 지지하는 사람들은 감사 개념에 매우 호의적이고, 임상 장면이나(Wood et al., 2010) 국가적 차원에서 **감사 개입**(gratitude interventions)을 적용할 것에 대해 제안하기도 했다(예: Bono, Emmons, & McCullough, 2004; Froh, Miller, & Snyder, 2007). 이러한 열의에 부응하여 그 성과를 입증할 수 있는 경험적 증거는 고무적이다. 예를 들어, 감사 연습의 다양한 형태는 심리적 안녕감(Seligman et al., 2005), 친사회적 행동(Tsang, 2006), 일반적 긍정정서(Emmons & MacCullought, 2003)의 증가와 관련되어 왔다.

'감사 목록'과 '감사 방문(gratitude visit)'은 긍정심리학에서 가장 흔히 사용되는 두 가지 감사 기반 개입이다. **감사 목록**(gratitude list) 작성은 간단히 매일 가장 감사했던 사람, 사건, 사물, 특성 등을 목록으로 작성하는 방법이다. 이렇게 함으로써 얻는 이점은 여러 연구에서 입증되었다. 예를 들어, Froh, Sefick과 Emmons(2008)는 2주 이상 감사 목록을 작성한 청소년들의 낙관주의와 삶에 만족이 향상되었다고 보고하였다. 또한, Emmons와 McCullough(2003)은 그들이 감사하다고 느낀 사람과 사건에 대해 기록한 참여자들은 일상적인 스트레스 사건을 기록한 사람들보다 타인에게 더 많은 지지를 해 주고자 하는 것을 발견하였다.

감사 방문(gratitude visit)은 과거 당신에게 특별히 친절하게 대해 줬지만 당신이 한 번도 충분히 감사함을 전하지 못했던 누군가에게 감사 편지를 작성하고 전달하는 것을 포함한다. Seligman 등(2005)은 연구를 통해 이 기법이 1, 3주 추수 연구 결과에서 행복감을 증진시키고, 우울감을 감소시켰다고 보고하였다(이 효과는 3개월 추수 연구에서는 유지되지 않았다). 하지만 Lyumbomirsky 등(2011)은 6주 추수 연구에서 더 큰 행복감을 보고하였고 개입에 쏟은 노력의 양이 안녕감 수준과 정적인 관계가 있음을 확인하였다.

일부 저자들은 **성향적 감사**(dispositional gratitude) 개념을 제안하였다(예: Froh, Emmons, Card, Bono, & Wilson, 2011; McCullough, Emmons, & Tsang, 2002). 그리고 또 다른 연구자들은 감사가 유전적 안녕감과 친사회적 행동의 핵심이라고 제안하였다(Kashdan, Uswatte, & Julian, 2006; Tsang, 2006). 예를 들어, Wood, Maltby, Gillett, Linley와 Joseph(2008)은 종단 연구에서 성향적 감사가 생애 전환기 동안 사회적 지지를 향상시키고 스트레스와 우울과 관련된 질병의 영향으로부터 보호해 주는 것을 발견하였다. 또 다른 연구 결과는 또한 사람들이 보다 타인에 대한 섬세함과 관심을 표현하도록 동기부여한다는 점에서 감사가 공격성을 해독한다는 점을 보여 주었다(DeWall, Lambert, Pond, Kashdan, & Fincham, 2012). 실제로, 일부 연구자들은 심지어 성향적 감사가 삶의 만족도의 개인차 변량을 20%만큼이나 설명한다고 제안하였다(Wood, Joseph, & Maltby, 2008). 사람들이 감사를 어떻게 지각하고 반응하는지에 대한 성차와 관련된 명백한 증거도 존재한다(Kashdan, Mishra, Breen, & Froh, 2009).

RFT의 언어로 설명하자면, 자신이 무엇을 가치 있게 여기는지, 그리고 이것이 타인에게 어떻게 표현되고, 또 어떻게 감사받아야 한다고 인식하는지를 이해하는 것을 포함한다는 측면에서 감사는 복잡한 수준의 조망수용이 요구된다. 먼저, 감사에 있어 자기(self)의 역할을 생각해 보자. 타인이 자신을 위해 한 것에 기반하여 감사를 경험하려면, 타인의 행동과 그것의 결과가 자신이 가치 있다고 여기는 것과 일관된다는 것을 인식할 수 있어야 한다. 타인의 행동과 자신의 가치 간의 이러한 동일시 없이는, 결과로서의 감사가 일어날 가능성은 낮다. 한 수준에서 보면, 매우 깊은 감사는 타인의 행동과 자신의 가치 간의 강한 중첩이 있음을 나타낸다. 두 번째로, 감사에서 타인의 역할을 고려해 보자. 깊은 감사는 타인이 한 일과 자신이 가치 있게 여기는 것이 일치하는 것 이상을 포함한다. 사실, 감사는 매우 의미 있는 경우에 타인이 가치 있게 여기는 것과 자신이 가치 있게 여기는 것 사이에 중첩이 있다는 느낌 또는 그것을 공유하는 것을 필요로 한다. 이는 왜 감사가 친사회적 행동과 강하게 관련되어 있는지를 설명해 준다. 더 나아가, 공유된 가치에 대해 감사하기 위해서는 자신과 타인이 모두 가치롭게 여기는 것에 대한 조망을 수용할 수 있어야 한다. 그리고 그에 따라 당신은 타인이 중요하게 여기는 것과 자신이 중요하게 여기는 것에 대한 관점을 가져야 한다.

다음의 예시를 생각해 보자. 어른이 된 당신은 아마도 부모님이 당신이 교육받는 과정에 결정적 역할을 했고 이는 결론적으로 당신이 가치 있게 여기는 전문적인 경력을 성취하는 과정으로 이끌었음을 알게 되었을 것이다. 먼저, 당신의 진로에 관한 '부모님'의 조망수용을 떠올려 보자. 당신이 어렸을 때 알지 못했던 사실은 당신의 부모님이 당신의 학교 등록금을 지불하기 위해 경제적으로 어려운 시간을 견뎌 냈다는 것이다. 이는 그들이 당신의 교육에 중요한 가치를 두었다는 것과 미래에는 당신도 이 가치를 중요하게 여길 것이라는 믿음에 기반을 둔다. 그래서 그들은 그들의 가치(좋은 부모가 되는 것 등)에 조망을 갖고 있었고, 그들의 행동과 어려움은 이것과 일관된다. 그리고 그들은 훗날 당신의 조망에 대한 감각을 지니고 있었고, 그들의 행동은 또한 당신의 미래 가치와 일치하였다. 그 당시 당신은 아마도 부모님의 행동이나 조망에 대해 어떤 조망도 갖고 있지 않았을 것이며 자신이 무엇을 가치 있게 여기는지에 대해서도 제한된 통찰을 가졌을 것이다. 당신은 분명히 당신이 미래에 어떤 것을 가치 있게 여길지에 대한 조망을 갖고 있지 않았을 것이다. '지금' 당신은 자신의 과거와 현재의 가치에 대한 조망과 부모님의 것에 대한 조망 모두를 갖고 있다. 당신이 당신의 부모님께서 가치 있게 여기셨던 것이 무엇인지, 그들이 그것에 기반하여 어떻게 행동했는지, 그리고 그들이 당신의 미래 조망에 대해 가졌던 조망에 대한 조망수용의 결과로, 당신은 강하고 지속적인 감사를 느낄 것이다. 왜냐하면 그들이 가치 있다고 여겼던 것과 현재 당신이 매우 가치 있게 여기는 것 사이의 결합이 있기 때문이다. 이러한 복잡한 조망수용에 대해 DeWall 등(2012)은 다음과 같이 설명하였다. "감사를 경험할 때, 개인은 타인에 대한 긍정적 기여와 기저에 있는 감정, 생각, 행동에 민감해지며……. 이는 자기 관심으로부터 타인을 거울처럼 비추고 이해하는 방향으로의 전환을 반영한다(p. 2).

앞서 설명한 예시는 감사가 복잡한 조망수용과 가치 기반 행동임을 증명할 뿐 아니라 감사 과정에서 가정법, 특히 만약(if)-그렇다면(then)과 같은 시간적, 인과적 관계가 얼마나 중요한지 보여 준다. 예시를 다시 한번 생각해 보자. 당신의 미래에 대한 당신의 부모님의 조망은 다음과 같이 묘사될 수 있을 것이다. '만약' 우리가 현재 그녀에게 대학 등록금을 지원해 주면, 그녀는 직업을 갖게 될 것이고, 그녀는 우리의 노력으로 인한 혜택을 받게 될 것이며, '그렇다면' 그녀는 그때 우리가 지금 가치 있게 여기는 것을 가치 있게 여길 것이다. 그리고 만약, 당신이 지금 당신의 직업을 가치 있게 여기지 않는다면, 당신은 이에 대해 감사함을 느끼지 않을 것이다. 그러나, 만약 당신이 당신의 직업을 가치 있게 여긴다면, 당신의 조망은 다음과 같이 흐를 것이다. "나는 지금 내 부모님께 감사해. 왜냐하면 내가 지금 가치 있게 여기는 것을 그들이 '그때' 촉진해 주었고, 그리고 '만약' 그들이 그렇게 하지 않았다면, 나는 내가 가치 있게 여기는 것을 성취하지 못했을 거야." 요약하면, 후자의 조망수용 유형은 감사를 전형적으로 보여 준다.

더 나아가, ACT와 긍정심리학의 개입은 둘 다 종종 가치에 기반을 둔 행동 변화에 닻을 두고 있다(Hayes et al., 2006; Seligman et al., 2005). 예를 들어, ACT에서 설명하는 가치는 매우 개인화되어 있고, 가치명료화는 심리적 융합이나 회피보다 행동 조절을 촉진하기 위해 설계되었다(Fletcher & Hayes, 2005). 유사하게, 긍정심리학의 감사 목록 작성 개입은 당신이 번영할 수 있기 전에 당신이 가치 있게 여기는 것이 무엇인지를 먼저 명료화해야 하는 기법의 주요 예시이다.

보다 구체적으로 이를 이해하기 위해 마틴의 예시를 다시 생각해 보자. 마틴의 상담자는 그에게 그의 삶에서 감사한 것에 세 가지를 작성할 것을 권하였다. 그리고 마틴은 그의 자녀, 배우자와의 관계, 그리고 직업을 선택하였다. ACT 접근에서 마틴의 감사 목록은 가치를 명료화하는 역할을 하고, 그의 행동을 탐색할 수 있는 신뢰할 만한 자료가 된다. 예를 들어, 상담자는 "당신의 자녀와 함께하는 행동이 종종 당신이 그들을 얼마나 가치 있게 여기는지 보여 주나요?"라고 물었고 마틴은 이에 대해 "맞아요, 내가 통증이 없을 때 우리는 정말로 즐거운 시간을 가져요. 하지만 내가 통증이 있을 때는 더 제한적이 돼요."라고 말했다. "그다음에는요?"라고 상담자는 질문하며 "마틴 혹시 당신은 통증과 상관없이 자녀들과 매일 시간을 보내기도 하나요?"라고 물었다. 이 질문은 마틴이 지금까지 했던 것과 상당히 다른 것이었는데, 통증은 아이들과 놀아주는 것의 반대에 있었기 때문에 그는 통증이 있을 때는 가치를 '실현시킬 수 없다'고 생각하였다.

이제, 상담자가 마틴과 그의 아내와의 관계에 대해 그의 괴로움에 대한 그녀의 조망을 수용해 볼 것을 요청한다고 상상해 보자. 그는 그의 괴로움의 결과 중 하나가 그녀 또한 괴로워했다는 것임을 알기 시작할 것이다. 그리고 그녀의 고통은 어떤 면에서는 그의 고통보다 덜 '정당한 것'일까? 다시 말해 이 또한 마틴이 지금까지 취했던 조망과는 다를 것이다. 그는 아마도 통증이 존재할 때, 이러한 다른 것들이 덜 중요하고 덜 관심을 필요로 한다는 점에서 가치와 다른 사람들의 괴로움을 포함하여 자신의 괴로움을 무엇보다 중요하게 여길 것이다. 그러면 그때 이러한 두 가치에 대한 명료화가 강조될 것이며, 마틴의 아내와 자녀의 조망에 대한 그의 조망은 그의 조망과 그들의 조망에 대한 그의 조망을 공유하는 감사 연습을 통해 향상될 것이다. 감사함을 표현하는 것에 더하여, 그는 앞으로도 공유된 가치와 더 일치되도록 행동할 것을 보장하기 위해 약속을 할 수도 있다. 그래서 감사 연습은 마틴의 맥락적 자기를 촉진한다. 왜냐하면 그는 자신의 통증과 상관없이 가치와 일관된 태도로 전환되고 있기 때문이다.

지금까지의 설명을 통해 감사에 대한 긍정심리학의 초점과 RFT 및 ACT의 조망수용 및 가치명료화 사이의 강한 중첩이 있음을 강조하였다. 그러나 우리는 이러한 접근들 사이의 두 가지 가능한 차이를 파악해 볼 수 있는데, 이것은 부정적 임상적 함의를 가질 수 있다.

1. 개인의 가치가 명료하고 진실될 때, 감사는 피할 수 없는 일이 되고, 이러한 감사의 표현은 미래의 행동을 이러한 가치에 결속시키는 데 중요한 목적을 수행할 가능성이 크다. 이러한 의미에서 감사는 가치명료화를 따르는 하나의 개연성 있는 결과이다. 이제 다른 방식으로 생각을 해 볼 필요가 있다. 만약 당신이 감사 표현을 하라고 조언을 받았지만, 가치가 명료화되어 있지 않았다면 어떻게 할 것인가? 아마도 당신이 감사함을 경험하지 않을 수 있고 애초에 왜 그것을 해야 하는지 확신하지 못할 것이기 때문에 이것은 문제가 될 수 있다. 결과적으로, 감사 연습은 가치를 공유할 수 있는 맥락 내에서 효과가 높을 가능성이 크다. 이것이 없는 감사는 무의미하거나 심지어 역효과를 낼 수 있다.

2. 앞서 살펴본 긍정적 글쓰기 초점의 내용과 유사하게 ACT는 긍정적 · 부정적인 심리적 내용에 대해 같은 관점을 가지며, 이는 모두 잠재적으로 문제가 될 수 있다. 구체적으로, 감사 연습은 명백히 타인에 대한 긍정적 감정의 표현을 포함하며, 놀라운 것도 잘못된 것도 없다. 그런데 감사 연습은 당신이 기분을 어떻게 '느껴야' 하는지 또는 감정에 따른 행동을 하도록 유도할 위험 요소가 있다. 다시 말해, 감사는 느끼는 것 이상의 공유된 가치의 친밀한 표현이며, 감사 연습은 느낌보다 공유된 가치에 더 초점을 둘 수 있어야 한다. 감사 연습을 하다 보면, 감사함을 느끼지 않더라도 가치 있는 것을 위해 감사함을 표현할 수 있게 된다. 그리고 이는 ACT와는 일치하지만, 긍정심리학의 개념과는 일치하지 않는다. 예를 들어, 당신은 배우자를 사랑하고, 배우자와의 다툼 후에 조화로운 관계를 위해 감사를 표현할 수 있다. 그 당시에는 사랑 또는 감사함보다 분노를 느낄지라도 말이다. 요약하면, 당신이 표현하는 감사는 순간의 감정을 반영하기보다 당신과 배우자와의 관계, 배우자가 당신에게 과거 했던 행동에 기반을 둔 행동이다. 다시 말해, 현재 감정에 기반을 둔 행동은 내용적 자기를 반영할 가능성이 있기 때문에 ACT는 감정이 아닌 가치에 초점을 둔다. 당신이 시간에 따라 경험한 것이 당신에 대해 말해 주는 것과 당신이 가치 있게 여기는 것을 위해 행동하는 것이 과정적 자기와 맥락을 더 잘 나타낸다.

감사 연습에 대한 치료적 제언

- 감사 연습 과정에서 당신은 당신의 조망과 당신의 감사를 수혜받는 사람의 조망을 표현해야 한다.
- 감사 연습은 가능하다면 참여자와 수혜자 모두에게, 그리고 이것이 수혜자에게 어떤 의미일지에 대한 참여자의 조망에서 가치명료화를 포함해야 한다.
- 감사 연습은 내용적 자기가 아닌 과정적 자기 또는 맥락적 자기를 촉진하기 가치 있게 여기는 것보다 느껴지는 것에 초점을 두는 일을 피해야 한다.

요약

이 장에서는 긍정심리학에서 제안하는 두 가지 핵심 개입을 중심으로 RFT의 세 가지 자기의 역할을 명확히 설명하고자 하였다. 이 해석은 이러한 기법들이 사용될 때 무엇이 일어나고 있는지, 왜 우리가 그것들이 그러한 결과가 나타난다고 믿는지에 대한 기능적이고 과정 기반의 설명을 제공한다. 더 나아가, 이 장에서는 긍정심리학과 ACT의 광범위한 중첩을 기술하였다. 요약하면, 자기 향상 또는 상담 작업을 위한 옳거나 틀린 방법은 없으며 과정 수준에서 무엇이 일어나는지에 대한 옳거나 틀린 해석도 없다. 그러나 심리학의 다양한 전통들 간에 상당한 중첩이 있고, 이 장은 적어도 그러한 것들의 일부를 기술하고, 잠재적 위험 요소에 대한 간단한 주의 사항을 제공하려 한 시도이다.

참고문헌

Algoe, S. B., & Haidt, J. (2009). Witnessing excellence in actions: The "other-praising" emotions of elevation, gratitude, and admiration. *The Journal of Positive Psychology, 4*(2), 105-127.

Bandura, A. (1999). *Self-efficacy: Toward a unifying theory of behavior change*. In R. F. Baumeister (Ed.), *The self in social psychology* (pp. 240-279). New York: Psychology Press.

Baumeister, R. F., Smart, L., & Boden, J. (1999). *Relation of threatened egotism to violence and aggression: The dark side of high self-esteem*. In R. F. Baumeister (Ed.), *The self in social psychology* (pp. 240-279). New York: Psychology Press.

Bono, G., Emmons, R. A., & McCullough, M. E. (2004). Gratitude in practice and the practice of gratitude. In P. A. Linley & S. Joseph (Eds.), *Positive psychology in practice* (pp. 464-481). Hoboken, NJ: John Wiley & Sons, Inc.

Bono, G., & McCullough, M. E. (2006). Positive responses to benefit and harm: Bringing forgiveness and gratitude into cognitive psychotherapy. *Journal of Cognitive Psychotherapy, 20*, 147-158.

Burton, C. M., & King, L. A. (2004). The health benefits of writing about intensely positive experiences. *Journal of Research in Personality, 38*(2), 150-163.

Ciarrochi, J., Heaven, P. C., & Davies, F. (2007). The impact of hope, self-esteem, and attributional style on adolescents' school grades and emotional well-being: A longitudinal study. *Journal of Research in Personality, 41*, 1161-1178.

Cohn, M. A., & Fredrickson, B. L. (2010). In search of durable positive psychology interventions: Predictors and consequences of long-term positive behavior change. *The Journal of Positive Psychology, 5*(5), 355-366.

Crocker, J., & Park, L. (2004). The costly pursuit of self-esteem. *Psychological Bulletin, 130*(3), 392-414.

DeWall, C. N., Lambert, N. M., Pond, R. S., Kashdan, T. B., & Fincham, F. D. (2012). A grateful heart is a nonviolent heart: Cross-sectional, experience sampling, longitudinal, and experimental evidence. *Social Psychological and Personality Science, 3*(2), 232-240.

Duckworth, A. L., Steen, A., & Seligman, M. E. P. (2005). Positive psychology in clinical practice. *Annual Review of Clinical Psychology, 1*, 629-651.

Emmons, R. A. (2004). *Gratitude*. In C. Peterson & M. E. P. Seligman (Eds.), *Character strengths and virtues: A handbook and classification* (pp. 553-568). New York: Oxford University Press.

Emmons, R. A., & McCullough, M. E. (2003). Counting blessings versus burdens: An experimental investigation of gratitude and subjective well-being in daily life. *Journal of Personality and Social Psychology, 84*, 377-389.

Fletcher, L., & Hayes, S. C. (2005). Relational frame theory, Acceptance and Commitment Therapy, and a functional analytic definition of mindfulness. *Journal of Rational-Emotive & Cognitive-Behavior Therapy, 23*(4), 315-336.

Foody, M., Barnes-Holmes, Y., & Barnes Holmes, D. (2012). The role of self in Acceptance and Commitment Therapy (ACT). In L. McHugh and I. Stewart (Eds.), *The self and perspective taking: Research and applications*. Oakland, CA: New Harbinger.

Frattaroli, J., Thomas, M., & Lyubomirsky, S. (2011). Opening up in the classroom: Effects of expressive writing on graduate school entrance exam performance. *Emotion, 11*(3), 691-696.

Fredrickson, B. L., & Joiner, T. (2002). Positive emotions trigger upward spirals toward emotional well-being. *Psychological Science, 13*(2), 172-175.

Froh, J. J., Emmons, R. A., Card, N. A., Bono, G., & Wilson, J. (2011). Gratitude and the reduced costs of materialism in adolescents. *Journal of Happiness Studies, 12*, 289-302.

Froh, J. J., Miller, D. N., & Snyder, S. (2007). Gratitude in children and adolescents: Development, assessment, and school-based intervention. *School Psychology Forum, 2*, 1-13.

Froh, J. J., Sefick, W. J., & Emmons, R. A. (2008). Counting blessings in early adolescents: An experimental study of gratitude and subjective well-being. *Journal of School Psychology, 48*, 213-233.

Gable, S. L., & Haidt, J. (2005). What (and why) is positive psychology? *Review of General Psychology, 9*(2), 103-110.

Hayes, S. C. (1995). Knowing selves. *The Behaviour Therapist, 18*, 94-96.

Hayes, S. C. (2004). Acceptance and Commitment Therapy, relational frame theory, and the third wave of behavioral and cognitive therapies. *Behavior Therapy, 35*, 639-665.

Hayes, S. C., Barnes-Holmes, D., & Roche, B. (2001). *Relational frame theory: A post-Skinnerian account of human language and cognition*. New York: Kluwer Academic/Plenum.

Hayes, S. C., Luoma, J. B., Bond, F. W., Masuda, A., & Lillis, J. (2006). Acceptance and Commitment Therapy: Model, processes and outcomes. *Behaviour Research and Therapy, 44*, 1-25.

Hayes, S. C., Pankey, J., & Palm, K. (2005). The pull of avoidance. In S. C. Hayes & S. Smith (Eds.), *Get out of your mind and into your life: The new Acceptance and Commitment Therapy*. Oakland, CA: New Harbinger.

Hayes, S. C., Strosahl, K. D., & Wilson, K. G. (1999). *Acceptance and Commitment Therapy: An experiential approach to behavior change*. New York: Guilford Press.

Higgins, E. T. (1999). *Self-discrepancy: A theory relating self and affect*. In R. F. Baumeister (Ed.), *The self in social psychology* (pp. 240-279). New York: Psychology Press.

Ingram, R. E. (1990). Self-focused attention in clinical disorders: Review and a conceptual model. *Psychological Bulletin, 107*(2), 156-176.

Kashdan, T. B., Mishra, M., Breen, W. E., & Froh, J. J. (2009). Gender differences in gratitude: Examining appraisals, narratives, the willingness to express emotions, and changes in psychological needs. *Journal of Personality, 77*(3), 691-730.

Kashdan, T. B., Uswatte, G., & Julian, T. (2006). Gratitude and hedonic and eudaimonic well-being in Vietnam war veterans. *Behaviour Research and Therapy, 44*, 177-199.

King, L. (2001). The health benefits of writing about life goals. *Personality and Social Psychology Bulletin, 27*(7), 798-807.

King, L. A., & Miner, K. N. (2000). Writing about the perceived benefits of traumatic events: Implications for physical health. *Personality and Social Psychology Bulletin, 26*, 220-230.

Leary, M. R., Adams, C. E., & Tate, E. B. (2006). Hypo-egoic self-regulation: Exercising self-control by diminishing the influence of the self. *Journal of Personality, 74*(6), 1803-1832.

Luciano, C., Ruiz, F. J., Vizcaíno Torres, R. M., Sánchez Martín, V., Gutiérrez Martínez, O., & López López, J. C. (2011). A relational frame analysis of defusion in Acceptance and Commitment Therapy: A preliminary and quasi-experimental study with at-risk adolescents. *International Journal of Psychology and Psychological Therapy, 11*(2), 165-182.

Lyubomirsky, S., Dickerhoof, R., Boehm, J. K., & Sheldon, K. M. (2011). Becoming happier takes both a will and a proper way: An experimental longitudinal intervention to boost well-being. *Emotion, 11*, 391-402.

Lyubomirsky, S., Sousa, L., & Dickerhoof, R. (2006). The costs and benefits of writing, talking, and thinking about life's triumphs and defeats. *Journal of Personality and Social Psychology, 90*(4), 692-708.

McCullough, M. E., Emmons, R. A., & Tsang, J-A. (2002). The grateful disposition: A conceptual and empirical topography. *Journal of Personality and Social Psychology, 82*(1), 112-127.

McCullough, M. E., Kimeldorf, M. B., & Cohen, A. D. (2008). An adaptation of altruism? The social causes, social effects and social evolution of gratitude. *Current Directions in Psychological Science, 17*, 281-284.

Neff, K. (2003). Self-compassion: An alternative conceptualization of a healthy attitude toward oneself. *Self and Identity, 2*(2), 85-101.

Pennebaker, J. W. (1989). *Cognition, inhibition, and disease*. In L. Berkowitz (Ed.), *Advances in experimental social psychology* (Vol. 22, pp. 211-244). New York: Academic Press.

Pennebaker, J. W., & Beall, S. K. (1986). Confronting a traumatic event: Toward an understanding of inhibition and disease. *Journal of Abnormal Psychology, 95*, 274-281.

Pennebaker, J. W., Colder, M., & Sharp, L. K. (1990). Accelerating the coping process. *Journal of Personality and Social Psychology, 58*, 528-537.

Pennebaker, J. W., & Seagal, J. D. (1999). Forming a story: The health benefits of narrative. *Journal of Clinical Psychology, 55*, 1243-1254.

Seligman, M. E. P., Steen, T. A., Park, N., & Peterson, C. (2005). Positive psychology progress: Empirical validation of interventions. *American Psychologist, 60*(5), 410-421.

Sin, N. L., & Lyubomirsky, S. (2009). Enhancing well-being and alleviating depressive symptoms with positive psychology interventions: A practice-friendly meta-analysis. *Journal of Clinical Psychology, 65*(5), 467-487.

Sloan, D. M., & Marx, B. P. (2004a). A closer examination of the written disclosure paradigm. *Journal of Consulting and Clinical Psychology, 72*, 165-175.

Sloan, D. M., & Marx, B. P. (2004b). Taking pen to hand: Evaluating theories underlying the written disclosure paradigm. *Clinical Psychology: Science and Practice, 11*, 121-137.

Smyth, J. M., Stone, A. A., Hurewitz, A., & Kaell, A. (1999). Effects of writing about stressful experiences on symptom reduction in patients with asthma or rheumatoid arthritis: A randomized trial. *Journal of the American Medical Association, 281*, 1304-1309.

Spera, S. P., Buhrfeind, E. D., & Pennebaker, J. W. (1994). Expressive writing and coping with job loss. *Academy of Management Journal, 37*, 722-733.

Stanton, A. L., Danoff-Burg, S., Sworowski, L. A., Collins, C. A., Branstetter, A. D., Rodriguez-Hanley, A., Kirk, S. B., & Austenfeld, L. (2002). Randomized, controlled trial of written emotional expression and benefit finding in breast cancer patients. *Journal of Clinical Oncology, 20*(20), 4160-4168.

Tsang, J-A. (2006). Gratitude and prosocial behaviour: An experimental test of gratitude. *Cognition and Emotion, 20*(1), 138-148.

Wing, J. F., Schutte, N. S., & Byrne, B. (2006). The effect of positive writing on emotional intelligence and life satisfaction. *Journal of Clinical Psychology, 62*(10), 1291-1302.

Wood, A. M., Froh, J. J., & Geraghty, A. W. A. (2010). Gratitude and well-being: A review and theoretical integration. *Clinical Psychology Review, 30*, 890, 905.

Wood, A. M., Joseph, S., & Maltby, J. (2008). Gratitude uniquely predicts satisfaction with life: Incremental validity above the domains and facets of the five factor model. *Personality and Individual Differences, 45*, 49-54.

Wood, A. M., Maltby, J., Gillett, R., Linley, P. A., & Joseph, S. (2008). The role of gratitude in the development of social support, stress, and depression: Two longitudinal studies. *Journal of Research in Personality, 42*, 854-871.

제9장

맥락적 긍정심리 개입으로서의 미시문화

Robert Biswas-Diener
Portland State University, Positive Acorn

Nadezhda Lyubchik
Portland State University

지금 이 문장은 수용전념치료와 긍정심리학을 연결 짓는 학술서적 한 장의 첫 문장이다. 독자인 당신은 이 문단을 대하는 데 미시문화(microculture)와 맥락적 심리학(contextual psychology)이라는 주제에 대한 홍미, 학술서적이라는 지적 산물에 대한 이해, 이 장에 포함된 정보를 사용하고자 하는 욕구를 포함한 다양한 개인적 · 문화적 가정을 가져온다. 저자인 우리 또한 명료한 서술 능력, 지적 권위의 증거, 학계에 이바지할 수 있는 참신함과 유용성을 포함한 여러 다양한 요소를 가지고 온다. 저자와 독자로서 우리는 한 데 묶여 있지만, 그렇다고 해서 한 문화를 창조해 내지는 못한다. 그러기 위해서는 서로 교류할 수 있는, 즉 피드백을 주고받고, 논쟁하며, 의견을 종합하고, 생각을 수정하며, 사회적으로 정보나 기술을 공유할 수 있는 어떠한 메커니즘이 필요하다. 문화(culture)는 무언가에 대한 이해를 공유하고 서로 주고받을 때 탄생한다. 이것이 단순한 상호작용과 실질적인 문화의 출발을 나누는 차이이다.

문화라는 개념에 대해 생각할 때, 이러한 사회적 현상을 친족 무리, 우주론적 신앙, 예복에 대한 관습 등의 '가시적인' 부분들을 포함한 전통 인류학적 표현을 사용해 설명하고자 하는 유혹이 들 수 있다. 이는 특히나 문화적 경계를 넘어 일하는 전문가들에게 나타난다. 문화 간 상담(Sue & Sue, 2007)에 대한 방대한 양의 연구 및 이론 문헌이 존재하며, 직장 내 문화적 요인에 대한 연구(Ramarajan & Thomas, 2011) 또한 증가하는 추세이다. 효과적인 코치가 되기 위해서는 문화가 어떻게 효과적인 작업이나 직장 내 관계에서 장애가 될 수 있는지를 민감하게 알아차릴 수 있어야 한다. 하지만 직장 및 임상적 장면에서의 문화적 민감성에 대한 가이드라인은 거의 제시되지 않았으며, 문화에 대한 개념화 또한 인종과 언어를 비롯한 사회적 차이에 기반한 매우 광범위한 방식으로만 대부분 이루어져 왔다(Hofstede & Hofstede, 2005). 이 장의 목표 중 하나는 문화라는 개념을 조금 더 섬세하게 알아보는 데 있다. 거시적 사회 문화는 하위 문화(subculture), 반문화(counterculture), 직장 문화(organizational culture), 그리고 인위적으로 만들어진 미시문화를 비롯한 여러 작은 '**미시문화**(microcultures)'를 포함한다. 미시문화는 역사와 목표 및 가치, 언어적 · 비언어적 소통체계를 공유하는 작은 집단을 뜻한다(Neuliep, 2009). 개입 전문가들에게 미시문화 집단은 인종이나 다른 인구통계학적 요인에 기반을 둔 하위 문화 집단과는 또 다른 특별한 관심 대상이 될 수 있다. 비록 일시적인 경우가 많지만, 인공적으로 만들어진 미시문화는 개인과 집단에 긍정적인 변화를 끌어낼 수 있는 맥락적 틀을 제공한다.

앞으로 서술될 내용을 통해 우리는 정적이고 정체성에 기반한 문화에 대한 이해를 벗어나 유동적이고 대인관계 과정에 초점을 둔 이해로 넘어가고자 한다. 금연 캠페인과 같은 일반적인 문화적 변화 개입(Biglan, 1995)과 달리 미시문화는 비교적 쉽게 만들어질 수 있기에 개입 전문가에게 특별한 관심 대상이 된다. 또한, 미시문화 자체가 특정한 개입이 진행되는 맥락이 될 수도 있기에 미시문화는 다른 개입의 효과를 매개하는 메타 개입(meta-intervention)이 될 수도 있다.

더 심도 있는 맥락적 개입을 위한 긍정심리학적 변론

심리학, 특히 아직 초기 단계인 **긍정심리학**(positive psychology) 내에는 실증적으로 검증된 개입에만 초점을 두고자 하는 유혹이 존재한다(제7장 참고). 이러한 '도구에 기반한' 방식은 응용과학 발달의 중요한 첫 단계이지만, 개입을 이해하는 데에는 제한적이다. '세 가지 축복 활동(three blessing exercise)'과 같은 긍정적 개입(예: Bono, Emmons, & McCullough, 2004)을 강하게 권하는 실무자들은 긍정심리학의 산물이 그 산물이 사용될 사람들보다 더 중요하다는 태도를 은연중에 가지게 된다. 하지만 그 개입의 유용성에 대해 확실히 알려진 부분보다 불확실한 부분이 더 많다는 것을 기억해야 한다.

감사 개입(Gratitude Intervention)은 긍정심리적 개입의 현 상태를 보여 주는 하나의 사례이다. 연구 결과는 세 가지 축복 활동이 정서적으로 유익하며, 감사를 의도적으로 표현하는 것이 더 큰 행복과 연관이 있음을 보여 준다(예: Seligman, Steen, Park, & Peterson, 2005). 우리(저자)의 경험에 의하면, 여러 실무자들은 이러한 결과를 이 감사 개입을 모든 내담자에게 사용해도 좋다는 청신호로 받아들이는 것 같다. 하지만 연구 문헌에 따르면 이 개입을 사용할 때 여러 가지가 고려되어야 한다. 첫째로, 감사 개입이 내담자의 문화적 배경과 상호작용한다는 연구 결과가 있다. 예를 들어, 감사 개입의 효과는 집단주의자(collectivist)보다 개인주의자(individualist)에게서 더 크게 나타났다(Boehm, Lyubomirsky, & Sheldon, 2011). 이와 유사하게 내담자의 종교(religious orientation) 또한 중요한 고려 사항이다. 그 한 예로, 신에게 감사를 표현하는 것이 일반적인 감사를 표현하는 것보다 더 효과가 큰 것으로 나타났다(Rosmarin et al., 2011). 둘째로, 내담자의 선호 또한 중요한 요소이다. Lyubomirsky와 동료들(2011)은 감사 개입이 지시된 것이 아니라 선택된 것이었을 때 더 큰 효과를 가짐을 밝혀내었다. 이와 유사하게 Schueller(2011)는 감사 표현을 비롯한 긍정심리 개입을 선호한 참여자가 그렇지 않은 참여자보다 그 개입을 실제로 완료할 가능성이 더 큼을 보여 주었다. 셋째로, 내담자의 심리와 직접적으로 연관된 요인이 감사 개입의 효과에도 영향을 미칠 수 있음을 보여 주는 연구가 있다. 그 한 예로, 기질적으로 높은 긍정정서를 가진 청소년은 정서적 천장(emotional ceiling)에 도달할 수 있기에, 감사 개입의 효과는 만성적으로 낮은 긍정 정서를 보이는 청소년에게 더 클 수도 있다(Froh, Kashdan, Ozimkowski, & Miller, 2009). 또한 놀랍게도 한 연구는 우울증(depression)이 있는 사람의 경우에는 감사 개입이 자아존중감을 낮출 수도 있다고 시사하였다(Sergeant & Mongrain, 2011). 즉, 오랫동안 긍정심리 개입의 큰 축을 담당해 온 감사 개입을 실제로 적용할 때, 기존에 예상했던 것보다 많은 것들이 고려되어야 한다.

높은 상담 수준을 유지하기 위해서는 최신 논문을 지속적으로 확인하는 것이 중요하다. 최신 긍정심리학 연구에 대한 무지는 개입의 유용성을 제한할 뿐만 아니라, 어떤 경우에는 내담자에게 해를 끼칠 수도 있다. 그렇기에 긍정심리 개입은 첫째로는 '심리 개입'으로 바라봐져야 하며, '긍정'은 맥락적 특징에 따라 두 번째로 고려되어야 한다. 이 주장이 강하게 느껴질 수도 있다. 하지만 긍정심리학을 참고하는 많은 실무자가 내담자와 개입 사이의 적절성 문제를 간과한 채 그 개입의 일반적인 효과성에만 초점을 두고 있다(Biswas-Diener, Kashdan, & Minhas, 2011). 우리 자신 또한 도구에 기반한 개입법을 지지해 왔음을 고백한다(예: Diener & Dean, 2007). 그 당시 우리의 열정은 도구의 효과성을 보여 주는 예비 연구 결과에 기반했었다. 하지만 수년의 시간이 흐른 지금, 실무자들은 더 나은 실무를 위해 더 높은 기준을 요구해야 하며, 이러한 개입을 뒷받침하기 위한 과학을 옹호해야만 한다.

실무 장면에서 미시문화의 중요성

긍정심리학이 더 정교해짐에 따라 개입에 대한 접근법 또한 개선되고 있다. 초기 긍정심리학 연구가 주로 행복과 관련된 몇 가지 결과 측정에만 초점을 두고 특정한 개입 도구들의 타당성을 검증해 왔던 것과 달리, 최근 연구는 더 세밀해지고 있다. 예를 들어, Sin, Della, Porta와 Lyubomirsky(2011)는 긍정적 개입의 효과성에 영향을 줄 수 있는 개인 요인에 관심을 두어야 하며, 이러한 개인 요인에 맞추어 개입이 조정되어야 한다고 주장하였다. 이와 유사하게 Seligman(2011)은 개인적 개입에 초점을 둔 전통적 긍정심리학은 집단적 수준의 개입과 안녕감에 관심을 가지는 방향으로 바뀌어야 한다고 주장하였다. 이에 화답하여 Biswas-Diener와 Patterson(2011), Veenhoven(2011)을 비롯한 여러 연구자는 긍정심리학의 관심이 개인의 행복을 궁극적 결과로 여기는 것에서 사회적 자본(social capital)의 증가, 더 높은 수준의 대인 관계적 유대, 집단적 안녕과 같은 다른 바람직한 결과로 옮겨가야 한다고 의견을 모았다. 이러한 관점에서 긍정심리학은 행복을 추구하는 과학이 아니라 사회적 변화(social change)를 위한 메커니즘으로 여겨진다(Biswas-Diener, 2011).

문화적 요인에 관한 관심은 긍정심리학, 그리고 전반적인 실무에 있어 중요한 진전이다. 긍정심리학계의 주요 출간문인 『Journal of Positive Psychology』를 PsycInfo 데이터베이스에 검색했을 때 나오는 194편의 논문 중, '문화'라는 키워드를 가진 논문은 세 편에 불과하였다. 다행스럽게도 문화적 관점에서 안녕감을 논하는 학술 저서들이 출간되고 있다(예: Delle Fava, Massimini, & Bassi, 2011). 미시문화는 비교적 쉽게 개입될 수 있는 특성을 가진 문화이기 때문에 개입 전문가들의 주목을 받을 만하다. 다음과 같은 세 가지 요점은 미시문화 개입이 내담자 변화에 가지는 유용성을 보여 준다.

1. 미시문화는 인위적으로 생성될 수 있다. 거시문화(macroculture)가 언제나 개인의 사고 및 감정, 집단의 행동에 영향을 미치지만, 그럼에도 불구하고 미시문화를 문화적 교착상태(cultural impasse; 주어진 문화 내에서 긍정심리에 대해 형성된 정서와 관련된 어려움)를 타개하는 데 사용할 수 있다. 구체적으로, 미시문화는 개입에 대한 동기나 능력을 위축시키는 문화적 제한에서부터 개인을 자유롭게 하는 새로운 맥락을 제공할 수 있다. 이는 다음과 같은 예시로 설명될 수 있다.

   집단주의적 문화, 특히 아시아에서 전문적 기술 훈련을 진행할 때 우리는 종종 겸손에 대한 문화적 규범이 강점을 기꺼이 수용하지 못하도록 막는 것을 보는데, 서구 문화에서는 이러한 수용이 일반적이다. 그러한 맥락에서는 개인을 개별적으로 불러내는 것을 피하고 겸양의 표현을 받아들이는 것이 중요하다. 이는 참여자들에게 자신이 아닌 타인의 강점에 대해 말하도록 하거나, 체면을 잃을 위험이 적은 소그룹으로 나누어 활동을 진행하게 하거나, 다른 참여자에게 강점에 기반한 피드백을 '선물'하도록 하는 것 등을 통해 이루어질 수 있다. 흥미롭게도, 겸손이 요구되지 않는 미시문화적 규범을 만드는 것을 통해서도 학습 과정을 가속할 수 있다. 이는 다음과 같은 새로운 규범적 언어를 분명하게 제시하는 것과 같은 단순한 방법으로 이루어질 수 있다. "이 방에 모인 우리 모두는 싱가폴 문화의 영향권 아래에 있지만, 우리는 또한 우리 고유의 문화를 가질 수 있습니다. 오늘 하루만은 우리 자신의 강점에 대해 자유롭게 얘기하고, 이를 잘난 척으로 받아들이지 않도록 합시다." 우리가 이렇게 접근했을 때, 집단주의적 참여자들이 그들의 전통적 문화적 규범에서 벗어나 반문화적인 방식으로 행동하는 것을 목격할 수 있었다.

우리가 문화 제국주의 문제에 무감각한 것으로 비치지 않기 위해 두 가지를 덧붙이고자 한다. 첫째로, 미시문화 개입 중에 만들어지는 규범은 일시적이며 거시문화적 규범을 영구적으로 바꾸고자 하는 시도가 아니다. 예를 들어, 어떤 한 조직과 일하는 컨설턴트는 기존의 역할을 바꾸는(예: 리더가 권력을 가지지 않도록, 말이 많은 구성원이 대화를 주도할 기회를 덜 얻도록) 새로운 미시문화를 인위적으로 만들 수 있다. 미시문화는 새로운 규범이 강화되고 내재화될 수 있는 메커니즘을 가지고 있지 않기 때문에 일시적이고 쉽게 사라지며, 집단 구성원들은 곧 이전의 역할과 교류방식으로 돌아간다. 한 예로, 최근의 한 수업에서 우리는 학생들에게 Martin Seligman이나 Ed Diener의 이름이 언급될 때마다 '와' 하고 함성을 지르게 하였다. 처음에 학생들은 이 새로운 방식에 열의를 보였으나, 20분이 채 지나지 않아 이전의 수동적인 역할로 돌아갔다. 둘째로, 개인주의적 규범처럼 집단주의적 규범 또한 만들어질 수 있다. 예를 들어, 학생들이 모든 과제를 함께 하고 서로의 학습을 책임지는 대학 강의실 환경이 미국에서 만들어진 바 있다(Biswas-Diener & Patterson, 2011 참고).

2. 미시문화는 **대인관계적 교착상태**(interpersonal impasses; 다양한 문화적 배경을 가진 사람들 사이의 교류와 관련된 어려움)를 타개하는 데 사용될 수 있다. 긍정심리학은 때때로 서양 문화, 특히 미국 문화에 치중된 학문이라는 비판을 받아 왔다(Lazarus, 2003). Wierzbika(2008)는 긍정심리학 담론에서 주로 쓰이는 단어들(예: 동기, 안녕감, 자기 이익, 삶의 질)이 다른 언어로 쉽게 번역되지 않는다고 지적하였다. 그는 '좋은 삶'이라는 개념 자체가 영미주의적이며, 의미적으로도 문화적으로도 비서구권 집단에서는 잘 번역되지 않는다고 주장하였다. 긍정심리학에 대한 이러한 비판을 이어 가며, Scollon과 King(2010)은 '좋은 삶'에 대해 한국인과 같은 집단주의적 사람들이 내리는 정의는 개인주의적 관점과 차이가 있다고 주장하였다.

광범위한 문화적 차이가 개인적 유대를 가로막는 거대한 걸림돌이 되도록 두기보다는, 새로운 '중립 지역' 미시문화를 만들어 다양한 배경을 가진 사람들이 일시적으로 만날 수 있는 장소를 제공하는 것이 필요하다. 이에 관한 좋은 예시는 조직 훈련에서 찾을 수 있다. 사회 참여에 대한 다양한 문화적 규범이 존재한다. 북미와 아프리카, 남미 사람들은 대체로 아시아나 중동 사람들보다 더 많이 공공 포럼에서 자신들의 목소리를 내고 개인 의견을 제시한다. 다양한 문화권 사람들이 섞여 있는 공간에서 서구권의 개인주의적 배경을 가진 사람들은 다른 사람들보다 더 자주 목소리를 내며, 이는 비서구권 사람들의 참여를 막는 걸림돌이 될 수 있다. 공공 목표나 공유하는 정체성을 강조하는 미시문화를 만듦으로써 훈련사들은 참여자들이 현재의 학습을 위해 일시적으로 그들의 본 문화를 어느 정도 내려놓게 할 수 있다.

이는 행복, 주도성(agency), 자아존중감과 같이 부분적으로 문화 특정적인 사고에서 비롯된 개념을 다루는 긍정심리학에서 특히나 적절하다. 서구권 편향에 대한 비판에도 불구하고, 긍정심리 연구자와 이론가는 대부분 미국과 다른 서구권 문화 출신이다. 이는 개인의 잠재력 실현과 관련된 아리스토텔레스 사상에 기반한 안녕감, 즉 '자아실현적 행복(eudaimonic happiness)'(Waterman, Schwartz, & Conti, 2008)과 같이 명백한 서구권 개념에 관한 문헌적 관심을 보면 알 수 있다. 이와 유사하게, 비서구권 문화 사람들은 진정한 행복은 불가피한 부정적 경험과 긍정적 경험의 균형을 맞추는 데 있으며, '수용'과 '변화' 같은 모순이 공존할 수 있다는 개념(Ho, 2010)과 같은 비서구권 긍정심리 요인만을 받아들일 수 있다는 생각 또한 경계해야 한다.

미시문화 개관

단순하게 말해, 미시문화란 제한된 지역 혹은 학교나 회사와 같은 작은 집단의 특정한 문화(일시적으로 동의 된 행동, 사고, 정서 경험 방식)를 뜻한다. 예를 들어, 비행기 탑승과 버스 탑승에 관한 각각의 미시문화가 존재한다. 구체적으로, 비행기 탑승 시간이 더 길기에 낯선 사람과 길고 의미 있는 교류를 할 가능성이 더 크다. 심리학 내에는 미시문화 과정을 연구 방법론으로 사용하는 것에 대한 길지만 잘 알려지지 않은 역사가 존재한다(Whiten & Flynn, 2010). 몇십 년 전에 진행된 연구는 사회적 학습 패러다임을 사용하여 기술과 정보의 세대 간 전달 과정을 조사하였다. 이러한 방법은 영장류(Hannah & McGrew, 1987)와 아동(McCrone, 2005) 연구에 널리 사용되었다. 행동 관습과 의식이 미시문화를 비롯한 모든 문화의 주요소이기 때문에, 미시문화는 행동적 방법론을 사용하는 임상적 주제에 특히나 적절하다. '심리극(psychodrama)'을 만든 Moreno는 연극과 같은 행동적 기법에 기반한 심리치료 기법을 개발한 선구자 중 한 명이다(Fox, 1987). 현대 심리치료는 행동적 맥락에 의존하는 치료법들로 포화상태이다. 이러한 치료법에는 경험적 개입을 위해 블록 장난감을 사용하는 **레고 치료**(Lego therapy; LeGoff, 2004), 자신감을 기르기 위해 자연환경을 활용하는 **황야 치료**(wilderness therapy; Harper, 2009), 물감 등을 사용하여 카타르시스를 경험하게 하는 **표현적 예술 치료**(expressive arts therapies; Kossak, 2008), 내담자가 자기 삶과 능력에 대해 더 건강한 서술을 할 수 있도록 그 지역의 스토리텔링 전통을 활용하는 **쿠엔토 치료**(cuento therapy; Costantino, Magady, & Rogler, 1986)와 같은 **문화 특정적인 치료**(culture-specific therapies)가 포함된다. 이러한 치료법의 인기는 심리치료 성과에 행동적 맥락이 가지는 중요성에 대한 이해의 증가를 반영한다.

미시문화의 요소 구상하기

이 장의 목표는 메타 개입으로서의 미시문화의 중요성에 대해 논의하는 것뿐만이 아니라 미시문화를 어떻게 만드는지에 대한 실제적인 가이드라인을 제시하는 데 있다. 미시문화를 만드는 데 있어 중요한 네 가지 요소(의식, 역할 유도, 대조, 공유된 경험)와 관련된 제안을 제시하고자 한다. 여기에서 각 요소를 따로 설명하지만, 이들은 모두 상호 연관되어 있다. 이 요소들은 미시문화의 중요한 개념을 이루며 이를 지지하는 예비 실험 연구가 존재하기 때문에 선택되었다.

1. 의식/전통

남성들이 서로의 가슴을 때리는 야노마모 의식(Chagnon, 1996)과 스포츠 경기 전에 기립하여 국가를 부르는 것과 같은 **의식과 전통**(rituals/traditions)은 한 집단의 사람들이 목표의식과 정체성을 공유하게끔 한다. 문화적 정체성과 밀접한 관련이 있는 의식을 행함으로써 그 정체성이 더 뚜렷해진다고 볼 수 있다. 이러한 습관적인 행동들은 종종 깊은 고찰 없이 이루어진다.

이는 심리치료 맥락에서 중요한 의미를 지닌다. 긴 의자와 꿈 분석을 활용했던 프로이트 시기로부터 지금까지 심리치료는 여러 가지 혁신을 경험해 왔다. 다양한 기술의 도래는 신경피드백(neurofeedback)을 제공하는 생리적 모니터링(Masterpasqua & Healey, 2003)과 먼 거리에서도 심리치료가 가능하게 하는 통신 기술(Jerome et al., 2000) 등 심리치료의 여러 방면에 영향을 미쳤다. 최근에는 또한 마음챙김(Vujanovic et al., 2011)과 안녕감 증진(예: Frisch, 2006)에 관련된 심리치료 기법의 인기가 고조되고 있다. 이러한 경향에도 불구하고, 변화를 끌어내는 방식으로써 **대화 치료**(talk therapy) 자체에 대한 혁신은 거의 찾아볼 수 없었다. 상담 기간과 이론적 배경의 다양성에도 불구하고, 대화 치료의 기본적인 형식은 여전히 예전과 같은 대화 형식을 유지하고 있다. 즉, 상담자와 내담자는 상담실에 앉아 내담자의 문제에 관해 이야기한다. 예외적으로, 미술치료(art therapy)(Kossak, 2008)나 드라마 치료(drama therapy)(Fox, 1987)와 같은 표현적 치료에서는 경험적 활동이 이 기본 형식에 추가된다.

일반적인 대화 치료의 형식에 편차가 거의 없다는 이 놀라운 사실을 이해하기 위해서는 문화적 규범의 강력하지만 미묘한 영향을 고려해야 한다. 상담자 대부분은 대학원에서 상담의 규범에 대해 사회화된다. 이는 내담자에게서 선물을 받는 것, 격식에 맞는 옷을 입는 법과 같은 심리치료에 직접적인 관련은 없지만, 상담학계 내에 널리 퍼진 규범에 대한 논의를 포함한다. 어째서 상담실에 앉아 이야기하는 방식이 최선인지에 대해 상담자들이 집단적으로 질문을 던진 적이 없는지 궁금하다. 어떤 면에서 **코칭**(coaching)은 이러한 문제에 대한 전략적 실험의 좋은 예를 제공한다. 예를 들어, Driver(2011)는 문제에서 한걸음 떨어져 새로운 시각으로 바라보려는 방법으로 걷기나 위치 바꾸기를 제안하였다(Whitworth, Kimsey-House, & Sandhal, 1998 참고). 전통적이지 않은 기법을 활용하는 중요한 예시를 **변증법적 행동치료**(Dialectical Behavior Therapy: DBT)(Linehan, 2006)에서 찾아볼 수 있다. 여러 DBT 프로그램에서 내담자는 전화 코칭을 어느 때나 필요할 때 활용할 수 있으며, 종이나 징과 같은 동양적 도구를 활용한 마음챙김 명상에 참여한다.

상담자는 상담실 내에서 더 다양한 내담자 행동을 허락할 수 있다. 음식을 먹거나 화이트보드에 글을 쓰거나, 방 안을 왔다 갔다 하는 등의 행동 가능성에 대해 논의하는 것은 내담자의 학습이나 표현을 향상할 수 있다. 이는 흥미로우며 사소하지 않은 부분이다. 심리치료의 중요한 요소 중 하나는 정서조절, 마음챙김, 기타 심리적 기술을 가르치는 것을 포함하는 **심리교육**(psychoeducation)이다. 이러한 상담회기 내 훈련은 종종 기술 자체에 집중하느라 이 과정을 촉진하거나 방해할 수 있는 내담자의 학습 선호를 간과한다. 사례 제시, 협동적 학습 전략, 모델링, 문제 기반 학습, 그리고 다른 경험적 기법들은 내담자 학습에 효과적인 방식이 될 수 있지만, 그 효과성은 내담자의 학습 방식에 맞는 기법을 선택할 때 증폭된다(Akella, 2010). 이를 위해서 상담자는 교육과 학습에 대한 더 넓은 지식을 습득해야 한다. 예를 들어, 특정 학습 방식이 심리치료의 효과성에 어떠한 영향을 미치는지에 관한 연구를 찾아보는 것이 유용할 수 있다.

물론, 이미 이러한 기법을 사용하고 있는 상담자도 있다. 우리가 여기서 하고자 하는 것은 심리치료의 효과성이나 상담자의 임상적 지혜를 비판하거나, 심리치료 이론을 공격하고자 하는 것이 아니다. 지금까지의 논의는 전문적인 코칭이나 교육 상황에도 동일하게 적용된다. 우리는 단지 여기서 대부분의 상담자가 대학원을 거치며 받아들인 전문 문화적 규범의 영향에 대해 고찰해 보고자 하는 것이다. 이렇게 규범에 대해 질문을 던지고 각 내담자에게 맞는 새로운 규범을 만들어 가는 것은 ACT의 핵심 요소인 유연한 반응 과정을 반영한다(Luoma, Hayes, & Walser, 2007).

2. 역할 유도

역할 유도(Role Induction)란 "사회적 영향을 사용하여 특정 역할에 기대치를 부여하는 것"을 의미한다. 사람들, 특히나 힘을 가진 사람들은 집단에 새로 들어온 구성원이나 더 낮은 지위를 가진 구성원이 그들의 역할에 부여된 기대치를 어떻게 충족시킬 수 있을지를 직접적으로 가르치거나 은근한 신호를 통해 알려 준다. 예를 들어, 한 사업체의 사장은 취업 지원자에게 사무실 어디에 앉아야 하는지, 어느 정도 격식을 차려서 행동해야 하는지, 인터뷰 초기의 잡담에서 어느 시점에 진중한 질문으로 넘어가야 하는지를 제시할 수 있다. 이와 유사하게, 상담자들은 종종 상담을 시작하기에 앞서 비밀 유지의 중요성과 한계, 상담에서 내담자의 역할, 치료 동맹의 특성 등을 논의하며 역할 유도를 한다. 내담자에게 상담과 코칭의 차이를 설명하는 전문 코치들은 내담자와 그들의 관계에 대한 명확한 문화적 기준을 설정함으로써 일종의 역할 유도를 한다. 코칭을 시작하기에 앞서 우리(저자)는 내담자에게 우리가 자주 그들의 말을 끊을 수도 있다고 알려 준다. 덧붙여서, 이는 과거 사건에 계속해서 머무르기보다 행동으로 나아갈 수 있도록 돕기 위한 전략적인 노력이라는 것을 설명한다. Childress와 Gillis(1977)는 상담 전 역할 유도가 이후 상담 성과의 중요한 예측 변인이라고 주장하였는데, 이는 부분적으로 이러한 과정이 내담자에게 기대되는 바를 명확히 하고 내담자가 상담에 순응할 수 있도록 돕기 때문이다.

미시문화의 형성에 대해 생각할 때 역할 유도가 의식적인 수준에서도 비언어적인 준소통(paracommunication)의 결과로서도 나타날 수 있음을 염두에 두어야 한다. 후자의 예시로는 교수가 강의실 앞줄에 앉은 학생들을 더 많이 토론에 참여시키는 것을 통해 은연중에 보상하는 행동이 있다. 이와 유사하게, 사장이 큰 책상 뒤에 앉거나 워크숍 강사가 강의실 앞에 서거나 누군가의 어깨를 만지는 것은 촉각(haptics)과 동작(kinesics; 공간 안에서 신체의 움직임)을 통해 타인과 소통하는 예시이다(Beitman & Viamontes, 2007). 표정, 신체 접촉, 공간의 전략적 활용, 기타 비언어적 신호는 역할 유도에 영향을 미칠 수 있다. 미소를 짓거나 서로를 마주 보도록 의자 위치를 조정하는 것과 같은 겉보기에 별것 아닌 것 같은 작은 행동들은 내담자와 상담자에게 기대되는 역할을 암시하는 미묘하지만 강력한 지표가 될 수 있다.

역할 유도의 생생한 사례로서, 서울에서 활동하는 상담자 Rose Inza Kim은 상담을 시작할 때 회기 수를 정하는 것을 통해 내담자가 빠른 문제해결을 위해 노력할 동기를 부여한다. 회기 수를 제한하는 것을 통해 상담자는 상담에 적극적으로 참여하는 것이 내담자의 중요한 역할이라는 점을 명백하게 알려 준다. 이는 몇몇 내담자가 가지고 오는 상담에 대한 기대(즉, 상담은 수동적이고 오래 지속된다는 예상)와 다를 수 있다.

3. 대조

대조(Contrasting)란 "특정한 정서적, 행동적, 혹은 태도적 관점에 도달하기 위해 비교하는 것"을 의미한다. 대조는 정보처리의 기본적인 부분이며, 자동적으로 진행되는 인지적 활동이다. 이때 우리는 심적 '기준점'을 세우고 그에 맞추어 우리의 생각을 조정한다. 예를 들어, 한 자선 단체에서 5만 원 기부를 요청하면서 다른 액수 또한 기부할 수 있게 한다면, 우리의 기부액은 이 기준점에 영향을 받게 된다. 때로는 심리치료 성과를 위해 명백한 대조가 사용되기도 한다. 목표를 향한 진전과 성장, 가능성에 초점을 두는 '문제해결에 중심을 두는' 심리치료 및 코칭 방식(Jackson & Waldman, 2010)에서는 '척도 질문(scaling; 번호가 적힌 척도를 사용하여 성과를 측정하는 기법)'과 '예외 찾기(interviewing for exceptions; 문제가 나타나지 않았던 사례에 대한 질문)'와 같은 기법들이 활용된다. 이 두 기법은 내담자의 기대와 대조되는 질문을 던진다. 예를 들어, 척도 질문에 대한 답으로 내담자가 10점 만점에 3점이라고 답했다고 하자. 이때 내담자는 자신의 점수(3점)와 완벽한 점수(10점) 사이의 차이에 대해 자동적으로 생각하게 된다. 해결 중심 상담자는 이 기대와 반대로, 내담자의 점수(3점)와 가장 나쁜 점수(1점) 사이의 차이로 내담자의 주의를 돌린다. 이러한 관점의 변화는 내담자에게 문제보다 자신의 성과와 자원에 대해 생각할 기회를 제공한다.

대조 기법(Contrasting Techniques)은 내담자가 문화적 영향으로 인한 억제에서 벗어날 수 있도록 도우며(예: 영적인 우려로 인해 마음챙김 개입에 참여하기를 꺼리는 기독교인 내담자), 집단이 정체성을 공유할 수 있도록 돕는다(예: 여러 회사에 소속된 인사과 직원들이 서로를 공통된 목표를 향해 나아가는 동료로 인식하는 것). 대조는 미시문화(규범, 역할 등)를 강조하고 소그룹의 소속을 두드러진 정체성으로 강조하는 것을 통해 작동한다. 내담자의 원 문화가 상담 장면에서 가지는 영향의 제한점을 설명하는 것은 내담자가 일시적으로 새로운 문화적 맥락을 기준점으로 잡을 수 있도록 돕는다. 거시문화는 미시문화에 포함된 생각과 정서, 행동을 지시하지 않으면서도 영향을 끼칠 수 있다.

대조의 효과성은 대조의 상대적 크기에 의해 결정될 수 있다. 즉, 강한 신념을 위협하는 큰 대조보다는 작은 대조가 더 쉽게 받아들여질 수 있다. 예를 들어, 환태평양 지역 아시아인들을 대상으로 개인의 성과와 대인 관계적 도전을 규범으로 삼는 미시문화를 만드는 것이 타인과 관계를 맺기 위해 자신의 강점을 받아들이는 것을 규범으로 삼는 미시문화를 만드는 것보다 더 어려울 수 있다.

4. 공유된 경험

공유된 경험(Shared Experience)은 집단적 정체성 확립에 강력한 도움이 되는데, 이는 이러한 경험이 구성원들이 서로를 더 잘 이해한다고 여기며 친밀한 느낌을 받게 하기 때문이다. 예를 들어, 함께 자연재해를 겪어낸 사람들은 서로 연결된 듯한 유대감을 가진다. Candau(2010)는 신경전달물질이 뇌 내의 복잡한 연결을 가능하게 하는 기제로 작동하는 것처럼 공유된 경험이 사람들 사이를 잇는 일종의 '사회-전달물질(socio-transmitter)'로 작용한다고 설명하였다. 공유된 경험은 미시문화를 이루는 요소 중 가장 덜 인위적인 것으로 여겨진다. 모든 공유된 경험은 공유된 감정, 공통된 참고점(예: 당사자들만 아는 농담), 자기 타인 중첩(self-other overlap)의 증가를 포함한다(Aron, Aron, & Smollan, 1992). 사람들은 서로의 보디랭귀지를 따라 하는 것을 통해 자연스럽게 서로 맞춰 가며(Vacharkulksemsuk & Fredrickson, 2012), 단순한 노출이 특정 사물이나 사람에 대한 호감도를 높이며 그 대상에 접근하고자 하는 동기를 부여한다는 연구 결과가 있다(Jones, Young, & Claypool, 2011). 실제로, 공유된 경험(특히, 매우 긍정적인 경험)은 관계 만족도와도 연관이 있는 것으로 나타났다(Reissman, Aron, & Bergen, 1993). 이러한 연구 결과들은 공유된 경험이 관계와 미시문화의 형성에 중요함을 시사한다. 하지만 자기 타인 중첩과 공유된 경험에 관한 연구의 대다수는 친밀한 관계나 연애 관계의 맥락에서 이루어졌으며, 교차 문화적 문제나 낯선 사람들끼리의 교류와 관련된 문제에 대한 이해는 아직 부족하다.

사례 연구

이 마지막 단락에서 우리는 미시문화(micro-cultures)가 어떻게 빠르고 의도적으로 만들어질 수 있으며 사람들에게 어떤 영향을 끼칠 수 있는지에 대한 짧은 사례를 제시한다. 여기에서는 특정한 기법을 강조하기보다, 우리의 실제 경험을 통해 관찰한 바를 나누고자 한다. 미시문화의 형성과 활용에 대한 명확하고 전략적인 조언을 하기에는 아직 이에 대해 많이 알려진 바가 없다. 그렇기에 실무자 스스로 자신의 직업적 맥락 속에서 미시문화가 어느 정도로 사용될 수 있을지 판단 내리기를 바란다.

국제긍정심리학회(International Positive Psychology Association: IPPA)에서 저자 중 한 명(RBD)은 4시간 동안 진행된 워크숍에서 현지 거시문화(미국 사회) 및 하위 문화(학계, 학회)와 뚜렷하게 다른 미시문화를 만들고자 하였다. 미시문화의 형성 속도, 영향 크기, 효과성을 측정하기 위해 더 큰 문화의 규범과 분명하게 다른 새로운 규범을 세웠다. 구체적으로, 저자는 워크숍 참여자들에게서 비판적인 질문을 하나도 받지 않기로 했다. 비판적 논평과 명료화 질문은 워크숍과 같은 교육 현장의 필수 요소로 오랫동안 여겨져 왔다. IPPA 워크숍의 주된 목표는 긍정심리의 적용법을 가르치기 위한 것이었지만, 부차적인 목표는 미시문화 규범의 힘을 보여 주는 것이었다.

이 강력하고 아마도 불유쾌한 규범을 받아들일 수 있는 집단 정체성을 확립하기 위해 저자는 개인사를 나누었다. 그 이야기는 구체적인 내용보다는 그 이야기가 지닌 정서적 가치 때문에 선택되었다. 그 이야기 안에는 유머러스한 부분도 있었으며, 진지한 고찰과 자기 회의로 점철된 부분도 있었다. 이 이야기는 정서적 전염(emotional contagion) 원칙에 기반하여, 워크숍에 참여한 사람들에게 공유된 경험으로써 작동하였다. 저자는 그 이야기 안에 의도적으로 캐치프레이즈와 유행어를 포함하였으며, 이를 워크숍 내내 사용함으로써 참여자들에게 그들의 공유된 경험과 이에 비롯한 공유된 정체성을 상기시켜 주었다.

이에 덧붙여, 몇몇 특정 참여자들에게는 서기, 트위터(워크숍 동안 소셜미디어에 포스트 올리기), 사진사 등의 구체적인 역할을 부여하였다. 이러한 역할은 공개적으로 정해졌기 때문에 참여자들은 이 워크숍에서는 사진과 소셜미디어를 사용하는 것이 규범이라는 것을 이해하게 되었다. 워크숍에 참여한 모든 사람은 또한 미시문화 규범에 대한 구체적인 지시를 받았다. 워크숍 강사였던 저자는 참여자들에게 다음과 같이 당부하였다. "비판적으로 생각하지 마십시오. 비판적 사고는 나쁜 것이며 사회적으로 바람직하지 않습니다. 그 대신, 주어진 주제들에 대해 궁금증을 가지고 탐색해 보시기 바랍니다. 시간적 제약 때문에 광범위한 철학적 질문들은 받지 않겠습니다. 워크숍에서 다루는 기술과 기법에 대한 구체적인 질문만 받겠습니다."

이 특이한 지시 사항에 대해 참여자들은 흥미로운 반응을 보였다. 백여 명의 참여자 중 몇몇은 워크숍 내용 중 그들이 동의하지 않는 부분에 대해 질문하고 싶어 하였다. 예를 들어, 한 남성은 질문하지 말라는 요구에 대해 다음과 같이 질문하였다. "이런 규범은 위험하지 않습니까? 집단 사고(group think)로 이어지고 개개인의 생각과 창의성을 방해할 것 같습니다." 이에 대해 저자가 그건 좋은 질문이지만 이 워크숍에서 다루는 내용을 벗어난다고 답하자, 다른 몇몇 참여자들이 박수로 화답하였다. 이러한 군중의 반응은 지도자의 위치에 있는 사람들이 규범(특히나 일시적으로 유용한 목적이 있다고 여겨지는 규범)을 얼마나 빨리 만들 수 있는지를 보여 준다고 여겨진다. 이 미시문화가 정확히 어떤 메커니즘을 통해 만들어졌는지는 알 수 없다. 지도자의 설득력, 유머의 활용, 참여자들의 인구통계학적 특성, 워크숍의 주제, 그리고 다른 여러 요인이 작용했을 수 있다. 하지만 분명한 것은, 집단 내에 규범이 확립되고 학습되었으며, 집단 구성원들에 의해 강화되었다는 것이다.

미래에 대한 제안

이 장에서 논의되었듯이 미시문화는 특수한 규범과 역할, 의식을 동반하는 일시적이고 인위적인 문화이다. 미시문화는 전통적인 개입들이 더 효과적으로 진행될 수 있는 맥락을 제공하는 메타 개입으로써 사용될 수 있다. 우리는 이러한 맥락적 접근이 아직 젊은 학문인 긍정심리학을 한 단계 나아가게 하기 위해 필수적이라고 생각한다. 실무자들은 지금까지 대체로 긍정심리학의 핵심 요소로 널리 받아들여진 제한적인 몇 개의 도구만을 사용해 왔다. 저자의 다른 저서(Biswas-Diener, 2011)에서 이러한 도구들이 제한적인 결과 변인에 대해서만 검증됐으며, 어떻게 사용하는 것이 가장 효과적인지, 사용되지 말아야 하는 경우는 언제인지, 효과성에 영향을 주는 내담자 요인에는 무엇이 있는지에 대해 아직 거의 밝혀진 바가 없음에 대해서 논의하였다.

이렇듯이 도구에 중점을 두고 자신의 인식론을 선호하는 것은 모든 지적 시도에서 불가피하게 나타나는 현상이다(Kagan, 2009). 긍정심리학이 성장해 나가며 이러한 문제들을 명시적으로 다룰 때(Schueller, 2011), 코칭과 ACT를 비롯한 다른 개입법에 더 섬세하고 정교한 영향을 미치게 될 것이다. 특히, 미시문화의 형성은 개입의 맥락적 요소에 대한 이해를 증진하는 방법이 될 수 있는데, 이는 ACT의 맥락과 유연한 반응에 대한 강조점과 수렴된다.

안타깝게도, 미시문화가 어떻게 효과적으로 형성될 수 있는지, 또한 미시문화를 만드는 것이 긍정심리 개입에 어떠한 영향을 미치는지에 대해서는 거의 밝혀진 바가 없다. 다만 순응(conformity)(Asch, 1956), 순종(obedience)(Milgram, 1963), 그리고 몰개성화(de-individuation)(Diener, 1980)와 연관된 사회적 과정이 미시문화 규범(특히 거시문화의 규범을 거스르는 규범)의 효과적인 형성에도 연관이 되어 있으리라고 예상할 뿐이다. 비록 체계적으로 분석을 진행한 것은 아니지만, 우리(저자)가 아프리카, 아시아, 그리고 유럽의 여러 문화권에서 진행한 훈련과 코칭 경험에 비추어 볼 때, 미시문화 형성에 대한 아주 작은 관심도 집단의 학습과 긍정심리의 활용에 큰 영향을 미친다고 여겨진다.

참고문헌

Akella, D. (2010). Learning together: Kolb's experiential theory and its application. *Journal of Management and Organization, 16*(1), 100-112.

Aron, A., Aron E. N., & Smollan, D. (1992). Inclusion of other in the self scale and the structure of interpersonal closeness. *Journal of Personality and Social Psychology, 63*, 596-

612.

Asch, S. (1956). Studies of independence and conformity: I. A minority of one against a unanimous majority. *Psychological Monographs, 70*, 70.

Beitman, B. D., & Viamontes G. L. (2007). Unconscious role induction: Implications for psychotherapy. *Psychiatric Annals, 37*, 259-268.

Biglan, A. (1995). *Changing cultural practices: A contextual framework for intervention research.* Reno: Context Press.

Biswas-Diener, R. (2011). *Editor's foreword.* In R. Biswas-Diener (Ed.), *Positive psychology as social change* (pp. v-xi). New York: Springer Science + Business Media.

Biswas-Diener, R., & Dean, B. (2007). *Positive psychology coaching.* Hoboken, NJ: John Wiley & Sons.

Biswas-Diener, R., Kashdan, T., & Minhas, G. (2011). A dynamic approach to psychological strengths development and intervention. *Journal of Positive Psychology, 6*, 106-118.

Biswas-Diener, R., & Patterson, L. (2011). *Positive psychology and poverty*. In R. Biswas-Diener (Ed.), *Positive psychology as social change* (pp. 125-140). Dordrecht: Springer.

Boehm, J., Lyubomirsky, S., & Sheldon, K. (2011). A longitudinal experimental study comparing the effectiveness of happiness-enhancing strategies in Anglo American and Asian Americans. *Cognition & Emotion, 25*(7), 1263-1272.

Bono, G., Emmons, R. A., & McCullough, M. E. (2004). Gratitude in practice and the practice of gratitude. In P. A. Linley & S. Joseph (Eds.), *Positive psychology in practice* (pp. 464-481). New York: Wiley.

Candau, J. (2010). Shared memory, odours and sociotransmitters or: "Save the interaction!" *Outlines: Critical Practice Studies, 12*(2), 29-42.

Chagnon, N. A. (1996). Chronic problems in understanding tribal violence and warfare. In G. R. Bock & J. A. Goode (Eds.), *Genetics of criminal and antisocial behaviour* (pp. 202-236.) New York: John Wiley & Sons.

Childress, R., & Gillis, J. S. (1977). A study of pretherapy role induction as an influence process. *Journal of Clinical Psychology, 33*, 540-544.

Costantino, G., Magady, R. G., & Rogler, L. H. (1986). Cuento therapy: A culturally sensitive modality for Puerto Rican children. *Journal of Consulting and Clinical Psychology, 54*,

639-645.

Delle Fave, A., Massimini, F., & Bassi, M. (2011). *Psychological selection and optimal experience across cultures: Social empowerment through personal growth*. New York: Springer Science + Business Media.

Diener, E. (1980). Deindividuation: The absence of self-awareness and self-regulation in group members. In P. B. Paulus (Ed.), *Psychology of group influence* (pp. 209-242). Hillsdale, NJ: Lawrence Edbaum.

Driver, M. (2011). *Coaching positively*. Berkshire: Open University Press/McGraw-Hill.

Fox, J. (1987). *The essential Moreno*. New York: Springer Publishing Company.

Frisch, M. (2006). *Quality of life therapy: Applying a satisfaction approach to positive psychology and cognitive therapy*. Hoboken, NJ: John Wiley and Sons, Inc.

Froh, J. J., Kashdan, T. B., Ozimkowski, K. M., & Miller, N. (2009). Who benefits the most from a gratitude intervention in children and adolescents? Examining positive affect as a moderator. *Journal of Positive Psychology, 4*, 408-422.

Hannah, A., & McGrew, W. C. (1987). Chimpanzees using stones to crack open oil palm nuts in Liberia. *Primates, 28*, 31-46.

Harper, N. J. (2009). The relationship of therapeutic alliance to outcome in wilderness treatment. *Journal of Adventure Education and Outdoor Learning, 9*, 45-59.

Ho, S. M. Y. (2010). Universal happiness. In Leo Bormans (Ed.), *The world book of happiness* (pp. 253-255). Belgium: Lannoo.

Hofstede, G., & Hofstede, G. J. (2005). *Cultures and organizations: Software of the mind* (2nd ed.). New York: McGraw-Hill.

Jackson, P. Z., & Waldman, J. (2010). *Positively speaking*. St. Alban's: The Solutions Focus.

Jerome, L. W., DeLeon, P. H., James, L. C., Folen, R., Earles, J., & Gedney, J. J. (2000). The coming of age of telecommunications in psychological research and practice. *American Psychologist, 55*, 407-421.

Jones, I. F., Young, S. G., & Claypool, H. M. (2011). Approaching the familiar: On the ability of mere exposure to direct approach and avoidance behavior. *Motivation and Emotion, 35*(4), 383-392.

Kagan, J. (2009). *The three cultures: Natural sciences, social sciences and the humanities in the 21st century*. New York: Cambridge University Press.

Kossak, M. S. (2008). Therapeutic attunement: A transpersonal view of expressive arts therapy. *The Arts in Psychotherapy, 36*, 13-18.

Lazarus, R. S. (2003). Does positive psychology movement have legs? *Psychological Inquiry, 14*(2), 93-109.

LeGoff, D. B. (2004). Use of LEGO© as a therapeutic medium for improving social competence. *Journal of Autism and Developmental Disorders, 34*(5), 557-571.

Linehan, M. (2006). *Dialectical behavior therapy with suicidal adolescents*. New York: Guilford.

Luoma, J. B, Hayes, S. C., & Walser, R. D. (2007). *Learning ACT: An Acceptance and Commitment Therapy skills-training manual for therapists*. Oakland, CA: New Harbinger Publications.

Lyubomirsky, S., Dickerhoof, R., Boehm, J. K., & Sheldon, K. M. (2011). Becoming happier takes both a will and a proper way: An experimental longitudinal intervention to boost well-being. *Emotion, 11*, 391-402.

Masterpasqua, F., & Healey, K. N. (2003). Neurofeedback in psychological practice. *Professional Psychology: Research and Practice, 34*(6), 652-656.

McCrone, S. (2005). The development of mathematical discussions: An investigation of a fifth-grade classroom. *Mathematical Thinking and Learning, 7*(2), 111-133.

Milgram, S. (1963). Behavioral study of obedience. *The Journal of Abnormal and Social Psychology, 67*(4), 371-378.

Neulip, J. (2009). *Intercultural communication: A contextual approach*. Thousand Oaks, CA: Sage Publications.

Parks, A., & Biswas-Diener, R. (2013). Positive Interventions: Past, Present, and Future. In T. Kashdan & J. Ciarrochi (Eds.), *Mindfulness, acceptance, and positive psychology: The seven foundations of well-being*. Oakland, CA: New Harbinger.

Ramarajan, L., & Thomas, D. (2011). A positive approach to studying diversity in organizations. In K. S. Cameron & G. M. Spreitzer (Eds.), *The Oxford handbook of Positive Organizational Scholarship* (pp. 552-565). Oxford, UK: Oxford Unviersity Press.

Reissman, C., Aron, A., & Bergen, M. R. (1993). Shared activities and marital satisfaction:

Causal direction and self-expansion versus boredom. *Journal of Social and Personal Relationships, 10*, 243-254.

Rosmarin, D. H., Pirutinsky, S., Cohen, A., Galler, Y., & Krumrei, E. J. (2011). Grateful to God or just plain grateful? A study of religious and non-religious gratitude. *Journal of Positive Psychology, 6*, 389-396.

Schueller, S. (2011). To each his own well-being boosting intervention: Using preferences to guide selection. *Journal of Positive Psychology, 6*, 300-313.

Scollon, C. N., & King, L. A. (2010). What people really want in life and why it matters: Contributions from research on folk theories of the good life. In R. Biswas-Diener (Ed.), *Positive Psychology as Social Change* (pp. 1-14). Springer Press.

Searle, R. H., & Skinner, D. (2011). *Trust and human resource management*. Cheltenham: Edward Elgar Publishing, Inc.

Seligman, M. E. P. (2011). *Flourish: A visionary new understanding of happiness and well-being*. New York: Simon and Schuster.

Seligman, M. E. P., Steen, T. A., Park, N., & Peterson, C. (2005). Positive psychology progress: Empirical validation of interventions. *American Psychologist, 60*, 410-421.

Sergeant, S., & Mongrain, M. (2011). Are positive psychology exercises helpful for people with depressive personality styles? *Journal of Positive Psychology, 6*, 260-272.

Sin, N., Della Porta, M., & Lyubomirsky, S. (2011). Tailoring positive psychology interventions to treat depressed individuals. In S. Donaldson, M. Csikszentmihalyi, & J. Nakamura (Eds.), *Applied positive psychology* (pp. 79-96). New York: Routledge.

Sue, D. W., & Sue, D. (2007). *Counseling the culturally diverse: Theory and practice* (5th ed.) Hoboken, NJ: John Wiley and Sons, Inc.

Vacharkulksemsuk, T., & Fredrickson, B. L. (2012). Strangers in sync: Achieving embodied rapport through shared movements. *Journal of Experimental Social Psychology, 48*(1), 399-402.

Veenhoven, R. (2011). Greater happiness for a greater number: Is that possible? If so, how? In K. M. Sheldon, T. B. Kashdan, & M. F. Steger (Eds.), *Designing positive psychology: Taking stock and moving forward* (pp. 396-409). New York: Oxford University Press.

Vujanovic, A. A., Niles, B., Pietrefesa, A., Schmertz, S. K., & Potter, C. M. (2011). Mindfulness in the treatment of posttraumatic stress disorder among military veterans. *Professional Psychology: Research and Practice, 42*(1), 24-31.

Waterman, A. S., Schwartz, S. J., & Conti, R. (2008). The implications of two conceptions of happiness (hedonic enjoyment and eudaimonia) for the understanding of intrinsic motivation. *Journal of Happiness Studies, 9*, 41-79.

Wierzbicka, A. (2008). What makes a good life? A cross-linguistic and cross-cultural perspective. *Journal of Positive Psychology, 4*(4), 260-272.

Whiten, A., & Flynn, E. (2010). The transmission and evolution of experimental microcultures in groups of young children. *Developmental Psychology, 46*(6), 1694-1709.

Whitworth, L., Kimsey-House, H., & Sandhal, P. (1998). *Co-active coaching*. Palo Alto: Davies-Black.

제10장

죄책감 수용하기와 수치심 내려놓기

여러 필요를 가진 고위험군의 도덕적 정서에 대한 긍정적 접근

Elizabeth Malouf

Kerstin Youman

Laura Harty

Karen Schaefer

June P. Tangney
George Mason University

아마 많은 이들에게 긍정심리학이나 가치, 마음챙김은 범죄자와 큰 관련이 없게 느껴질 것이다. 하지만 우리의 연구는 긍정심리학이 **재소자들**(inmates)의 사회로의 재통합에 여러 방면으로 도움을 줄 수 있다는 것을 보여 준다. 이 장에서 우리는 **도덕적 정서**(moral emotions)와 도덕적 사고(moral cognitions)에 관한 종단 연구(Tagney, Mashek, & Stuewig, 2007)의 일환으로 진행된 세 가지 개입에 관해 설명하고자 한다. 첫째는 범죄의 영향(Impact of Crime: IOC) 워크숍으로, '죄책감을 이끌어 내고 수치심을 줄이는' 회복적 정의(restorative justice)에 기반을 둔 혁신적인 집단 개입이다. 둘째는 사회로의 복귀를 앞둔 재소자들을 위한 가치에 기반한 마음챙김 집단 개입으로, 수용전념치료의 요소들을 접목하였다. 마지막은 '일반 집단' 재소자의 다양한 필요와 문제에 도움을 주기 위해 보완된 동기강화상담(motivational interviewing: MI)이다.

이 개입들은 공통적으로 인지행동적 변화를 이끌어 내기 위해 긍정적 접근법을 사용하였다. 재소자들은 단순히 부정적 행동을 하지 않는 것이 아니라 책임을 지고 자신들의 가치에 전념하도록 권장받았다. 즉, 이들은 단순히 앞으로 반사회적인 행동을 피하는 것이 아니라 긍정적인 행동을 취할 것을 권유받았다. 우리는 이러한 고위험군 집단에게 긍정심리적 접근이 효과가 있음을 경험하였다. 더 나아가 우리는 이러한 접근법이 다른 다양한 환경(학교나 직장, 또는 규율이 어겨지고, 피해가 생기며, 수치심이 발생될 수 있는 그 어떤 환경)에서도 적용될 수 있다고 믿는다.

범죄의 영향 워크숍: 회복적 정의에서 영감을 받은 집단 개입

범죄의 영향 워크숍(Impact of Crime: IOC)은 **회복적 정의**(restorative justice) 원칙에 기반을 둔 혁신적인 집단 개입이다. 회복적 정의란 미국을 비롯한 여러 나라의 사법제도에 팽배한 처벌에 초점을 둔 **응보적 정의**(retributive justice)의 대안이다. 회복적 정의 이론은 법적인 절차와 가해자에 대한 처벌에만 초점을 두기보다, 범죄의 폐해를 강조한다. 여기서 범죄는 국가에 대한 위반이 아니라 피해자와 사회에 대한 위반으로 여겨진다. 책무성(Accountability)은 "자신의 행동에 대한 책임을 지고, 피해자와 사회에 끼친 피해를 복원, 역량 증진, 그리고 사회봉사를 통해 바로잡는 것"으로 정의된다. 즉, 처벌을 위한 처벌이 아닌 회복이 가장 우선되는 것이다. 자신의 행동에 대한 책임을 지는 것을 통해 범법자들은 자신들이 피해자와 사회에 끼친 피해를 이해하게 되며, 이는 추후 범죄를 방지하게 된다.

회복적 정의 접근은 범법자들이 범죄와 피해자, 개인의 책임에 대해 어떻게 생각하는지를 바꾸는 데 초점을 둔다. IOC 워크숍은 범법자들이 범죄를 야기하는 왜곡된 신념들을 재평가하고 자기중심적인 사고에서 벗어나 사회 속 자신의 위치와 역할에 대해 더 넓게 이해할 수 있도록 돕는다.

IOC 워크숍은 자발적 집단 개입이며, 한 번에 15~20명의 재소자에게 회복적 경험을 제공할 수 있는 비용 효율적인 개입이다. 이 워크숍은 8주에 걸쳐 16회 이루어지며, 교육적 요소와 경험적 요소를 포함한다. 재소자는 다양한 형태의 범죄(재산범죄, 성폭력, 가정폭력, 마약 등)가 피해자와 가족(피해자 및 재소자의 가족), 그리고 사회 전반적으로 어떤 영향을 미치는지에 대해 재탐색할 기회를 얻는다. 참여자들은 관련 있는 범죄 통계와 사실에 대해 배우고, 범죄 경험에 대한 워크북을 활용하고 집단 토론에 참여하며, 초청 강사들(어떻게 특정 범죄가 자신과 그들 주변 사람들의 삶에 영향을 미쳤는지에 관해 나누는 범죄 피해자들)과 교류한다. 훈련된 상담자와 함께 참여자들은 새로운 정보와 발표에 대한 그들의 반응을 나누고, 이를 자신의 개인적 경험과 연결시킨다. 워크숍 전반에 걸쳐 상담자들은 사회, 개인의 책임, 그리고 보상(reparation)에 대한 회복적 정의의 개념을 강조한다. IOC 워크숍의 중요한 요소 중 하나는 범법자들이 자신의 책임을 받아들이며 끼쳐진 피해를 복구하고자 한다는 것에 대해 사회와 소통할 기회를 제공하는 것이다. 이는 여러 회기에 걸친 초청 강사들과의 강렬한 논의와 각 그룹이 고안하고 실행하는 사회봉사 프로젝트를 통해 이루어진다. 예를 들어, 최근 한 IOC 워크숍 그룹은 범죄가 피해자와 가해자, 그리고 사회에 미치는 영향에 대한 시, 그림, 메시지를 담은 달력을 만들었다. 이 달력은 청소년 보호관찰소에 배부되었는데, 이를 통해 정식으로 자신의 잘못을 사죄하고, 자신의 행동에 대해 적극적으로 책임을 지고, 청소년들에게 범죄의 부정적 영향에 대해 경고하고자 하였다. 또 다른 그룹은 음주운전 피해에 대한 메시지를 담은 열쇠고리를 만들어서 운전학원에 다니는 초심 운전자들에게 나누어 줌으로써, 그들이 자신들의 행동이 타인에게 끼칠 수 있는 영향에 대해 생각할 것을 권하였다.

재소자들이 IOC 워크숍에 참여하며 책임의 문제에 대해 씨름할 때면 누구의 탓인가에 대한 문제가 불가피하게 따라오곤 한다. 자신들의 법적 문제의 이유와 이전 범죄를 둘러싼 상황과 그 결과에 대해 살펴보다 보면 여러 재소자는 새로운 수치심(shame)이나 죄책감(guilt)을 느끼게 된다. 흥미롭게도, 회복적 정의는 '죄책감을 이끌어 내고 수치심을 줄이는' 재활 접근이다. 범법자들은 자신의 행동에 대한 책임을 지고, 타인에 끼친 부정적 영향을 인정하고, 피해자의 고통에 공감하며, 잘못을 저지른 것에 대해 죄책감을 느끼고, 그에 따른 피해를 복구하고자 하는 마음을 행동으로 옮기도록 권유받는다. 상담자들은 범죄까지 이어진 상황에 대한 집단 논의(또한 개인적 대화)에서 공감을 모델링하여 보여 주며, 참여자들이 그들이 끼친 피해를 복구할 수 있는 방법을 찾도록 적극적으로 권한다. 범법자들이 보상을 위해 이미 실행한 행동들을 긍정하고 강조하는 것은 과거의 부정적 행동에서 미래의 변화와 회복을 위한 기회로 초점을 돌리게 한다. 또한, 집단 참여자들은 서로가 마음을 열고 협력하며 회복을 위한 아이디어를 공유할 수 있도록 서로를 공감하고 지지하도록 지도된다. 하지만 범법자들은 자신에 대한 수치심에서 벗어나도록 적극적으로 권유된다. 실제로, 회복적 정의는 범법자들을 '나쁜 사람들'로 매도하고 굴욕감을 주는 메시지들을 피한다. 그 대신 강조되는 것은 변화될 수 있는 나쁜 행동들, 만회될 수 있는 부정적 결과들, 그리고 구제될 수 있는 범법자이다.

왜 이러한 죄책감을 이끌어 내고 수치심을 줄이는 IOC 워크숍(또한 전반적인 회복적 정의 접근)의 특징이 중요한가? 우리를 비롯한 많은 연구자의 연구에 따르면 수치심과 죄책감은 뚜렷하게 서로 다른 감정으로, 추후 도덕적 및 대인적 행동에 매우 다른 함의를 지닌다(Tangney, Malouf, Stuewig, & Mashek, 2012; Tangney, Stuewig, & Mashek, 2007). 수치심은 자신에 대한 고통스러운 초점("나는 나쁜 사람이야"라는 수치스러운 느낌)을 포함한다. 이러한 수치심은 주눅 드는 느낌, 작아진 느낌, 무가치함과 무력감, 또한 노출된 듯한 느낌을 주로 동반한다. 아이러니하게도, 연구 결과는 이러한 고통스럽고 약화시키는 수치스러운 감정은 행동을 건설적으로 바꾸고자 하는 동기로 이어지지 않는다는 것을 보여준다. 수치심을 느끼는 사람은 잘못을 덜 반복하지 않으며(많은 경우 더 많이 반복하게 된다), 보상을 위한 시도도 더 많이 하지 않는다(많은 경우 덜 하게 된다; Tangney, Stuewig, & Hafez, 2011). 그 대신, 수치심을 견디기 힘든 사람들은 종종 방어적인 전략을 취하는데, 이는 ACT에서 말하는 경험적 회피에 해당한다. 이러한 사람들은 수치심으로부터 숨거나 도망치고 싶어 하며, 책임을 부정하게 된다. 그들은 자신의 딜레마에 대해 남 탓을 하기도 한다. 때로는 타인에 대해 비이성적으로 분노하게 되며, 이는 공공연하게 폭력적이고 파괴적인 행동으로 이어지기도 한다. 다시 말해, 수치심은 우리가 억제하고자 하는 파괴적인 행동 패턴을 악화시킨다.

이와 달리 죄책감은 특정한 행동에 초점을 둔다. 즉, "**나는 나쁜 사람이야**"가 아닌 "**나는 나쁜 행동을 했어**"가 되는 것이다. 죄책감은 잘못된 행동에 대한 긴장감과 회한, 후회를 포함한다. 연구 결과에 따르면 이러한 긴장감과 후회는 수치심이 불러일으키는 방어적이고 보복적인 반응과 달리 보상적 행동(reparative action)(죄를 고백하기, 용서를 구하기, 또는 어떻게든 피해를 복구하기)에 대한 동기로 이어진다(Leith & Baumeister, 1998; Tangney,

Stuewig, & Mashek, 2007; Tagney, Youman, & Stuewig, 2009). 가장 중요한 것은, 죄책감은 미래 행동에 대한 건설적인 변화를 이끌어 낼 수 있는데, 이는 문제의 핵심이 나쁜 결함 있는 자신이 아니라 잘못되고 결함이 있는 행동이기 때문이다. 모두가 알듯이 잘못된 행동(음주운전, 절도, 마약)을 바꾸는 것이 잘못된 자신을 바꾸는 것보다 쉽다.

치료 장면에 나아오는 많은 범법자는 죄책감보다 수치심을 느끼는 경향을 보인다. 어떤 이들은 너무나도 방어적인 나머지 이 둘 모두를 잘 느끼지 못하기도 한다. IOC 워크숍은 인지행동치료 기법을 사용하여 다음과 같은 방법으로 도덕적 정서에 대한 수용력을 늘린다. ① 타인의 관점에서 바라볼 수 있는 능력과 타인을 향한 공감을 키우기 위해 귀납적, 교육적 전략 사용하기; ② 범죄의 축소화나 부인을 피해, 범죄의 영향을 더 잘 이해하고 책임을 지는 것을 통해 참여자들의 시야 기르기; ③ 피해자, 가해자, 그리고 사회 사이의 관계 이해하기; ④ 적절한 죄책감의 경험을 유도하고 그와 연관된 회복이나 복구를 향한 건설적인 동기 강조하기; ⑤ 재소자를 '나쁜 사람'이라고 비난하거나 굴욕감을 일으키는 언어를 피하고 새출발이 가능함을 강조하기.

IOC 커리큘럼은 범죄와 그 영향, 그리고 피해 복구가 어떻게 이루어질 수 있을지에 대한 추상적인 논의에서 시작한다. 시간이 지남에 따라 워크북, 집단 논의, 초청 강사와의 교류를 통해 참여자들은 자기 행동을 솔직하게 바라보고 새롭게 얻은 이해를 통해 이를 바꿀 수 있도록 준비된다. 최근 한 참여자는 자신의 과거 음주운전 이력에 대해 극심한 수치심을 느끼고 있다고 밝혔다. 그는 수업 중 거의 말을 하지 않았으나 숙제로 제시된 질문들에 대해 심도 있는 답안을 작성하였으며 그의 노력에 대한 상담자의 칭찬에 잘 반응하였다. 다른 참여자들의 변화를 위한 시도를 지지하기 위해 수업 시간에 말하기 시작하면서, 그 또한 다른 이들로부터 공감과 격려를 받았다. 이는 그가 자신의 과거 행동을 직면하고 그가 끼친 피해를 복구할 수 있는 방법을 찾게 만들었다. 음주운전에 관한 수업 도중 그에게 전환점이 찾아왔다. 음주운전 사고로 목숨을 잃은 소녀의 어머니인 초청 강사가 자기 딸을 죽인 가해자에게 자신이 바라는 단 한 가지는 다시는 음주운전을 하지 않는 것이라고 나눈 것이다. 자신의 잘못을 만회할 수 있다는 생각은 이 참여자로 하여금 자기 자신을 변화가 가능하고 새출발을 할 수 있는 사람으로 보게 만들었다. 워크숍의 끝에 그는 음주운전 사고를 줄이기 위해 음주 측정기를 차에 의무적으로 설치하는 법안을 만들도록 의회에 청원하는 사회봉사 프로젝트를 이끌었다. 다시 말해, 이 개입은 참여자들이 관계와 사회를 복구하기 위한 행동을 취할 수 있으며, 지속적인 행동 변화를 만들어 갈 수 있음을 강조한다.

현재 우리는 IOC 워크숍이 출소 후 재범률을 감소시키고 사회 적응을 향상시키는지에 대한 무작위 임상실험을 진행 중이다. 중요 가설 중 하나는 IOC 워크숍이 도덕적 정서와 인지에 미치는 영향을 통해(즉, 적응적인 죄책감을 향상시키고 문제적인 수치심을 감소시키며, 범죄를 일으키는 신념을 재구성하는 것을 통해) 재범률을 감소시킬 것이라는 것이다.

재진입 가치와 마음챙김 프로그램(REVAMP)

연구 결과에 따르면 대다수의 재소자들은 심각한 심리적・행동적 문제를 안고 있다. 우리 연구 표본의 70%가 넘는 재소자들은 적어도 하나의 증상군에서 임상적으로 높은 수치를 보고한다. 예를 들어, 47%의 재소자들은 임상적으로 유의한 정도의 약물 문제를 보였으며, 26%는 알코올 문제를, 10%는 불안 증상을, 또 19%는 우울 증상을 보고했다(Drapalski, Youman, Stuewig, & Tangney, 2009; Youman, Drapalski, Stuewig, Bagley, & Tangney, 2010). 또한, 31.7%나 되는 재소자들은 임상적으로 유의한 경계선 성격장애 증상을 보였다(Conn, Warden, Stuewig, Kim, Harty, Hastings, & Tangney, 2010). 이들 중 소수의 재소자만이 전통적인 정신건강 치료를 사회에서 받아 봤으며, 수감시설 내에는 정신 건강 치료를 위한 자원이 제한적이다(Drapalski et al., 2009; Meyer, Tangney, & Stuewig, 2014; Youman et al., 2010). 일화적인 증거에 따르면 소수의 재소자만이 스스로가 자신의 **가치**(values)에 따라 의미 있는 삶을 살고 있다고 느끼지만, 이들의 긍정심리적 결과에 관한 연구는 거의 이루어지지 않았다. 이는 마치 재소자들이 삶의 의미, 행복감, 낙관성, 혹은 감사를 경험할 수도 있다는 가능성 자체가 고려되지 않은 것 같다.

재소자들의 심리행동적 증상을 감소시키고 이들이 가치에 기반을 둔 삶을 살도록 돕는 것이 필요하다는 문제의식과 함께, 우리는 사회로의 복귀를 앞둔 재소자들을 위해 특별히 고안된 단기 집단 개입을 개발하였다. **재진입 가치와 마음챙김 프로그램**(Re-Entry

Values and Mindfulness Program: REVAMP)이라고 불리는 이 프로그램은 수용전념치료에 기반을 두고 있으며, 개인을 임파워링(empowering)하며, 재소자들 사이에 존재하는 다양한 문제와 삶의 경험을 다룰 수 있을 만큼 유연적이다(Hayes, 2004; Hayes & Smith, 2005). 수용전념치료에 덧붙여, REVAMP는 재발 방지를 위한 마음챙김(mindfulness-based relapse prevention)(Bowen, Chawla, & Marlatt, 2011), 변증법적 행동치료(Linehan, 1009), 매릴랜드 재향군 병원(VA Maryland Health Care System)의 수용전념치료 집단상담 매뉴얼(VAMHCS ACT Therapy Team, 2007), 고통 과민성(distress intolerance)을 완화하는 기법(Bornovalova, 2008)을 비롯한 여러 마음챙김 및 수용과 관련된 개입들에서 사용되는 기법들을 참고하였다.

REVAMP는 증상 완화를 위한 수용적 접근과 가치의 행동화에 대한 초점을 가지고 있기에 다른 교도소에서 진행되는 프로그램들과 차별된다. 재소자를 위한 심리적 개입은 대체로 심리적 혹은 행동적 문제 증상을 완화하는 데에만 초점을 둔다. 하지만 REVAMP는 증상을 완화하는 것뿐만이 아니라 개인이 가치에 기반을 둔, 의미 있는 삶을 살 수 있도록 돕는다. 이 두 목표는 본질적으로 서로 연관이 있다. 증상은 종종 개인과 그들의 가치 사이를 가로막는 장애물이 된다. 또한, 가치는 증상 완화를 위해 필요한 행동적 변화에 대한 동기를 부여한다. 그렇기에 가치의 행동화와 고통의 완화는 REVAMP 프로그램의 전반을 아우르는 상호 연관된 두 개의 테마를 이룬다. 이들을 하나씩 설명하고 이 둘이 어떻게 서로를 강화하며 치료적 장애물을 극복하게끔 돕는지 기술하고자 한다.

가치 기반 행동화에 대한 초점: 가치 명료화와 목표 설정

REVAMP 프로그램은 개인의 가치에 초점을 두는 것으로 시작된다. 개인의 가치를 확인하는 것을 통해 방어적인 태도가 감소하며 프로그램에 대한 동기가 강화된다. 이는 또한 평가받고 언제 무엇을 해야 하는지 명령받는 것에 익숙한 재소자들에게 신선한 변화로 다가온다. REVAMP 상담자들은 맞고 틀린 답은 없다는 것을 강조하며 참여자들이 상담자가 듣기 원한다고 생각하는 답이 아니라 정말 자신이 생각하는 바를 말하도록 격려한다.

재소자들이 가지고 있는 가치가 무엇인지, 그들의 가치를 알아보는 건 바보 같은 짓이거나 더 나아가 위험한 일이 아닐지 궁금해하는 사람들이 있을 수도 있다. 그들의 긴 범죄 이력을 생각했을 때, 재소자들의 가치가 그들이 사회에 더 많은 해악을 끼치는 쪽으로 그들을 이끌지는 않을지 염려할 수도 있다. 예를 들어, 물질적 재산을 가치로 삼는 재소자는 수단과 방법을 가리지 않고 부를 쌓고 싶어 할 수 있다.

치료 개입을 통해 여러 재소자 집단을 겪은 우리의 경험에 따르면, 재소자들은 일관적으로 친사회적인 가치를 가지고 있다. 재소자들의 가치는 종종 그들 자신의 안녕을 얻고자 하는 것뿐만이 아니라 타인에게도 긍정적인 영향을 주고 싶어 하였다(〈표 10-1〉 참고). 실제로, 프로그램 참여자 중 그 누구도 명백히 반사회적인 가치를 가진 이는 없었다(다만 몇몇은 그들이 어릴 때 다른 가치를 가졌었으나, 나이가 든 후에 생각해 보니 잘못된 것이었다고 나누었다.).

가치를 확인한 후, REVAMP 상담자들은 이러한 가치를 적절한 정도로 구체화하도록 돕는다. 예를 들어, 자신의 가치로 '가족'을 보고한 참여자가 있다면 이를 좀 더 구체적으로 설명하게끔(예: '가족 부양하기', '가족들을 자랑스럽게 하기') 인도된다. 이때 유용한 비유로는 참여자들에게 자신이 버스 운전자이며, 가치는 그들이 버스를 몰고 나아가고자 하는 방향이라고 상상하게 하는 것이 있다(Hayes & Smith, 2005, p. 153). 첫 회기 끝부분에 재소자들은 자신의 묘비명(epitaph)을 쓰게 된다. 수용전념치료 및 다른 수용 관련 개입에서 사용되는 이 활동은 재소자들이 자신이 남기고자 하는 유산을 명시화하도록 돕는

표 10-1 재소자들의 가치와 목표 예시

가치	목표
배우자에게 친구와 동반자가 되어 주기	둘 다 좋아하는 활동을 찾아 함께하기
가까운 가족	적어도 한 달에 한 번 친척들과 이야기하기
아내를 지켜주고, 부양하며, 보호해 주는 남편 되기	괜찮은 수입을 가진 직장 구하기
약물과 술에서 자유로운 삶 살기	매일 금주 이어 가기
사회 공헌하기	어린이 스포츠 리그에서 코치로 봉사하기
타인의 생각을 존중하는 사람 되기	타인의 이야기 더 많이 들어주기
종교적 가르침 따라 살기	매주 일요일 교회 가기

다(Hayes & Smith, 2005, p. 170). 두 번째 회기에서 재소자들은 각 주요 삶의 영역(예: 직업, 가족, 건강)과 관련된 구체적인 개인적 가치를 탐색하면서 첫 회기의 내용을 확장한다(Hayes & Smith, 2005). 각 가치의 중요도를 평가하면서 어떤 가치를 우선순위에 두고 노력해 나아갈 것인지를 결정하게 된다. 그 뒤, 재소자들은 가치에 상응하는 목표를 정하게 되는데, 버스 비유에서 이는 가치를 향해 나아가는 여정에서 만나게 될 정류장들을 나타낸다.

가치를 가로막는 장애물: 가치 향상과 괴로움 경감 연결 짓기

불가피하게, 이러한 가치와 관련된 활동은 재소자들의 가치, 최근 행동, 그리고 현재 상황 사이의 불일치에 대한 인식을 가져온다. 실제로, 첫 두 회기의 주요 목표 중 하나는 그들의 현재 위치와 가고자 하는 위치 사이의 불일치를 알아차리게 하는 것이다. 전반적인 가치 목록을 확인(identifying)하고, 그에 대한 장애물(예: "그렇긴 하지만……")에 대한 이야기가 나오게 된다. 참여자는 그들이 사회로 돌아갔을 때 마주치게 될 실질적인 어려움(예: 어려운 경제 상황, 범죄 이력과 관련된 낙인, 인종차별, 가족의 실망, 직업을 유지하는 데 어려움을 주는 복잡한 보호관찰 요구 사항)에 대해 집중하게 된다.

재소자들은 또한 자기 행동이 자신의 가치를 가로막는 장애물(ostacles to their values)이 된다는 것을 인정하기도 한다 하지만 재소자들은 종종 자기 자신이 이러한 어려움에 어떤 기여를 했는지에 대해 양가감정을 보인다. 부분적인 책임은 인정하더라도, 사법제도의 맹점, 차별, 혹은 자신의 통제를 벗어난 다른 환경적 요인들 탓을 하는 경우가 많다. 자신들의 현재 수감 상황과 관련된 부당한 대우에 대한 인식은 방어적인 태도를 악화시키며 외부적 장애물에 대한 인식을 강화시키고, 자기 자신의 역할에 대해 생각하기를 꺼리게 만든다.

당장에 처한 교도소 환경이 방어적인 태도를 불러일으킬 수 있기에, REVAMP는 재소자가 자신의 행동에 초점을 두게끔 하지만 판단을 내포하지 않도록 주의한다. 이는 드러내 놓고 가치의 행동화를 방해한다고 여겨지는 장애물을 탐색하며 이러한 장애물에 대한 감정적 반응(예: 좌절감)을 타당화함을 통해 이루어진다. 그다음으로, '외적' 장애물(external obstacles; 그들이 돌아가게 될 환경에 내재한 문제들)과 '내적' 장애물(internal obstacles; 자기 자신의 생각 및 감정, 행동) 사이를 구별하는 심리교육이 이루어진다. 상담자는 사람 모양의 그림을 사용하여 참여자들이 외적 및 내적 장애물을 확인해 보도록 한다([그림 10-1] 참고). 외적 장애물(예: 부담스러운 보호관찰 요구 사항)은 사람 그림의 밖에 적히게 되며, 상담자들은 이와 관련된 내적 장애물(예: 좌절감, 미팅 불출석)에 대해 질문하고 이를 사람 그림 안에 적게 한다. 종종 참여자들은 그들 스스로 내적 장애물과 외적 장애물 사이의 연결점을 찾아내기도 한다. (이러한 연결점 또한 시각적 강조를 위해 그림에 추가된다.) 집단 논의 후, 참여자들은 그들 자신이 마주치게 될 내적 · 외적 장애물들에

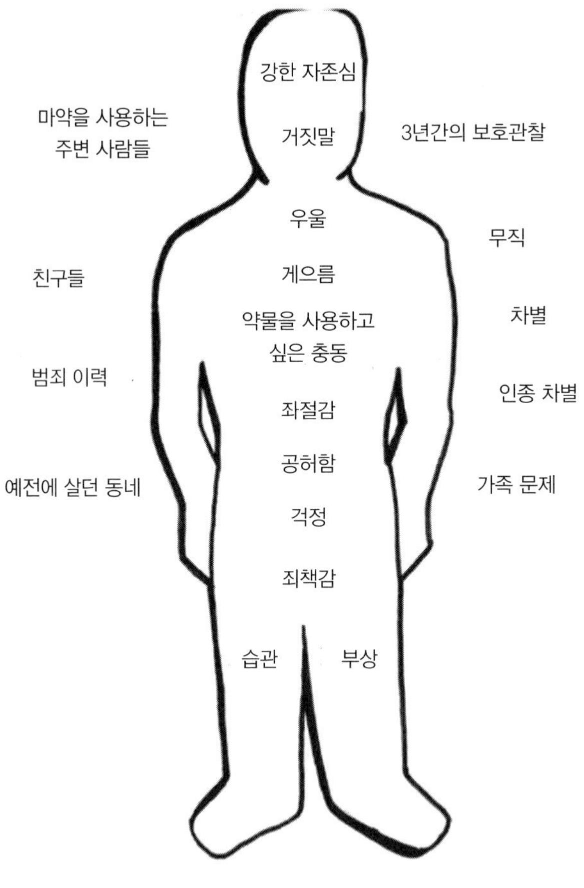

[그림 10-1] 내적 · 외적 장애물

대해 확인해 보게 된다. 참여자 스스로 가치와 장애물을 정의하기 때문에 판단이나 비난에 대한 인식은 최소화되게 된다.

협력 과정을 통해 REVAMP 상담자는 참여자의 가치 있고 의미 있는 삶을 사는 능력이 외적·내적 장애물에 의해 방해받는다는 것을 인정한다. 하지만 REVAMP는 재소자들이 수감 상태에서도 직접적으로 변화를 추구할 수 있는 내적 장애물로 주의를 돌리게끔 한다.

괴로움 줄이기: 가치를 가로막는 장애물(barriers to values) 직면하고 부수기

다양한 재소자들은 다양한 외적·내적 장애물을 가지고 있다. 그렇기에 성공적인 사회복귀 프로그램은 참여자들이 다양한 행동 문제와 삶의 어려움을 극복할 수 있는 유연한 도구들을 제공해 주어야 한다.

REVAMP의 이론적 기반은 그러한 유연성을 부과한다. REVAMP는 재소자들의 여러 심리행동적 문제를 아우르는 공통 요인인 **감정적 고통**(emotional pain)으로부터의 부적응적 회피에 초점을 둔다(Hayes, Wilson, Gifford, Follette, & Strosahl, 1996). **고통**(pain)은 정상적이고 불가피한 삶의 한 부분이다. 삶의 여러 주요 요소가 고통을 동반하지만, 사람들은 고통을 회피하거나 이로부터 도망치기 위한 시도를 하곤 한다. 이렇듯 고통 경험을 거부하는 태도는 여러 형태의 문제적 회피 행동(예: 약물 남용, 사회적 고립, 위험한 성적 행동)으로 나타난다. 그에 덧붙여, 문제적 회피 행동은 추가적인 고통(예: 건강 문제, 외로움, 대인관계적 어려움)을 초래한다. 고통을 회피하려는 시도에서 비롯되는 이러한 '추가적' 고통은 '괴로움(suffering)'이라고 명명된다. 시간이 지남에 따라 문제적 회피 행동은 고치기 어려운 습관으로 고착된다(Hayes & Smith, 2005, pp. 1-16).

이러한 개념화는 재소자들이 보고하는 다양한 문제 행동에 적용될 수 있다. 두 가지 예를 들어보겠다. 재소자 A는 사랑하는 가족의 갑작스러운 사망 후 술을 과하게 마시게 되었다. 그의 음주 문제는 '통제 불능'이 되었으며, 그는 직장을 잃고 다른 가족들과의 관계 또한 어그러지게 되었다. 재소자 B는 자신이 마약 판매가 주는 권력과 부에 '중독'되었으며, 이는 그가 교육과 말단 사원을 거쳐 천천히 사회적 지위를 쌓아 가기엔 인내심

표 10-2 고통과 괴로움의 개념화

	어려운 상황	고통	회피 행동	괴로움
재소자 A	가족의 죽음	상실감	과도한 음주	법적 문제 무직 가족과의 관계 문제
재소자 B	오랜 수감생활과 가족과의 단절 돈을 요구하는 딸	무력감, 불만감, 수치심	빨리 돈을 벌기 위한 마약 판매	법적 문제 딸과의 단절 및 존경의 상실

이 부족했기 때문이라고 말했다. 이전 수감 경험 후에 그는 직업을 얻고 유지하려 하였으나, 따분한 루틴을 견딜 수 없었다. 그는 또한 그의 딸이 '비싼 선호'를 가지고 있으며, 그에게 비싼 물건들을 사달라고 요구했다고 덧붙였다.

〈표 10-2〉에 나와 있듯이, 이러한 예화들은 서로 다른 두 문제 행동(알코올 남용과 범법 행동)을 아우르는 공통분모가 회피 행동임을 보여 준다. 각 재소자는 다른 환경에 처해있고 다른 감정적 반응을 경험하지만, 둘은 모두 위험한 회피 행동을 통해 그들의 고통에서부터 벗어나고자 하였다. REVAMP에서 개인이 고통과 어떻게 관계를 맺고 있는지는 중요한 치료 목표가 된다. 이렇듯이, 이 프로그램은 여러 다른 문제 행동의 공통 요인에 초점을 둔다. 특정한 경험의 유형이 아닌 정서적 경험과의 관계에 집중함을 통해, REVAMP는 교도소 내의 다양한 참여자들에게 적용될 수 있다.

3회기에 재소자들은 고통의 수용과 회피가 어떻게 다르며, 이들과 괴로움 사이에 어떤 관계가 있는지를 배운다. 수용전념치료에서 통용되는 두 비유[모래 늪(quick sand)과 중국의 핑거트랩(Chinese finger traps)]가 이 개념들을 설명하기 위해 사용된다(Hayes & Smith, 2005, pp. 3-4, p. 37). 첫째로, 참여자들은 그들이 모래 늪에 빠졌다고 상상해 보도록 지시된다. 대부분의 참여자들은 그들이 패닉에 빠져 그곳에서 벗어나기 위해 몸부림칠 것이라고 답한다. 하지만 모래 늪에서는 몸부림을 치면 칠수록 더 깊이 빠지게 된다. 제일 먼저 드는 충동대로 행동하는 것이 상황을 악화시킬 뿐이라는 것은 괴로움의 개념을 잘 설명해 준다. 그다음으로, 참여자들에게 중국에서 유래한 핑거트랩이 주어진다. 짚으로 짜인 이 원통은 양 끝에 집게손가락을 넣을 수 있을 정도의 크기이며, 일종의 함정이다.

원통 안에 넣은 손가락을 빨리 빼려고 하면 손가락은 끼여 버린다. 하지만 손가락을 더 안으로 밀어 넣으면 원통이 널널해지며 손가락을 빼낼 수 있게 된다. 이 손가락 장난감은 고통을 상징한다. 손가락을 재빨리 빼내려는 충동은 그들의 손가락을 더 옥죄일 뿐이다. 이 장난감은 재소자들이 수용의 역설을 물리적으로 경험할 수 있게 한다. 즉, 그들의 즉각적인 회피 충동과 반대로 그 함정 안으로 더 깊이 들어감을 통해, 더 많은 유연성을 얻게 되며, 이는 궁극적으로 탈출을 가능하게 한다. 어떤 이들은 범법자들이 추상적인 비유를 잘 이해할 수 있을지 회의적일지도 모르나, 우리의 경험에 따르면 재소자들은 이 비유들을 잘 받아들였다. 몇몇은 고통에서 도망치려는 헛된 시도에 대한 추가적인 비유들(예: 해류를 거슬러 수영하기)을 만들어 내기도 하였다. 집단 내에서 그리고 개인적으로, 참여자들은 그들의 충동적인 회피 행동에서 비롯된 괴로움의 경험에 대해 고찰한다. 개인 활동지를 통해 재소자들은 수용이 어떻게 그들의 가치와 더 상응하는 삶을 살 수 있게 할지에 대해 깊이 생각해 볼 수 있다.

고통에 반응하는 더 건강한 방법을 추구해야 하는 이유가 성립된 후, 참여자들은 고통에 더 잘 대응하기 위한 구체적인 기술들을 배우게 된다. 4~6회기에 걸쳐 재소자들은 **현재 자각**(present awareness), 단기 고통 감내(distress tolerance), 그리고 분리(defusion)라는 세 가지 중요한 기술들을 배우게 된다. 현재 자각에 대한 4회기에서 참여자들은 **자동적 행동**(automatic behavior), 자각 없는 행동(action without awareness), 그리고 자동 조종 모드(automatic pilot mode)라는 개념에 대해 배운다(Bowen et al., 2011, pp. 32-47). 자동 조종 모드에서 개인의 행동은 그들의 생각(thoughts)과 감정의 영향을 받는데, 이때 이 과정에 대한 자각이 없으며, 그렇기에 어떠한 상황에 부딪혔을 때 해로운 자동 반응이 튀어나오게 된다. 상담자는 내적 상태에 대해 자동적으로 반응하는 것이 아니라 의지적으로 또한 선택적으로 반응하기 위해서는 자각이 필요함을 설명한다. 참여자들은 그들의 경험에 대한 자각을 돕기 위한 여러 활동들에 참여하게 된다. 첫째로 그들은 **신체 스캔**(body scan)(Bowen et al., 2011, pp. 42-43)을 통해 각 몸의 부위에서 경험되는 감각들에 반응하지 않고 집중한다. 그 뒤 참여자들은 2분 동안 그들의 마음속에 오고 가는 생각들('머릿속 잡담')을 기록하면서 자신의 생각을 자각한다(Hayes & Smith, 2005, p. 55). 마지막으로, 참여자들은 그들의 생각을 시냇물을 따라 흘러가는 잎사귀로 상상하는 마음챙김 활동을 통해 자기 생각에 대한 비판단적인 자각을 더욱 높인다(Bowen et al., 2011, pp. 140-141).

5회기는 정서적 고통의 적응적 대처에 초점을 둔다. 이 회기에서 집단상담자들은 고통을 수용한다고 해서 모든 문제가 즉각적으로 해결되지는 않는다는 것을 인정한다. 다른 수용 관련 개입과 비슷하게, REVAMP는 때로는 일시적으로 고통을 줄이기 위해 건강한 행동을 취하는 것이 가장 좋은 선택지라고 주장한다(Linehan, 1993). 그 행동의 결과에 따라 적응적 · 비적응적 대처 행동이 구분된다. **적응적 대처 행동**(adaptive coping behaviors)은 긍정적 결과를 가져오지만, **부적응적 대처 행동**(maladaptive coping behaviors)은 장기적으로 부정적인 결과를 초래한다. 참여자들은 각 유형에 포함되는 대처 행동을 브레인 스토밍하고 그 행동의 결과에 대해 생각해 본다. 개인적 활동을 통해 참여자는 여러 대처 행동들에 따른 고통의 경감을 모니터링한다(Hayes & Smith, 2005, p. 28). 이러한 단기 고통 감내 기술들(distress tolerance skills)은 영구적인 해결책이라기보다는 극심한 고통의 순간에 사용될 수 있는 응급조치라고 설명된다. 6회기에서는 참여자가 자기 생각과 감정과 맺는 관계를 변화시킴을 통해 고통에 대응하기 위한 장기적 전략을 배우게 된다. 재소자들은 **관찰자 관점**(observer perspective)과 탈융합에 대한 심리교육을 받는다. 집단상담자는 생각과 감정에서 한 걸음 떨어져서 밖에서 들여다보는 관점을 가지는 것이 행동에 대한 자동적 영향을 줄일 수 있음을 설명한다. 이를 표현하기 위해 집단상담자는 수용전념치료에서 사용되는 **체스판 비유**(metaphor of a chessboard)를 든다(Hayes & Smith, 2005, p. 96). 재소자들은 자신들의 내적 갈등을 긍정적 · 부정적 사고와 감정 사이의 체스 경기라고 상상한다. 집단상담자는 재소자에게 그 비유의 어떤 부분(예: 체스말, 체스를 두는 사람, 체스판)이 그들 자신을 상징하는지에 대해 질문한다. 참여자 대부분은 즉각적으로 그들 자신을 체스말이나 체스를 두는 사람이라고 보고한다. 집단상담자는 체스판이 관찰자 관점을 상징한다고 설명한다. 체스판은 내적 요소(예: 생각, 감정)를 담아내고 있지만 그 갈등의 일부는 아니다. 재소자들은 그 후 산 명상이라는 **중심 잡기**(centering exercising) 심상 활동에 참여한다(Bowen et al., 2011). 이 명상에서 산은 단단히 뿌리를 내리고 있으며, 움직이지 않으며, 반응하지 않는 존재를 의미한다.

6회기 끝에 주어지는 활동지는 4~6회기에 다루어진 고통 모니터링에 대한 내용을 통합시킨다. 참여자는 먼저 그들 자신이 과거에 어떻게 고통에 부적응적으로 반응하였는지에 대해 고찰해 본다. 그리고 그들은 미래에 겪게 될 고통에 대해 생각해 보며 적응적인 대안 방안을 기술한다. 이 활동은 참여자가 현재 자각, 단기 적응적 대처, 그리고 관찰자 관점을 자신의 미래 고통에 적용할 수 있도록 돕는다(Bornovalova, 2008).

회기 구성

REVAMP는 도전적이지만 예측 가능한 집단 경험을 제공하기 위해 일관적인 구성을 유지한다. 첫 회기는 프로그램의 목적과 목표를 제시하고 궁금증과 흥미를 불러일으키며, 참여를 돕는 안전한 환경을 구성하고, 중심 잡기 활동을 처음으로 소개하는 프로그램 오리엔테이션을 포함하기에 다른 회기와 다르게 구성된다. 2~8회기는 다음과 같은 동일한 구성을 가진다.

- 중심 잡기 활동
- 과제 검토 및 논의
- 지난 회기와 이번 회기 사이의 연관에 대한 설명(새로운 혹은 확장된 비유 제시)
- 이번 회기의 주요 내용을 표현하는 활동
- 주제에 대한 논의와 활동
- 배운 내용을 개인화하거나 행동으로 옮기기 위한 활동지 과제로 제시
- 1~2문장으로 이번 회기의 주요 내용 요약
- 중심 잡기 활동

예를 들이, 7회기(주제: 가치에 기반을 둔 삶과 고통 감내 기법의 통합)는 중심 잡기 활동인 산 명상으로 시작하고 6회기 끝에 과제로 주어졌던 고통 모니터링 활동지를 검토하는 것으로 이어진다. 그 후, 집단상담자는 가치의 행동화, 목표 설정, 그리고 장애물 극복이라는 이번 회기의 주제를 소개한다. 집단상담자는 버스 비유(bus metaphor)를 통해 가치(버스가 향하고 있는 방향), 목표(버스 정류장들), 내적 장애물(말썽을 부리는 승객), 그리고 외적 장애물(교통 체증)에 대한 설명을 강화한다. 달성 가능한 단기 목표를 설정하는 활동에

이어 사회 내에서 장애물을 어떻게 극복할 수 있을지에 대해 논의한다. 참여자들은 예상할 수 있는 장애물과 이를 어떻게 극복할 수 있을 지에 대해 적어 보는 활동지를 과제로 부여받는다. 그 뒤, 참여자들은 그들이 기억해야 할 회기 요약 메시지("마음챙김과 새로운 시도는 당신이 살고 싶은 삶을 살 수 있도록 도와줍니다")를 듣는다. 마지막으로, 참여자들은 현재 자각을 돕는 중심 잡기 활동에 참여한다.

마지막 회기인 8회기 또한 2~7회기와 유사한 구성을 따르지만, 지금까지 배운 내용과 집단 경험이 재소자가 사회에 재진입했을 때 어떤 도움을 줄 수 있을지에 대한 고찰이 추가된다. 다른 회기와 같이 중심 잡기 활동으로 시작하지만, 어떤 활동을 할지는 집단 참여자들이 결정한다. 지난 회기에 주어졌던 과제를 검토한 뒤, 새로운 주제를 제시하는 것이 아니라 프로그램의 목표와 그 이론적 배경, 지금까지 다루었던 내용과 활동, 중심 잡기 기법, 논의 등이 어떻게 각 목표를 촉진하는지를 돌아본다. 그리고 또한 각 목표가 개인에게 어떻게 적용될 수 있을지를 논의하고, 회기 요약 메시지 모음을 제공한다. 마지막으로, 집단 참여자들이 고른 중심 잡기 활동으로 회기를 마무리한다.

수용성

아직 우리의 파일럿 무작위 임상실험의 결과가 나오지 않았지만, 현재까지의 증거는 REVAMP가 다양한 재소자들에게서 잘 받아들여졌음을 나타낸다. 모든 참여자는 익명 평가지를 작성하였다. 대체로 매우 긍정적인 평가가 주어졌다. 참여자들은 1점에서 4점 척도로 개입의 질(M=3.3), 유용성(M=3.5), 그리고 전반적인 프로그램 만족도(M=3.6)에 대해 평가하였다. 교도소 기반 프로그램으로서 높은 정도의 지속 참여도를 보였으며, 이는 이 교도소에서 진행되는 다른 다회기 프로그램이나 개입에 비해 매우 높은 수치였다.

적용성

REVAMP는 다양한 연령대, 인종, 범죄 이력, 가치, 그리고 장애물(예: 정신건강 문제, 약물 문제)를 가진 재소자에게 전반적으로 적용될 수 있도록 고안되었다. 그렇기에, 기본적인 기준(예: 일반 수감시설에 있음, 프로그램에 참여할 수 있는 정도의 형기가 남음, 후에 사회에 직접적으로 재진입할 예정임)에 부합하는 재소자는 REVAMP에 참여할 수 있었다. REVAMP에 참여하는 것은 온전히 자발적이었다. 지금까지 다양한 연령대(18~81세)와 범죄 이력을 가진 재소자들이 이 프로그램에 참여해 왔다.

요약하자면, 8회기 REVAMP 개입은 고통을 줄이고 가치에 기반을 둔 삶을 증진시키는 두 가지 목표를 가지고 있다. REVAMP는 교도소에서 사용되도록 특별히 고안되었으며, 예비 조사에 따르면 다양한 재소자들에게 잘 받아들여졌다. REVAMP의 효과성을 검증하기 위한 경험적 자료는 현재 수집되는 중이다.

'일반 집단' 재소자들과의 동기강화상담

동기강화상담이란 무엇인가

동기강화상담(Motivational Interviewing: MI)은 Miller와 Rollnick(2002)이 고안한 단기 개입이다. MI는 종종 본격적인 치료가 시작되기에 앞서 1~2회기 동안 일종의 '치료 전' 개입으로 사용된다. 다른 경우에 MI는 치료나 변화를 위한 독자적인 개입으로 활용되기도 한다.

MI의 목표는 개인의 변화를 위한 동기를 강화시키는 데 있다. MI는 '저항적'이거나 '비전념적인' 내담자, 즉 치료가 필요하지만 변화에 대해 양가감정을 가지고 있거나 변화에 전념하고 있지 않은 내담자에게 유용하다. 지시적이지만 내담자 중심적인 접근을 가진 MI 상담자들은, ① 내담자의 목표와 개인적 가치를 드러내기 위한 질문을 하고, ② 내담자의 현재 행동과 상황이 이러한 가치와 목표와 어떻게 불일치하는지를 강조하고, ③ 내담자가 이러한 불일치에 대한 인식에서 비롯되는 부조화를 긍정적인 변화를 위한 동기의 원천으로 삼을 수 있도록 돕는다. MI 상담에서 상담자는 내담자의 관점을 취하고, 공감을 전달하며, 내담자의 현 상황과 미래 목표 사이의 불일치를 드러내고, 저항을 재구성하고, 내담자의 자기효능감을 지지한다. MI는 음주 문제를 가진 사람들을 돕기 위해 처음 만들어졌으며, 후에 다양하게 적용될 수 있는 기법과 변화에 대한 동기, 변화의 단계, '변화 담론(change talk)', 그리고 '전념 담론(commitment talk)'을 포함한 행동의 기제를 설명하는 이론을 가진 상담법으로 발전되어 왔다(Miller & Rollnick, 2002).

직접적으로 긍정심리학의 맥락에서 고안된 것은 아니지만, 여러 MI 기법들은 긍정심리 원칙에 기반한다. 자기효능감을 증진시키기 위한 MI 기법은 내담자의 긍정적인 개인 특성에 초점을 둔다(예: "변화를 도울 수 있는 어떤 강점을 가지고 계신가요?"). 또한, 동기 강화를 위한 MI 기법은 변화의 긍정적 결과에 초점을 맞춘다(예: "만약 이 변화가 일어난다면, 당신 삶의 어떤 부분이 더 나아질까요?").

지역사회에서의 MI의 효과에 대한 경험적 증거는 무엇인가

MI 기법은 여러 분야에서의 변화를 이끌어 내기 위한 다양한 치료법들과 함께 사용되어 왔다. 치료 동기를 강화하고 추후 행동 변화를 이끌어 내는 MI의 효과성에 대한 방대한 양의 연구 결과가 존재한다. 각자 조금씩 다른 표본을 가지고 진행된 세 메타분석은 동일하게 MI가 다양한 집단과 문제 영역에서 중간 크기의 효과를 보였으며, 이는 MI가 독단적인 개입으로 사용됐을 때도 다른 치료에 덧붙여서 사용되었을 때도 그러했음을 보여 주었다(Burke, Arkowitz, & Menchola, 2003; Mettema, Steele, & Miller, 2005; Rubick, Sandbaek, Lauritzen, & Christensen, 2005).

MI가 재소자에게 특별히 효과적인 이유는 무엇인가

재소자들이나 보호관찰 중인 참여자를 대상으로 한 소수의 연구는 촉망되는 결과들을 보였다(Ginsburg et al., 2002; Walters et al., 2007). 예를 들어, 가정폭력 가해자를 대상으로 한 MI 개입은 약물 남용 문제를 해결하고자 하는 동기를 증가시켰다(Easton, Swan, & Sinha, 2000). 재소 중인 청소년들에게 MI는 출소 후 음주운전을 하거나 음주한 운전자의 차에 동승하는 빈도를 낮추었는데, 이는 특히나 낮은 수준의 우울 증상을 보고한 청소년들에게 효과가 있었다(Stein et al., 2006). 또한, MI는 분노하거나 반항적인 사람이나 변화에 대한 동기가 부족한 사람에게 효과적인 것으로 나타났다(Hettema et al., 2005; O'Leary Tevyaw & Monti, 2004). 더 나아가, 한 메타분석은 MI의 효과가 백인보다 유색인 참여자들에게 유의하게 크다고 밝혔는데(Hettema et al., 2005), 이는 미국 내 재소자 중 유색인 비율이 높다는 점을 생각하면 중요한 함의가 있다.

출소를 앞둔 재소자를 대상으로 MI를 진행할 때의 특별한 어려움

MI는 일반적으로 변화의 타깃이 뚜렷한 상황(예: 약물 중독 치료가 필요한 사람, 섭식장애를 가진 청소년, 우울증 치료를 위해 상담을 찾는 내담자)에서 사용된다. 대부분의 경우, 궁극적인 변화 목표는 처음부터 내담자와 상담자 모두에게 명료하다.

그와 달리, 사회 재진입을 앞둔 재소자(특히, 약물 의존과 정신질환이 동반되는 경우)는 수없이 많은 어려움과 변화 목표를 가지고 있다. 어떤 재소자에게 가장 우선되는 목표는 취직을 하고 살 곳을 찾는 것이고, 다른 재소자에게는 금주가 가장 중요할 수 있다. 또 다른 재소자는 수감 생활 중에 처방 받게 된 향정신성 약물을 지속적으로 복용하고 상담을 받는 것이 최우선 순위에 있을 수 있다. MI를 받지 못한 재소자는 출소 후 예전과 다른 삶을 살고 싶은 열망을 가지고 있음에도 그러한 목표를 달성하고 지속할 계획을 가지고 있지 않은 경우가 많다. 재소자(특히, 약물 의존과 정신 질환이 동반되는 경우)를 대상으로 MI를 진행할 때는 먼저 달성 가능한 목표(개인의 가치에 기반을 둔)를 확실히 한 다음에 MI의 주된 과제인 동기 증진, 행동 계획 세우기, 계획 실행에 대한 자기효능감 강화하기로 옮겨 갈 수 있다.

우리는 MI에 대한 심도 있는 훈련을 받았으며 사회 재진입을 앞둔 재소자를 대상으로 이 개입법을 시범 적용하였다. 이를 통해 우리는 이 맥락에서 진행되는 MI는 일반적인 맥락(예: 약물 중독 치료 프로그램)에서 진행되는 것과 꽤 달라야 함을 확인하였다. 개개인이 가지고 있는 특수한 변화 목표를 확인해야 하므로, 일반적인 MI 접근법을 수정하여 적용하여야 한다. 일반 집단 재소자들은 다양한 변화 목표(예: 약물 남용을 줄이거나 끊기, 취직하기, 가족과의 관계 회복하기, 범죄 활동 그만두기)를 가지고 있다. 또한 MI 상담자가 재소자를 판단하거나, 낙인찍거나, 수치심을 불러일으키지 않는 것이 특히 중요하다.

처음에 우리는 각 개인에게 특정적인 변화 목표를 확인하기 위해 다음과 같이 직접적으로 물어봤다. "X 씨, 당신은 ○○주 후에 이곳에서 출소하게 됩니다. 사회로의 복귀에 대해 생각해 봅시다. 다시 수감되는 것을 피하기 위해 어떤 변화를 이루고 싶으신가요?" 그 질문은 잘 받아들여지지 않았으며, 우리는 꽤 많은 저항을 받았다. 몇몇 재소자들은 재수감을 피하려면 변화해야 한다는 말 자체에 화를 냈다. 많은 이들이 그 질문에 대한 답으로 여러 외부적 요인, 특히 사회 시스템이 어떻게 그들의 필요를 채워 주지 않았는지에 관해 이야기했다. 다른 이들은 자신들은 이미 필요한 변화를 다 마쳤기에 다시 수감 될 일은 없을 거라고 단정 지었다. 다시 말해, 우리는 내담자들에게 변화가 필요하다는 우리의 가정을 전달한 것이다. 우리의 첫 질문은 의도치 않게 재소자에게 근본적인 흠결이 있으며, 우리가 생각하기에 그들은 변화해야만 한다는 메시지를 암시하였다.

우리는 몇 달에 걸쳐 여러 전략을 시범해 보았으며, 이를 통해 가장 효과적인 한 접근법을 찾아낼 수 있었다. 즉, 재소자의 개인적 가치와 목표를 처음부터 탐색하고 활용하는 것이다. 이제 우리는 MI 상담의 초기에 상담 장면에 나온 재소자에게 감사를 표하며 다음과 같은 질문을 제시한다. "X 씨, 당신에게 가장 중요한 것은 무엇인가요? 당신이 가장 가치 있게 여기는 건 무엇인가요?" 이 접근법은 마치 마법처럼 우리가 나아갈 길을 보여 주었다. REVAMP 프로그램에서와 같이, 재소자들은 개인적 가치를 어렵지 않게 명명할 수 있었다. 그들의 가치의 거의 모든 경우에 긍정적이며 친사회적인 가치였다. 이러한 접근을 통해 긍정적인 분위기로 상담을 시작할 수 있다. 인간 대 인간으로 존중받는다는 느낌은 또한 라포 형성에도 도움을 준다.

개인적 가치의 확인은 어떻게 범죄 활동과 수감이 재소자가 그들의 가치와 목표를 좇는 것을 방해하는지를 알아차리는 것으로 이어진다. 이러한 불일치를 확인하는 작업은 재소자들에게 위협적이거나 판단적으로 느껴지는 방식이 아니라, 지지적으로 느껴지는 방식으로 진행되어야 한다. 이때 변화 목표는 쉽게 파악될 수 있으며, 재소자들은 쉽게 더 높은 수준의 변화 단계로 나아가게 된다. 상담의 종결 또한 내담자의 가치와 목표, 그리고 이를 성취하기 위한 변화를 재긍정하면서 긍정적인 분위기에서 이루어진다.

요약과 결론

재소자의 필요와 교도소의 환경적 제약에 맞춰진 심리 개입이 절실한 실정이다. 재소자가 가지고 있는 심각한 문제와 그들이 사회에 끼칠 수 있는 피해 때문에, 그들의 심리 행동적 문제에 초점을 두는 것이 긍정적 결과에 초점을 두는 것보다 더 중요하게 보일 수 있다. 실제로, 최근 임상적 환경 및 지역사회 내에서 긍정심리적 개입에 대한 경험적 연구가 증가하고 있음에도, 이러한 개입이 재소자에게 적용된 적은 거의 없다.

이 장에서 우리는 '일반 집단' 재소자를 위해 고안된 세 가지 개입을 소개하였다. 이 셋을 관통하는 여러 공통 요소가 존재한다. 첫째로, 이 개입들은 수치심을 감소시킨다. 각 개입은 재소자들이 그들의 삶에 대해 고찰할 때 불가피하게 따라오는 수치심을 조금씩 다른 방법으로 다룬다. 예를 들어, 다음과 같이 수치심을 표현하는 재소자가 있다고 가정해 보자: "교도소에 와서 마약도 끊고 술도 끊고 보니, 지금까지 나의 중독 문제가 얼마나 나 자신과 가족, 그리고 사회에 피해를 줬는지를 알게 됐습니다. 그렇게나 오래 약물과 술에 빠져 있었다니, 저는 정말 멍청했어요." IOC는 재소자가 책임을 지고 복구를 위한 계획을 만들고 실천하도록 돕는다. REVAMP는 수용과 가치의 행동화에 초점을 두도록 돕는다. MI 상담자는 공감해 주며 재소자의 강점과 가치를 재구성하고 긍정해 주며, 동기 강화를 위해 자기효능감을 증진시킨다. 이러한 접근법은 상호 배타적이지는 않지만, 각 개입이 어떻게 내담자의 수치심을 다루는지를 나타내 준다.

둘째로, 이 세 가지 개입은 미래를 위한 긍정적인 변화를 강조한다. MI와 수용전념치료에서 영감을 받은 REVAMP 프로그램 둘 다 이 집단에 적용되기 위해 수정을 거쳐야 했다. 시범적 적용을 통해 우리는 개인의 가치와 목표에 대해 일찍 다루는 것이 중요함을 알게 되었다.

'긍정적인 것'을 촉진하는 것과 '부정적인 것'을 치료하는 것이 상호 배타적일 필요는 없다. 여러 개입을 통한 우리의 경험에 따르면, 재소자의 변화에 대한 동기는 단순히 수치심이나 처벌, 재수감을 피하려고 할 때보다 긍정적 동기(예: 가치 있는 목표 혹은 피해의 복구)에 의해 일어날 때 가장 강했다. 요약하자면, 이 집단에게 가치의 향상과 증상의 완화는 상호 보완적이며 상호 강화적일 수 있다. 범법자의 재활은 긍정심리학 분야의 구성 개념과 개입을 포함하는 것을 통해 크게 향상될 수 있다.

참고문헌

Bornovalova, M. A. (2008). Distress tolerance treatment for inner-city drug users: A preliminary trial (Order No. 3324754). Available from ProQuest Dissertations & Theses Global. (304576842).

Bowen, S., Chawla, N., & Marlatt, G. A. (2011). *Mindfulness-based relapse prevention for addictive behaviors: A clinician's guide*. New York: Guilford Press.

Burke, B. L., Arkowitz, H., & Menchola, M. (2003). The efficacy of motivational interviewing: A meta-analysis of controlled clinical trials. *Journal of Consulting and Clinical Psychology, 71*, 843-861.

Conn, C., Warden, R., Stuewig, J., Kim, E. H., Harty, L., Hastings, M., & Tangney, J. P. (2010). Borderline personality disorder among jail inmates: How common, and how distinct? *Corrections Compendium, 4*, 6-13.

Drapalski, A., Youman, K., Stuewig, J., & Tangney, J. P. (2009). Gender differences in jail inmates' symptoms of mental illness, treatment history and treatment seeking. *Criminal Behaviour and Mental Health, 19*, 193-206.

Easton, C., Swan, S., & Sinha, R. (2000). Motivation to change substance use among offenders of domestic violence. *Journal of Substance Abuse Treatment, 19*, 1-5.

Ginsburg, J. L. D., Mann, R. E., Rotgers, F., & Weekes, J. R. (2002). Motivational interviewing with criminal justice populations. In W. R. Miller & S. Rollnick (Eds.), *Motivational interviewing: Preparing people for change* (2nd ed., pp. 333346). New York: Guilford Press.

Hayes, S. C. (2004). Acceptance and Commitment Therapy, relational frame theory, and the third wave of behavioral and cognitive therapies. *Behavior Therapy, 35*, 639-665.

Hayes, S. C., & Smith, S. (2005). *Get out of your mind and into your life: The new Acceptance and Commitment Therapy*. Oakland, CA: New Harbinger.

Hayes, S. C., Wilson, K. G., Gifford, E. V., Follette, V. M., & Strosahl, K. (1996). Experiential avoidance and behavioral disorders: A functional dimensional approach to diagnosis and treatment. *Journal of Consulting and Clinical Psychology, 64*, 1152-1168.

Hettema, J., Steele, J., & Miller, W. R. (2005). Motivational interviewing. *Annual Review of Clinical Psychology, 1*, 91-111.

Leith, K. P., & Baumeister, R. F. (1998). Empathy, shame, guilt, and narratives of interpersonal conflicts: Guilt-prone people are better at perspective taking. *Journal of Personality, 66*, 1-37.

Linehan, M. M. (1993). *Cognitive behavioral treatment of borderline personality disorder*. New York: Guilford Press.

Meyer, C. L., Tangney, J. P., Stuewig, J., & Moore, K. E. (2014). Why do some jail inmates not engage in treatment and services?. *International Journal of Offender Therapy and Comparative Criminology, 58*(8), 914-930.

Miller, W. R., & Rollnick, S. (2002). *Motivational interviewing: Preparing people for change* (2nd ed.). New York: Guilford Press.

O'Leary Tevyaw, T., & Monti, P. M. (2004). Motivational enhancement and other brief interventions for adolescent substance abuse: Foundations, applications and evaluations. *Addiction, 99*, 63-75.

Rubak, S., Sandbæk, A., Laurizen, T., Christensen, B. (2005). Motivational interviewing: A systematic review and meta-analysis. *British Journal of General Practice, 55*, 305-312.

Stein, L. A. R., Colby, S. M., Barnett, N. P., Monti, P. M., Golembeske, C., & Lebeau-Craven, R. (2006). Effects of motivational interviewing for incarcerated adolescents on driving under the influence after release. *The American Journal on Addictions, 15*, 50-57.

Tangney, J. P., Malouf, E. T., Stuewig, J., & Mashek, D. (2012). Emotions and morality: You don't have to feel really bad to be good. In M. W. Eysenck, M. Fajkowska, & T. Maruszewski (Eds.), *Warsaw lectures on personality and social psychology. Personality, cognition and emotion* (Vol. 2). New York: Eliot Werner.

Tangney, J. P., Mashek, D., & Stuewig, J. (2007). Working at the social-clinical-community-criminology interface: The George Mason University Inmate Study. *Journal of Social and*

Clinical Psychology, 26, 1-21.

Tangney, J. P., Stuewig, J., & Hafez, L. (2011). Shame, guilt and remorse: Implications for offender populations. *Journal of Forensic Psychiatry & Psychology, 22*(5), 706-723.

Tangney, J. P., Stuewig, J., & Mashek, D. J. (2007). Moral emotions and moral behavior. *Annual Review of Psychology, 58*, 345-372.

Tangney, J. P., Youman, K., & Stuewig, J. (2009). Proneness to shame and proneness to guilt. In M. R. Leary & R. H. Hoyle (Eds.), *Handbook of individual differences in social behavior* (pp. 192-209). New York: Guilford Press.

VA Maryland Health Care System Acceptance and Commitment Therapy Team. (2007). *Acceptance and Commitment Therapy Group Therapy Protocol: Addictions Intensive Outpatient Program PTSD/Substance Use Dual Diagnosis Program.* Unpublished therapy manual.

Walters, S. T., Clark, M. D., Gingerich, R., & Meltzer, M. L. (2007). *A guide for probation and parole: Motivating offenders to change.* Washington, DC: U.S. Department of Justice, Office of Justice Programs, National Institute of Corrections.

Youman, K., Drapalski, A., Stuewig, J., Bagley, K., & Tangney, J. P. (2010). Race differences in psychopathology and disparities in treatment seeking: Community and jail-based treatment seeking patterns. *Psychological Services, 7*, 11-26.

제11장

의미의 과학을 활용하여 가치 일관적, 목적 지향적 행동 촉진하기

Michael F. Steger
Colorado State University
North-West University, South Africa

Kelly Sheline
Colorado State University

Leslie Merriman
Colorado State University

Todd B. Kashdan
George Mason University

수용전념치료(ACT)와 긍정심리학 간에는 흥미로운 평행이 존재한다. 둘 다 사람들이 자신의 가능한 최상의 미래를 달성하도록 돕고자 노력한다. 그러나 중요한 차이점이 있다. ACT는 긍정과 부정을 통합하는 이론에 기반을 두고 있으며, 사람들이 건강한 목표를 향해 노력하는 것을 막는 장벽을 줄이고, 노력할 때 자율적으로 하며, 이러한 노력을 합리적인 수준에서 일관된 인생 계획으로 통합하는 것을 목표로 하는 많은 개입을 갖고 있다. 긍정심리학은 좋은, 바람직한, 또는 '긍정적인' 것으로 분류되는 행복, 감사, 친절과 같은 주제를 강조하는 다양한 연구에 의해 정의되어 왔으며, 이것은 다른 유형의 긍정성과 충분한 통합 없이, 그리고 인간 경험의 나머지 스펙트럼과는 훨씬 덜 통합된 상태로 이루어져 왔다. 이와 대조적으로 ACT는 표면적인 수준의 긍정성이 아니라 사람을 중심에 두었다.

긍정심리학은 행복한 사람들의 공통점과 비교적 보편적인 개입(예: 다른 사람에게 감사 또는 친절을 더 자주 표현하는 것)을 만드는 데 초점을 맞추며 입지를 확보해 왔다. ACT는 고통의 주요 원천이 모든 사람에게 공통적인 언어라는 가정에 의해 기반을 다져 왔다. 이러한 시작점으로부터 ACT 실무자들은 각 개인의 고유한 가치의 배열과 일관된 잠재적 포부에 초점을 맞춘다.

어쩌면 이러한 두 관점의 접점은 잘 사는 삶(well-lived life)에 대한 공통의 비전을 향한 각 개인의 고유한 여정일지도 모른다. 이 장에서 우리는 **삶의 의미**(meaning in life)가 이 접점을 제공하기 위해 긍정심리학의 전형적 영역에서 한 발짝 벗어난 몇 가지 방식에 대해 기술한다. ACT가 이미 삶의 의미에 관여해 온 방식을 강조한 후, 우리는 사례를 통해 삶의 의미가 ACT를 어떻게 향상시키고 사람들에게 가능한 최상의 미래를 달성하기 위한 새로운 통찰을 제공하는지를 보여 줄 것이다.

ACT, 긍정심리학, 그리고 삶의 의미

삶의 의미는 종종 긍정심리학의 등장 이전에 존재했던 최적의 인간 기능(optimal human functioning)에 대한 모형들에 포함되어 왔다. 예를 들어, Ryff(1989)의 심리적 안녕감 모형은 삶의 목적을 포함했고, **안녕감**(well-being)의 기본 구성 요소를 이해하고자 한 많은 연구들은 삶의 의미와 목적에 관한 측정 도구들을 포함하였다(예: DeNeve & Cooper, 1998; Harlow & Newcomb, 1990). 하지만 1970~1990년대에 이루어진 대부분의 안녕감 연구는 성격 특성, 정서와 삶에 대한 만족에 초점을 맞추었다. 어쩌면 **긍정심리학**(positive psychology) 운동 또한 (성격 강점이라 불리는) 성격 특성과 긍정정서에 초점을 맞추고, 정서와 삶에 대한 만족에 대한 연구를 주관적 안녕감의 개념에 통합시킨 것은 이미 예상된 일일 수도 있다. 다른 변인들에 초점을 맞추라는 요구도 있어 왔지만(예: Ryan & Deci, 2001), 긍정정서에 대한 열정의 안개를 뚫고 나갈 수 있는 아이디어는 거의 없었다.

그러나 한두 개의 성공적으로 경쟁적인 아이디어는 많은 것을 가르쳐 준다. 첫째, 마음챙김은 미디어와 실무자들 사이에서 열광적인 관심을 끌었다. 둘째, 삶의 의미는 사회

심리학의 중요한 변인 목록과 완화 의료와 종양학 간호(palliative and oncology nursing)의 개입 대상으로 다시 등장하기 시작하였다. 마음챙김은 ACT에 있어 핵심적이며, 이 장의 또 다른 목적 중 하나는 삶의 의미 또한 그렇다는 것에 대해 입증하는 것이다. 그러므로 긍정심리학의 '두 번째 물결'은 행동치료의 '세 번째 물결'과 매우 유사하다고 주장할 수 있을 것이다.

대부분의 경우, 안타깝게도, 기존의 긍정심리학은 만족, 성공, 그리고 순간의 즐거움에 과하게 집중되어 있는 것처럼 보인다. 이것은 그 적용에서 가장 흔하게 볼 수 있는데, '축복 세기(counting blessings)' 또는 하루 중 세 가지 좋은 일을 쓰는 것에서와 같이 긍정적 경험에 주의를 기울이기 위한 단순한 행동 기록 기법에서 그러하다. 이러한 도구들은 사람들에게 긍정정서를 추구하도록 영감을 주거나, 쉽고, 즐겁고, 자연스러운 일을 하도록 촉구할 수 있다. 긍정심리학 1.0(Wong, 2011 참조)은 상품으로 제공되거나, 거의 물질주의적 방식으로 소비자들이 축적할 수 있도록 자리가 잡혀 있다. 이런 긍정적인 경험에 대한 강한 초점은—누군가를 용서해라, 그것은 당신을 기분 좋게 해 줄 것이다; 감사를 표현해라, 그것은 당신의 기분을 더 나아지게 할 것이다—와 같은 이상한 유용성의 경제를 만들어 냈다.

긍정심리학 1.0은 또한 비교적 정적인 성격 강점에 초점을 맞추어 왔는데, 최근에는 단순히 개인의 매력적인 특성을 인정하는 것보다 강점을 활용하거나 아예 새로운 강점을 개발하는 잠재적인 경로에 주목하기 시작하였다(Biswas-Diener, Kashdan, & Minhas, 2011). 또 다른 고무적인 추세는 회복탄력성을 촉진하기 위한 인지치료의 적용을 들 수 있다. 긍정심리학은 복잡하고 역동적인 삶이 살아지는 대로 좋은, 나쁜, 모호한, 그리고 불확실한 모습의 질감에 적응하면서 계속해서 성장할 수 있다. ACT와 삶의 의미 사이를 잘 조율하면 이러한 성장을 이루는 데 도움을 줄 수 있다.

삶의 의미 연구는 '기분 좋은' 동기를 넘어 더 복잡한 영역에서 인간의 노력을 다루고자 하는 것과 관련 있다. 대부분의 사람들은 의미 있는 삶을 좋은 기분을 느끼는 것과 연관 짓겠지만, 사람들은 끔찍한 상황 속에서 의미를 찾는 것에도 능숙하다. 모든 사람의 삶은 약간의 모호성, 분투, 그리고 고유한 부담을 가져온다. 삶의 의미는 행복한 순간뿐 아니라 이러한 모든 경험에서 만들어진다. 자녀의 출생과 부모의 죽음은 그것이 긍정적이거나 부정적, 또는 둘 다 섞인 것일 수 있겠지만 모두 의미가 있다. 또 다른 예시로, 삶의 의미를 만드는 것은 희생양이 되거나 적을 만드는 것으로 이어질 수도 있다. 무언가 나쁜 일이 발생하는 모호한 상황에서 우리는 그 모든 것을 이해하고자 한다(Sullivan, Landau, & Rothschild, 2010). 무의미감의 위협은 불행한 상황을 다른 사람의 탓으로 돌리는 가능성을 높여 의미감을 일시적으로 복구시킨다(Sullivan, Landau, & Rothschild, 2010). 그러므로 언제, 그리고 어떻게 의미를 추구하는 것이 건강한 것인지는 하나의 답이 있는 단순한 질문이 아니다.

삶의 의미는 개인에게 무엇이 기분 좋은가로부터 그 개인과 개인이 속한 집단, 그리고 더 넓은 우주를 위해 무엇이 중요한지로 초점을 돌린다. 또한 삶의 의미는 여정의 쾌락적 결과보다 그 여정 자체에도 초점을 맞추기 때문에(Steger, Kashdan, & Oishi, 2008), 고통과 좌절 앞에서도 충만감을 유지할 수 있는 언어와 안정적인 틀을 제공한다. 사람들을 안내할 적절한 개입이 있으면, 가장 중요한 영역에서 의미를 탐지하고 창출하기 위한 가장 큰 심리적 이득과 최소한의 비용에 초점을 맞출 수 있다.

이것은 ACT가 회피보다는 경험적 수용을 강조하는 것과 즉각적인 공명을 불러일으킨다. 회피에 관한 대부분의 연구 문헌은 부정적 상태, 생각과 경험을 피하려는 시도의 침식적 영향을 긍정적 상태, 사고와 경험을 달성하거나 획득하는 시도의 건설적 영향과 대조시켜 왔다(예: Ellott & Thrash, 2002). 비록 "나쁜 것을 피하는 것은 나쁘다"라는 메시지가 대체적으로 긍정심리학에 전달되었지만, "좋은 것을 추구하는 것은 좋다"라는 메시지는 너무 과하게 적용되었을 수 있다. 때때로, 더 많은 행복을 위한 열망은 왜곡된 심리적 관광사업을 꾸며낸 것으로 보이는데, 은유적으로는 획득할 수 있는 일련의 좋은 긍정적 특성들을 차례로 지나치는 버스에 가득찬 사람들이라고 할 수 있다. 성격강점! 긍정정서! 낙관주의! 감사! 호기심! 삶의 의미! 긍정심리학이 삶에서 좋은 것, 오직 좋은 것만을 획득하는 데에만 집중하려는 우려는 그 운동의 시작부터 있어 왔다(Lazarus, 2003). 이 장에서 우리는 삶에서 가장 좋은 것들은 긍정적이고 부정적인 경험 모두를 포함한다는 것을 강조한다.

각 개인은 위협, 변화, 혼란과 실패에 의해 습격되는 존재를 이해하기 위한 도전에 직면한다. 죽음의 위협, 외로움의 고통, 자율성의 제약과 관련된 심각한 실존적 문제에도 불구하고 인간은 대처해 나간다. 인간은 계속해서 수많은 삶의 의미의 원천을 찾고자 하며, 삶의 목적을 새기기 위해 어떤 일이 일어나고 있는지를 이해하는 데 놀라운 창의성을 발휘한다(McKnight & Kashdan, 2009). 아마도 이것 때문에 긍정심리학적 구성개념 중 삶의 의미가 임상적 배경을 갖는 것으로 알려져 있는지 모른다. 많은 사람들이 의미가 쉬운 일이 아닌 어려운 일로부터 나온다는 것을 아는 지혜 때문에 단기적 만족을 기꺼이 포기하는 것은 놀라운 일이 아닐 수 있다(예: 부모가 되기 원하는 커플, 군인 신병, 대학원 지원자)(King & Napa, 1998; King & Hicks, 2007). ACT처럼, 삶의 의미와 목적의 핵심 아이디어는 내담자와 상담자, 촉진자와 조직 간의 특별한 파트너십에 반응하여 진화되어 왔다.

 삶의 의미는 무엇이고, ACT와 어떻게 연결되는가

심리학 분야의 상담자와 연구자들은 가치 있는 삶을 가꾸는 데 있어 의미 만들기의 중요성에 대해 기술해 왔다(예: Baumeister, 1999; Frankl, 1963; Ryff & Singer, 1998; Wong & Fry, 1998). 다양한 때에 여러 심리학자들은 '삶의 의미'의 용어를 서로 다른 의미로 사용해 왔다. 이 용어는 종종 사람들이 삶에서 만들어 내는 의미가 언어에서의 의미 만들기와 유사하게 상징적 내용을 갖는다는 것을 전달하기 위한 것을 의미한다. 문장이 정보를 전달하듯, 삶도 그러하다. 이것이 삶의 의미의 인지적 특성이다. Steger(2009, 2012; Steger, Frazier, Oishi, & Kaler, 2006)는 이러한 의미의 측면을 **이해**(comprehension)로 지칭하였다. 의미는 또한 사람들이 하고자 하는 것, 성취하고자 하고 갈망하는 것과 같은 삶의 이유를 묘사하기 위해서도 사용되어 왔다. 이 차원은 거의 보편적으로 **목적**(purpose)이라고 지칭되어 왔다(Kashdan & McKnight, 2009; McKnight & Kashdan, 2009; Reker, 2000). 이를 종합하면, 삶의 의미는 한 개인이 자신의 삶을 이해하고 중요성을 느끼고, 자신의 삶이 전체를 아우르는 목적을 갖는다고 믿는 정도를 말한다(Steger, 2009).

이러한 삶의 의미의 두 가지 차원은 ACT가 정신병리와 경직성으로 이어진다고 제안하는 핵심 과정과 쉽게 연결된다. 이해는 자신의 과거와 미래에 대한 생각의 지배와 잘 연결되어 사람들이 현재 경험하고 있는 것과 방어적이지 않은 열린 접촉을 하는 것을 막는다. 사람들이 자신의 과거와 미래에 대한 생각에 빠지게 되면, 그것은 자기계발과 매 순간 원하거나 원하지 않는 경험들로부터 성장할 수 있는 능력을 저해한다. **경험적 회피(experiential avoidance)**는 사람들의 이해 체계를 부정확하고, 취약하고, 항상 보호가 필요한 상태로 만든다.

이해는 또한 자기를 경험하는 것보다 이해하는 것에 대한 애착과 연결될 수 있다. 자기를 자신이 누구인지에 대한 느낌, 생각, 관념의 프리즘(마음의 내용; Luoma, Hayes, & Walser, 2007)을 통해 바라볼 때, 개인적 성장의 잠재력은 제한된다. 경험적 회피의 첫 번째 병리적 과정과 마찬가지로, 우리 자신에 대한 특정한 개념에 과하게 연결되는 것은 우리의 진정한 자기에 대한 지식으로부터 우리를 분리시킬 수 있다. 삶의 의미의 이해 차원은 우리 자신, 우리 주변의 세상과 자신과 세상과의 상호작용에 대한 개념이 갖는 중요한 역할을 강조한다. 세상을 개인적 경험을 위한 맥락으로 통합시키고, 사람들이 자기 자신과 변화하는 맥락 간의 역동적 상호작용을 이해하는 방식에 주의를 기울임으로써 이해의 차원은 ACT에서 밝혀진 두 가지 병리적 과정보다 더 폭넓어질 수 있다. 그러나 사람들의 과거와 미래 사건에 대한 지향을 진술한 경험에 대한 잠재적 장벽으로 다룬다는 점에서 ACT는 삶의 의미 이론보다 더 광범위하다. ACT가 사람들을 비효과적인 자기개념에서부터 탈피하도록 도움으로써 (탈융합), 또 현재 순간에 어떤 일이 일어나는지에 대해 수용적인 태도를 가지게 함으로써(마음챙김) 더 나은 삶을 만드는 데 초점을 맞추는 데 비해, 삶의 의미는 자기감을 어떻게 하면 더 생산적인 방법으로 발전시킬 수 있을지에 대한 것이다. 즉, 삶의 의미에 주의를 기울임으로써, 개인은 세상과 사람들의 궁극적 관심사의 추상적인 영역으로 자기를 확장함으로써 더 나은 삶을 만들어 낼 수 있다. ACT와 삶의 의미 모두 협력을 통해 더 강화될 수 있는 것이다.

삶의 의미에 대해 조금 더 알아보기

일반적으로 연구는 사람들이 삶의 의미를 갖고 있는지 또는 삶의 의미를 얼마나 갖고 있는지에 대해 초점을 맞추어 왔다. 수백 개의 연구들은 삶의 의미의 존재(presence of meaning)를 성격강점부터 안녕감 변인들, 그리고 더 적은 스트레스와 심지어 더 낮은 알츠하이머병과 죽음의 위험에 이르기까지 다양한 바람직한 특성들과 연결지어 왔다(Shin & Steger, 2014; Steger, 2009; Steger et al., 2006). 그러나 삶의 의미의 존재와 사람들이 의미를 추구하는 정도 간의 구분을 제안하는 연구도 있다(Steger et al., 2006; Steger, Kashdan, Sullivan, & Lorentz, 2008). 삶의 의미의 추구(search for meaning)는 삶의 의미의 적극적 추구를 가리키고("나는 나의 삶을 위한 목적 또는 사명을 추구한다"), 신경증과 부정적 감정(Steger et al., 2006)과 연관되어 있다. 의미의 추구는 최소한의 수준의 의미를 확립하기 위한 노력으로부터 자신의 삶의 목적을 이해하고자 하는 지속적인 시도의 범위까지 나타날 수 있다(Steger, Kashdan, et al., 2008). 사람들이 강한 위치—이미 건강한 삶의 의미감을 구축하기 위해 노력하는 것—에서 의미를 추구하는지 또는 절망의 위치—단순히 삶이 어떤 의미를 갖도록 하거나 의미를 다시 구축하려는 시도—에서 의미를 추구하는지가 중요한 것으로 보인다. 삶의 의미가 없는 상태에서 의미를 추구하는 사람들은 의미를 추구하지 않는 사람들보다 덜 행복하고 덜 만족스러워한다. 하지만 의미 추구는 자신의 삶이 의미 있다고 하는 사람들의 행복을 훼손하지는 않는 것처럼 보인다(예: Park, Park, & Peterson, 2010; Steger, Kashdan, et al., 2008; Steger, Oishi, & Kesebir, 2011).

사람들에게 의미를 구성하는 건강하고 효과적인 방법을 찾도록 돕는 것은 사람들이 얼마나 자신의 삶을 잘 살아갈 수 있느냐에 매우 중요한 것으로 여겨진다(Read, Westerhof, & Dittmann-Kohli, 2005). 비록 삶의 의미 연구와 개입의 초점은 사람들이 자신의 삶 전체에서 만들어내고자 하는 전반적이고 포괄적인 이해와 목적에 있지만, 또 다른 연구들은 사람들이 특정 사건으로부터 의미를 만드는 방식에 초점을 맞춰 왔다(예: Davis, Nolen-Hoeksema, & Larson, 1998). King과 Hicks(2009)는 부정적 사건이 더 의미 있다고 지각될 가능성이 높다는 것은 증명하였다. 암이나 울혈성 심부전과 같은 만성적이거나 생명을 제한하는 질병과 같은 부정적 사건으로부터 의미를 찾는 것은 건강에 도움이 되는 것으로 보인다(예: Cohen, Mount, Tomas, & Mount, 1996).

우리는 삶의 의미 이론이 현재 긍정심리학 지평에 추가할 수 있는 복잡성에 대해 간략하게 살펴보았다. 우리는 또한 ACT와 삶의 의미가 어떻게 중첩되고 새로운 통찰을 창출하기 위해 결합될 수 있는지에 대한 몇 가지 방법에 대해서도 빠르게 요약하였다. 다음

부분에서는 **사례 연구**(case study)를 사용하여 ACT와 삶의 의미가 개입을 도출하기 위해 어떻게 함께 사용될 수 있는지에 대해 기술할 것이다.

맨디 이해하기

맨디는 6주 전에 이혼이 최종적으로 확정된 34세 여성이다. 그녀는 두 딸에 대한 양육권을 전남편과 공유하고 있다. 맨디에게 왜 이혼을 했냐고 묻는다면, 그녀의 남편이 '아내를 업그레이드'하기 원했기 때문이라고 말한다. 실제로 그는 이미 다른 사람과 함께 살고 있다. 그녀의 전남편처럼, 전남편의 새로운 파트너는 큰 전기 부품 제조 회사의 중간 매니저이다. 맨디는 소유권 회사를 위해 12년간 일해 오며 주택 폭증 초기에 인수자로 승진하였다. 그녀의 수입이 가장 높았을 때는 전남편의 것에 필적했으며, 그들은 높은 삶의 수준을 즐겼다. 지난 몇 년간은 주택 매매가 너무 조금 계약되어 맨디의 수입은 급락하였다.

맨디는 미래에 대한 희망을 거의 표현하지 않고, 새로운 여자가 자녀들의 삶에 나쁜 영향을 줄까 봐 걱정하고 있으며, 최근 지속된 주요우울장애 삽화를 경험하고 있다. 그녀는 자녀들을 잘 양육하지 못할 것과 전남편의 양육하에 있을 때 무언가 나쁜 일이 벌어질 것, 직장과 집을 잃을 것에 대한 지속적 염려를 표현한다. 그녀는 특히 전남편이 자녀들을 돌보고 있는 주말 동안 걱정하는 데 쏟는 시간과 불안의 강도 때문에 자신의 수면과 업무 수행 능력이 저하되었다고 말한다. 압박을 받을 때면 맨디는 그녀의 수입이 너무 높아서 돈에 대해 전혀 걱정하지 않았던 때가 그립다고 인정한다.

맨디는 명백하게 엄청난 변화와 스트레스에 처해 있다. 맨디와 같은 상황에 처해 있는 사람과 작업하는 한 가지 방법은 맨디의 **자기개념**(self-concept), 또는 ACT 용어로는 '**개념화된 자기**(conceptualized self)'를 탐색하는 것이다. 그녀의 걱정의 대부분은 그녀가 한때 자기 자신을 바라보았던 것과 현재 자기 자신을 보는 것과의 엄청난 간극으로부터 나오는 것처럼 보인다. 그녀는 한때 걱정이 거의 없고 즐거움이 많은 삶을 살았다. 그녀는 하루하루를 보내며, 지금이 얼마나 힘들고 이전에는 얼마나 좋았는지에 머무른다. 그녀는 또한 전남편으로부터 남겨진 것에 대한 고통과 그가 이미 그녀를 대체했다는 것을 알게 된 것에 대한 굴욕감을 떠올린다. 주말이 다가오면, 그녀는 자녀들이 전남편과 함께 보낼 시간에 대해 점차 더 불안해진다. 과거의 훌륭함에 대해 반추하고 미래에 대해 걱정하면서, 맨디는 그녀의 삶을 어떻게 재건해야 할지 전혀 모르고 있다.

ACT 관점에서, 맨디는 그녀의 과거와 미래에 대한 개념화의 지배와 협소하고 도움이 되지 않는 자기개념으로부터 고통을 받고 있다고 볼 수 있다. 그녀는 현재 순간에 접촉하지 못하고 있다.

삶의 의미 관점에서는, 맨디의 삶에 대한 이해를 이루던 핵심 구성 요소들은 더 이상 정확하지도, 유용하지도, 성장에 도움이 되지도 않는다. 그 대신, 그것들은 그녀의 이혼과 그 결과에 의해 무너져 있다. 맨디의 행동을 이끌거나 가치를 지탱하거나, 목적을 구체화하는 것 대신, 그녀의 의미 체계는 그녀를 저하시키고, 사기를 꺾는다. 맨디의 삶은 너무 많이 바뀌어서 그녀는 자신의 자기개념(예: 그녀의 의미 체계)을 형성하는 특성을 조정하거나 변화시켜야 한다.

우리는 내담자들에게 자신의 삶에 대한 기본적인 이해를 재성찰하고, 복구하고, 활력을 불어넣는 데 도움을 줄 수 있는 두 가지 접근을 제안한다. 그것은 ACT에서 흔히 사용되는 가치 탐색 활동과 유사하지만, 더 기본적인 것일지도 모른다.

1. **주어진 것(Givens)** "우리는 이러한 진실이 자명하다고 믿는다……" 미국의 독립선언서의 저자와 서명자들은 모든 사람의 평등에 대한 주어진 가정을 강하고 명확하게 진술하였다. 대부분의 서명자들이 평등과는 전혀 다른 방법으로 대해진 노예를 갖고 있었다는 사실을 제외하고, 이러한 '주어진 것'은 이 문서의 나머지 부분을 맥락 속에 놓는다. 우리, 또는 우리의 내담자들은 얼마나 자주, 우리의 삶을 맥락 속에 놓는 근본적인 '주어진 것'에 대해 표현하는가? 이 연습은 단순히 내담자들에게 그들이 진실이라고 가정하는 것들, 그들이 믿고 의문을 한 번도 가져 보지 않은 것들, 또는 자명하다고 믿는 진실들에 대해 일주일 동안 생각해 보라고 한다. 예를 들어, 내담자들은 그들의 가족생활에 대해 생각해 볼 수 있다. '나는 자녀의 포옹을 절대 거부하지 않을 것이다', '각 자녀는 고유한 사람으로 대해질 것이다', '가능할 때면 언제나, 가족들은 함께 저녁을 먹을 것이다'. 또는, '나는 절대로 나의 자녀를 나의

부모처럼 훈육시키지는 않을 것이다'. 내담자들이 이 과제를 가지고 돌아올 때, 상담자들은 이러한 주어진 것들의 함의와 주제에 대한 토론을 이끌면서 사람들이 가진 근본적인 가정들—가장 기본적인 이해—를 발견하도록 돕는다. 이것들은 더 나아가기 위해 도전을 받아야 할 필요가 있을지도 모르며, 내담자들은 그들의 주어진 것에 대해 완전히 정직하도록 격려되고 강화되어야 할 것이다. 앞에 제시된 부모에 관한 예시에서, '절대적인' 표현은 그것의 훌륭한 특성에도 불구하고 종종—어떤 해결되지 않은 고통 때문에 만들어진—반응적인, 주어진 것을 나타낸다. 이것은 절대로 자신의 부모처럼 훈육하지 않겠다는 주어진 것에서 가장 분명하게 나타난다. 이것은 훌륭한 또는 훌륭하지 않은 생각일지도 모르지만, 그 주어진 것의 절대적 특성은 그 사람을 결국 실패로 이끌거나, 심지어 자녀의 행동에 효과적이고 합리적인 반응을 하는 것을 막을지도 모른다. 치료자들과 코치들은 내담자들이 그들의 가장 기초적인 세상에 대한 이해를 발견하고 재고하도록 돕는 데 훌륭한 자원이다.

2. **가치(value) 작업** ACT와 삶의 의미 관점의 목표는 둘 다 사람들에게 자신의 삶에서 가장 중요하게 생각하는 것과 부합하는 방법으로 살도록 돕거나 고취하도록 하는 것이다. 이것은 개인의 가치를 탐색하지 않고 하기는 어려운데, 그것은 종종 당연하다고 여겨지는 것보다 훨씬 덜 이루어지는 작업이다. 여기서 우리는 내담자들에게 가치에 대해 생각해 볼 구체적 방법을 제공하기 위해 Schwartz, Kurtines와 Montgomery(2005)를 참조한다(추가적인 활동을 위해서는 Shin & Steger, 2012를 보라).당신의 내담자에게 과거에 자신이 직면한 삶의 중요한 선택 또는 딜레마 하나 또는 두 가지를 파악해 보라고 하라. 내담자에게 무엇이 그 상황을 그토록 어렵게 만들었는지에 대해 묘사해 달라고 요청해 보라. 예를 들어, 많은 내담자들은 그들의 경력 또는 그들의 가족에게 시간과 노력을 헌신하는 어려운 선택에 직면한다. 내담자들은 종종 좋은 선택은 없었으며, 어떤 선택이든 누군가를 실망시킬 수밖에 없었다고 말한다. 떠오르는 주제에 대해 기록은 해두지만, 아직 그것을 다루지는 말라. 이러한 이유들은 내담자의 가치에 대한 강력한 단서를 제공한다. 다음으로, 당신의 내담자에게 그 결정에 대해 이야기하게 하고, 특히 선택된 대안이 자신에

게 어떤 느낌을 갖게 했는지에 대해 이야기해 보게 하라. 당신은 내담자에게 그 결정으로 인한 느낌과 그 선택이 왜 그렇게 어려웠는지에 대해 내담자가 든 이유 간에 연결을 짓도록 도울 수 있다. 경력 대신 가족을 선택하기로 한 내담자는 부모가 되는 것이 그녀가 하게 될 어떤 일보다 더 중요하다는 개념을 갖고 자랐기 때문이라고 말할 수 있다. 중요한 경력 기회를 포기하기로 선택하자마자, 우리의 내담자는 굉장한 자부심을 느낌과 동시에 그녀의 가족과 친구들이 그녀가 바보 같은 선택을 했다고 느끼거나, 그녀의 잠재력을 펼치는 데 실패했다고 느낄까 봐 걱정할지도 모른다. 이러한 경우에 당신은 그녀가 실제로 얼마나 강하고 깊게 양육 대 경력 추구, 그리고 자기주도성 대 타인 의견의 중요성을 얼마나 가치 있게 여겼는지에 대해 탐색하도록 도울 수 있을 것이다. 대안적으로, 당신은 내담자와 함께 그녀가 왜 그렇게 느꼈고, 현재 그녀의 결정에 대해 어떻게 느끼는지에 대해 계속해서 탐색해 볼 수 있을 것이다. 우리의 예시를 계속해서 보여 주자면, 우리의 내담자는 어쩌면 가족들로부터 숨이 막혀서 경력 성공의 이정표를 과시하는 친구들과 비교하며 부적절감을 느끼고 있을지 모른다. 여기서 이 내담자와의 작업은 다른 이들의 기대와 그러한 기대가 내담자의 양육에 대한 명백한 가치화를 이끄는 데 어떤 역할을 했는지에 대해 더 면밀하게 초점을 맞출 수 있을 것이다. 어떠한 접근이 당신과 더 관련 있을지 모르지만, 핵심은 내담자들이 자신에게 중요한 것이 무엇인지 보게 하는 것이다. 왜냐하면 그것이 바로 그 이후의 결정과 느낌 모두를 이끄는 것이기 때문이다.

몇몇 내담자들은 상당한 도움 없이는 그들의 가치를 파악하는 데 충분한 통찰이 부족할 수 있다. 그들은 그들의 주어진 것과 결정들을 기계적이거나 구체적인 용어들로 묘사할지 모른다("나는 선택의 여지가 없었던 것 같아요. 감옥에 가고 싶지 않았거든요."). 그들은 그들의 가치를 비슷한 구체적인 용어로 탐색하도록 안내되어야 할 것이다("어쩌면 만약 당신이 감옥에 갔다면 당신의 가족과 함께해 줄 수 없었기 때문이 아닐까요?"). 내담자들이 그들의 가치를 탐색하고 그것에 전념하도록 돕는 데에 있어 우리는 항상 우리 자신이 내담자들의 가치와 상충되는 가치를 가질 수 있다는 것을 인지해야 한다. 우리는 Luoma와 동료들(2007)에 의해 개발된 활동을 추천하는데, 그것은 상담자로서 당신이 가장 잘하는 것이 무엇이고, 내담자들에게 가장 주고 싶은 것은 무엇이며, 내담자들에게 가장 주기를 원하는 지속적인 영향력은 무엇인지에 대해 묻는 것이다. 이 활동은 내담자들과 함께 가치를 탐색하는 작업을 할 때 사용할 수 있는 언어를 제공해 줄 수 있다. 이것은 당신의 가치와 내담자의 가치가 상충되는 순간들도 포함한다. 갈등을 다루는 것은 긴장에 대한 인내력, 자기정직, 그리고 내담자들이 우리에게 말하는 것을 해석하는 방식에 우리의 가치가 어떤 영향을 주는지에 대한 내담자들과의 솔직한 대화를 필요로 한다.

마지막으로, 우리는 어떤 사람들의 가치는 도덕적으로 반대할 만한 것일 수 있는 가능성을 직면해야만 한다. 저자 중 한 명(MFS)이 말하기를 좋아하듯이, "성인들은 거룩한 목적을 갖고, 멍청한 사람들은 멍청한 목적을 갖는다." 연구에 의하면, 대부분의 사람들은 꽤 괜찮은 목적을 갖고 있으며, 몇몇 사람들은 경외감을 일으키는 목적을 갖고 있고, 적은 비율의 사람들은 끔찍한 목적을 갖고 있다. 마지막 집단과 작업하는 것은 어려우며, 치료는 적당한 친사회적 가치와 목적을 가질 수 있는 방법을 찾아내는 것이 결국 내담자의 이기적 이익에도 부합한다는 것을 보여 줌으로써 진전될 수 있을 것이다.

맨디의 의미 만들기

맨디는 그녀의 치료사에게 한 때 자기 자신을 위한 굉장한 계획이 있었다고 말한다. 그녀는 고등학교와 대학교에서 좋은 학생이었으며, 사람들이 그녀를 항상 좋아했다고 느꼈다. 그녀가 전남편을 만났을 때, 그녀는 이미 부동산 사업을 하기로 결정했다고 하였다. 그녀는 처음에는 부동산 중개인으로 일했지만, 첫 자녀를 갖게 되었고, 첫해 동안 아이를 위해 집에 있기로 동의했다고 하였다. 그녀는 소유권 회사에 파트타임으로 일하게 되었고, 딸들이 자라면서 학교에 풀타임으로 가게 된 이후부터 승진을 하기 시작하였다. 부동산 시장이 쇠락하면서, 맨디는 그녀가 다시 성공할 수 있는 방법이 전혀 보이지 않는다고 하였다. 요즘은 적은 돈을 버는 것조차 감정가가 떨어지고, 은행이 손을 떼거나, 계약이 성사되지 않는 등 모두 막다른 골목에 부딪히고 있다고 했다. 그녀는 자신이 어떠한 다른 일도 하는 것을 생각할 수 없으며, 그녀의 다음 단계가 빈곤이 될 것이라는 것을 확신하는 것처럼 보인다. 그녀는 딸들이 그들의 삶을 파괴한 것에 대해 자신을 절대 용서하지 않을 것이며, 양육권을 포기하여 그들이 전남편과 더 나은 삶을 살 수 있게 해야 할지도 모른다고 말한다.

여기서 우리는 맨디의 '이전에 어땠는지'에 대한 경직된 집착이 그녀의 새로운 현실 앞에서 절망적인 마비 상태가 되어버린 것을 보기 시작한다. 맨디는 현재 상황에 막혀 있는 것을 넘어서 그녀가 누구이고 그녀의 삶이 어떻게 하면 '정상으로 돌아올 수 있는지'에 대해 생각해 내는 것을 어려워하는 것처럼 보인다. 그녀가 자신의 상황을 바라보는 방식의 대부분은 그녀가 할 수 없는 것과 그녀를 기다리고 있는 것처럼 보이는 실패들이다.

그녀의 문제를 바라보는 한 가지 방법은 그녀의 이혼 전의 이해체계—자기, 세상, 세상 속의 자기에 대한 신념의 네트워크—가 깨졌고 이 어려운 사건의 영향에 적응하는 데 실패했다고 보는 것이다. 다른 곳에서 우리는 어려운 일이 일어날 때, 두 가지 유형의 이해 체계가 가장 좋은 결과를 예측할 수 있다고 하였다(Steger & Park, 2012). 첫 번째는 예외적으로 경직된, 획일화된 의미체계이다. 그러한 체계에서 사람들은 그들의 비교적 단순한 이해체계가 모든 생애 사건들을 설명할 수 있다고 의심의 여지없이 확신을 갖는다. 하나의 가능한 예는 종교적 이해체계로부터 오는데, "이것이 하나님의 뜻이다"라는 믿음은 일어나는 모든 일에 대한 설명으로 활용될 수 있다. 그러한 체계는 부정적 생의 사건들로부터 오는 상당한 영향을 어떤 수정을 요하지 않고도 견딜 수 있을 것이다. 그러나 그러한 이해체계를 무너뜨리는 어떤 사건이 발생하면 그것은 파괴적일 것이며, 사람들에게 그들의 경험을 온전하게 이해하고 통합하는 방법을 거의 남겨두지 않게 될 가능성이 있다.

두 번째 이해체계는 생애 사건에 대해 유연하고, 순환적(itserative)이며, 역동적으로 반응적인(dynamically responsive) 것이다. 사람들은 자신의 삶을 살아가면서 얻는 피드백으로부터 그들의 이해를 조정해 간다. 이러한 체계는 부정적인 생애 사건을 직면했을 때 더 탄력적(resilient)일 수 있지만(Kashdan & Rottenerg, 2010), 사람들은 원고를 고치는 것을 멈출 수 없는 완벽주의적 작가처럼 지나치게 생각하는 경향에 빠지고, 중요한 삶의 프로젝트들을 완수하려는 헌신을 덜 보일 수도 있다.

맨디는 그녀의 이혼으로부터 의미를 만들 필요가 있어 보이고, 어쩌면 그녀의 이해체계를 재검토해야 할지도 모른다. 인지치료는 이미 인지 재구조화를 통해 사람들에게 유사한 작업을 하도록 돕고, 내러티브 치료는 내담자들에게 그들의 이야기를 다시 쓰도록 돕는 몇몇 기법을 가지고 있다. 우리는 사람들에게 그들의 이해체계를 명료화하도록 돕는 추가적인 방법을 고려한다. 우리는 현재 이 접근을 연구하고 있으며, 그것을 ACT의 맥락에서 사용하는 것에 대해 큰 기대를 하고 있다. 왜냐하면 그것의 많은 부분은 언어와 완전히 별개의 것이기 때문이다. 내담자들에게 그들의 기존 가치와 이해체계를 그리게 하는 것이 적절할 수 있으나, 우리는 그것을 부정적인 생애 사건에 의해 새롭게 나타나는 이해체계를 수정하고 명료화하는 데 사용할 수 있을 것이라고 믿는다. 우리는 이 개입을 '사진 저널리스트(The Photojournalist)'라고 부른다. 우리는 또한 내담자들로부터 성장의 내러티브(growth narratives)를 촉진하는 또 다른 방법을 제안하며, 이것은 이해체계를 바꾸거나 재건하도록 사용될 수 있다.

1. **사진 저널리스트 개입**(Photojournalist intervention) 이 개입의 가장 기초적 적용에서는 참여자들에게 단순하게 디지털 카메라가 하나 주어지고, '자신의 삶을 의미 있게 만드는 것'에 대한 10~12장의 사진을 찍도록 요청된다. 모든 사람이 자신의 삶을 의미 있게 만드는 것과 가까이 있지 않을 수 있기 때문에(집에서 이사 나온 자녀, 그리고 모두가 이상적인 휴가지에 살고 있지 않는다), 우리는 사람들에게 기념품 또는 다른 사진을 찍을 수도 있다고 말한다. 그들이 카메라를 가지고 돌아왔을 때, 그들의 사진은 컴퓨터에 업로드되고, 글을 쓸 수 있는 공간과 함께 한 장에 하나의 사진의 형식으로 인쇄된다. 사진들이 인쇄되면, 내담자는 그 사진이 무엇에 관한 것이고 그것이 그들의 삶의 의미에 어떠한 기여를 하는지를 묘사하도록 요청된다. 우리 연구실에서, 우리는 사람들에게 사진들이 그들의 삶의 의미에 얼마나 핵심적인지에 따라 순위를 매기도록 하였다. 이것은 사람들이 자신의 가치 또는 목적에 대해 말하는 것과 그 가치 또는 목적과 일관되는 사진에 대한 순위를 어떻게 매기는지에 어떤 차이가 있는지를 볼 수 있게 해 준다. 부정적 사건으로부터 의미를 만드는 데 있어, 우리는 지시 사항을 수정하여 내담자들에게 다음 중 하나에 관해 사진을 찍으라고 선택하도록 하는 것을 제안한다. 삶을 의미 있게 만드는 것, 삶을 의미 있게 만들어 주었던 것, 그리고 언젠가 삶을 더 의미 있게 만들어 줄 것이라고 생각

하는 것. 최종적인 초점은 내담자들이 이러한 세 가지 선택 사항을 각각 다루기 위해 그들이 찍은 사진에 어떤 차이가 있는지에 대한 논의를 이끌고자 하는 데 있다. 어쩌면 현재 무엇이 의미 있는지에 대해 새로운 이해 체계가 만들어질 수 있으며, 삶을 의미 있게 만들던 것들의 새로운 버전이 발견되거나 그것이 더 이상 필요하지 않은 새로운 이해체계가 만들어질 수 있다. 그리고 물론 내담자들에게 언젠가 그들의 삶에 의미를 줄 것이라고 희망하는 것들을 가져오는 방법을 찾는 것을 돕는 것이 중요할 것이다. 모든 내담자가 희망적이고 의미 있는 미래를 보지 못할 수 있기 때문에 이러한 세 가지 선택 사항을 제공하는 것이다.

2. **성장의 내러티브(Growth narrative)** 이 개입은 내담자에게 어린 시절과 청소년기부터의 삶에 대해 성찰하도록 요청하며, 성장이 일어났던 두 가지 영역을 파악하도록 할 것이다(예: 그 또는 그녀가 더 새롭고 적응적이고, 성숙한 자기이해, 통찰, 또는 긍정적 자기 변환을 어디서 얻게 되었는지). 상담자는 내담자에게 이러한 성장의 영역들을 구체적 삶의 예시로 제시하도록 할 것이다. 상담자는 세부 사항에 대해 물어보면서, 내담자들에게 어떤 주제들이 나타나는지와 그들이 이루어 낸 성장이 내담자의 가치와 어떻게 부합하는지를 파악하도록 돕는 것이다. 마지막으로, 내담자는 어떤 영역에서 성장이 일어나야 하고, 내담자의 활동, 내적 경험, 그리고 사회적 상황이 어떠해야 할지에 대한 미래의 성장을 대표하는 미래 사례를 제안하도록 요청된다.

이러한 개입들은 내담자들로 하여금 그들의 현재와 미래 이해 체계의 광경을 탐색하는 데 도움을 줄 수 있다. 그러나 여기에서 멈추는 것은 내담자들을 그들의 '큰 그림', '삶이 진짜 무엇에 관한 것인지', 또는 '삶의 의미(the meaning of life)'에 대한 개념화가 지배하는 인공적인 세상에 가두어 버릴 수 있다. 반드시 필요한 다음 단계는 내담자들이 그들의 의미를 행동으로 옮기도록 하는 데 있다. 이것은 목적을 통해 이루어진다.

맨디를 움직이기

그녀의 치료사가 그녀에게 그녀의 삶에서 무엇을 성취하기 원하냐고 물었을 때, 맨디는 모호하게 대답한다. 그녀의 딸들이 행복하기를 원하고, 그녀가 다시 성공적이 되기를 원한다고 했으나, 세부 사항에 대해 물어보면 그녀는 절망적인 것처럼 보이며, 전남편이 그가 한 일에 대해 대가를 치르기만 해도 만족할 것이라고 말한다. 맨디는 그녀가 사실은 좋은 사람이고, 여전히 사람들을 신뢰한다고 말하지만, 이 경험 때문에 취약해졌고, "자기 자신과 같지 않다고" 느낀다고 말한다. 그녀는 전남편의 새로운 생활에 대해 집착하고, 그녀 자신과 그의 새로운 아내를 비교하며 속이 탄다고 한다. 그녀는 더 이상 무엇을 성취하고 싶은지 확실하지 않지만, 지금 그녀에게 가장 중요한 것은 그녀의 딸들에게 좋은 역할 모델이 되어 주는 것이라고 말한다. 이것은 부분적으로 맨디가 좌절스러운 상황에서도 어떻게 강인해지고 회복할 수 있는지를 보여 준다.

맨디는 그녀의 핵심 가치 중 몇몇에 대해 인식하고 있다. 특히, 그녀는 그녀의 딸들을 위해 버텨야 하고, 그들에게 좋은 삶을 주고 싶은 마음에 대해서는 한결같다. 긴장 속에서 버티는 것은 숭고한 목표이지만, 그것은 본질적으로 한계가 있는 것이다. 참고 견디는 것은 어떤 모습일까? 강해진다는 것은 어떤 목적을 갖는가? 좌절로부터 회복한다는 것은 무엇을 의미하는가? 참고 견딘 후에는 무엇이 오는가? 맨디는 그녀의 딸들을 위해 옳은 일을 하고 싶지만, 그것이 무엇인지에 대해서는 명확하지 않으며, 그러한 명료함이 부족한 틈새로 복수와 부적절성에 대한 생각들이 스며드는 것처럼 보인다. 결국 우리의 가치는 우리가 그것을 지키기 위해 무언가를 하거나 그것을 실현할 때에만 우리를 정의할 수 있다. ACT는 "명료함과 가치의 접촉 부족을 병리적인 과정"으로 정의하는데, 이것에 관한 지식 없이는 단기적인 요구가 지배할 수 있기 때문이다. 맨디는 물을 대는 데서 벗어나서 전진할 수 있는 무언가를 찾아야만 한다. 우리는 목적이 우리를 미래로 이끌기 위해 던지는 닻이라는 표현을 좋아한다. 맨디는 그녀의 목적을 분별하는 데 도움이 필요하다.

목적을 분별하는 기초적인 과정은 삶의 의미의 이해 측면에 대한 신중하고 정직한 탐색을 요구한다. 이러한 탐색은 정적인 지식에서 사람들이 세상에서 어떻게 행동해야 하는지에 대한 것을 함축하는 지식으로 전환되도록 이끌어야 한다. 이 시점에서 이해는 사람들에게 자신이 어떤 사람이고, 자신이 무엇을 잘하고, 세상이 무엇을 필요로 하는지, 그리고 자신의 목표를 달성하기 위해 자신의 주변 세상을 어떻게 가장 잘 탐색해 나갈 수 있는지의 방법에 대해 감을 갖도록 도와준다. 맨디의 경우, 그녀가 달성하고 싶은 것이 무엇인지에 대한 직접적인 질문은 충분하지 않았다. 그녀는 압도되지 않을 만한 과정이 필요했다. 우리는 사람들에게 목적을 분별하는 데 도움을 줄 수 있는 두 가지 개입 전략을 제안한다.

1. **가치를 움직이기 개입**(Mobilizing values intervention) 많은 내담자들이 그들의 가치를 탐색하고 명료화한 이후에 가져야 할 질문은 "그래서?"이다. 현실에서 사람들은 얼마나 자주 그들의 가치를 실현하도록 요구되는가? 이 개입의 목적은 가치를 갖는 것의 '요점' 중 하나가 그것을 행동으로 옮기는 데 있다는 것을 보여 줌으로써 "그래서?"의 질문에 대한 답을 하는 것이다. 만약 위에 제안한 것과 같은 가치 작업과 ACT 매뉴얼들이 추천하는 작업들, 또는 다른 상담자들이 익숙한 작업들이 이미 이루어졌다면, 그 활동들의 결과물들이 활용될 수 있을 것이다. 그렇지 않으면, 당신은 내담자들에게 그들이 무엇을 지지하고, 그들이 믿는 것이 무엇이고, 그들의 행동에서 무엇이 자부심을 느끼게 만드는지 등을 물어볼 수 있을 것이다. 그다음에는 당신의 내담자에게 이러한 것들이 중요한 가치인지를 어떻게 아는지를 물어볼 수 있을 것이다. 본질적으로, 내담자가 표현하지 않아도 다른 사람들이 내담자가 무엇을 중시하는지를 어떻게 아는가. 이러한 흐름의 질문은 당신의 내담자가 이미 가치를 활성화하기 위해 사용한 활동을 파악하도록 도울 수 있다. 당신은 이러한 흐름의 질문을 자신이 진짜 잘하는 것이 무엇이고, 사람들이 자신에 대해 칭찬하는 것이 무엇이며, 자신이 하는 것 중 가장 진정성이 느껴지는 것이 무엇인지에 대해 물어봄으로써 이어 갈 수 있다. 다시 말하면, 당신의 내담자에게 그들의 강점에 대해 묻는 것이다. 마지막으로, 당신의 내담자에게 자신의 가치를 세상에서 볼 수 있도록 실현하기 위해 자신의 강점을 활용한다면 어떨지에 대해 물어볼 수 있다. 이러한 흐름의 질문은 당신의 내담자가 이 모든 것의 끝이 무엇이 될지에 대해 계속해서 생각하도록 촉

구할 수 있다. 이상적으로, 만약 자신의 가장 최고의 모습을 자신이 진정으로 가치 있게 여기는 것을 실현하기 위해 활용한다면, 그것은 자연스러운 삶의 목적을 이루게 될 것이다.

2. **세상이 지금 필요로 하는 것 개입(What the world needs now intervention)** 이 개입 전략은 방정식의 반대편에서 시작한다. 내담자들이 가치 있게 여기는 것과 가장 잘하는 것부터 시작하는 것보다, 세상이 필요로 하는 것부터 시작한다. 당신은 내담자들에게 그들이 세상에서 바꾸고 싶은 하나 또는 두 가지 것에 대해 묻거나, 최근에 그들이 읽은 뉴스 이야기 중 그들이 감동을 받은 것 또는 그들의 경험 중에 그들의 자녀나 그들이 가장 아끼는 사람에게 가장 해 주고 싶은 것이 무엇인지에 대해 물어볼 수 있다. 이것은 사람들이 그들의 목적을 위해 노력하고 싶은 몇 가지를 파악해 준다. 지속적인 대화는 내담자들에게 세상에서 가장 강한 필요를 발견하도록 도울 수 있다. '가치 움직이기' 개입과 짝지어졌을 때, 사람들에게 그들이 중요하게 여기는 목적을 찾고 그것을 어떻게 추구하고 싶은지에 대한 몇 가지 대략적인 아이디어를 명료화하는 데 도움을 줄 수 있다.

맨디를 계속해서 움직이게 하기

맨디는 침체된 시장에서 소유권회사의 일이 성공적으로 이루어지게 하기 위해 필요한 일들을 하는 것을 어려워하고 있었다. 그녀는 그렇게 해야 하는 이유를 찾지 못하고 있다. 시장이 좋았을 때, 맨디는 그 흥분감과 자신의 남편만큼 돈을 벌 수 있다는 것이 너무 좋았다. 현재는 그 일이 무의미한 고역처럼 느껴진다. 맨디가 그녀의 치료사와 함께 그녀의 정체된 경력에 대해 탐색하면서, 비록 그녀가 전성기에는 그 일을 즐겼지만, 소유권회사의 관리자가 되는 것은 그녀가 선택한 것이라기보다는 어쩔 수 없이 맡게 된 것이었다는 것을 깨닫게 되었다. 그녀는 일을 하면서 그녀는 자신의 재능을 인정하고 직무 활동 중 일부를 즐길 수 있게 되었다. 지금은 그녀의 현재 직업에서 하고 있는 일이 그녀의 딸들에게 더 나은 삶을 제공하려는 그녀의 가치를 어떻게 지지하는지를 보지 못하고 있다. 그녀가 전남편과 경쟁하고자 하고, 그에게 상처를 주고 싶은 욕망을 포기하면서, 그녀는 자신의 가치, 재능과 흥미를 탐색한다. 그녀는 그녀가 전남편만큼 돈을 버는지와 전혀 상관없는 방법으로 그녀의 딸들에게 더 나은 세상을 제공해 줄 수 있다는 것을 깨닫게 된다. 이것은 딸들에게 그녀의 가족에게 무슨 일이 일어났는지와 그녀가 상처를 받았을지라도 맨디가 여전히 강하고, 그들을 긍정적 가치를 가지고 양육하며, 그들의 꿈을 격려하고 있다는 것에 대해 명확하게 이해시키는 것을 포함할 것이다. 그녀는 자신의 일에서 자신의 부기(book-keeping) 기술을 활용하여 안정적 고용을 유지하면서 중간 경력 전문직 종사자들을 위한 로스쿨에서 재산법 주말 수업에 참여할 수 있다는 것을 알게 된다. 맨디의 사례에서, 딸들의 더 나은 미래라는 그녀의 가치가 이혼으로 인해 생긴 안정성과 영속성에 대한 갈망과 결합하여 농지보전지역권(conversation and agricultural easement)을 통해 미래 세대를 위해 경관을 보존하도록 노력하는 것이라는 새로운 목적을 촉진하였다.

맨디가 파악한 많은 가치 중 몇 가지가 꾸준히 상위권에 올랐다. 그녀는 딸들의 미래를 강조했고, 일에 다양성과 성장이 있었으면 좋겠다고 했고, 이혼을 통해 영원성, 영속성, 좋은 것의 보존을 지지하는 것들을 가치 있게 여기게 되었다고 하였다. 이 시점에서 맨디에게 주어진 주요 과제는 어떤 목적에 전념하고 그것을 추구하는 데 도움이 되는 활동에 관여하는 것이었다. ACT는 행동하지 않는 것, 충동성과 회피적 지속성의 파괴적인 효과에 대해 지적한다. 사람들이 이러한 과정 중 어느 하나에라도 사로잡히게 되면, 자기결정적 방식으로 행동하는 것을 멈추고 대신 산발적이거나 두려움을 가지고 행동하게 된다. 일상적인 활동을 개인의 목적과 일관되게 할 수 있는 것이 하나의 대책이 될 수 있다. 하지만 목적을 분별하는 것과 추구하는 것에는 큰 차이가 있을 수 있다. 이 절에서 우리는 내담자들이 계획하기, 목표 설정하기, 진행 상황 모니터링하기, 그리고 장애물에 유연하게 반응하기를 통해 그들의 목적에 관여할 수 있도록 돕기 위한 제안점들을 제공한다.

1. **진전의 신호** 개인의 목적은 때때로 좌절스러울 정도로 추상적일 수 있다. '세상을 더 나은 곳으로 만들기', '좋은 부모가 되는 것', '고통을 치유하기' 이러한 것들을 할 수 있는 방법은 수백만 가지가 있다. 내담자들은 종종 그들의 목적을 추구하는

커다란 과제를 작은 진전의 지표로 나누는 데 도움이 필요하다. 중요한 것은 내담자들에게 목적이 쉽게 달성되지 않는다는 것과 적어도 어떤 경우에는 목적이 전혀 달성될 수 없을 때가 최선일 수도 있다는 것을 받아들이도록 도움을 주는 것에 있다. 즉, 목적은 완수할 수 있는 어떤 종착점이 있기보다 방향을 제시해 주는 중심적이고 자기 조직적인 삶의 목표로 가장 잘 정의된다. 예를 들어, 매주 적어도 하루씩 딸과 시간을 보내는 데 헌신하고, 딸들의 대학 진학을 돕는 것(가시적인 목표의 결과)보다 사랑이 많은 아버지가 되기 위한 열망(삶의 여정)이 더 중요할 수 있다. 우리는 내담자들이 그들의 목적을 어떻게 하면 그들의 달성 목록에서 체크해 버릴지에 초점을 맞추기보다, 그들의 목적이 세상에서 자신의 존재와 가치를 끝없이 펼쳐 보이는 방식으로 보도록 격려하고자 한다. 따라서 당신의 내담자에게 거꾸로 작업하도록 격려하라. 그 또는 그녀의 목적이 무엇이든, 향후 5년 동안 그 목적을 향해 나아갔다는 것을 보여 줄 수 있는 것들이 무엇이 있을까? 그 5년 동안, 어떤 구체적 이정표가 파악될 수 있을까? 첫 번째 이정표에 다가갈 수 있는 3~5개의 목표가 무엇인가? 첫 번째 목표를 달성하기 위해 어떤 활동을 해야 하는가? 이러한 활동은 이번 달에 어떻게 실행될 수 있는가? 이번 주에? 오늘?

2. 경로 변경 ACT의 중심에는 순간에 대한 진정한 이해를 바탕으로 가치 있는 목표를 가장 잘 추구할 수 있도록 개인의 행동과 사고를 조정하는 능력인 **심리적 유연성**(psychological flexibility)이 있다(Kashdan & Rottenberg, 2010). 유연성은 성공적이고 지속적인 목적 추구의 중심에 있다. 목적을 달성할 수 있는 결과보다는 여정으로 정의하라. 이것은 내담자들에게 그들의 목적을 무한한 경로로 달성할 수 있는 것으로 볼 수 있게 해 준다. 이 개입에서 이러한 주제는 은유의 사용으로 강화된다. 우리는 목적지를 염두에 두고 있지만 잘못된 방향 전환, 도로 폐쇄, 또는 우회로에 따라 새로운 경로를 업데이트할 수 있는 **내비게이션 장치의 은유**(GPS metaphor)를 사용하는 것을 좋아한다. 내담자가 배워야 하는 핵심 기술은 자신의 행동이 자신의 목적을 어떻게 나타내는가에 대해 인식하는 것이다. 이러한 인식은 그들에게 자신의 목적을 추구하는 데 장애물을 만났을 때를 식별하고, 경로를 변경할 수 있도록

돕는다. 당신은 내담자들을 장애물에 대한 유용한 반응에 대한 사고 실험(thought experiments)을 사용하여 도울 수 있다. 여기서 탈융합에 초점을 맞춘 ACT 기법이 중요하다. 개인의 목적에는 여러 길이 있으며, 장애물 중 하나를 파괴적인 것으로 판단하는 유혹이 있을 수 있지만, 그것은 도로 위의 하나의 방해물일 뿐이다.

맨디의 경우, 그녀의 커리어를 위한 목적을 파악하고 나자 그것이 다른 목적과 충돌이 있을 수 있다는 것이 분명해졌다. 맨디는 전통적인 로스쿨을 다니면서 그녀의 딸들을 위해 주중에 함께 있을 수 없었다. 맨디는 포기하거나 그녀의 목적을 달성할 수 없는 것으로 (그리고 그녀 자신을 가치없는 것으로) 보는 대신, 다른 길을 찾았다. 그녀는 그녀가 선택한 보전지역권 분야에서 효과적으로 일하기 위한 역량과 자격을 갖추기 위해 비전통적인 로스쿨의 주말반에 등록했다. 이 결정을 하는 데 있어 그녀는 창의적이 되어야 했으며, (다른 사람의 눈에 비친) 명성에 대한 피상적인 욕구들을 포기해야 했다. 그녀의 경력 목적에 다다르기 위해 더 긴 여정이 필요했지만, 그녀는 자신이 선택한 길을 따라 두 가지 삶의 목표를 모두 달성할 수 있는 방법을 찾았다.

ACT와 삶의 의미와 목적 간의 추가적인 결탁

맨디의 사례는 ACT에서 파악된 병리적인 과정이 삶의 의미에 기반한 방법으로 어떻게 다루어질 수 있는지에 대한 제안들을 논의하는 데 도움을 주었다. 이러한 과정들이 ACT와 삶의 의미를 통합할 수 있는 유일한 방법은 아니다. 다른 두 가지 영역은 마음챙김과 자살이다.

마음챙김 ACT가 마음챙김(mindfulness)에 많은 관심을 불러일으킨 반면, 삶의 의미 연구와 실무는 대체로 침묵해 왔다. 현재 펼쳐지는 매 순간에 수용적인 태도를 유지하는 것은 의미 만들기를 위한 기반이 되는 것으로 보인다. 한 단독 연구에 따르면, 6주간의 대인관계적 마음챙김 훈련 프로그램이 참여자들 간에 만성적으로 삶의 의미를 추구하는 경향을 감소시켰다고 밝혔다. 만성적으로 삶의 의미를 추구하는 사람들은 대체로 더 낮은 안녕감을 보고하기 때문에 이것은 흥미로운 결과이다(Steger, Kashdan, et al., 2008). 그러나 아직까지 연구가 너무 적기 때문에 우리는 마음챙김, ACT와 삶의 의미 간의 이론적인 연결성을 탐색하고자 한다.

마음챙김은 우리 경험의 내적 · 외적 특성에 비판단적인 방식으로 주의를 기울이는 것으로 묘사되어 왔다. 삶은 우리가 무엇에 주의를 기울이냐에 관한 것이다. 따라서 이러한 주의의 향상은 사람들에게 더 나은 삶을 사는 핵심적인 방법을 제공해 줄 수 있다. 실제로 마음챙김은 경험에 명료함과 생생함을 더함으로써 안녕감과 행복에 직접적으로 기여할 수 있다(Brown & Ryan, 2003). 그러나 동양 명상 수행에 뿌리를 둔 역사와 마음챙김을 임상적 개입에 통합하려는 새로운 시도에도 불구하고(Baer, 2003), 마음챙김은 더 많은 케일을 섭취하는 것과 심리적으로 동등하다. 모두가 좋은 것을 알지만, 그것을 실제로 실천하는 사람들은 거의 없다.

ACT는 마음챙김을 개별적으로 목표화할 수 있는 구별된 과정으로 나누어 내담자들에게 더 쉽게 접근이 가능하도록 만들기 위해 노력한다. 현재 순간에의 접촉, 수용, 탈융합, 맥락적 자기 중 어느 것도 명상이라는 과업에 암묵적으로 연결되어 있지 않다. 마음챙김은 심리적 유연성을 얻을 수 있는 길일 뿐 아니라, 자기의 내용을 내려놓고, 더 넓은 맥락을 받아들일 때 자기가 머물 수 있는 다양한 가능성에서 오는 실존적 힘을 구축하는 길이 될 수 있다. "죽음이라는 실존적 딜레마에 대한 하나의 답은 필멸의 자기를 초월하는 것"(Steger & Shin, 2020, p. 98)이기 때문에, 자기를 재정의하는 것은 삶의 실존적 딜레마와 분투하는 것에 대한 함의를 지닌다.

그렇다면 마음챙김의 개념을 통해 삶의 의미 연구가 ACT에게 제공하는 것은 무엇인가? 두 관점 모두 마음챙김이 자기의 실체를 이해하고, 우리의 삶을 규정하는 데 사용하는 제한된 이야기와 생각들과 별개로 더 보편적인 정체성을 형성하는 데 도움을 주는 것을 중요하게 여긴다. ACT가 명확하게 기술한 바람직한 결과는 행동들을 가치와 부합하도록 하는 것이며, 마음챙김이 그 목표를 달성하는 하나의 수단으로 모델에 포함되어 있다. 마음챙김은 잘 살기 위한 도구이지, 삶을 위한 대체물은 아니다. 마음챙김은 내담자들에게 자신이 하는 일이 핵심적 · 중심적 가치와 일관되는지에 주의를 기울이게 함으로써, 그들의 행동과 활동을 그들을 정의하는 가치와 일관되도록 할 수 있는 연결고리를 제공해 준다.

물론, 가치와 목적과 일관되게 행동하는 것은 삶의 의미 이론과 실무의 중심 목표이기도 하다. 그러므로 삶의 의미에 초점을 맞추는 사람들은 ACT의 마음챙김에 대한 접근을 포함시키는 것을 고려해야 한다. 동시에, 삶의 의미 이론은 **자기초월**(self-transcendence)에 대한 강조에서 마음챙김을 위한 자리를 마련해 준다(Reker, 2000). 비록 대부분의 삶의 의미 이론가들은 어떤 의미가 '최선'인지에 대해서는 불가지론적 입장을 취하지만, 몇몇은 사람들이 성숙해짐에 따라 삶의 의미는 그들의 순간적이고, 개인주의적 욕망을 초월하여 점점 더 큰 선을 향해 간다고 주장해 왔다. 이러한 자기초월의 개념은 마음챙김 마인드셋(mindful mindset)을 경험하는 사람들을 묘사할 때 쓰인다(Brown, Ryan, & Creswell, 2007).

그러나 우리는 다시 한번, ACT가 종종 사람들을 과거와 미래의 마비적 개념화로부터 자유롭게 하는 데 초점을 맞추어 온 것과, 삶의 의미가 사람들을 일상적 삶의 안절부절못하는 산만함에 몰두하는 것으로부터 자유롭게 하는 것 사이에 차이점이 있음을 알 수 있다. 우리는 또한 명백한 대립도 있음을 볼 수 있다. ACT가 사람들에게 현재 경험에 개방적이고 비판단적으로 인식을 하라고 장려하는 반면, 삶의 의미는 그들의 현재 활동이 미래 어느 시점에 목적을 달성하는 데 도움이 되는지를 판단하라고 요구하는 것처럼 보인다. 비록 ACT가 사람들에게 현재 행동이 가치와 일관되는지를 평가하도록 격려하지만, 그러한 가치가 특정한 미래의 상태를 불러일으키는 것은 아니다. 삶의 의미는 사람들의 초점을 미래와 자신의 목적이 실현될 가능성으로 향하도록 하는 잠재력을 지닌 것으로 보인다. ACT는 삶의 의미 추구를 건강한 현재 중심성과 함께 제공해 줄 수 있으며, 삶의 의미는 사람들에게 자신의 가치를 그들의 전반적 삶의 목표와 연결시키는 데 도움을 줄 수 있을 것이다.

ACT의 기저에 흐르는 숨은 메시지는 훈련을 통해 사람들이 삶을 자동적으로 판단적이고, 회피적이며, 두렵고, 경직된 언어로 바라보려고 하는 경향성이 덜 강력해질 수 있다는 것이다. 마음챙김을 통해 사람들은 이러한 언어 과정을 내려놓는 방법을 배운다. 이러한 언어 과정을 여전히 가지고 있을 수 있지만, 그것은 일상의 실존을 더 이상 지배하지 않는다. ACT 내에서 마음챙김은 두 가지 목표를 가지고 있다. ① 도움이 되지 않는 언어 과정의 고삐를 (탈융합, 맥락으로서의 자기 작업을 통해) 약화시키는 것, ② 사람들을 단순한 단어 이상의 경험으로 (가치 명료화와 이러한 가치에 대한 행동적 관여를 통해) 더 많이 접촉하게 만드는 것.

우리는 언어(language) 자체를 변화시켜 더 큰 주의를 의미의 차원, ① 이해와 ② 삶의 목적에 주도록 하는 것의 유익함에 대해서도 주장한다. 광적인 회피, 긴장된 경직성, 또는 좋은 삶의 비밀에 대한 끊임없는 추구 대신, 사람들의 삶의 언어와 이야기는 소중한 가치, 검증된 신념, 그리고 자신의 능력과 결점에 대한 냉철한 평가와 단 한 번의 실존에 대한 궁극적 열망에 기반해야 할 것이다. 만약 의미가 사람들이 세상과 관계 맺는 언어 속에 스며있다면, 마음챙김은 자신의 목적에 따라 살고자 하는 갈망과 충돌하지 않아도 된다. 마음챙김은 자신의 삶에서 이해한 것에 대한 부드러운 재확인과 자신의 목적을 향해 나아가도록 방향을 조금씩 틀어주는 방식으로 현재의 순간들을 채우는 방법이다.

삶의 의미 접근은 ACT에 이러한 '더 크고 큰 패턴'을 개념화하는 방법을 제공해 준다. 삶의 의미 연구는 행동과 가치가 하나의 전체적 단위로서 삶을 더 큰 목적을 위해 조화롭게 가져오는 것에 대해 직접적으로 다룬다. ACT의 모델과 함께, 삶의 의미는 우리와 함께 일하는 사람들에게 자신의 삶의 순간순간이 가치와 목적으로 스며드는 것을 자각하도록 해 준다.

자살, 의미와 수용전념치료의 초기 적용

만약 사람들이 자신의 삶에 의미가 너무 없어서 자살(suicide)을 정당화할 수 있다면 어떻게 될까? 자살 연구는 자신이 다른 사람들에게 연결되어 있다고 느끼고 개인적 효능감을 느끼는 사람들이 삶에 대해 더 큰 의지를 보인다고 제안한다(Joiner, 2005). 이러한 두 차원은 삶의 의미의 이해와 목적 측면과 잘 들어맞는다. 이해의 중요한 요소는 우리가 우리 주위의 세상을 어떻게 이해하느냐와 관련된다. 연구는 우리의 환경에 있어 가장 중요한 요소는 타인, 즉 사람들이 우리가 사는 삶의 맥락을 만들어 낸다고 한다(Baumeister & Leary, 1995). 사람들이 자신의 세계를 이해하는 방식에 주목하는 것은 곧 그들의 소속감과 연결감을 함축한다. 또한 연구는 관계에 투자하는 사람들이 더 큰 삶의 의미를 경험한다는 것을 보여 준다(Steger, Kashdan, & Oishi, 2008). 우리의 효능감, 즉 우리가 세상에 짐이 아닌 기여하는 존재라는 관점은 삶의 의미의 목적 차원과 관련된다. 목적은 우리가 유용하고, 기능하는 세상의 중요한 부분이고, 우리 자신이 '의미가 있다'는 감각을 포착한다. 이러한 기여도와 유용성에 대한 감각을 잃어버리는 것은 일찍이 자살행동의 원인 중 하나로 확인되었다(Durkheim, 1897/1953). 치료적 관계의 맥락에서 개인의 의미감을 발달시키는 것은 자살사고를 줄이고 잠재적으로 자살을 예방하는 데 적용될 수 있을 것으로 기대된다.

연구는 또한 자살이 **절망감**(hopelessness), 즉 개인의 미래에 대한 부정적 지각(Beck, Rush, Shaw, & Emery, 1979)과 삶의 의미의 결핍(예: Rothermund & Brandtstädter, 2003)과 관련되어 있음을 가리킨다. 불행하게도, 의미 기반의 개입을 자살 집단에서 조사한 경험적 연구는 거의 없다. Edwards와 Holden(2001)은 삶의 의미가 대처 방식과 자살 징후 간의 완충역할을 해 준다고 제안하며, 저자들도 자살 예측의 정확성을 향상시키기 위해 의미 변인들을 추가해야 한다고 주장한다. 삶의 이유를 갖는 것 또는 의미 있는 삶을 주도하는 것은 자살과 양립할 수 없다. 이러한 생각은 자살사고를 보고한 조기퇴직자들이 개인적 목표 관리 프로그램에 등록하였다는 연구에 의해 지지된다(Lapieer, Dubé, Bouffard, & Alain, 2007). 이 프로그램 이후, 참여자들은 자신의 목표 달성에 대해 증가된 자기효능감과 더 큰 심리적 안녕감을 보고하였다. 삶의 의미는 목표를 더 큰 삶의 목적과 연결시키는 것에 관한 것이다.

결론

우리가 이 장을 통해 주장했듯이, ACT의 핵심 과정—내담자들이 삶에서 진정으로 원하는 것이 무엇인지 생각하도록 격려하는 것, 회피와 통제 전략에 대해 성찰하는 것, 그리고 중요한 개인적 가치에 대해 인식하는 것과 그 가치에 기반하여 결정을 내리는 것에 초점을 맞추는 것—은 단순히 조화로운 것을 넘어 삶의 의미가 제공하는 추가적인 영향력의 이점을 활용하기에 완벽하다. 축적되고 있는 문헌에서 밝혀진 바와 같이, ACT

는 우울증(depression)을 가진 사람들에게 중간에서 큰 임상적 효과를 달성할 수 있으며(예: Bohlmeijer, Fledderus, Rokx, & Piketerse, 2011), 다른 심리적 장애들에 대한 효과에 대한 연구도 계속 등장하고 있다. 우리는 ACT의 적용에 삶의 의미의 관점을 통합함으로써, 내담자들이 원하는 삶을 살 수 있도록 돕는 더 효과적인 치료 전략이 개발될 수 있다고 제안한다. 내담자의 개인적 가치를 그들의 삶에 대한 전반적 이해에 두고, 그들의 목적 안에서 가치 있는 삶의 목표 추구를 유연하게 하는 것을 기꺼이하게 둠으로써 내담자들은 그들 주변에 기여하는 긍정적이고, 희망적인 미래로 이끌릴 것이다.

참고문헌

Baer, R. A. (2003). Mindfulness training as a clinical intervention: A conceptual and empirical review. *Clinical Psychology: Science and Practice, 10*, 125-143.

Baumeister, R. F. (1991). *Meanings of life.* New York: Guilford Press.

Baumeister, R. F., & Leary, M. R. (1995). The need to belong: Desire for interpersonal attachments as a fundamental human motivation. *Psychological Bulletin, 117*, 497-529.

Beck, A. T., Rush, A. J., Shaw, B. F., & Emery, G. (1979). *Cognitive therapy of depression.* New York: Guilford Press.

Biswas-Diener, R., Kashdan, T. B, & Minhas, G. (2011). A dynamic approach to psychological strength development and intervention. *Journal of Positive Psychology, 6,* 106-118.

Bohlmeijer, E. T., Fledderus, M., Rokx, T. A. J. J., & Pieterse, M. E. (2011). Efficacy of an early intervention based on Acceptance and Commitment Therapy for adults with depressive symptomatology: Evaluation in a randomized controlled trial. *Behaviour Research and Therapy, 49,* 62-67.

Brown, K. W., & Ryan, R. M. (2003). The benefits of being present: Mindfulness and its role in psychological well-being. *Journal of Personality and Social Psychology, 84*, 822-848.

Brown, K. W., Ryan, R. M., & Creswell, J. D. (2007). Mindfulness: Theoretical foundations and evidence for its salutary effects. *Psychological Inquiry, 18,* 211-237.

Cohen, S. R., Mount, B. M., Tomas, J. J. N., & Mount, L. F. (1996). Existential well-being is an important determinant of quality of life. *Cancer, 77,* 576-586.

Davis, C. G., Nolen-Hoeksema, S., & Larson, J. (1998). Making sense of loss and growing from the experience: Two construals of meaning. *Journal of Personality and Social Psychology, 75,* 561-574.

DeNeve, K. M., & Cooper, H. (1998). The happy personality: A meta-analysisof 137 personality traits and subjective well-being. *Psychological Bulletin, 124,* 197-229.

Durkheim, E. (1897, 1953). *Suicide*. New York: Free Press.

Edwards, M. J., & Holden, R. R. (2001). Coping, meaning in life, and suicidal manifestations. *Examining Gender Differences, 57,* 1517-1534.

Elliot, A. J., & Thrash, T. M. (2002). Approach-avoidance motivation in personality: Approach and avoidance temperaments and goals. *Journal of Personality and Social Psychology, 82,* 804-818.

Frankl, V. E. (1963). *Man's search for meaning: An introduction to logotherapy*. New York: Washington Square Press.

Harlow, L., & Newcomb, M. (1990). Towards a general hierarchical model of meaning and satisfaction in life. *Multivariate Behavioral Research, 25,* 387-405.

Joiner, T. E. (2005). *Why people die by suicide*. Cambridge, MA: Harvard University Press.

Kashdan, T. B., & McKnight, P. E. (2009). Origins of purpose in life: Refining our understanding of a life well lived. *Psychological Topics, 18,* 303 316.

Kashdan, T. B., & Rottenberg, J. (2010). Psychological flexibility as a fundamental aspect of health. *Clinical Psychology Review, 30,* 865-878.

King, L. A., & Hicks, J. A. (2007). Whatever happened to "what might have been"? Regret, happiness, and maturity. *American Psychologist, 62,* 625-636.

King, L. A., & Hicks, J. A. (2009). Detecting and constructing meaning in life events. *Journal of Positive Psychology, 4*(5), 317-330.

King, L. A., & Napa, C. K. (1998). What makes a life good? *Journal of Personality and Social Psychology, 75,* 156-165.

Lapierre, S., Dubé, M., Bouffard, L., & Alain, M. (2007). Addressing suicidal Ideations through the realization of meaningful personal goals. *Crisis, 28,* 16-25.

Lazarus, R. S. (2003). Does the positive psychology movement have legs? *Psychological Inquiry, 14*, 93-109.

Luoma, J. B., Hayes, S. C., & Walser, R. (2007). *Learning ACT: An Acceptance and Commitment Therapy skills-training manual for therapists*. Oakland, CA: New Harbinger Publications.

McKnight, P. E., & Kashdan, T. B. (2009). Purpose in life as a system that creates and sustains health and well-being: An integrative, testable theory. *Review of General Psychology, 13*, 242-251.

Park, N., Park, M., & Peterson, C. (2010). When is the search for meaning related to life satisfaction? *Applied Psychology: Health and Well-Being, 2*, 1-13.

Read, S., Westerhof, G. J., & Dittmann-Kohli, F. (2005). Challenges to meaning in life: A comparison in four different age groups in Germany. *International Journal of Aging and Human Development, 61*, 85-104.

Reker, G. T. (2000). Theoretical perspective, dimensions, and measurement of existential meaning. In G. T. Reker & K. Chamberlain (Eds.), *Exploring existential meaning: Optimizing human development across the life span* (pp. 39-58). Thousand Oaks, CA: Sage Publications.

Rothermund, K., & Brandtstädter, J. (2003). Depression in later life: Cross-sequential patterns and possible determinants. *Psychology and Aging, 18*, 80-90.

Ryan, R. M., & Deci, E. L. (2001). On happiness and human potentials: A review of research on hedonic and eudaimonic well-being. *Annual Review Psychology, 52*, 141-166.

Ryff, C. D. (1989). Happiness is everything, or is it? Explorations on the meaning of psychological well-being. *Journal of Personality and Social Psychology, 57*, 1069-1081.

Ryff, C. D., & Singer, B. (1998). The contours of positive human health. *Psychological Inquiry, 9*, 1-28.

Schwartz, S. J., Kurtines, W. M., & Montgomery, M. J. (2005). A comparison of two approaches for facilitating identity exploration processes in emerging adults: An exploratory study. *Journal of Adolescent Research, 20*, 309-345.

Shin, J. Y., & Steger, M. F. (2014). Promoting meaning and purpose in life. In A. C. Parks & S. M. Schueller (Eds.), *The Wiley Blackwell handbook of positive psychological interventions* (pp. 90-110). Wiley Blackwell.

Steger, M. F. (2009). Meaning in life. In S. J. Lopez (Ed.)., *Oxford handbook of positive psychology* (2nd ed., pp. 679-687). Oxford, UK: Oxford University Press.

Steger, M. F. (2012). Experiencing meaning in life: Optimal functioning at the nexus of spirituality, psychopathology, and well-being. In P. T. P. Wong & P. S. Fry (Eds.), *The human quest for meaning* (2nd ed.). New York: Routledge.

Steger, M. F., Frazier, P., Oishi, S., & Kaler, M. (2006). The Meaning in Life questionnaire: Assessing the presence of and search for meaning in life. *Journal of Counseling Psychology, 53*, 80-93.

Steger, M. F. Kashdan, T. B., & Oishi, S. (2008). Being good by doing good: Daily eudaimonic activity and well-being. *Journal of Research in Personality, 42*, 22-42.

Steger, M. F., Kashdan, T. B., Sullivan, B. A., & Lorentz, D. (2008). Understanding the search for meaning in life: Personality, cognitive style, and the dynamic between seeking and experiencing meaning. *Journal of Personality, 76*, 199-228.

Steger, M. F., Oishi, S., & Kesibir, S. (2011). Is a life without meaning satisfying? The moderating role of the search for meaning in satisfaction with life judgments. *Journal of Positive Psychology, 6*, 173-180.

Steger, M. F., & Park, C. L. (2012). The creation of meaning following trauma: Meaning making and trajectories of distress and recovery. In T. Keane, E. Newman, & K. Fogler (Eds.), *Toward an integrated approach to trauma focused therapy: Placing evidence-based interventions in an expanded psychological context*. Washington, DC: APA.

Steger, M. F., & Shin, J. Y. (2010). The relevance of the Meaning in Life questionnaire to therapeutic practice: A look at the initial evidence. *International Forum on Logotherapy, 33*, 95-104.

Sullivan, D., Landau, M. J., & Rothschild, Z. (2010). An existential function of enemyship: Evidence that people attribute influence to personal and political enemies to compensate for threats to control. *Journal of Personality and Social Psychology, 98*, 434-449.

Wong, P. T. P. (2011). Positive psychology 2.0: Towards a balanced interactive model of the good life. *Canadian Psychology/Psychologie canadienne, 52*, 69-81.

Wong, P. T. P., & Fry, P. S. (1998). *The human quest for meaning: A handbook of psychological research and clinical applications*. Mahwah, NJ: Erlbaum.

제12장

재능 개발

관계구성틀 이론을 활용하여 심리학의 기본 목표 다루기

Bryan Roche
National University of Ireland, Maynooth

Sarah Cassidy
Smithsfield Clinic, Co. Meath, Ireland

Ian Stewart
National University of Ireland, Galway

이 장에서는 심리학자들이 과학적 근거에 기반한 연구와 실천을 통해 아동의 재능을 체계적으로 길러낼 수 있는 새로운 접근과 비전을 소개하고자 한다. 여기서 언급하는 것은 단순히 불우한 환경에 있는 아동(disadvantaged children)이 학업적 잠재력을 발휘할 수 있도록 조기에 집중적으로 교육에 개입하는 프로그램이나, 이미 사용 중인 교육 방법보다 더 효율적이고 효과적인 방법을 적용하는 것만을 의미하지 않는다. 우리는 인간 행동을 실험적으로 분석하는 새로운 혁신적 발전에 대해 논의하고자 하며, 이는 과거에는 불가능하다고 여겨졌던 지능지수(IQ)의 향상을 가능하게 할 잠재력을 지닌다고 본다. 즉, 관계구성틀 이론(relational frame theory: RFT)(Hayes, Barnes-Holmes, & Roche, 2001) 분야의 최근 연구에 따르면, 관계구성틀 훈련을 통해 아동의 지적 능력에 실질적이고 지대한 차이를 만들 수 있다고 제안한다. 물론 이러한 RFT 개입은 갑작스럽게 나온 것이

* 저자 주: 전반적인 지적 능력 향상을 목표로 한 온라인 관계구성틀 훈련을 받으려면 RaiseYourIQ.com을 방문하기 바란다.

아니라 20년간의 언어 및 인지에 대한 연구, 그리고 지능이 무엇을 의미하는지와 지능을 향상시킬 수 있는 방법을 이해하려는 공동의 노력에서 나온 것이다. 사실상, 우리의 임무는 심리학이라는 전문 분야의 원래 목표 중 하나이자 최근 긍정심리학에서 재조명되고 있는 목표, 즉 **재능 개발**(nurture genius)과 일치한다(Seligman & Csikszentmihalyi, 2000 참조).

이 장에서는 먼저 지적 발달에 대한 행동분석적 접근의 간략한 역사를 살펴보면서, 최근 개발된 RFT 개입이 어떤 과정을 통해 등장하게 되었는지를 설명하고자 한다. 이어서 지능이라는 개념 자체와, RFT가 공유하는 스키너식(Skinnerian) 분석 관점에서 지능을 어떻게 이해하는지를 논의할 것이다. 마지막으로 RFT 접근법을 살펴보고, 이를 바탕으로 지적 역량을 최대한 발휘하도록 하는 데 중요한 환경적 경험과 현재의 개입에 대해 설명할 것이다.

행동주의자가 바라보는 지능

인간의 지적 발달(intellectual development)에 대한 현대의 행동분석적 접근 방식은 인간의 한계보다 잠재력을 탐구하는 데 중점을 둔다. 오늘날 우리 문화에서 IQ검사는 단순히 개인이 교육 성과(educational attainment)와 관련된 과제(예: 숫자 더하기, 은유 해석하기, 정보 기억하기, 3차원 공간에서 물체 다루기)를 수행할 수 있는 속도와 정확성을 측정하는 데 그친다. 이처럼 지능의 개념은 개인을 정량화하는 데는 사용할 수 없지만, 다양한 영역에서 개인의 능력 수준을 지수화하는 데는 사용할 수 있다.

행동분석가로서 우리는 심리학자들이 개입이 가능하도록 지능에 대한 관점을 넓혀야 한다는 긍정심리학의 입장에 동의한다(Duckworth, Steen, & Seligman, 2005). 실제로 Sternberg(2003)는 IQ검사가 잠재력이 아닌 지적 **한계**(limits)를 측정한다는 점을 언급하며, 지능에 대한 전통적 시각을 '부정심리학(negative psychology)'의 한 형태로 설명하였다. 이러한 전통적인 관점에 따르면, 지능을 측정하는 것은 기관(institutions)에 도움이 되지만 개인에게는 도움이 되지 않는다. 재미있게도, Sternberg는 긍정심리학이 엄격한

(serious) 과학자들에게 '덜 엄격하다(soft)'고 인식되지 않으려면, 개인의 잠재력과 수행을 향상시키기 위한 개입의 실질적이고 경험적 효과를 보여 주는 연구가 꼭 필요하다고 강조하였다. 지적 성취도(intellectual acheivement)를 눈에 띄게 향상시키기 위해 고안된 현대의 행동분석적 개입이 바로 그런 강력하고 설득력 있는 과학적 실증의 한 사례이다.

Seligman, Ernst, Gilham, Reivich와 Linkins(2009)는 **교육적 개입**(educational intervention)이 긍정심리학자의 목표를 달성하는 데 핵심적인 역할을 한다고 보고 있다. Seligman과 동료들은 학교의 개입이 모든 사람에게 도달할 수 있는 훌륭한 기회를 제공하므로, 전 지역사회의 삶을 향상시킬 수 있는 강력한 방법이라고 제안하였다. 특히, 연구진은 삶에서 **긍정정서**(positive emotions)의 빈도를 높이는 데 도움이 되는 모든 개입이 학습을 향상시키는 데 도움이 될 것이라고 제안한다. 좀 더 구체적으로 말하면, 긍정정서는 인지적 초점을 확장시키며(예: Basso, Schefft, Ris, & Dember, 1996), 학습 상황에서 창의성과 통찰을 향상시키는 것과도 관련된다(예: Estrada, Isen, & Young, 1994; Isen, Daubman, & Nowiki, 1987). 간단히 말하면, '**안녕감**(well-being)이 높은 상태에서 학습이 더 효과적일 수 있다'(Seligman et al., 2009, p. 294)는 것이다. 이는 전통적 교육의 목표이다. 그러나 안녕감은 그 자체로도 목적이지만, 지적 능력이 교육적 성공을 대략적으로 예측하고(Deary, Strand, Smith, & Fernandes, 2007) 여러 가지 긍정적인 삶의 결과와 관련이 있기 때문에, 지적 능력에 미치는 잠재적 영향도 중요하다는 점에 유의하는 것이 중요하다(Schmidt & Hunter, 1998). 한 연구(Frey & Detterman, 2004)에 따르면, IQ와 미국수학능력시험(American Standard Aptitude Test: SAT) 점수 간에는 0.82의 높은 **상관관계**(correlation)가 있는 것으로 나타났다. SAT는 대학 진학 및 기타 교육과 취업 기회를 위한 선발 기준으로 널리 사용된다. 또 다른 연구(Deary et al., 2007)에서는 IQ와 영국 GCSE 점수(영국의 모든 고등학교 졸업생을 대상으로 시행되는 학업 성취의 측정 지표) 간에 0.81의 상관관계가 있는 것으로 나타났다. 이러한 연구 결과를 종합하면, 지적 능력이 향상되면 개인의 교육 및 취업 기회가 확대될 수 있음을 강력하게 시사한다.

이쯤 되면 당신은 우리가 개인의 지능지수를 눈에 띄게 높일 수 있는 가능성에 대해 자신감 있게 이야기하는 것에 놀랄 수도 있다. 어쨌든 많은 사람들이 IQ를 불변의 특성을 나타내는 지표로 간주하기 때문이다. 그러나 지적 능력은 전 생애에 걸쳐 다양하게 변할

(lifetime variation of) 수 있는데, 이는 심리측정학자들이 IQ 점수를 통계적으로 계산할 때 이러한 일상적인 변동을 보정하려고 최선을 다하더라도 변하지 않는다. 실제로 집중적인 교육 프로그램이 IQ 향상으로 이어질 수 있다는 사실은 오래전부터 알려져 왔다(Ceci, 1991). 또한, 최근 『Nature』에 게재된 논문에 따르면, IQ는 환경적 영향에 따라 10대에 상당히 변할 수 있다는 새로운 증거가 나왔다(Ramsden et al., 2011). 따라서 현재 연구의 구체적인 도전 과제는 단순히 IQ를 높이는 것이 아니라, 지적 능력을 충분히 향상시켜 전체 IQ 점수를 질적으로 다른 범위(예: 정상 이하에서 정상으로)로 끌어올리거나 표준편차(일반적으로 약 15점 정도) 이상으로 향상시키는 것이다. 이 목표를 달성하는 데 있어 RFT가 어떻게 도움이 될 수 있는지 알아보기에 앞서, 이전에 시도된 지능을 향상시키는 방법들을 먼저 살펴보도록 하자.

IQ를 높이기 위한 이전의 시도들

지능 수준을 높일 수 있다고 주장하는 다양한 개입들이 존재한다. 이러한 주장들은 학술 문헌과 온라인 소프트웨어 회사들에 의해 제기되어 왔으나, 그 효과는 대부분 신뢰하기 어렵다고 알려져 있다[예: '모차르트 효과(Mozart effect)'; Rauscher, Shaw, & Ky, 1993; Chabris, 1999; Lorant-Royer, Spiess, Goncalvez, & Lieury, 2008; McKelvie & Low, 2002; Newman, Rosenbach, Burns, Latimer, Matocha & Vogt, 1995; Steele, Bass, & Crook, 1999]. 그러나 일부 신뢰할 만한 연구 결과에 따르면 **'인지 훈련(cognitive training)'** 형태의 지적 자극이 노인과 치매 및 알츠하이머병 환자의 인지 저하를 늦추는 데 도움이 될 수 있다는 것을 보여 주고 있다(Belleville, Gilbert, Fontaine, Gagnon, Menard, & Gauthier, 2006; de la Fuente-Fernandez, 2006; Spector et al., 2003; Willis et al., 2006; Wilson et al., 2002). **신경생성(neurogenesis; 뇌신경 성장 촉진)**은 잘 알려진 현상이지만, 인지 훈련에 참여하는 것과 전체 IQ(즉, 표준화된 IQ검사로 평가한 IQ)의 향상 사이에는 알려진 연관성이 없다. 최근에는 **유동적 지능(fluid intelligence)**[1)]이라고 알려진 지능의 한 측면에서 개선 사례가 보고되었지만(Jaeggi, Buschkuehl, Jonides, & Shah, 2011), 이는 전체 IQ 향상과는 관련이 없다고 알려

져 있다.

두뇌 훈련에 대한 가장 좋은 근거는 뇌졸중 회복과 노인의 치매 관리에 미치는 영향을 조사한 연구들에서 찾을 수 있다(예: Smith et al., 2009). 이러한 훈련을 통해 향상되는 능력은 이미 이전에 충분히 확립되어 있었던 기억력이나 주의력과 같은 일반적인 능력이다. 예를 들어, **독립적이고 활기찬 노인을 위한 고급 인지 훈련**(Advanced Cognitive Training for Independent and Vital Elderly: ACTIVE) 임상시험은 인지 또는 '두뇌' 훈련의 효과를 조사하는 미국 최대 규모의 연구이다. Ball 등(2002)은 이 프로그램이 노화와 관련된 인지 저하를 예방할 만큼 충분한 수준의 인지 능력 향상을 가져올 수 있음을 확인하였다. 이 연구에 따르면, 5주 동안 다양한 인지 과제를 매주 정기적으로 훈련한 결과, 기억력, 추론력, 정보처리 속도가 눈에 띄게 향상되었다. 하지만 가장 큰 도전 과제는 이러한 개입이 사람들이 훈련하는 바로 그 과제에서의 능력을 향상시키는 것 이상의 효과를 나타내는 것이다. 필요한 것은 한 가지 과제에 대한 훈련이 실제 상황(예: 문제해결 또는 기억력 관련)이나 인지 기능의 다른 측면으로 일반화된다는 증거이다.

인지 훈련 효과의 일반화 가능성을 탐구하는 유망한 연구 프로그램은 미시간 대학교(University of Michigan)의 Susanne Jaeggi, John Jonides 및 동료들에 의해 주도되고 있다. 이 연구자들은 **듀얼 엔 백**(dual n-back) **절차**[2]로 알려진 까다로운 기억 과제를 연습하면 유동적 지능(이전에 습득한 지식과 무관하게 새로운 문제를 추론하고 해결하는 능력, Gf로 표시됨; Jäeggi, Buschkuehl, Jonides, & Perrig, 2008 참조)이 향상된다는 사실을 발견하였다. 유동적 지능(전체 지능이 아님)은 **레이븐 매트릭스 테스트**(Raven's Matrices test; Raven, Raven, & Court, 2003)를 사용하여 측정하였다. 연구 결과에 따르면, 인지 훈련의 효과는 특정

1) 1963년 Cattell이 처음 공식화한 유동적 지능은 '새로운 상황에 적응하는 데 유용한 유기체의 신체적 통합성(physiological integrity)을 반영한다'는 가설을 세웠다(Lohman, 1989, p. 339).

2) n-back 과제에서는 참여자에게 글자나 단어, 그림과 같은 일련의 자극이 시행마다 하나씩 제시된다. 이 과제의 목적은 화면에 제시된 자극이 n번째 이전에 제시된 자극과 일치할 경우 반응하는 것이다. 예를 들어, 3-back 과제에서 참여자는 제시된 자극이 3번째 전에 제시된 자극과 일치할 경우 반응해야 한다. 최근에는 dual n-back 과제가 개발되었다. 여기에는 일반적으로 시각 및 청각과 같은 서로 다른 유형의 자극을 사용하여 2개의 n-back 과제를 동시에 제시하는 것이 포함된다.

훈련 과제에 국한되지 않고 다른 상황에서도 일반화될 수 있다는 것을 시사하였다. 이 결과는 특히 흥미로웠는데, 유동적 지능(Rohde & Thompson, 2007)과 기억력(Pickering, 2006)이 모두 **학업 성공**(scholastic success)과 관련이 있기 때문이다.

Jäeggi와 동료들(Jäeggi, Studer-Luethi, Buschkuehl, Su, Jonides, & Perrig, 2010)은 이후에 엔 백(n-back) 과제 수행이 작업기억 측정치보다 Gf의 두 가지 측정치와 더 강한 상관관계가 있다는 사실을 발견하였다. 2010년 논문에 보고된 2번째 실험에서는 두 집단의 학생들 대상으로 single 또는 듀얼 엔 백 개입을 통해 4주 동안 훈련을 실시하였다. 통제집단은 아무런 훈련을 받지 않았다. 연구진은 통제집단과 비교하여 엔 백 검사에서 훈련 후 작업기억의 향상보다 Gf의 향상이 더 두드러졌다고 보고하였다(3개월 추적 기간 동안 Gf의 증가가 유지된다는 것을 입증한 유사한 연구에 대해서는 Jäeggi et al., 2011 참조).

유동적 지능은 일반 지능의 한 구성 요소일 뿐이며, 유동적 지능의 향상을 전체 IQ의 향상으로 착각해서는 안 된다는 점을 이해하는 것이 중요하다(Flynn, 1987 참조). 특히, 유동적 지능은 정보처리 속도와 같은 작업기억 및 주의력과 밀접한 관련이 있다. 그러나 전체 IQ는 이보다 더 넓은 범위의 능력에 걸쳐 측정된다. 또한, 전체 IQ검사에서 임상가나 심리측정학자가 수검자에게 주의력 결핍이 있다고 판단하는 경우, 작업기억과 정보처리 속도를 측정하는 과제[예: 아동용 웨슬러 지능검사(Weschler Intelligence Scale for Children: WISC)]의 점수는 전체 IQ 점수를 산출할 때 무시할 수 있다. 그럼에도 불구하고, 기억력과 주의력은 교육적 맥락에서 중요하며, n-back 절차 훈련은 이러한 능력을 향상시켜 문제의 핵심적인 측면, 즉 개인이 이미 제공할 수 있는 해결책에 주의를 기울이고 기억하는 능력을 향상시키는 데 효과적일 수 있다.

행동심리학자들은 주로 **특수 요구 집단**(special needs populations) 대상으로 지능적 행동 능력(intelligent behavior skills)을 향상시키기 위해 간간이 노력해 왔다(따라서 IQ 점수도 향상될 수 있음). 1987년 고(故) O. Ivar Lovaas는 **자폐증**(sutism)에 대한 3년간의 **응용행동분석**(applied behavior analysis: ABA) 개입을 통해 IQ가 최대 30점(약 2표준편차)까지 상승했다고 보고하였다. 이 연구에 참여한 자폐 아동의 거의 절반이 3년의 프로그램이 끝난 후 정상적으로 기능하는 아동과 지적 측면에서 눈에 띄게 차이가 나지 않았다(Reed, Osbourne, & Corness, 2005). 그러나 행동분석 내에서도 이러한 IQ 상승을 신뢰할 수 없다는 우려가 제기되었다(Connor, 1998; Gresham & MacMillan, 1997; Reed et al., 2005). 예를 들어, Magiati와 Howlin(2001)은 참여자 선정, 치료 조건 할당, 실험집단과 통제집단의 치료 기간 차이, 이미 높은 수준의 지적 능력을 갖추고 있는 치료집단이라는 방법론적 결함을 근거로 이 연구를 비판하였다. 또한 연구진은 사전 조사와 추후 조사에서 서로 다른 IQ검사가 자주 사용된다는 점에 주목하였다. 그럼에도 불구하고, Sallows와 Graupner(2005)는 Lovaas의 연구를 재현하여 자폐 아동들 사이에서 유사한 수준의 IQ 상승을 확인하였다. 추가 연구에서 Smith, Eikeseth, Klevstrand와 Lovaas(1997)는 자폐 성향을 가진 중증 정신지체 아동의 표현 언어와 적응 행동을 향상시키기 위해 ABA 치료 프로그램을 사용하였다. 또한 추후 검사에서 IQ를 측정하였다. 두 집단 모두 행동 문제가 감소했지만, 치료 조건의 아동은 추후 검사에서 평균 IQ가 더 높았고 비교집단보다 표현 언어가 더 뛰어난 것으로 나타났다.

앞서 살펴본 연구들은 IQ가 광범위하고 집중적인 행동 개입에 의해 영향을 받을 수 있음을 강력하게 시사한다. 그러나 이 연구들은 개입에서 일반 지능의 향상을 특별히 목표로 삼은 것이 아니라, 다양한 결과 측정치 중 하나로서 IQ를 사용했다는 점을 기억하는 것이 중요하다. 그러나 다음 섹션에서는 교육적 개입을 통해 높은 지능과 관련된 능력이 어떻게 확립될 수 있는지 이해하기 위해 특별히 고안된 현대 행동 연구 프로그램에 대해 소개하고자 한다.

재능 육성을 위한 관계구성틀 접근

관계구성틀 이론(Relational Frame Theory)은 자극 사이의 관계를 도출하는 인간의 능력을 설명하는 이론이다. 예를 들어, 언어 능력이 있는 대부분의 아동들은 어떤 물체(A라고 하자)가 두 번째 물체(B)보다 크고, B가 C보다 크다면 C는 A보다 **작아야 한다**는 것을 이해할 수 있다. 이 마지막 결론은 아동에 의해 도출된 것으로, 이러한 특정 학습 능력을 **도출된 관계적 반응**(derived relational responding; 또는 임의적으로 적용 가능한 관계적 반응)이라고 한다. 여러 연구자들(예: Sidman, 1971; Sidman & Tailby, 1982)이 서로 다른 용어(예: 자극 등가성; stimulus equivalence)를 사용하여 이 능력을 설명했지만, RFT는 도출된 관계적 반응의 세 가지 주요 특징을 상호적 함의, 조합적 함의, 기능의 변환으로 설명하였다(Hayes, 1994).

상호적 함의(Mutual entailment) 임의적으로 적용할 수 있는 관계는 항상 양방향적이다. 어떤 자극(A)이 다른 자극(B)과 관련(예: ~보다 크다, ~보다 먼저 등)이 있는 경우, 두 자극 사이에 두 번째 관계(즉, B에서 A로의 관계)가 자동으로 수반된다. 수반되는 관계의 유형은 두 자극 사이의 관계 특성에 따라 달라진다. 예를 들어, A가 B와 반대인 경우 B도 A와 반대이다. 이 경우 훈련된 것과 동일한 관계가 수반된다. 그러나 A가 B보다 크면 B가 A보다 작아지는 새로운 관계가 수반된다.

조합적 함의(Combinatorial entailment) 자극 A가 B와 관련이 있고 B가 C와 관련이 있다면, A와 C 사이의 관계는 조합적으로 수반된다. 다시 한번, 조합적으로 수반되는 관계의 성격은 훈련된 관계의 특성에 따라 달라진다. 예를 들어, A가 B보다 크고 B가 C보다 크면 A는 C보다 크다(즉, 훈련된 것과 동일한 관계가 도출됨). 그러나 A가 B와 반대이고 B가 C와 반대인 경우 A와 C 사이에는 대등(coordination) 또는 동일(sameness) 관계(즉, 학습된 관계와는 다른 관계)가 조합적으로 수반된다.

기능의 변환(Transformation of function) 자극 A가 다른 자극 B와 관련이 있고 A에 대한 반응 기능(response function)이 설정되어 있다면, 자극 B의 기능은 (적절한 맥락 단서가 주어질 경우) A-B 관계에 따라 변형된다. 예를 들어, A가 자극 C와 조합적으로 수반되는 관계에 있고 A가 X 맥락에서 공포 반응을 유발하는 경우, C도 해당 맥락에서 동일한 공포 반응을 유발한다.

RFT의 가장 중요한 특징은 관계구성틀에 따라 관계를 도출하는 능력이 후천적인 능력이라는 관점이다. 다시 말해, RFT에서는 인간이 자극 사이에 형성되는 다양한 관계를 학습해야 한다고 주장한다. 이 능력은 아동이 보호자와 정상적인 사회적 상호작용을 하면서 발달하게 되는데, 이는 초기 발달 단계에서 나타날 가능성이 가장 높다. 예를 들어, 엄마가 아동에게 인형을 제시했을 때 '인형'이라는 단어를 말하도록 가르치고 싶다고 가정해 보자(인형이 먼저, 단어가 나중에). 이를 위해서는 엄마가 먼저 인형을 들고 '인형'이라는 단어를 소리 내어 말한 다음 아동에게 그 단어를 반복하도록 하는 등 대상-단어 관계의 예시를 여러 번 보여 주어야 한다.

이제 엄마가 다른 여러 사례들에서 이 관계를 뒤집는다고 가정해 보자. 구체적으로, 엄마가 먼저 '인형'이라는 단어를 말하고 아동에게 인형을 가리키라고 한다(단어-대상 관계). 이 단어-대상 관계가 안정적으로 설정되면 이 관계는 **양방향**이 된다. 그러나 중요한 것은 이 관계가 아동에 의해 형성된 것이 아니라 **엄마에 의해** 양방향으로 직접 형성되었다는 점이다. 이렇게 직접적으로 훈련된 양방향 관계가 수많은 대상과 단어에 걸쳐 충분히 많이 형성되면, 결국 새로운 대상과 단어에 대해 자발적인 양방향 관계적 반응 패턴이 나타나게 된다(Hayes, Fox, Gifford et al., 2001, pp. 26-27 참조). 예를 들어, 엄마가 새로운 대상(예: 고양이)을 가리키며 그 이름을 말하고 아이에게 그 이름을 반복하도록 유도하여(예: "이건 고양이야. 고양이라고 말할 수 있겠니?") 새로운 대상과 이름의 관계를 가르칠 수 있다. 이렇게 하면 '대상'에서 '이름'으로의 관계를 학습한다. 이후 엄마가 "고양이는 어디 있니?"라고 물으면 아동은 자연스럽게 동물을 가리키며 도출되거나 훈련되지 않은 '이름-대상'(즉, 역방향) 관계를 보여 줄 수 있다. 도출은 반대 방향으로도 일어날 수 있다. 예를 들어, 새로운 이름(예: '초콜릿')을 주고 올바른 대상(예: 초콜릿 바)을 고르도록 가르쳤을 때, 훈련되지 않은 상황에서는 유사한 대상(예: TV에서 비슷한 초콜릿 바를 본 경우)을 보았을 때 해당 이름이 올바르다고(예: 아이가 묻지 않아도 '초콜릿'이라고 말함) 인식할 수 있다.

행동 연구에 따르면, 이러한 방식으로 자극 사이의 관계를 도출하는 능력(ability)은 언어(language) 학습에 매우 중요한 능력(skill)일 가능성이 높다고 한다(예: Barnes, McCullagh, & Keenan, 1990; Devany, Hayes, & Nelson, 1986). 이는 언어가 전적으로 임의적인 단어와 소리의 연결로 가득 차 있기 때문이다(즉, 'dog'라는 소리는 임의적인 소리이기 때문에 인쇄된 글자 D-O-G와의 관계를 학습해야 한다. 따라서 아동은 인쇄물에서 'dog'가 무엇을 가리키는지 알아낼 수 없다). 자극 사이의 관계를 도출하는 능력이 매우 능숙한 경우, 탁월한 어휘 습득 및 단어 의미 기억 능력이 빠르게 향상될 것으로 기대된다. 이는 관계를 도출하고 필요한 경우 '재도출'하는 능력이 이러한 언어 레퍼토리를 지원하기 때문이다.

관계구성틀 이론 연구자들은 이론적 및 경험적 이유로 관계를 도출하는 능력은 학습해야 한다고 주장한다(즉, 이 능력은 타고난 능력이 아님). RFT에서는 이러한 현상이 어떻게 발생하는지 설명하며, 지적·행동적·정서적 발달에 관여하는 가장 중요한 관계 유형(예: 더 많음, 더 적음, 이전, 이후, 반대, 다름) 또는 관계구성틀을 식별하려고 규명하는 데 주력한다. 급진적으로 들릴지 모르지만, RFT 연구자들은 비교적 적은 수의 관계구성틀을 통해 언어, 연역적 추론, 문제해결과 같은 다양한 인지 능력을 이해하려고 노력한다. RFT의 관점에서 볼 때, 표준 IQ검사에서 측정되는 많은 부분은 관계구성틀로 이해할 수 있다. 어떤 유형의 지적 능력에 어떤 관계 또는 관계의 조합이 관련되어 있는지 정확하게 파악하는 것은 개념적 문제이자 경험적 문제이다. 그럼에도 불구하고, 우리가 이미 지능의 기본 행동 단위(즉, 관계적 반응)를 파악했을지도 모른다는 생각은 아무리 생각해도 흥미롭다. 이는 기본적인 관계구성틀 능력을 향상시키면, 단 한 번의 개입으로 전체 지적 능력 체계를 향상시킬 수 있다는 것을 명백하게 시사한다.

중요한 점은, 새로운 단어와 대상 사이의 관계를 도출하는 능력은 **맥락적 통제**(contextual control)하에 유지된다는 것이다. 즉, 두 항목 사이에서 어떤 관계가 관련되는지는 '동일(Same)'과 같은 단서에 의해 항상 규정된다. 다시 말해, 우리는 아동에게 두 대상 사이의 관계를 설명할 때 항상 관계구성틀 중 하나를 (어떤 방법으로든) 사용할 것이다. 예를 들어, "네 인형보다 더 큰 것을 보여 줘."와 같이 우리는 관계구성틀 문구를 통해 우리가 어떤 관계에 대해 이야기하는지 아동에게 명확하게 전달할 것이다.

사회언어(socioverbal) 공동체에 지속적으로 노출되고 상호작용하면서 개인의 관계구성틀 활용 능력은 점차 향상되며, 이 관계들이 점차 추상화되어 사건을 관계적으로 이해하는 능력이 특정 단어나 대상과 점차 무관해지게 된다. 수학적 관계(예: 3+5는 8과 같다)를 모든 항목 집합(예: 양, 사과, 위젯)에 임의적으로 적용할 수 있는 완전히 추상화된 관계의 예로 생각하는 것이 도움이 될 수 있다. 간단히 말해서, 아동은 이제 도출된 관계적 반응의 규칙을 배웠고 이에 대해 말할 수도 있다. 예를 들어, 이 시점에서 아동에게 항목의 개수가 y개보다 많은 x개를 상상해 보라고 요청할 수 있다. 관계 및 도출된 관계적 반응의 규칙은 대수 용어(algebraic terms) x와 y를 사용해도 위반되지 않지만, 이 경우 특정 자극이 전혀 지정되어 있지 않다.

도출된 관계적 반응 능력이 다양한 인지 과제에 중요하게 작용하기 때문에, RFT 이론가들은 이것이 지능의 기초일 수 있다고 제안하고 있다(Barnes-Holmes, Barnes-Holmes, & Roche, 2001; Cassidy, Roche, & O'Hora, 2010 참조). 이미 발표된 여러 연구 결과들이 이를 뒷받침한다. 예를 들어, 한 연구에 따르면 관계적 반응 능력은 여러 IQ 측정치에서 성과를 예측하는 것으로 나타났다. 특히, O'Hora, Pelaez와 Barnes-Holmes(2005)는 도출된 대등(동일) 패턴과 시간(전/후) 관계적 반응의 관점에서 개념화된 복잡한 규칙을 따르는 사람들의 능력을 평가하였다. 유도된 관계구성틀 과제를 성공적으로 수행한 31명의 참가자는 이 과제에 실패한 44명의 참가자보다 WAIS-III의 **어휘 소검사** 및 **산수 소검사**에서 유의하게 우수한 수행을 보였다. (과제수행 여부는 기호쓰기 소검사 점수의 차이를 예측하지 못했다). 또한, **전/후 관계적 반응**의 수행과 WAIS-III의 어휘(r =.342, p =.002) 및 산수(r =.231, p =.003) 소검사 간에 상관관계가 관찰되었다. 후속 연구에서 O'Hora, Pelaez, Barnes-Holmes, Rae 등(2008)은 **전/후 관계적 반응**의 수행과 전체 지능(r =.437, p < .0005), 언어성 지능(r =.302, p =.006), 동작성 지능(r =.419, p < .0005) 사이의 상관관계를 추가로 발견하였다. 가장 강력한 상관관계가 관찰된 것은 WAIS-III IQ검사의 언어이해(r =.40) 및 지각조직화(r =.41) 지표이다. 이 연구에서 관계적 반응과 언어이해 지표(r =.403, p < .0005) 및 지각조직화 지표(r =.409, p < .0005) 점수 사이에도 유의한 중간 정도의 상관관계가 관찰되었다. 작업기억 지표(r =.052) 또는 처리속도 지표(r =.203)와의 상관관계는 유의하지 않았다.

O'Toole과 Barnes-Holmes(2009)는 암묵적 관계 평가 절차(Implicit Relational Assessment Procedure: IRAP)(Barnes-Holmes, Hayden, Barnes-Holmes, & Stewart, 2008)로 알려진 복잡한 관계구성 과제를 사용하여 전/후 및 동일/차이 관계적 반응의 유창성을 검증하였다. 연구진은 이 과제 유창성이 카우프만 간편지능검사(Kaufman Brief Intelligence Test; Kaufman, 1990)로 측정한 IQ와 상관관계가 있음을 발견하였다. 구체적으로, 전/후 관계반응 유창성 및 동일/차이 관계반응 유창성에서 각각 r =.38 및 r =.35의 상관관계가 발견되었다. 마지막으로 Gore, Barnes-Holmes와 Murphy(2010)는 직시적(deictic) 관계구성(즉, '나'와 '너', '여기'와 '거기' 관계를 포함하는 조망수용 관계) 검사의 수행과 웩슬러 지능검사 단축형(Wechsler Abbreviated Scale of Intelligencen: WASI)(Weschler, 1999)으로 측정한 전체 지능

(r =.43), 언어성 지능(r =.45) 및 동작성 지능(r =.45; p. 12) 사이에 유의한 상관관계가 있음을 발견하였다.

지적 행동에서 일부 관계구성틀의 역할

이 섹션에서는 특정한 형태와 공통적인 형태의 도출된 관계적 반응이 어떤 역할을 하는지를 개략적으로 설명함으로써, 지능에 대한 매우 기초적인 **RFT** 관점을 제시하고자 한다. 그러나 여기서는 가장 일반적으로 알려진 관계구성틀만 다룰 것이다. 직시적 관계 및 관계 간의 관계(relations among relations)와 같은 보다 복잡한 관계 높은 수준의 인지 기능에 중요한 역할을 한다(Cassidy et al., 2010 참조).

대등틀(Frames of Coordination) 대등틀은 본질적으로 동일 관계이다. 우리는 이것을 가장 단순한 관계구성틀이라고 생각하는데, 이는 행동 레퍼토리에서 가장 먼저 나타나고 이 틀에 따라 도출된 모든 관계가 훈련된 것과 동일한 종류의 관계이기 때문이다. 예를 들어, A가 B와 같고 B가 C와 같다면, 이는 C와 A 사이의 관계도 동일하다는 것을 의미한다. 실험실 연구 결과에 따르면, 동일 관계를 도출하는 것이 다른 관계를 도출하는 것보다 반응 시간이 더 적게 소요되는 것으로 나타났다(O'Hora, Roche, Barnes-Holmes, & Smeets, 2002; Steele & Hayes, 1991 참조). 이를 통해, 동일성 이해가 가장 근본적이고 초기에 나타나는 관계 능력임을 확인할 수 있다. 아동들이 단어를 처음 접할 때 단어가 보통 사물을 의미하거나(즉, 사물과 동일하다) 다른 단어에 대응하는 단어로 가르치기 때문에 이는 놀라운 일이 아니다. 예를 들어, 부모는 아동에게 (사과를 가리키며) '이것'이 인형과는 **다른** 것이라고 가르치기 전에 아동에게 (인형을 가리키며) '이것'이 '인형'이라고 가르칠 가능성이 높다. 따라서 대등틀은 초기 언어 훈련에서 매우 기본적인 역할을 한다.

광범위하고 체계적인 어휘를 효과적으로 습득하기 위해서는 대등틀에 효과적으로 반응하고 도출하는 능력이 중요하다. 대부분의 IQ 검사는 어떤 형태로든 어휘력을 어느 정도 측정한다. 어휘력은 정상적인 언어 발달의 기초이자 필수적인 전제 조건이며, 어휘력 수준은 일반 지능에 의해 예측될 뿐만 아니라 일반 지능을 예측하기도 한다.

반대틀(Frames of Opposition) 반대 관계에 대한 아동의 이해를 가늠하는 중요한 척도 중 하나는 아동이 다양한 대상이나 단어와 반대되는 자극뿐만 아니라 해당 자극과 동일하거나 다른 관계에 있는 자극도 선택할 수 있다는 것이다. 좀 더 구체적으로 말하자면, 아동이 항상 제시된 자극의 반대를 선택한다고 해서 '반대'의 개념을 이해한다고 확신할 수는 없다(예: '차가운'이라는 단어를 제시했을 때 여러 단어 중에서 '뜨거운'이라는 단어를 선택하는 경우). 이는 우리가 관심을 가지고 있는 관계구성틀을 확인하기 위해 어떤 지시를 제공하든 간에 아동이 동일한 선택을 할 수 있기 때문이다. 예를 들어, 샘플 자극과 **동일한** 자극을 선택하라는 지시를 받았을 때 샘플 자극과 반대되는 자극을 선택할 수도 있다. '반대'라는 단어가 특정 유형의 관계적 반응에 대한 단서로서 어떤 속성을 가지고 있다는 것을 완전히 입증하려면, '동일'과 같은 다른 관계 용어의 사용과 그 효과를 비교해야 한다. IQ검사에서는 동일한 검사 항목 내에서도 동일하거나 반대되는 단서나 단어를 사용하여 대조적인 상황을 만들곤 한다. 예를 들어, Heim AH4 지능검사(Heim, Watts, & Simmonds, 1968/1975)에서는 다음과 같은 과제를 제시한다. '다음 중 근처의 반대는 무엇입니까? ① 가까운, ② 도로, ③ 속도, ④ 먼, ⑤ 거리.' '동일'과 '반대'라는 단어에 대한 반응 통제가 거의 없는 사람(즉, 쉽게 말해 이 단어를 잘 이해하지 못하는 사람)은 이 검사 항목에 대해 항상 기본 대등 반응(즉, '반대'라는 관계 단서를 무시하는 반응)을 보일 가능성이 가능성이 높다. 이 경우 '**근처**'의 반대말로 '**가까운**'이라고 반응할 수도 있다. 그러나 '반대' 단서가 있을 때 동일 관계보다 반대 관계에 안정적으로 그리고 다양한 예시에 걸쳐 반응할 수 있다면, 이는 대등 및 반대 반응 레퍼토리 모두 잘 확립되어 있을 가능성이 높다는 것을 강력하게 시사한다. 이는 어휘력이 잘 형성되었음을 나타낸다. 왜냐하면 단어들은 의미가 있는 것뿐만 아니라 특히 **서로 간의 관계**에서도 명확한 의미를 지니고 있기 때문이다.

비교틀(Frames of Comparison) Cassidy 등(2010, p. 44)은 이러한 관계구성틀을 "새로운 자극에 대한 반응에서 이미 알려진 자극으로부터의 방향적 이동을 나타내는 것이 필요한 경우(예: 이상/미만, 절반, 위, 아래)"로 정의한다. 비교틀은 표준 IQ검사에서 측정하는 수학(mathematical) 능력과 특히 관련이 있는 것으로 보인다. 예를 들어, WISC-IIIUK의 산수 소검사는 뺄셈에 관한 여러 문제를 제시하는데, 이는 숫자 간의 관계 비교를 적용하는 것이 필요하다(예: 어느 것이 어느 것보다 큰가). 예를 들어, 숫자 1~5를 생각해 보자. 아동이 1부터 5까지의 숫자 중 어떤 수에서 어떤 수를 빼는 질문에 답할 수 있으려면, 1에서 5까지의 숫자 순서가 과거에 수많은 경험을 통해 잘 정립되고 정교하게 발달되어 있어야 한다. (아주 어린 아동이나 많은 동물처럼 숫자 순서를 '앵무새처럼' 따라 말하는 것과는 달리) 관계적 의미에서 1부터 5까지 세는 작업은 독자들이 이전에 생각했던 것보다 더 복잡하다. [그림 12-1]은 숫자 1, 2, 3, 4, 5 사이에서 얻을 수 있는 수많은 비교 관계 중 몇 가지 예를 보여 준다. 5개의 숫자만을 사용하여 생성할 수 있는 두 자릿수 간의 뺄셈 문제 중 음이 아닌 해를 가지는 경우는 15가지가 있다(음수 해를 포함하면 훨씬 더 많은 문제가 있다). 만약 아동이 적어도 이러한 양수 해 문제에 정확한 답을 제시할 수 없다면, 우리는 이 아동에 대해 비교 관계구성틀이 이 숫자 범위에서 아직 완전히 확립되거나 정교해지지 않았다고 말할 수 있다.

분명히, 다섯 가지 숫자 간의 상호관계를 암기로 가르치는 것은 비효율적이다. 동일한 관계적 반응이 1~5라는 숫자와 100~105, 1,000~1,005, 1,000,000~1,000,005 등의 숫

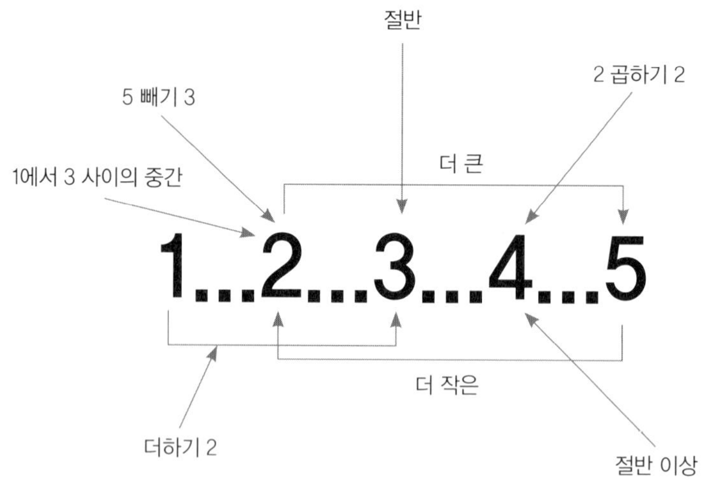

[그림 12-1] 숫자 1부터 5까지의 각 숫자가 이전 숫자로부터 한 단위씩 이동하는 방식으로 훈련할 때 발생하는 여러 비교 관계구성틀 예시

자에 적용될 수 있도록 관계구성틀 기술 자체를 가르치는 것이 훨씬 더 효율적이다. 이 숫자 범위를 사용하여 뺄셈을 가르칠 때 다양한 대상(예: 동전, 컵, 카드 등)을 사용하는 **다중사례 훈련**(multiple exemplar training: MET)을 사용하면 이 목표를 달성할 수 있다. 일부 보호자들은 놓치기 쉽지만, 사용되는 자극 대상이 더 다양할수록 관계구성틀 반응의 일반화가 더 효과적으로 이루어질 수 있다. 100~105, 1,000~1,005 등의 숫자에 대한 뺄셈 반응을 일반화하여 결국 동일한 관계 특성을 가진 모든 수열에 일반화될 때까지 훈련해야 할 수도 있다.

물론, 아동들은 암기를 통해 산술표(arithmetic tables)를 배우며, 이는 일상 생활에서 숫자를 다루는 기본적인 능력을 키우는 데 도움이 된다. 그러나 학교에서 다루지 않는 수의 범위나 못 보던 과제(예: 큰 수의 제곱근이나 세제곱근을 구하거나 무한대로 소수를 계산하는 등)를 수행할 때, 일반적인 관계적 반응만으로는 진정한 관계적 이해에 도달하기 어렵다. 이러한 작업을 처리할 때는 고도로 훈련된 수학자들이 사용하는 방식과 유사한 방법이 필요하다.

다중사례훈련을 사용하면 의심의 여지 없이 처음에는 작은 숫자로 관계구성 능력의 기초를 다질 수 있지만, 이 능력은 더 큰 범위의 모든 숫자 집합에 임의적으로 적용할 수 있다(적절한 상황에서만 적용 가능)(예: 1에서 10까지의 숫자들 간의 다양한 관계가 충분히 형성된 경우, 그 관계를 기반으로 100과 200 사이의 숫자들 간의 관계도 유사한 방식으로 상상할 수 있다).[3)]

숫자와 관련된 관계구성 능력이 자극 세트 전반에 걸쳐 충분히 일반화되면, 아동은 답에서 질문(즉, 나눗셈의 맥락)을 식별하는 것도 가능해진다(즉, "숫자는 36과 4이고, 답은 9이다. 그렇다면 질문은 무엇인가?"). 이 능력은 고차원의 실행기능(executive function)과 관련된 능력으로, 높은 수준의 문제 해결과 관련이 있으며, 이를 **실용적 언어분석**(pragmatic verbal analysis)이라고 부른다. 실용적 언어분석에 대한 개요는 이 장의 범위를 벗어나 여기에서

3) 현대 서구 사회에서는 10을 기준으로 한 숫자 체계를 사용하고 있기 때문에 완전한 수리 능력을 갖추려면 1부터 10까지의 숫자들 간의 관계적 유창성을 확립해야 한다는 점을 주목하기 바란다. 만약 우리가 5를 기준으로 한 숫자 체계로 전환한다면, 지금과 똑같은 방식으로 무한대까지 숫자를 세고, 수학 문제를 효과적으로 다루기 위해서는 숫자 1부터 5까지의 숫자들 간의 완전한 관계적 유창성을 확립하기만 하면 된다.

다루지 않지만, 관심 있는 독자들은 Hayes, Gifford, Townsend과 Barnes-Holmes(2001)를 참조하기 바란다.

보다 복잡한 수학 문제를 해결하는 데 있어서는 여러 맥락적 단서가 동시에 또는 순차적으로 작용할 수 있다. 예를 들어, 아동이 과자 6개 중 절반을 나누어 주고 남은 양보다 3배 더 많은 과자를 받았을 때, 최종적으로 몇 개를 먹을 수 있는지 물어볼 수 있다. 이러한 유형의 문제는 나눗셈과 곱셈을 순차적으로 적용하는 것이며, 이는 정상적으로 기능하는 많은 성인들에게도 상당히 어려울 수 있다.

시간틀 어떤 사건에 대한 반응은 그 사건이 다른 사건들보다 먼저 일어났거나 나중에 일어났다와 같은 **시간적 관계**(temporal relations)에 따라 달라질 수 있다. 우리는 일반적으로 이러한 관계를 비교 관계의 한 유형으로 이해하지만, 이는 경험적 문제라기보다는 개념적 편의에 따른 것이다. 몇 가지 일반적인 IQ 소검사는 전/후 관계의 유창성을 측정한다. 예를 들어, WISC의 **상식 소검사**는 1년의 월이나 요일 사이에 성립하는 '이전/이후' 관계를 평가한다. 예를 들어, "4월 다음은 몇 월인가요?"와 같은 문항이 이에 해당한다. 소검사들을 살펴보고 검사 항목을 신중하게 고려하면 전/후 관계가 다른 맥락에서도 검토되고 있음을 알 수 있다. 예를 들어, WISC의 **차례맞추기 소검사**에서는 전/후 관계에 대한 반응을 자연스럽게 측정할 수 있다. 이 검사의 세 번째 판(영국)에서는 아동에게 그림이 그려진 여러 장의 카드를 순서대로 배열하여 의미 있는 이야기를 만들도록 요청한다. 모든 그림(예: 돈, 지갑, 자판기, 초콜릿 바)은 아동의 관점에서 볼 때 사실상 무작위로 제시된다. 따라서 아동이 이 그림들로 과제를 수행하는 방법을 이전에 배운 적이 없다면, 해당 아동은 이 과제를 처음 수행할 때 전/후 관계구성틀을 생성할 가능성이 높다(즉, 관계구성틀은 임의적으로 적용 가능하다).

위계틀 위계적 관계적 반응은 대략적으로 대상들에 대해 상호 간의 상위 또는 하위 관계의 관점에 따라 반응하는 것으로 생각할 수 있다. 가장 일반적인 예로는 어떤 것이 어떤 범주에 속하거나 분류될 때를 들 수 있다. 예를 들어, 장미는 꽃의 한 종류이다. 이 경우 장미는 꽃에 속하는 하위 관계로 반응한다. 여기서 상호적으로 함의되는 관계는 설정된 관계와 동일하지 않다. 이 예에서 꽃은 장미의 일종이 아니다. 이러한 유형의 관계적 반응은 피아제(Piagetian) 연구자들에 의해 광범위하게 연구되어 왔는데, 이들은 이러한 반응이 발달 과정에서 전개되는 것을 **분류 조작**(operation of classifications)의 출현이라고 부른다. 흥미롭게도, 이 패턴은 일반적으로 아동 발달에서 비교적 늦게 나타나는데(7~8세), 이는 위계 구조의 상대적인 복잡성과 관련이 있다. 더 기본적인 관계를 포함한 많은 관계구성 레퍼토리가 먼저 확립되어야 하며, 이에 대한 능숙함을 갖추려면 상당한 훈련이 필요하다.

위계적 관계(Hierarchical Relations)는 언어 자체의 구조(단어의 범주)를 이해하는 데 매우 중요하며, 완전히 추상화된 형태는 수학에서 흔히 볼 수 있다(예: x는 y집합의 원소이다). 또한 대상의 속성을 설명하는 데도 적용되므로, 기능의 복잡한 변환을 효과적으로 제어하는 데 매우 중요하다. 예를 들어, WISC에서는 '유리를 만드는 데 사용되는 주요 재료는 무엇인가요?'라는 질문을 한다. 당연히 이 질문에 올바르게 대답하려면 아동은 유리가 모래로 만들어졌다고 대답해야 하며, 모래가 유리로 만들어졌다고 대답해서는 안 된다. 그러나 더 흥미로운 점은 이 관계가 적용되면 유리에 대한 심리적 반응이 변경되어 이제 유리가 모래에서 나타나는 것과 비슷한 반응을 불러일으킨다는 점이다. 예를 들어, 이제 아동은 유리를 볼 때마다 모래나 해변을 계속 떠올리거나 유리창 안쪽이 거친 질감이라고 상상하는 등의 행동을 할 수 있다. 나중에 아동은 유리 제조 과정에서 모래 자체가 완전히 변형된다는 것을 알게 될 것이며, 그 결과로 추가적인 위계들을 적용하게 될 것이다. 예를 들어, 모래는 고온에서 녹는 돌로 이루어져 있다. 투명성과 같은 구체적 속성(즉, 그 맥락에서 정해지는 반응 방식)을 포함하는 또 다른 위계적 관계들이 적용될 때마다, 유리와 모래가 산출하는 심리적 기능은 더욱 다양해지고 풍부하게 상호작용하게 된다. 그리고 자극의 적절한 특성에 맥락에 맞게 반응하기 위해서는 점점 더 정교한 맥락 통제가 요구된다. 예를 들어, 유리는 투명한 성질로 인식되지만, 모래나 돌은 그렇지 않다.

요약

분명히, 이 장에서 분석할 수 있는 관계구성틀의 유형은 더 많이 있다(예: 직시적 또는 조망수용 관계구성틀, 유추 관계구성틀 등). 그러나 앞서 제시한 내용은 RFT에서 정립된 명칭과 개념을 활용해 가능한 해석적 분석의 한 예를 보여 준 것에 불과하다. 이는 모두 잠정적이며 경험적 분석에 따라 수정될 수 있다. 여기서 중요한 점은, 지능검사와 교육적 평가를 통해 측정되는 지적 능력을 어느 정도 관계틀 형성 능력으로 개념화한다면, 이 능력을 향상시킬 수 있는 가능성이 즉시 열리게 된다는 것이다. 물론 이는 관계구성 능력 자체가 훈련되고 강화될 수 있다는 전제를 필요로 한다.

관계구성 능력 향상시키기

다양한 예제를 활용하여 특정 능력을 키우는 전략을 **다중사례 훈련**(multiple exemplar training: MET)이라고 한다. 피드백 및 반응 교정(예: 아동에게 관계적 질문에 대한 정답 보여주기)을 포함하는 관계구성틀 MET는 잠재적으로 무한한 자극 범위에 걸쳐 계속되며, 정기검사에서 단서나 피드백이 없이도 아동이 매번 새로운 자극에서 동일한 문제에 올바른 반응을 할 수 있는 것을 입증할 때까지 지속된다. 예를 들어, 아동에게 'A는 B와 반대이고 B는 C와 반대이다'라는 형식의 진술이 주어지면(여기서 A, B, C는 진술 간에 서로 일관된 물리적 관계가 없는 무작위로 선택된 자극), A는 C와 같고, C는 A와 같으며, B는 A와 반대이고, C는 B와 반대라고 가르칠 수 있다. 이러한 종류의 문제는 자극의 형태가 무작위로 선택되고 서로 관련이 없기 때문에, 자극의 형태를 살펴보는 것으로는 해결할 수 없다. 오히려 문제에 제시된 자극들 간의 관계만이 답의 근거로 사용될 수 있다. 이 작업은 대수학(algebra)과 유사하게 추상적이며, 전적으로 관계적인 성격을 가지고 있다. 물론 경우에 따라서는 비임의적인 자극을 사용하여 기본 능력을 길러야 할 수도 있다. 예를 들어, 큰 공 A가 작은 공 B보다 크다면, B는 반드시 A보다 작다는 것을 아동에게 보여 줌으로써 비교틀을 가르칠 수 있다. 하지만 이러한 학습을 실제로 활용하려면 일반화가 필요하다. 즉, 눈에 보이는 차이가 단서가 되지 않는 새로운 상황에서도 이런 비교 관계를 적용할 수 있도록 여러 가지 예시를 통해 반복적으로 연습해야 한다(예: 크기는 같지만 가치가 다른 동전; Vitale, Barnes-Holmes, Barnes-Holmes, & Campbell, 2008 참조).

이미 많은 문헌들에서 확인된 바에 따르면, MET는 도출된 관계적 반응 레퍼토리를 성공적으로 늘릴 수 있다. 예를 들어, Barnes-Holmes, Barnes-Holmes와 Roche(2001)는 어린 아동을 대상으로 상호적으로 함의되는 관계구성 능력을 일반화시키기 위해 사례훈련을 사용하였다. 보다 구체적으로 말하면, 아동들은 네 가지 실험을 통해 (MET를 비롯한 다양한 방법을 사용하여) 행동–대상 관계를 반전시키는 훈련(즉, 대상을 보고 행동을 수행하는 것)을 받았다. 이 효과는 Barnes-Holmes, Barnes-Holmes, Roche와 Smeets(2001)에 의해 재연되었고, Gomez, Lopez, Martin, Barnes-Holmes와 Barnes-Holmes(2007)에 의해 확장되었다. Luciano, Becerra와 Valverde(2007)도 비슷한 결과를 보고하였다.

이미 많은 연구에서 MET 개입이 도출된 관계적 반응의 레퍼토리를 효과적으로 확장하는 데 성공적으로 활용될 수 있음을 보여 주고 있다. 한 연구(Barnes-Holmes, Barnes-Holmes, & Smeets, 2004)에서는 아동들이 자극 간의 반대 관계를 학습한 다음, 2개가 아니라 3개의 자극을 사용하여 여러 세트에서 새로운 **동일 및 반대** 관계를 도출하도록 훈련받았다. 구체적으로, 여기서 검증한 도출된 관계구성 특성은 앞서 우리가 조합적 함의로 정의한 것이었다. 즉, 어떤 두 자극이 세 번째 자극과 반대 관계에 있다면, 그 두 자극은 서로 같아야 한다. 성인 중 상당수가 이 개념을 제대로 이해하지 못할 수 있다. 하지만 앞서 언급한 Barnes-Holmes 등(2004)의 연구에서는 아동들이 여러 번의 검사 시행에서 새로운 자극을 사용하여 조합적으로 도출된 관계를 거의 완벽한 수준으로 유창하게 이끌어 낼 수 있도록 훈련받았다.

다른 연구에서는 이전에 이러한 관계적 반응 레퍼토리를 보여 주지 못했던 어린 아동 집단을 대상으로 '**더 많은**'과 '**더 적은**'에 대한 관계구성틀 레퍼토리가 확립되었다(Barnes-Holmes, Barnes-Holmes, Smeets, Strand, & Friman, 2004; MET를 사용하여 일반화된 비교 관계구성틀을 확립하는 방법에 대한 자세한 내용은 Berens & Hayes, 2007 및 Vitale et al., 2008 참조).

앞서 언급한 내용은 MET를 활용하여 관계구성 능력의 유창성을 향상시키는 것이 꽤 성공적인 시도임을 명확하게 보여 준다. 그러나 여기서 핵심적인 질문은 이러한 개선이 전반적인 지적 능력의 향상을 동반하는지, 특정 지적 능력의 향상을 동반하는지 여부이다. 최근 연구에서는 대규모 관계구성틀 훈련 프로그램이 정상 발달 아동과 교육적으로 어려움을 겪는 아동들에게 어떤 영향을 미치는지 2번의 실험을 통해 조사하였다. Cassidy, Roche와 Hayes(2011) 연구의 실험 1에서는 4명의 아동을 대상으로 자극동등성(stimulus equivalence; 사실상 단순한 대등틀)에 대한 MET를 수행하였다. 그 후 여러 달 동안 여러 정규 세션에서 **동일**, **반대**, **더 많은/더 적은**에 대한 관계적 반응 MET 프로그램을 진행하였다. 컴퓨터 소프트웨어를 통해 처음에는 자극등가성에 대한 훈련이 진행되었고, 그 후에는 네 가지 관계에 대한 훈련이 진행되었다. 새로운 자극을 사용한 자극동등성 및 관계구성틀에 대한 검사는 피드백 없이 진행되었으며, 성공적으로 완료하려면 응답이 100% 정확해야 했다. 검사 블록에서 오류가 발생하면 실패한 검사 이전에 사용했던 자극 세트를 사용하여 훈련을 다시 실시하였다. 실제로는, 아동들은 매 시행마다 피드백을 받으면서 관계를 구성하는 훈련을 받았는데, 이 훈련에서 사용된 자극들은 그들이 피드백 없이 관계를 이끌어 내지 못한 검사에서 나온 것들이었다. 재훈련 후, 새로운 자극 세트로 추가 훈련을 실시한 후 또 다른 새로운 자극 세트로 추가 검사를 실시하였다. 이 훈련-검사-재훈련-재검사 주기는 아동이 피드백 없이 새로운 자극 세트를 사용한 검사에서 100% 정확한 관계적 반응을 보일 때까지 반복되었다. 다섯 가지 관계구성 능력은 각각 이와 같은 순서로 확립되었다.

사전 IQ 점수는 아동용 웩슬러 지능검사(Wechsler Intelligence Scale for Children: WISC-III UK)를 사용하여 계산되었으며, 이 검사는 자극동등성(시점 2) 및 관계구성틀(시점 3) 훈련 프로그램 후에 재실시되었다. 검사는 검사-재검사 효과를 피하기 위해 최소 3달 이상의 간격을 두고 실시하였다. 이렇게 함으로써 검사 점수의 변화가 1표준편차 미만으로 제한되도록 조치하였다. 네 명의 실험 참가자는 아무런 처치를 하지 않은 대조군과 짝을 이루었다. 치료집단은 자극등가성 훈련 후 전체 IQ에서 유의한 향상을 보였지만, 관계구성틀 훈련 프로그램 후에는 IQ에서 증가가 점차 둔화되었다. 〈표 12-1〉에는 시점 1, 2, 3에서의 참가자들의 전체 IQ, 언어성 IQ, 동작성 IQ가 제시되어 있다. 해당 표는 전체 IQ, 언어성 IQ, 동작성 IQ의 평균 점수가 사전에 비해 관계구성틀 교육 후 예상치 못한 정도로 크게 상승했음을 보여 준다. 이러한 변화는 1표준편차를 훨씬 초과한다. IQ

표 12-1 **Cassidy 등(2011)의 실험 1에서 사전, 자극동등성(SE) 및 관계구성틀 훈련 후의 통제 및 실험 참여자들의 평균, 표준편차 및 IQ 범위**

		통제집단			실험집단		
		평균	표준편차	범위	평균	표준편차	범위
전체 IQ	사전	106.50	3.32	104~111	105.50	10.66	96~119
	SE 훈련 후	107.25	4.79	101~111	110.25	5.74	105~118
	관계구성틀 훈련 후	104.25	3.86	99~108	132.75	4.03	128~137
언어성 IQ	사전	108.25	4.86	101~111	109.25	8.88	101~120
	SE 훈련 후	107.50	6.66	98~113	107.75	9.03	100~120
	관계구성틀 훈련 후	108.50	8.85	99~117	127.00	12.99	111~139
동작성 IQ	사전	102.75	6.13	94~107	100.25	11.24	91~115
	SE 훈련 후	105.00	7.07	96~113	111.50	3.32	107~115
	관계구성틀 훈련 후	98.75	8.58	88~109	132.75	2.99	130~137

점수의 변화가 단순한 우연이나 일시적인 환경 요인 때문이었을 가능성을 배제하기 위해 이 연구가 정교하게 설계되었다는 점을 고려할 때, 이번 결과는 특히 주목할 만하다.

실험 2에서는 교육적 어려움(educational difficulties)이 있고 IQ가 정상 이하인 아동 8명을 대상으로 약간 수정된 다중사례 기반 관계구성틀 훈련을 실시하였다. 이 실험에서는 학습 결손(learning deficit)이 있는 아동들에게 유효한 치료를 거부하는 것이 비윤리적이라고 생각했기 때문에 비교집단을 사용하지 않았다. 또한 시간과 재정적 자원이 제한되어 완전한 다중 기저선 설계(multiple baseline design)를 사용할 수 없었기 때문에, 간단한 AB설계(기저선 IQ 측정 후 관계구성틀 훈련 진행)를 사용하였다. 이 연구에서 WISC-IV UK로 측정한 전체 IQ는 아동 8명 중 7명에게서 최소 1표준편차 이상 상승한 것으로 나타났다. 이러한 변화는 집단 수준에서도 유의하게 나타났다(〈표 12-2〉 참조). 이러한 IQ 상승을 구체적으로 설명하자면, 관계구성틀 훈련은 교육적 어려움이 있는 아동 8명 중 7명이 평균 이하에서 평균 또는 평균 이상으로 IQ 대역(band)이 변화할 정도로 거의 모든 아동의 IQ를 높이는 데 성공하였다.

최근에는 관계구성틀 훈련이 종료된 지 거의 4년이 지난 후 8명의 아동을 모두 재방문

표 12-2 Cassidy 등(2011)의 실험 2에서 보고된 사전-사후 전체 IQ 및 네 가지 IQ 영역의 평균, 표준편차, 범위

	사전			사후			추후(4년후)		
	평균	표준편차	범위	평균	표준편차	범위	평균	표준편차	범위
전체 IQ	82.9	8.3	70~92	95.9	10.6	76~111	102.57	12.19	91~126
언어이해	82.3	7.3	73~93	92.4	9.2	83~110	100.86	6.91	90~112
지각추론	82.1	10.3	65~96	94.5	6.7	84~106	103.14	16.12	83~123
작업기억	94.9	16.6	59~116	97.5	12.3	77~116	88.14	14.78	65~103
처리속도	91.0	9.8	83~109	107.0	15.6	78~121	98.86	10.33	86~114

* 이전에 발표되지 않은 4가지 IQ 영역에 대한 추후(4년 후) IQ 점수도 표의 가장 오른쪽 열에 포함되어 있으며, 이는 8명의 아동 중 7명에 해당하는 정보임.

하여 후속 IQ검사를 실시하였다(〈표 12-2〉 참조). 모든 사례에서 매우 긴 추적 관찰 기간 동안 IQ 상승이 잘 유지되었다. 추적 기간 동안 네 가지 IQ 영역 중 한 가지 영역(처리속도)의 점수만 감소하였다. 다른 세 가지 IQ 영역 점수는 (이 추적 기간 동안 집단 수준에서) 계속 상승하였다. 사후 평가에서 전체 IQ는 (처리속도 지표 점수의 하락으로 인해) 약간 떨어졌지만 여전히 사전 점수보다 상당히 높았다.

흥미로운 점은 처리속도가 시각적 작업에 집중하고 빠르게 작업하며 엄격한 시간 제약하에 완료하는 능력을 측정하는 지표라는 것이다. 이 지표는 일시적이거나 지속적인 동기 및 주의력 문제에 영향을 받을 가능성이 높다. 실제로는 이 지표(또는 작업기억 지표) 없이도 전체 지능지수를 계산할 수 있다. 이는 전체 지능지수가 주요 관심사인 상황에서 주의력 문제가 전반적인 인지 능력을 제대로 반영하지 못할 수 있다고 판단될 때 그렇게 한다. 따라서 〈표 12-2〉에 보고된 추후 데이터가 시사하는 바는, 인지 능력의 경우 핵심 IQ 영역의 점수가 훈련 이후에도 시간이 지남에 따라 계속 상승했지만, 훈련의 직접적인 대상이 아닌 영역에서는 저하가 관찰되었다는 점이다. 이러한 결과는 추후 검사가 진행된 시점에 모든 아동들이 직업 경험을 쌓고 자기계발을 위해 1년 동안 학교 환경을 떠난 상태였다는 점이 관련이 있을 수 있다. 따라서 일상적인 학업 활동이 없는 이 기간 동안 주의력이 저하되었을 수 있다. 그럼에도 불구하고, 순수한 관계구성 능력을 나

타내는 다른 세 가지 IQ 영역의 능력은 훈련 이후 시간이 지남에 따라 계속 성장하고 발달했다. 관계구성틀 이론의 관점에서 보면 이는 전혀 놀라운 일이 아니다. 우리는 관계구성틀 훈련을 통해 지속적인 지도와 경험에 더 민감하게 반응할 수 있는 레퍼토리를 늘릴 수 있을 것으로 기대한다. 따라서 관계구성틀 훈련의 효과는 즉각적인 효과뿐만 아니라 누적적인 효과도 있을 것으로 예상된다. Cassidy 등(2011)의 실험 2에서 보고된 전체 IQ의 개선이 시간이 지나도 잘 유지되었다는 사실은 관계구성틀 훈련이 아동의 지속적인 지적(intellectual) 및 교육 활동에서 중요한 능력을 성공적으로 향상시켰다는 것을 강력하게 시사한다.

앞에서 언급한 두 실험에서 관계구성틀 훈련이 상당한 영향을 미친 것을 고려할 때, 지적 결손(intellectual deficit)에 대한 관계구성틀 접근법은 도움이 필요한 아동과 가족을 지원할뿐만 아니라 실질적이고 눈에 띄는 삶의 변화를 가져올 수 있는 잠재력이 있다고 볼 수 있다. 물론 두 실험에 사용된 표본의 크기는 작았고, 다중 기저선 설계나 맹검 무작위 대조군 실험법 대신 일괄 훈련(en masse training)을 사용하는 등 다른 방법론적 결함도 있었다. 그럼에도 불구하고, IQ가 크게 향상되었으며, 이 결과는 명확하고 의심할 여지가 거의 없다.

교사, 학부모, 임상가를 위한 관계구성틀 훈련[4)]

지금까지 우리는 지능에 대한 관계구성틀 분석을 개괄적으로 제시하면서, 지능은 잘 발달된 관계구성 능력의 다양한 레퍼토리로 이해될 수 있다고 제안하였다. 또한 이러한 능력은 향상될 수 있으며, 관계구성 능력을 향상시킴으로써 지능 수준이 직접적으로 향상될 수 있다는 것을 보여 주었다. 그러나 현재까지 고려된 관계구성 능력을 향상시키는 방법은 전적으로 실험실에서 이루어져 왔고, 컴퓨터를 활용한 작업이 주된 방법이었다. 물론 이러한 연구 방법의 사용은 훌륭한 과학적 실천의 일부이기도 하지만, 많은 실험

4) RaiseYourIQ.com에서는 온라인 관계구성틀 훈련 소프트웨어를 제공하고 있다.

기술들은 인쇄물을 사용하거나 간단한 대화로 집에서도 쉽게 활용할 수 있다. 이 섹션에서는 부모, 교사 및 임상가가 어떤 아동에게든, 어떤 상황에서든 쉽게 활용할 수 있는 몇 가지 활동들을 제안하고 있다. 이는 단기간이나 장기간 동안 활용 가능하다. 이 활동들은 대략 8~14세 연령대의 아동에게 적합하다. 다음 활동들 각각에 대해 아동이 질문에 정확한 답을 제공하는 데 어려움을 겪는 경우(예: 발달 단계나 연령 때문에), 여기서 제시된 임의적 자극 대신 비임의적 자극을 사용할 수 있다. 비임의적 자극을 사용한 예를 제공하면, 〈표 12-3〉에서 설명한 대로 연습문제를 더 능숙하게 풀 수 있는 좋은 기반이 될 것이다. 예를 들어 비교 관계구성틀의 경우, 임의적으로 관련된 자극(예: 서로 다른 가치의 동전) 대신에 실제로 크기가 다른 물체의 이름(예: 페니, 축구공, 집)을 사용하여 몇 개의 진술만으로 도출할 수 있는 관계의 수와 진술에서 사용된 것과는 다른 관계도 도출될 수 있다는 사실(예: A가 B보다 크고 B가 C보다 크다면, C가 A보다 작다)을 보여 줄 수 있다.

정확한 답변에 대해서는 칭찬과 긍정적 피드백이 이루어져야 하며, 오류가 발생했을 때에도 아동에게 올바른 답이 제공되어야 한다. 아동이 성공적으로 따라갈 수 있는 속도로 관계구성틀 훈련을 진행해 나가야 하며, 그 과정이 힘들게 느껴지지 않을 정도로 너무 빨리 진행되어서는 안 된다. 이러한 연습은 기회가 있을 때마다 일상 대화, 다양한 상황, 다양한 자극을 통해 자주 연습하기 바란다. 아동의 유창성이 (몇 주에 걸쳐) 향상됨에 따라, 더 쉬운 질문에서 더 어려운 질문(즉, 수준)으로 이동하면서 가능한 많은 연습문제를 제공해야 한다. 여기서 제시된 순서(즉, 1~6)와 같이 대략적으로는 더 기본적인 관계에서 더 복잡한 관계로 진행되어야 한다. 각 연습에 대해 제안된 색상, 자극 이름, 단어 등의 자극을 제공하고, 매번 연습을 진행할 때마다 다양한 자극을 제공하여 아동이 동일한 유형의 문제에 지속적으로 노출되지만 각 경우에 사용되는 자극이 달라지도록 해야 한다는 점을 기억하기 바란다.

독자는 이 연습들을 다양하게 변형하고, 창의적으로 새로운 복잡성 수준을 즉석에서 만들어 낼 수 있다. 더 다양한 관계도 다룰 수 있지만, 〈표 12-3〉에 제시된 관계 범위만으로도 대부분의 아동들이 시작하기에 충분하다. 많은 아동들이 높은 수준의 문제가 매우 어렵다고 느낄 것이며, 위계 및 직시적 관계구성 연습문제를 100% 정확하게 맞추지 못할 수도 있다는 점에 유의하기 바란다. 그러나 연습을 천천히 체계적으로 진행하면서,

특정 복잡성 수준과 관계구성틀에서 유창성이 달성되었을 때에만 다음 단계로 넘어가면, 아동은 결국 전체 연습 세트를 완료할 것이다. 이를 위해서는 몇 달 동안 정기적인 연습이 필요할 것이다.

〈표 12-3〉에서는 연습 내의 질문을 제시하는 다양한 방법들을 다루었다. 때로는 단어와 대상 간의 관계에 관한 상세한 질문으로, 때로는 참/거짓 형식의 질문[RFT에서는 관

표 12-3 부모, 교시 및 임상가를 위한 관계구성틀 훈련 예시

1. 대등(coordination) 관계구성틀(동일)	2. 비교(comparison) 관계구성틀 (보다 많음/보다 적음)
자극: 서로 다른 언어이지만 공통된 의미를 갖는 말	자극: 다양한 수준의 임의적인 값(예: 금전적, 미적 등)을 가진 대상[5]
레벨 1. 'manzana'는 사과를 뜻하는 스페인어 단어이다. 스페인어 단어로 사과는 무엇일까?	레벨 1. 1센트의 가치가 1니켈보다 높다면, 1니켈의 가치는 1센트보다 높을까 낮을까?
레벨 2. 'madara'는 프랑스어 단어 'chien'에 해당하는 아일랜드어 단어이다. 'chien'은 영어 단어 'dog'에 해당하는 프랑스어 단어이다. 아일랜드어 단어로 'dog'는 무엇일까?	레벨 2. 1센트의 가치가 1니켈보다 높고 1니켈의 가치가 1페니보다 높다면, 1센트의 가치는 1페니보다 높을까 낮을까?
레벨 3. 'coche'는 영어 단어 'car'에 해당하는 스페인어 단어이다. 'car'는 스웨덴어 단어 'bil'에 해당하는 영어 단어이다. 'bil'은 이탈리아어 단어 'auto'에 해당하는 스웨덴어 단어이다. 스페인어 단어로 'auto'는 무엇일까?	레벨 3. A, B, C, D 네 가지 물체가 있다고 가정할 때, A가 B보다 크고 B가 C보다 크고 C가 D보다 크다면 D가 A보다 작을까 클까?
레벨 4. 'car'는 스웨덴어 단어 'bil'에 해당하는 영어 단어이다. 'car'는 이탈리아어 단어 'auto'에 해당하는 영어 단어이기도 하다. 'coche'는 이탈리아어 단어 'auto'에 해당하는 스페인어 단어이다. 스웨덴어 단어로 'coche'는 무엇일까?	레벨 4. A, B, C, D 네 가지 물체가 있다고 가정할 때, B가 C보다 크고 A가 B보다 크고 D가 C보다 크다면 D가 A보다 작을까 클까?

5) 이 특정 예에서는 크기가 큰 동전(예: 니켈)은 물리적 크기가 작은 동전(예: 1센트 동전)보다 가치가 낮으므로 자극의 금전적 가치는 동전의 형식적 크기(즉, 임의적이지 않은 특징)로는 확인할 수 없다는 점에 유의하기 바란다. 이 훈련에 활용할 수 있는 다양한 종류의 '동전'을 만들려면 색종이를 동그랗게 자르기만 하면 된다.

3. 반대(opposite) 관계구성틀	4. 시간적(temporal) 관계구성틀(전/후)
자극: 반대되는 의미 또는 명칭을 가진 단어 쌍	자극: 시간적으로 관련된 모든 사건
레벨 1. 에런과 바트라는 2마리의 개가 있는데, 만약 에런이 아주 크고 바트와 반대라면 바트는 어떤 개일까?	레벨 1. 화요일이 목요일보다 먼저 오면, 목요일은 화요일보다 먼저 올까 나중에 올까?
레벨 2. 키가 매우 큰 잭이 폴과 반대이고 폴이 찰리와 반대라면, 찰리는 어떤 사람일까?	레벨 2. 화요일이 목요일보다 먼저 오고 목요일이 금요일보다 먼저 오면, 금요일은 화요일보다 먼저 올까 나중에 올까?
레벨 3. A가 B와 반대이고 B가 C와 반대이며 C가 D와 반대인 경우, A와 D는 같을까 반대일까? A와 C는 어떨까? A가 정말 크다면 D는 어떨까?	레벨 3. 요일마다 색을 붙인다고 상상해 보자. 파란색 요일이 빨간색 요일보다 먼저 오고 빨간색 요일이 보라색 요일보다 먼저 온다면, 보라색 요일은 파란색 요일보다 먼저 올까 나중에 올까?
레벨 4. A가 B와 반대이고 D가 C와 반대이고 B가 C와 반대인 경우, A와 D는 같을까 반대일까? C와 A는 어떨까? D가 뜨겁다면 A는 어떨까?	레벨 4. 요일마다 색을 붙인다고 상상해 보자. 파란색 요일이 빨간색 요일보다 먼저 오고 빨간색 요일이 보라색 요일보다 먼저 오고 노란색 요일이 보라색 요일보다 나중에 온다면, 노란색 요일은 파란색 요일보다 먼저 올까 나중에 올까?

5. 위계(hierarchy) 관계구성틀	6. 직시적(deictic) 관계구성틀 (조망수용 향상을 위한)
자극: 범주 명칭 및 범주 구성원의 이름	자극: 나, 너, 여기, 거기, 지금, 그때
레벨 1. 잠두콩이 콩의 한 종류라면 콩도 잠두콩의 한 종류일까?	레벨 1. 내가 여기 있고 당신이 거기 있다면, 당신은 어디에 있고 나는 어디에 있을까?
레벨 2. 알사티안이 개의 한 종류이고 개는 포유류의 한 종류라면, 알사티안은 포유류의 한 종류일까? 포유류는 알사티안의 한 종류일까?	레벨 2. 내가 여기 있고 당신이 거기 있다면, 그리고 내가 당신이고 당신이 나라면 당신은 어디에 있을까? 나는 어디에 있을까?
레벨 3. 대상 A가 대상 B의 한 종류이고 대상 B가 대상 C의 한 종류라면, 대상 A는 대상 C의 한 종류일까?	레벨 3. 어제는 슬펐고 오늘은 행복하다면, 그리고 그때가 지금이고 지금이 그때라면 그때의 기분은 어떨까?
레벨 4. 잠두콩이 두류의 한 종류이고 완두콩이 두류의 한 종류라면, 잠두콩은 완두콩의 한 종류일까? (조금 까다로운 질문으로, 우리는 이에 대한 정확한 답을 알 수 없다.)	레벨 4. 나는 슬프고 당신은 행복하다면, 그리고 내가 당신이고 당신이 나라면, 그리고 슬픈 것이 행복하고 행복한 것이 슬프다면 당신은 어떤 기분이 들까? 나는 어떤 기분이 들까?

계구성 평가(relational evaluations)라고도 함]으로 제시하였다. 자신과 아동에게 맞게 이 스타일과 방법을 자유롭게 조합하여 사용할 수 있다.

결론

이 장에서는 행동 분석 및 RFT 개념을 사용하여 지능을 살펴보고, IQ 검사가 정확히 어떤 능력을 측정하는지를 더 잘 이해할 수 있도록 실용적인 설명을 제공하였다. 이를 통해 지능을 높이는 데 도움이 될 수 있는 개입 형식에 대한 방향을 제시할 수 있었다. 이는 이전에는 심리학자들에게 불가능하다고 여겨졌던 업적이다. 물론, 우리의 분석은 추측에 불과하며 완벽하진 않다. 여기서는 다른 연구자들이 자신만의 흥미로운 조사와 분석을 시작할 수 있는 출발점으로만 제시되었다. 이는 행동 및 교육심리학 분야에서 잠재적 혁명이 이제 막 시작된 것에 불과하다. 의심의 여지 없이, 데이터가 제공되면 이를 기반으로 분석이 진행될 것이다. 그동안 우리는 긍정심리학 운동의 동료들과 함께 인간의 상태를 단순히 유지하는 것이 아니라 개선하는 과제를 해결하기 위해 앞으로 나아갈 수 있는 출발점을 갖게 되었다.

여기에 설명된 관계구성틀 훈련을 개선하기 위해서는 앞으로 많은 과제가 남아 있다. 식단, 수면, 동기와 같은 생물학적 변인뿐만 아니라, 가족 구조, 교육체계의 질, 사회적 기술 수준과 같은 사회적 변인도 이러한 개입이 어떻게 작용하는지에 영향을 미친다. 예를 들어, 아동의 자제력(self-discipline) 수준이 그의 학교 성적을 예측하는 데 있어 IQ보다 2배나 더 좋은 요인이라는 주장이 있다(Duckworth & Seligman, 2005). 따라서 관계구성틀 훈련의 영향을 온전하게 평가하려면 향후 연구에서는 표준화된 하업 측정치, 하교 성적 및 보고서뿐만 아니라 다양한 영역에서의 특정 적성검사 점수를 포함한 여러 종속 측정 지표도 고려해야 한다. 하지만 전망은 밝다. 관계적 반응 유창성과 측정된 지능 사이의 관련성을 다루는 다양한 RFT 연구 영역이 유망한 결과를 보여 주고 있다. 이 연구는 적어도 다른 사람들의 삶을 개선하기 위해 우리가 나아갈 방향을 제시해 주었다. Cassidy 등(2011)의 최근 연구 결과는 더욱 희망적이며, 아마도 심리학 역사상 처음으로 재능을 육성할 수 있는 기술의 대략적인 모습을 파악하고 있음을 시사한다.

참고문헌

Ball, K., Berch, D. B., Helmers, K. F., Jobe, J. B., Leveck, M. D., Marsiske, M., Morris, J. N., Rebok, G. W., Smith, D. M., Tennstedt, S. L., Unverzagt, F. W., & Willis, S. L. (2002). Effects of cognitive training interventions with older adults: A randomized controlled trial. *Journal of the American Medical Association, 288,* 2271-2281.

Barnes, D., McCullagh, P., & Keenan, M. (1990). Equivalence class formation in non-hearing impaired children and hearing impaired children. *Analysis of Verbal Behavior, 8,* 1-11.

Barnes-Holmes, D., Hayden, E., Barnes-Holmes, Y., & Stewart, I. (2008). The Implicit Relational Assessment Procedure (IRAP) as a response-time and event-related-potentials methodology for testing natural verbal relations. *The Psychological Record, 58,* 497-516.

Barnes-Holmes, Y., Barnes-Holmes, D., & Roche, B. (2001). Exemplar training and a derived transformation of function in accordance with symmetry. *The Psychological Record, 51,* 287-308.

Barnes-Holmes, Y., Barnes-Holmes, D., Roche, B., Healy, O., Lyddy, F., Cullinan, V., & Hayes, S. C. (2001). Psychological development. In S. C. Hayes, D. Barnes-Holmes, & B. Roche (Eds.), *Relational frame theory: A post-Skinnerian account of human language and cognition* (p. 161). New York: Plenum.

Barnes-Holmes, Y., Barnes-Holmes, D., Roche, B., & Smeets, P. (2001). Exemplar training and a derived transformation of function in accordance with symmetry II. *The Psychological Record, 51,* 589-603.

Barnes-Holmes, Y., Barnes-Holmes, D., & Smeets, P. (2004). Establishing relational responding in accordance with opposite as generalized operant behavior in young children. *International Journal of Psychology and Psychological Therapy, 4,* 559-586.

Barnes-Holmes, Y., Barnes-Holmes, D., Smeets, P., Strand, P., & Friman, P. (2004). Establishing relational responding in accordance with more-than and less-than as generalized operant behavior in young children. *International Journal of Psychology and Psychological Therapy, 4,* 531-558.

Basso, M. R., Schefft, B. K., Ris, M. D., & Dember, W. N. (1996). Mood and global-local visual processing. *Journal of the International Neuropsychological Society, 2,* 249-255.

Belleville, S., Gilbert, B., Fontaine, F., Gagnon, L., Menard, E., & Gauthier, S. (2006). Improvement of episodic memory in persons with mild cognitive impairment and healthy older adults: Evidence from a cognitive intervention program. *Dementia and Geriatric Cognitive Disorders, 22,* 486-499.

Berens, N. M., & Hayes, S. C. (2007). Arbitrarily applicable comparative relations: Experimental evidence for a relational operant. *Journal of Applied Behavior Analysis, 40,* 45-71.

Cassidy, S., Roche, B., & Hayes, S. C. (2011). A relational frame training intervention to raise intelligence quotients: A pilot study. *The Psychological Record, 61,* 173-198.

Cassidy, S., Roche, B., & O'Hora, D. (2010). Relational frame theory and human intelligence. *European Journal of Behavior Analysis, 11,* 37-51.

Cattell, R. B. (1963). Theory of fluid and crystallized intelligence: A critical experiment. *Journal of Educational Psychology, 54,* 1-22.

Ceci, S. J. (1991). How much does schooling influence general intelligence and its cognitive components? A reassessment of the evidence. *Developmental Psychology, 27,* 703-722.

Chabris, C. F. (1999). Prelude or requiem for the "Mozart effect"? *Nature, 400,* 827-828.

Connor, M. (1998). A review of behavioural early intervention programmes for children with autism. *Educational Psychology in Practice, 14,* 109-117.

de la Fuente-Fernandez, R. (2006). Impact of neuroprotection on incidence of Alzheimer's disease. *PLoS ONE, 1,* e52.

Deary, I. J., Strand, S., Smith, P., & Fernandes, C. (2007). Intelligence and educational achievement. *Intelligence, 35,* 13-21.

Devany, J. M., Hayes, S. C., & Nelson, R. O. (1986). Equivalence class formation in language able and language-disabled children. *Journal of the Experimental Analysis of Behavior, 46,* 243-257.

Dickins, D., Singh, K., Roberts, N., Burns, P., Downes, J., Jimmieson, P., & Bentall, R. (2000).

An fMRI study of stimulus equivalence. *NeuroReport, 12,* 1-7.

Duckworth, A. L., & Seligman, M. E. P. (2005). Self-discipline outdoes IQ in predicting academic performance of adolescents. *Psychological Science, 16,* 939-944.

Duckworth, A. L., Steen, T. A., & Seligman, M. E. P. (2005). Positive psychology in clinical practice. *Annual Review of Clinical Psychology, 1,* 629-651.

Estrada, C. A., Isen, A. M., & Young, M. J. (1994). Positive affect improves creative problem solving and influences reported source of practice satisfaction in physicians. *Motivation and Emotion, 18,* 285-299.

Flynn, J. R. (1987). Massive IQ gains in 14 nations: What IQ tests really measure. *Psychological Bulletin, 101,* 171-191.

Fredrickson, B. L. (1998). What good are positive emotions? *Review of General Psychiatry, 2,* 300-319.

Frey, M. C., & Detterman, D. K. (2004). Scholastic Assessment or g? The relationship between the Scholastic Assessment Test and general cognitive ability. *Psychological Science 15,* 373-378.

Gomez, S., Lopez, F., Martin, C. B., Barnes-Holmes, Y., & Barnes-Holmes, D. (2007). Exemplar training and a derived transformation of function in accordance with symmetry and equivalence. *The Psychological Record, 57,* 273-294.

Gore, N. J., Barnes-Holmes, Y., & Murphy, G. (2010). The relationship between intellectual functioning and relational perspective-taking. *International Journal of Psychology and Psychological Therapy, 10,* 1-17.

Gresham, F. M., & MacMillan, D. L. (1997). Autistic recovery? An analysis and critique of the empirical evidence on the Early Intervention Project. *Behavioral Disorders, 22,* 185-201.

Hayes, S. C. (1994). Relational frame theory: A functional approach to verbal events. In S. C. Hayes, L. J. Hayes, M. Sato, & K. Ono (Eds.), *Behavior analysis of language and cognition* (pp. 9-30). Reno, NV: Context Press.

Hayes, S. C., Barnes-Holmes, D., & Roche, B. (Eds.). (2001). *Relational frame theory: A post-Skinnerian account of human language and cognition.* New York: Plenum Press.

Hayes, S. C., Fox, E., Gifford, E. V., Wilson, K. G., Barnes-Holmes, D., & Healy, O. (2001). Derived relational responding as learned behavior. In S. C. Hayes, D. Barnes-Holmes, &

B. Roche (Eds.), *Relational frame theory: A post-Skinnerian account of human language and cognition* (pp. 26-27). New York: Plenum.

Hayes, S. C., Gifford, E. V., Townsend, R. C., & Barnes-Holmes, D. (2001). Thinking, problem-solving and pragmatic verbal analysis. In S. C. Hayes, D. Barnes-Holmes, & B. Roche (Eds.), *Relational frame theory: A post-Skinnerian account of human language and cognition* (pp. 87-101). New York: Plenum.

Heim, A. W., Watts, K. P., & Simmonds, V. (1968/1975). *AH4 Question Book*. UK: NFER-Nelson Publishing Company Ltd.

Isen, A. M., Daubman, K. A., & Nowiki, G. P. (1987). Positive affect facilitates creative problem solving. *Journal of Personality and Social Psychology, 52,* 1122-1131.

Jäeggi, S. M., Buschkuehl, M., Jonides, J., & Perrig, W. J. (2008). Improving fluid intelligence with training on working memory. *Proceedings of the National Academy of Sciences (USA), 10,* 14931-14936.

Jäeggi, S. M., Buschkuehl, M., Jonides, J., & Shah, P. (2011). Short-and long-term benefits of cognitive training. *Proceedings of the National Academy of Science, 108,* 10081-10086.

Jäeggi, S. M., Studer-Luethi, B., Buschkuehl, M., Su, Y., Jonides, J., & Perrig, W. J. (2010). The relationship between n-back performance and matrix reasoning: Implications for training and transfer. *Intelligence, 38,* 625-635.

Kaufman, A. S. (1990). *Assessing adolescent and adult intelligence* (1st ed.). Boston: Allyn and Bacon.

Lohman, D. F. (1989). Human intelligence: An introduction to advances in theory and research. *Review of Educational Research, 59,* 333-373.

Lorant-Royer, S., Spiess, V., Goncalvez, J., & Lieury, A. (2008). Programmes d'entraînement cérébral et performances cognitives: Efficacit, motivation... ou marketing? De la Gym-Cerveau au programme du Dr Kawashima. *Bulletin de Psychologie, 61,* 531-549.

Lovaas, O. (1987). Behavioral treatment and normal educational and intellectual functioning in young autistic children. *Journal of Consulting Clinical Psychology, 55,* 3-9.

Luciano, C., Becerra, I. G., & Valverde, M. R. (2007). The role of multiple-exemplar training and naming in establishing derived equivalence in an infant. *Journal of the Experimental Analysis of Behavior, 87,* 349-365.

Magiati, I., & Howlin, P. A. (2001). Monitoring the progress of preschool children with autism enrolled in early intervention programmes: Problems in cognitive assessment. *Autism, 5,* 399-406.

McKelvie, P., & Low, J. (2002). Listening to Mozart does not improve children's spatial ability: Final curtains for the Mozart effect. *British Journal of Developmental Psychology, 20,* 241-258.

Newman, J., Rosenbach, J. H., Burns, K. L., Latimer, B. C., Matocha, H. R., & Vogt, E. R. (1995). An experimental test of "The Mozart Effect": Does listening to his music improve spatial ability? *Perceptual and Motor Skills, 81,* 1379-1387.

O'Hora, D., Pelaez, M., & Barnes-Holmes, D. (2005). Derived relational responding and performance on verbal sub-tests of the WAIS-III. *The Psychological Record, 55,* 155-175.

O'Hora, D., Pelaez, M., Barnes-Holmes, D., Rae, G., Robinson, K., & Chaudary, T. (2008). Temporal relations and intelligence: Correlating relational performance with performance on the WAIS-III. *The Psychological Record, 58,* 569-584.

O'Hora, D., Roche, B., Barnes-Holmes, D., & Smeets, P. M. (2002). Response latencies to multiple derived stimulus relations: Testing two predictions of relational frame theory. *The Psychological Record, 52,* 51-76.

O'Toole, C., & Barnes-Holmes, D. (2009). Three chronometric indices of relational responding as predictors of performance on a brief intelligence test: The importance of relational flexibility. *The Psychological Record, 59,* 119-132.

Pickering, S. (Ed.). (2006). *Working memory and education.* Oxford: Elsevier.

Ramsden, S., Richardson, F. M., Josse, G., Thomas, M. S. C., Ellis, C., Shakeshaft, C., Seghier, M. L., & Price, C. J. (2011). Verbal and non-verbal intelligence changes in the teenage brain. *Nature, 479,* 113-116.

Rauscher, F. H., Shaw, G. L., & Ky, K. N. (1993). Music and spatial task performance. *Nature, 365,* 611.

Raven, J., Raven, J. C., & Court, J. H. (2003). *Manual for Raven's Progressive Matrices and Vocabulary Scales.* San Antonio, TX: Harcourt Assessment.

Reed, P., Osborne, L., & Corness, M. (2005). The effectiveness of early intervention programmes for autistic spectrum disorders. *A Report for the South East Regional Special*

Educational Needs Partnership. Research Partners: Bexley, Brighton & Hove, East Sussex, Kent, Midway, Surrey, West Sussex.

Rohde, T. E., & Thompson, L. A. (2007). Predicting academic achievement with cognitive ability. *Intelligence 35*, 83-92.

Sallows, G. O., & Graupner, T. D. (2005). *Replicating Lovaas' treatment and findings: Preliminary results*. PEACH. Putting Research into Practice Conference, London.

Schmidt, F. L., & Hunter, J. E. (1998). The validity and utility of selection methods in personnel psychology: Practical and theoretical implications of 85 years of research findings. *Psychological Bulletin, 124*, 262-274.

Seligman, M. E. P., & Csikszentmihalyi, M. (2000). Positive psychology: An introduction. *American Psychologist, 55*, 5-14.

Seligman, M. E. P., Ernst, R. M., Gilham, J., Reivich, K., & Linkins, M. (2009). Positive education: Positive psychology and classroom interventions. *Oxford Review of Education, 35*, 293-311.

Sidman, M. (1971). Reading and auditory-visual equivalences. *Journal of Speech and Hearing Research, 14*, 5-13.

Sidman, M., & Tailby, W. (1982). Conditional discrimination versus matching to sample: An expansion of the testing paradigm. *Journal of the Experimental Analysis of Behavior, 37*, 5-22.

Smith, G. E., Housen, P., Yaffe, K., Ruff, R., Kennison, R. F., Mahncke, H. W., & Zelinski, E. M. (2009). A cognitive training program based on principles of brain plasticity: Results from the Improvement in Memory with Plasticity-based Adaptive Cognitive Training (IMPACT) study. *Journal of the American Geriatrics Society, 57*, 594-603.

Smith, T., Eikeseth, S., Klevstrand, M., & Lovaas, O. (1997). Intensive behavioral treatment for preschoolers with severe mental retardation and pervasive developmental disorder. *American Journal on Mental Retardation, 102*, 238-249.

Spector, A., Thorgrimsen, L., Woods, B., Royan, L., Davies, S., Butterworth, M., & Orrell, M. (2003). Efficacy of an evidence-based cognitive stimulation therapy programme for people with dementia: Randomised controlled trial. British *Journal of Psychiatry, 183*, 248-254.

Steele, D. L., & Hayes, S. C. (1991). Stimulus equivalence and arbitrarily applicable relational responding. *Journal of the Experimental Analysis of Behavior, 56*, 519-555.

Steele, K. M., Bass, K. E., & Crook, M. D. (1999). The mystery of the Mozart effect: Failure to replicate. *Psychological Science, 10*, 366-369.

Sternberg, R. J. (2003). Driven to despair: Why we need to redefine the concept and measurement of intelligence. In L. G. Aspinwall & U. M. Staudinger (Eds.), *A psychology of human strengths: Fundamental questions and future directions for a positive psychology* (pp. 319-329). Washington, DC: American Psychological Association.

Vitale, A., Barnes-Holmes, Y., Barnes-Holmes, D., & Campbell, C. (2008). Facilitating responding in accordance with the relational frame of comparison: Systematic empirical analyses. *The Psychological Record, 58*, 365-390.

Wechsler, D. (1944). *The measurement of adult intelligence*. (3rd ed.). Baltimore, MD: Williams & Wilkins.

Wechsler, D. (1999). *The Wechsler Abbreviated Scale of Intelligence*. San Antonio: The Psychological Corporation.

Willis, S. L., Tennstedt, S. L., Marsiske, M., Ball, K., Elias, J., Koepke, K. M., Morris, J. N., Rebok, G. W., Unverzagt, F. W., Stoddard, A. M., & Wright, E. (2006). Long-term effects of cognitive training on everyday functional outcomes in older adults. *Journal of the American Medical Association, 296*, 2805-2814.

Wilson, R. S., Mendes de Leon, C. F., Barnes, L. L., Schneider, J. A., Bienias, J. L., Evans, D. A., & Bennett, D. A. (2002). Participation in cognitively stimulating activities and risk of incident Alzheimer disease. *Journal of the American Medical Association, 287*, 742-748.

제13장

진정한 대화

Steven C. Hayes
University of Nevada

지금 당신이 손에 들고 있는 이 책은 하나의 대화를 여는 시작점이다. 이 책은 긍정심리학과 수용·마음챙김 전통 간의 대화를 열고 있으며, 특히 **맥락적 행동과학**(contextual behavioral science: CBS)과 그 하위 영역인 ACT와 RFT를 중심으로 하지만, MBCT나 DBT와 같은 관련 접근으로도 확장된다.

대화는 2명 이상의 사람들이 서로 생각, 의견, 감정을 교환하는 것을 의미하며, **기계적 대화**(rote conversation)와 **진정한 대화**(genuine conversation)라는 두 가지 유형으로 나눌 수 있다. 기계적 대화는 새로운 정보를 나누기보다는 이미 알려진 내용을 계속 반복하거나 재사용하는 특정 유형의 언어 교환을 지칭한다. 반면에 진정한 대화는 상대방의 관점을 이해하고, 공유하며, 변화의 위험을 감수하는 것을 포함한다. 이는 서로의 기존 견해를 변화시킬 수 있도록 기꺼이 다른 사람의 눈으로 세상을 바라보고, 자신의 견해를 공유하며, 유사점, 차이점, 쇄신할 점을 솔직하게 표현하는 것을 의미한다.

사회적 상호작용에서 기계적 대화는 각자에게 큰 영향을 미치지 않지만, 진정한 대화는 성장과 변화의 기회를 제공한다. 현대 정치 담론을 지켜본 사람이라면 누구나 알 수 있듯이 정치적 대화는 거의 항상 기계적으로 이루어진다. 그 이유는 대화에 참여하는 사람들이 배우는 것보다는 자신이 옳다는 것(그리고 다른 사람들에게 그렇게 인식되는 것)에 더 관심이 있기 때문이다. 갈등이 있는 사회적 대화(예: 배우자 간의 지긋지긋한 말다툼)는 대개 기계적 내용이며 거의 같은 이유에서 비롯된다. 그러나 진정한 대화는 다르다. 누가 옳고 그름을 따지는 것도 아니고, 권력과 정치를 따지는 것도 아니며, 누가 먼저 생각하고 나중에 생각했느냐를 따지는 것도 아니다. 진정한 대화는 상호 이해를 통해 무엇을 얻을 수 있는지를 보는 것이다.

대화 형식으로 쓰인 대부분의 책들은 구조적 이유 때문에 비교적 기계적인 방식으로 구성된다. 책은 본질적으로 선형적(linear)이어서 저자들은 이미 말한 내용을 다시 언급하는 편이 더 쉽다. 또한 서로 다른 관점을 가진 저자들은 상대의 생각을 고려해야 하는데, 이는 쉽지 않은 일이다. 그러나 저자와 독자가 올바른 태도를 취하면, 책이 선형적인 특성을 가졌더라도 진정한 대화를 이끌어 낼 수 있다. 저자는 자신의 견해를 고수하기보다는 다양한 시각을 생각해 보려고 노력하고, 독자는 자신의 생각이 옳다는 것을 입증하려는 대신에, 책의 다양한 이야기를 열린 태도로 받아들여 보다 큰 대화에 참여할 수 있다.

생각을 주고받기 전에라도, 이러한 과정을 마음으로 받아들이면 대화가 가진 긍정적인 가능성이 열리면서 더 진정한 대화로 이어질 수 있다. 긍정심리학이나 수용, 마음챙김, 가치에 관심이 있는 사람들은 저자와 독자로서 이러한 진정한 대화에 참여할 수 있는 심리적 도구를 특히 잘 갖추고 있는 것으로 보인다. 이 두 영역 모두 가치, 관계, 공감, 자비, 조망수용과 같은 진정한 사회적 상호작용의 핵심 주제를 다루고 있다.

짧지만 이 책을 마무리하는 장에서 필자는 다른 장들에 대해 생각해 보고, 이 프로젝트가 앞으로 어떤 의미를 지닐지 깊이 생각해 보는 기회를 가졌다. 이 책의 편집자와 저자들은 진정한 대화를 나누었고, 독자가 열린 태도로 이 책에 접근한다면 많은 것을 배울 수 있다고 생각한다. 대부분의 장들은 다양한 생각과 전통 사이의 상호 연관성을 진지하게 고려하려고 노력했고, 독자들이 쉽게 이해하고 이에 기반하여 자신의 이해를 확장할 수 있도록 명확하게 내용을 전달하였다. 그러나 진정한 대화의 잠재력을 실현하기 위해서는 독자들의 열린 태도가 필요하다.

이 장에서는 여러 장들을 종합적으로 검토하면서 필자가 발견한 몇 가지 공통적이고 연결된 부분들을 살펴보고자 한다. 세부 사항으로 들어가기보다는 실무자와 연구자들이 앞으로 할 수 있는 일에 초점을 맞춰 좀 더 일반적으로 이야기함으로써 이러한 영역을 현실화하려고 노력할 것이다. 이 책은 교사, 치료사, 코치, 건강전문가 등 다양한 분야의 전문가들을 지원하고 안내하는 데 도움이 되도록 만들어졌다. 현재와 미래에 대해 이 책이 전달하는 메시지는 과연 무엇일까?

ACT가 긍정심리학에게 전하는 메시지: 긍정적 형태가 아닌 긍정적 기능에 주목하라

긍정심리학이 처음 등장했을 때(예: Seligman & Csikszentmihalyi, 2000), 많은 사람은 이것을 응용심리학이 지나치게 장애(disorder)와 기능장애(dysfunction)에만 매달리던 흐름에서 벗어나, 인간의 긍정적 특성(traits)과 미덕(virtue)에 눈을 돌린 새로운 전통으로 받아들였다. 불안과 우울을 어떻게 다룰지 고려하는 대신 번영(flourishing)이나 의미(meaning)와 같은 주제를 연구하였다. 주로 비정상적인 측면이 아닌 평범한 인간의 긍정적 잠재력에 중점을 두었다.

긍정심리학 창시자들은 특정 특성(traits)을 본질적으로 '긍정적'으로 보이게 제시함으로써 이러한 특성화(characterization)를 유도하였다.

> 주관적 수준에서의 긍정심리학은 안녕(well-being), 흡족함(contentment), (과거에 대한) 만족감(satisfaction); 희망(hope)과 (미래에 대한) 낙관주의(optimism); 몰입(flow)과 (현재에 대한) 행복(happiness) 등 가치 있는 주관적 경험과 관련이 있다. 개인적 수준에서의 긍정심리학은 사랑과 헌신에 대한 능력(the capacity for love and vocation), 용기(courage), 대인관계 기술(interpersonal skill), 심미안(aesthetic sensibility), 인내(perseverance), 용서(forgiveness), 독창성(originality), 미래 지향성(future mindedness), 영성(spirituality), 높은 재능(high talent), 지혜

> (wisdom) 등 긍정적인 개인적 특성에 관한 것이다. 집단 수준에서의 긍정심리학은 책임감(responsibility), 육성(nurturance), 이타주의(altruism), 정중함(civility), 절제(moderation), 관용(tolerance), 직업 윤리(work ethic) 등 개인을 더 나은 시민으로 이끄는 시민적 미덕(virtues)과 제도(institutions)에 관한 것이다(Seligman & Csiksentmihalyi, 2000, p. 5).

앞의 인용문에도 불구하고, Steger, Sheline, Merriman과 Kashdan이 (이 책의 제11장에서) '긍정심리학 1.0'이라고 명명한 것처럼 긍정심리학은 단순히 '긍정적 특성(positive traits)'이라 불리는 목록에 완전히 얽매이지 않았다. 예를 들어, 부정정서의 중요성은 항상 인식되어 왔지만, 공식적으로는 긍정적 특성이 강조되었고, 때로는 더 나은 균형을 맞추기 위한 노력으로 긍정적 특성이 지나치게 강조되기도 하였다(Duckworth, Steen, & Seligman, 2005).

그러나 건강(health)과 번영(flourishing)이 단순히 장애와 기능장애의 정반대 개념이 아니듯이, 긍정적 경험 또한 부정적 경험의 정반대 개념이 아니다. Ciarrochi, Kashdan과 Harris가 (이 책의 제1장에서) 언급한 대로, 긍정심리학의 일부 영역에서는 가끔 지나치게 생각하는 경향이 있었지만, 이러한 경험과 행동에 영향을 미치는 맥락을 찾아내어 조절하려는 노력이 있었다. 긍정정서든 부정정서든 정서와 관계 맺는 건강한 방법이 있으며, 이는 맥락에 따라 달라질 수 있다. 건강한 행동 방식은 다양하게 나타날 수 있고, 때로는 단순히 미덕을 많이 가지고 있다고 좋은 것이 아니라 맥락에 따라 달라질 수도 있다. 모든 영역에서 의미, 목적, 맥락이 중요하다(Steger et al., 제11장).

이것이 사실임이 명백하게 나타난 사례들이 많이 있다. 이 사실은 McNulty와 Fincham(2012)의 최근 논문에 자세히 설명되어 있다. 예를 들어, 용서는 전반적으로 관계 적응을 예측하는 요인이지만(예: Toussaint, Williams, Musick, & Everson, 2001), 어떤 맥락에서는 병리적으로 작용할 수도 있다. 높은 용서 수준을 갖고 있는 여성 중 가정폭력 피해자는 폭력적인 배우자에게 다시 돌아가는 경향이 높다(Gordon, Burton, & Porter, 2004). 그리고 돌아간 후에는 용서 수준이 낮은 여성들보다 심리적 · 신체적 공격이 지속되거나 증가하는 경향이 있다(McNulty, 2010). 이타주의(altruism)는 때때로 병리적일 수도 있는 맥락적 한계가 있다(Oakley, Knafo, Madhavan, & Wilson, 2011; Vilardaga & Hayes, 2011). McNulty와 Fincham(2012)은 낙관주의, 자비(benevolence), 친절(kindness) 등 소위 긍정적 특성이 지닌 맥락적 한계에 대해서도 같은 맥락에서 설명한다. 각각의 경우에 이러한 특성은 전반적으로 안녕 및 좋은 대인관계와 관련이 있지만, 일부 맥락에서는 문제를 예측하기도 한다. 낙관주의자들은 금전적 손실 이후에도 도박을 계속하는 경향이 있다(Gibson & Sanbonmatsu, 2004); 대인관계에 심각한 문제가 있는 자비 수준이 높은 사람들은 자비 수준이 낮은 사람들만큼 문제가 개선되지 않아 만족도가 감소하는 경향을 보인다(McNulty, O'Mara, & Karney, 2008); 부부가 문제를 해결하려고 대화하는 자리에서 아내가 거부나 비판 같은 불친절한 행동을 보인 경우, 그 뒤 4년 동안 부부 모두의 관계 만족도가 더 안정적으로 유지되는 것으로 나타났다(Karney & Bradbury, 1997). 결론부터 말하자면, 이름을 붙일 수 있는 거의 모든 '긍정적' 특성들은 어떤 맥락에서는 부정적으로 작용할 수 있고, 마찬가지로 대다수의 소위 '부정적'이라 불리는 특성들도 어떤 맥락에서는 긍정적으로 작용할 수 있다는 것이다(Biswas-Diener, Kashdan, & Minhas, 2011). Malouf, Youman, Harty, Schaefer와 Tangney는 (이 책의 제10장에서) 훌륭한 예시를 통해 죄책감과 같은 부정정서(negative emotions)가 사회적으로 긍정적인 역할을 할 수 있다는 점을 강조하였다. 이러한 사실을 실험적으로 입증하는 데에는 수용 및 마음챙김의 접근이 도움을 주었다(예: Luoma, Kohlenberg, Hayes, & Fletcher, 2012).

이제 관련 문헌이 방대해지면서, 심리적 경험과 특성을 단순히 그 형태에 따라 '긍정적'과 '부정적'으로 의미 있게 구분할 수 있다는 관점을 지지하기는 어려워졌다. 만약 과거에 그러한 생각이 굳건한 신념으로 받아들여졌다면, 과학은 그것이 잘못되었음을 입증해 왔다. 경험, 특성 또는 행동의 기능에 관심이 있다면 주어진 맥락에서 그 **영향**에 주목해야 한다. 다시 말해, 이는 단순히 긍정적 형태 대 부정적 형태의 문제가 아닌, 맥락에 따른 긍정적 기능 대 부정적 기능의 문제이다.

이 분야에서 수용과 마음챙김 전통은 긍정심리학이 '긍정심리학 2.0'으로 전환되는 과정에서 중요한 기여를 할 수 있다(Wong, 2011). 맥락적 행동과학 연구자와 실무자들은 이러한 과제를 잘 수행할 수 있는데, 그들이 지닌 맥락 중심적 관점이 인간 경험을 보다 역동적이면서도 비판적이지 않게 바라볼 수 있는 틀을 제공하기 때문이다. ACT와 CBS

는 일반적으로 다양한 맥락 속에서 흔히 **'부정적'이라고 여겨지는 사건조차 기능적으로 긍정적인 관계를 맺을 수 있음**을 보여 주는 데 기여한다.

ACT의 근간이 되는 심리적 유연성(psychological flexibility) 모델에 따르면, 느끼는 정서(emotions)가 '긍정적'이든 '부정적'이든 일반적으로 이를 있는 그대로 알아차리고(noticing) 경험하는 것이 가치가 있다고 주장한다. 어떤 맥락에서는 열린 호기심(open curiosity)을 가지고 경험하는 과정이 광범위할 수 있다. 예를 들어, 힘든 정서를 오랫동안 피하거나 부정해 왔다면, 의식적으로 이에 몰입하거나, 그 정서가 일어나고 사라지는 것을 관찰하거나, 그 정서가 일어날 때 몸이 어떻게 반응하는지 관찰하는 것이 도움이 될 수 있다. 또한 그 정서와 관련된 기억이나 동시에 발생하는 충동을 알아차리는 것이 유용할 수 있다. 어떤 경우에는 이러한 알아차림과 경험의 과정이 매우 짧을 수도 있다. 예를 들어, 자주 느끼고 자세히 살펴본 정서가 다시 나타날 때(예: 발표 전 불안), 그 정서를 알아차리고 이 '오래된 친구'를 존중하며, 그 후에는 주어진 작업의 목적(예: 발표와 관련된 가치와 행동)에 주의를 기울이는 것만으로도 충분할 수 있다. 알아차림 자체가 도움이 되지 않는 상황도 있을 수 있다. 예를 들어, 응급의료 종사자나 생명을 위협하는 질병을 앓고 있는 아동은 (적어도 적당한 시간 동안) 현재 직면한 과제에 집중하는 것이 정서에 크게 신경 쓰는 것보다 더 나은 결과를 얻을 수 있는 것으로 보인다(Mitmansgruber, Beck, & Schüßler, 2008; Phipps, 2007). 해를 끼치지 않고 이러한 대처 방식을 얼마 동안 사용할 수 있는지는 명확하지 않지만, 이는 모든 심리적 적응이 맥락에 따라 달라질 수 있다는 것을 보여 주는 또 다른 예이다.

심리적 유연성 모델을 구성하는 여러 과정들이 함께 작동하지 않으면, 힘든 감정을 상황에 따라 선택적으로 다루는 것은 불가능하다. 이 과정이 의식적이고 선택적으로 이루어지려면, 감정과 함께 자동적으로 떠오르는 생각으로부터 어느 정도 탈융합(defusion)이 필요하다. 융합된 생각(fused thoughts)에 휘말리면 감정이 마치 반드시 **따라야 하는 지시**처럼 느껴진다. 마음챙김 기술은 이런 '지시자'의 목소리를 여러 생각과 관점 중 하나로 인식하도록 도와, 마음이 만들어 낸 구조를 무의식적으로 따르지 않고 그 과정을 알아차릴 수 있게 한다.

마찬가지로, 현재 순간에 유연하게 주의를 기울이는 연습은 주의를 선택할 수 있는 힘을 길러 준다. 수용이 곧 굴복은 아니다. 이 책의 제7장에 나오는 Parks와 Biswas-Dienerdo의 주장처럼 "**수용 기반 접근**(acceptance-based approach)은 내담자의 경험을 변화시키려는 시도를 하지 않는다"는 주장은 다소 오해의 소지가 있다. 수용 기반 접근은 두 가지 근본적인 방식으로 내담자의 경험을 변화시킨다. 첫째, 애써 억누르던 정서를 그 순간 열린 태도로 받아들이게 되면 이는 더 이상 **기능적으로** 동일하지 않게 된다. 여전히 같은 이름으로 불릴 수 있지만 이전과는 다른 경험이 된다. 역설적이게도, 이러한 기능적 변화는 정서의 형태까지 신속하게 변화시킨다. 둘째, 열린 호기심으로 현재 순간에 접촉하면 다른 반응이 나타날 수 있다. 회피와 융합으로 인해 레퍼토리(repertoire)가 좁아지는 영향이 완화되고, 외적 및 내적 상황에 따라 선택한 목적에 보다 쉽게 주의를 집중할 수 있다. 이는 내담자의 경험에도 큰 변화를 가져다주며, 긍정심리학을 통해 학습한 내용을 건강한 방식으로 적용할 수 있게 해 준다. 마찬가지로, 현재 순간에 유연하게 주의를 기울이는 연습은 주의를 선택할 수 있는 힘을 길러 준다(Steger et al., 제11장). 인생에서 의미와 목적에 깊이 연결될 때 그 자체가 긍정적 경험이 된다. 긍정심리학은 처음부터 이 점을 핵심 주제로 삼아 왔다.

다시 말해, ACT와 심리적 유연성 모델이 긍정심리학에 기여할 수 있는 것은 **기능적으로** 확실하게 긍정적인 방향으로 나아갈 수 있는 길을 제시한다는 점이다. 부정정서를 있는 그대로 알아차리되, 열린 마음과 호기심으로 판단하지 않고 바라보면, 그 정서는 더 유연하게 다루어질 수 있다. 이렇게 생긴 유연성은 정서를 억누르거나 회피하지 않고도 주의를 가치에 기반한 행동으로 돌릴 수 있게 해 주며, 이는 행동 차원에서 중요한 의미를 가진다. 장기적으로 보면, 소위 부정정서에는 긍정적 가치의 씨앗이 담겨 있기 때문에 이러한 일련의 접근이 중요해 보인다. 배신에 대한 슬픔에는 사랑과 충성심이라는 가치의 씨앗이 담겨 있다. 깊은 차원의 고통에 닿지 않고서는 사랑도 가능하지 않다(이 책의 제3장, Walser 참조). 사회적 실패에 대한 불안에는 사회적 기여라는 가치의 씨앗이 담겨 있다. 상처와 두려움이 어디에 있는지 알지 못하면 어디에서 돌봄(caring)이 필요한지 알기 어렵다. 빵 부스러기처럼 고통은 우리가 길을 찾는 데 도움이 될 수 있으며, 트라우마조차도 우리의 성장을 촉진할 수 있다(Park & Helgeson, 2006). 심리적 유연성 모델은 부정정서가 존재하더라도 그 부정성을 기능적으로 해소할 수 있는 방법을 제시한다. 우리는 부정정서들을 경험하고 이로부터 무언가를 배우지만 이에 지배되지 않을 수 있다. 대신 이러한 정서들은 가치에 기반한 삶을 만들어가는 데 동반자가 될 수 있다.

이러한 과정은 긍정정서를 건강하게 유지하는 데 필요한 과정이기 때문에 긍정심리학에서 중요하다. 경험 회피와 심리적 경직성이 부정정서의 해로운 영향을 증가시키는 데 그치지 않고, 긍정정서를 경험하는 능력을 약화시킨다는 증거가 점점 더 많아지고 있다(Kashdan & Breen, 2008; Kashdan & Steger, 2006). 이러한 결과는 '긍정심리 개입은 부정적 경험을 단순히 긍정적 경험으로 **바꾸는 것**'이라는 흔한 통념에 경고를 던진다(Parks & Biswas-Diener; 이 책의 제7장, 원문 강조). 부정적 사건이 **어떻게** 긍정적으로 변하는지가 중요하다. 부정적 사건을 대체하고 싶은 마음은 이해할 수 있지만, 그러한 마음가짐이 회피와 억압으로 이어질 경우, 이는 부정성(negativity)을 더 키울 뿐만 아니라 역설적으로 긍정정서 경험을 저해하는 결과를 가져올 수 있다. ACT 관점에서는 부정적 경험을 긍정적 경험으로 대체하려는 시도가 실제로는 불필요한 위험을 초래할 수 있다. 열린 선택에 기반한 긍정성(positivity)은 억지 긍정보다 훨씬 더 건강하고 안전하다. 하지만 힘든 경험 속에서도 그런 선택을 할 수 있으려면, 먼저 열린 선택이 가능한 심리적 공간을 만드는 법을 배워야 한다.

이에 대해 쉽게 기억할 수 있는 방법은 긍정적인 것을 덧셈으로, 부정적인 것을 뺄셈으로 생각하는 것이다. 심리학이 부정적인 면에 지나치게 집중해 온 것처럼, 경험에 대한 접근 방식도 뺄셈에 지나치게 집중해 왔다. 경험에 대한 뺄셈 중심의 접근은 일반적으로 목적과 상관없이 기능적으로 긍정적이지 않다. 수용 및 마음챙김은 사람들에게 보다 덧셈적으로(additively), 그리고 그런 의미에서 '긍정적으로' 사는 방법을 가르쳐 준다. 즉, 지금의 사건을 그 형태와 상관없이 있는 그대로 받아들이고, 그다음에 무엇을 더할지가 핵심 질문이 된다. 역설적으로, 부정정서는 마음챙김, 호기심, 판단 없이 알아차리기 등 '덧셈적인' 심리적 기술들(additive psychological skills)을 배울 수 있는 훌륭한 장이 될 수 있지만, 이러한 기술들은 긍정정서에도 동일하게 적용된다. 어떤 맥락에서는 긍정정서를 즐기고 감사하는 것이 도움이 되지만, 어떤 맥락에서는 그 정서를 존중하고 다음 도전이나 기회로 넘어가는 것이 더 적절할 수 있다. Jack Kornfield가 자신의 책 제목에서 말한 대로, '황홀경에서 깨어나면 밀린 빨래거리가 기다리고 있다(After the ecstasy, the laundry, 2001)'.

긍정심리학이 ACT에게 전하는 메시지: 긍정적 변화 만들기에 주목하라

McCracken이 제6장에서 지적한 것과 같이, 전념행동은 심리적 유연성 모델에서 가장 잘 다듬어지지 않은 부분이다. 여기에는 그럴 만한 이유가 있다. ACT가 행동분석에 기반하여 구축된 것은 30년 전의 일이다. 당시에는 행동 변화 기술이 상대적으로 잘 발달되어 있었기 때문에 이는 당연한 것으로 받아들여졌다. 그 목표는 행동 변화를 이루는 과정에서 감정과 생각을 열린 마음으로 대하고, 현재를 의식하며, 스스로 선택한 가치를 담는 것이었다. '전념(commitment)'이라는 개념이 추가되었지만(즉, 행동 변화가 의도적으로 가치 중심의 행동을 구축하는 과정과 연결되었다는 의미), 본질적인 어려움은 다른 곳에 있었다.

이제는 시대가 변했다. 30년 전에는 심리학 분야 전반에서 거의 다루지 않았던 수용, 마음챙김, 주의 유연성(attentional flexibility) 등의 영역에서 상당한 발전이 이루어졌다. 이 과정이 만병통치약은 아니지만 분명한 가치가 있으며, 그 근거 또한 매우 탄탄하게 자리 잡고 있다. 따라서 앞으로 30년이 지나도 응용심리학을 공부하는 학생들은 이와 관련된 주제를 합리적이고 폭넓게 다룰 가능성이 크다. 그러나 가치 작업을 행동 변화에 어떻게 통합할지에 대한 방법은 아직 충분히 개발되지 않은 부분이다.

ACT라는 이름에서도 알 수 있듯이, ACT는 해당 분야에 전념해 왔고, 가치를 이해하는 데 있어 큰 진전을 이루었다. 그러나 긍정심리학은 긍정적 변화 계획을 세우는 방법에 대해 많은 유용한 단서를 제공해 왔다. 몇 가지 구체적인 예를 들어보겠다.

Fredrickson과 동료들의 **확장-구축 접근법**(The Broaden-and-build approach; 예: Fredrickson, 2004)은 이 책 2장에서 Garland와 Fredrickson이 설명한 Fredrickson과 동료들의 '확장-구축 접근법'(The broaden-and-build approach; 예: Fredrickson, 2004)은, ACT 접근에서 생길 수 있는 내용적 공백을 채울 성장의 기회로 실무자들의 시선을 이끈다.

ACT 임상가들이 그 공백을 어떻게 채우는지에 대한 예를 들면, 필자가 '공백'이라고 말하는 것이 무엇인지 설명하는 데 도움이 될 것이다. **불안장애**(예: 공황장애와 광장공포증이 있는 사람) **대상 ACT 노출 작업**(ACT exposure work with anxiety disorders)에서 노출의 목표는 불안 자체를 감소시키는 것이 아니라 반응의 유연성을 증가시키는 것이다. 노출 중(예: 쇼핑몰에 머무는 경우), 임상가는 먼저 현재 순간의 알아차림, 수용, 탈융합에 중점을 두지만, 내담자가 새로운 관점을 받아들일 수 있는 상태가 되면 새로운 반응 기능(response function)을 추가한다(예: 이곳에서 가장 사고 싶은 물건은 무엇인가요? 누가 가장 눈에 띄는 옷을 입고 있나요?). 추가하는 내용은 명확하게 규정되어 있지 않으며, 이는 치료사의 창의성과 내담자의 자발적인 의견(spontaneous comments)에 따라 결정된다.

이 경우에는 일반적으로 그렇게 어렵지 않지만, 필자의 의도는 발생할 수 있는 이 구체적인 예에서 범위를 넓혀 보면, 이 논점이 얼마나 폭넓게 적용될 수 있는지 알 수 있다. 또한 긍정심리학이 유용한 내용적 단서를 제공함으로써 심리적 유연성 모델을 어떻게 뒷받침하고 강화할 수 있는지도 드러난다. ACT 치료사가 우울증이 있는 내담자를 대상으로 수용, 탈융합, 마음챙김 작업을 통해 정서적, 인지적 유연성을 높여 현재 순간에 더 잘 적응할 수 있도록 돕는다고 가정해 보자. 다음 작업에서 어떤 내용을 추가할 수 있을까? 이에 대한 일반적인 대답은 가치가 안내 역할을 할 것이라는 것인데, 이는 훌륭한 생각이다. 그러나 그 기능적인 구조 안에서 보다 구체적인 단계(proximal steps)를 고려하는 것이 도움이 될 수 있다. 감사, 자비, 사랑, 미의 감상(appreciation of beauty)과 같은 **긍정 정서에 초점을 맞춘 행동**(actions focused on positive emotions)은 매우 유용할 수 있다. 그 이유는 이런 정서가 다른 정서를 대신하기 때문이 아니라, 중요한 행동을 드러내 주기 때문이다. 긍정심리학의 다양한 연습과 기법들은 수용과 마음챙김 작업 속 많은 순간들에 자연스럽게 녹아들 수 있다. 적절한 순간에 감사 일기를 쓰거나, 용서 연습을 하거나, 미의 감상에 집중하거나, 의식적으로 자비를 실천하는 것은 수용과 마음챙김 작업이 종종 만들어 내는 심리적으로 유연한 순간을 활용할 수 있게 해 준다.

인지적 재평가(cognitive reappraisal)도 기능적 긍정성(functional positivity)을 약화시킬 수 있는 뺄셈 의제를 제거하면 여기에서 역할을 할 수 있다. 만약 능숙하게 다룰 수 있다면, Garland와 Fredrickson의 '의식적 재평가'와 '**긍정적 재평가**(positive reappraisal)'라는 개념은 기능적 맥락주의 관점 내에서 효과적으로 사용될 수 있다. ACT 임상가들은 항상 인지적 유연성의 관점에서 재평가를 중요시 여겼다[예: '정체성 고르기(pick an identity)' 연습, Hayes, Strosahl, & Wilson, 1999, p. 196; 자신의 이야기 다시 쓰기(the rewrite your story) 연습, Hayes, Strosahl, & Wilson, 2011, pp. 227-228 등; 그 외 다양한 연습]. 이들은 어떤 생각이 '맞는 생각'이나 '진짜 생각'처럼 보이게 되면, 사람들이 불편하거나 힘든 생각은 잘못된 것이라고 여기고 없애려고 할 수 있다는 점을 걱정해 왔다. 이러한 식의 접근은 오히려 생각을 억누르게 만들 수 있기 때문에 주의가 필요하다. 이 문제는 변형(variation)과 선택의 문제로 가장 잘 이해할 수 있다. 건강한 변형(variation)을 의미하는 인지적 재평가는 실효성(workability)에 기반한 가치 중심 선택으로 연결될 수 있다. 이러한 종류의 '의식적인(mindful) 재평가'는 실제로 ACT 접근법 내에서 장려될 수 있다.

이 같은 생각이 ACT 접근을 강화하는 또 다른 방식이 있는데, 그것은 바로 예방이다. 고통을 겪는 이들에 대한 ACT의 효과는 여러 문헌에서 일관되게 나타나고 있지만, 예방에 대해서는 그렇지 않다. 창조적 무망감(creative hopelessness)이나 다른 고전적인 ACT 방법은 이미 잘 해내고 있는 사람들에게는 효과적이지 않을 수 있다. 그렇다면 이들에게는 어떤 방법을 적용해야 할까?

긍정심리 개입은 여기에 매우 적합할 수 있으며, 심리적 유연성을 의제로 삼는다면 ACT 실무자가 이를 거부할 이유가 없다. 실제로 성공적인 ACT 예방 실험을 살펴보면 이미 이와 같은 접근이 진행되고 있다는 사실이 있다. 예를 들어, Fledderus, Bohlmeijer, Pieterse와 Schreurs(2011)는 ACT **예방 개입**(prevention intervention)을 개발하고 이를 '긍정적 정신건강'이라는 용어로 표현하였다. 심리적인 고통을 중심 주제로 삼지 않는 ACT 프로그램들도 성공적으로 운영될 수 있는데, 이러한 프로그램에서는 사람들이 함께 성장할 수 있도록 돕는 작은 문화, 즉 Biswas-Diener가 말한 '미시 문화'를 만드는 집단 활동이 포함되는 경우가 많다(이 책의 제9장).

맥락적 행동 접근 구축하기

ACT도 일종의 긍정심리 연구 프로그램이지만, ACT보다는 RFT가, RFT보다는 CBS가 더 중요하다. 긍정심리학과 수용 및 마음챙김 전통 간의 진정한 대화를 통해 진전에 대한 희망을 품게 하는 맥락적 행동 접근은 다음의 세 가지 주요 특징을 제공한다. 즉, 맥락적 접근, 중간 수준의 용어[1]와 분석적 · 추상적 이론(analytic-abstractive theory)의 실용적 수용, 상향식 설명에 대한 관심이다.

긍정심리학은 때때로 **요소적 현실주의 가정**(elemental realist assumptions; 이 책의 제1장, Ciarrochi 등 참조)에 기반을 두었고, 이는 긍정심리학 특성들이 가지고 있는 맥락적 한계를 이해하기 어렵게 만들었다(McNulty & Fincham, 2012; Sheldon, Kashdan, & Steger, 2011). 가정(assumptions)은 절대적인 진리가 아니고 모든 개념이 특정 맥락과 목적에 따라 다르게 평가될 수 있는 것을 이해하면, 맥락적 한계를 파악하는 것이 상대적으로 쉬워진다(Hayes, Hayes, Reese, & Sarbin, 1993). 특정 가정이 모든 맥락에서 동일하게 효과적으로 통한다는 보장은 없다. 실제로 응용심리학의 세계에서는 요소적 현실주의에 기반한 가정들이 뚜렷한 한계를 지닌다는 충분한 증거가 있다(Biglan & Hayes, 1996). 그 이유 가운데 하나는 이러한 가정들이 개념이 실제로 체계적인 변화를 만들어 내는 데 얼마나 유용한지를 검증하지 않은 채, 존재론적 확신에 기대고 있기 때문이다(Hayes et al., 2011). 어떤 것이 옳다고 할 때 그것이 동시에 유용하지 않을 수도 있다. 그러나 어떤 것이 '옳다'가 '이 맥락에서 유용하다'를 의미한다면 옳은 것이 동시에 유용하지 않다는 결론은 나올 수 없다.

실무자에게는 세상을 단순화하는 모델이 필요하지만 정밀도/포괄성이 높은 언어로만 이러한 모델을 만드는 것은 어렵다. 맥락주의적 가정은 어떤 것이 진실인지는 그것이 작용하는 맥락에 따라 결정된다는 관점을 내포하고 있어, 특정 수준에서 이론을 유용하게 사용할 수 있게 해 준다. 날아가는 공의 경로를 분석하는 데 관심이 있는 과학자가 상대성 이론이 중력에 어떻게 적용되는지 알 필요가 없는 것처럼 야구 코치가 선수에게 타격에 대해 설명하는 데는 타격된 공의 포물선 경로를 설명하는 수학 공식을 반드시 알 필요는 없다. 하지만 과학적 체계에서는 다양한 관점과 수준의 정보들이 통합되어 일관된 구

1) 역자 주: 너무 구체적이지도 않고, 너무 추상적이지도 않은 개념을 의미한다. 예를 들어, '자기효능감', '자기자비' 같은 개념은 특정 이론에만 국한되지 않으면서도 실제 연구나 개입에 활용될 수 있는 중간 수준의 개념이다.

조를 형성해야 한다.

이러한 통합(consilience)을 추구하는 상향식 접근 방식은 맥락주의(contextualism)와 연결될 때 특히 유용해 보인다. 대부분의 사람들은 응용심리학이 기본 원리에 주목해야 한다는 데 동의한다. 그런데 이러한 기본 원리가 기능적 맥락주의 관점과 연결될 때, 실무자가 기초 이론의 세부 내용을 모두 이해하지 않아도, 기초 연구와 세부 연구(basic and component research)에서 성공적인 개입을 이끄는 정밀하고 폭넓은 언어적 지침으로 활용될 수 있다(Levin, Hildebrandt, Lillis, & Hayes, 2012). 이 책에는 Roche, Cassidy와 Stewart의 '재능 육성' 프로그램(이 책의 제12장)이나 Stewart와 McHugh의 조망수용 접근법(이 책의 제5장)과 같은 이러한 과정의 좋은 예가 포함되어 있다. 이 연구자들은 가설-연역 이론(hypothetico-deductive theories) 대신, 조망수용이나 지적(intellectual) 행동과 같이 실용적으로 핵심적 특징들을 추상화한 이론을 구축하고 있다.

이 원리를 활용하여 다른 접근법을 이해하는 것도 가능하다. Foody, Barnes-Holmes와 Barnes-Holmes(이 책의 제8장)는 긍정심리 개입에 관한 일련의 이슈를 다루고 있다. 남은 짧은 시간 동안 자비와 자기자비(self-compassion) 이슈에 대해 폭넓게 살펴보고자 한다(이 책의 제4장 Neff와 Tirch 참조). 여기서는 Yadavaia의 연구와 그의 박사 논문을 기반으로 하며, 특히 ACT가 자기자비에 미치는 영향을 검증한 무작위 대조군 실험(Yadavaia, 2012)을 다루고 있다.

Neff(2003b)는 자기자비를 불교적 관점에서 주로 나타나는 세 가지 구성 요소인 자기친절(self-kindness), 보편적 인간성(common humanity), 마음챙김의 관점에서 정의한다.

> 자기자비는…… 자신의 고통을 피하거나 외면하는 것이 아니라, 자신의 고통에 마음이 움직이고 그 고통에 마음을 여는 것으로, 자신의 고통을 완화하고 친절하게 자신을 치유하려는 욕구를 불러일으킨다. 자기자비는 또한 자신의 고통, 부적절함, 실패에 대해 판단하지 않고 이해함으로써 자신의 경험을 보다 큰 인간 경험의 일부로 간주하는 것이다(p. 87).

이들 각각은 차원적이며 상대적으로 자기와의 건강한 관계 형성 방식을 설명하는 것으로 여겨진다. 이러한 정의에 따른 자기자비에 대한 대부분의 연구는 '자기자비 척도'

(Self-Compassion Scale: SCS)(Neff, 2003a)를 사용하여 수행되었으며, Neff와 Tirch가 기술한 대로 그 효과는 상당하다.

ACT의 근간이 되는 심리적 유연성 모델의 관점에서 볼 때, 자기수용과 자기친절은 다소 명확하게 겹치는 부분이 있다. ACT에서 수용을 상당히 잘 정의했는데, 여기서 수용은 치유 또는 온전해지기('치유'의 어원은 '온전해지다'이다) 위한 친절한 노력의 일환으로, 경험에 마음이 움직이고, 개방적이며, 피하지 않고, 단절되지 않는 것을 의미한다. 자기친절은 자비로운 태도를 나타내며 자기비판과 가혹한 자기판단이 없는 것이 특징이다. 이러한 특징은 ACT의 탈융합 자세와 자신의 경험을 받아들이는 선택을 연상시킨다.

마음챙김 역시 마찬가지이다. Neff의 마음챙김에 대한 접근법(예: 판단하지 않고 현재 순간에 접촉하는 것)은 ACT뿐만 아니라 대부분의 마음챙김 기반 접근법과도 공유되고 있다. 이러한 맥락에서 Neff와 Tirch가 SCS와 가장 널리 사용되는 ACT 과정 측정 도구인 **수용-행동 척도**(Acceptance and Action Questionnaire)(Hayes et al., 2004; Bond et al., 2011) 간 .65의 상관관계가 있다고 보고한 것은 놀라운 일이 아니며, 우리 연구실에서도 이 두 측정 항목 간에 유사한 관계가 있음을 발견하였다.

필자의 요점은 자기자비가 새로운 것을 제공하지 않는다는 것이 아니다. 이러한 주장은 언어에 대한 맥락적 접근법에 부합하지 않는다. 다양한 표현 방식은 새로운 기회를 제공한다. 예를 들어, 필자는 내담자와 '자기친절'에 대해 이야기하는 것이 ACT가 촉진하려는 수용의 자세를 전달하는 데 매우 유용한 방법이라는 것을 알게 되었다.

이러한 맥락에서 이 이야기를 하는 이유는 (예를 들어) 수용 또는 마음챙김에 대한 RFT 분석 작업이 자기자비에 대한 작업과 직접적으로 관련이 있기 때문이다. 필자가 아는 한, 자기자비 이론은 실험실 과학에 기반을 두고 있지 않으며, 그 결과 CBS는 다양한 분야에 유용한 내용을 제공한다.

이는 마지막 속성인 인간으로서의 보편적 경험에 대한 자각(the sense of common humanity)에서 가장 잘 드러난다. Neff는 이 속성을 '인류 전체와 연결되어 있다는 감각'과 '자신의 경험, 특히 고통스러운 경험까지도 인간이라면 누구나 겪는 조건의 일부라는 인식'으로 설명한다.

Stewart와 McHugh(이 책의 제5장)가 설명하는 직시적 관계구성틀(deictic relational frames)에 대한 연구는 앞으로 나아갈 방향을 제시한다. '보편적 인간성'과 같은 개념은 원래 중간 수준의 이론 용어였지만, 이것을 기본적인 분석과 연결할 수 있다면, 우리는 이해가 쉬우면서도 실험적인 행동과학의 발전을 이뤄낼 수 있을 것이다. 자신의 경험과 타인의 경험을 조망하고 수용할 수 있다면, 그것은 '보편적 인간성'이라는 용어만으로는 할 수 없는 보다 정확한 방식으로 공유된 경험의 감각에 녹아들게 될 것이다. 따라서, 진정한 대화는 모두에게 도움이 되는 새로운 데이터, 개입에 대한 아이디어, 그리고 연결을 찾아내어 맥락적 행동 접근법을 더욱 발전시키는 데 도움이 될 수 있다.

진정한 참여

Parks와 Biswas-Diener는 이 책의 제7장 첫머리에 워크숍에서 긍정심리 개입과 ACT의 차이에 관한 질문을 받았던 경험을 나누고 있다. 그들은 이렇게 말하였다. "이 정중한 질문 속에는 **실제로** 묻고 싶은 다음 질문이 가려져 있다. 긍정심리 개입에는 어떤 새로운 점이 있나요?" Parks와 Biswas-Diener는 긍정심리 개입이 다른 개입과 얼마나 명확하게 차이가 나며 새로운지를 보여 주기 위해 노력한다.

필자는 질문자들이 '널 증명해 봐'와 같은 방식으로 '차이점'을 묻는 것이 아니었다고 생각한다. 대화를 보다 흥미롭게 바라보는 방법은 질문자가 깊은 관련성을 인식하고 이 두 가지가 어떻게 조화롭게 어울리는지를 물어보고 있다고 가정하는 것이다. 다시 말해, 이 두 가지는 유용하게 통합될 수 있을까? 서로 함께 나아갈 수 있는 동료 여행자가 될 수 있을까?

이 책에서는 앞서 언급한 세 가지 질문에 대한 답으로 "상황에 따라 다르다", "아마도 그럴 것이다", "두고 봐야 한다"를 제시한다.

긍정심리 개입이 정말로 부정정서를 대체하고, '많을수록 좋다'는 철학이 '긍정적'인 형태의 어떤 내용에든 적용하는 것이라면, 이 둘은 일부 유용한 아이디어를 빌려오는 것을 제외하고는 함께 어울리기 어렵다. 그러나 만약 **그것이** 실제 목표라면, 긍정심리학 연구 문헌에서는 이미 이런 관점을 빠르게 약화시키고 있는 흐름이 보인다. 과학의 가지치기는 가혹할 수 있지만 필요한 일이다. 여러 장을 통해 볼 수 있듯이, 가지치기는 이미 진행되고 있다고 생각한다. 필자의 생각에 이러한 의제는 인간 심리에 대해 알려진 사실과 잘 맞지 않으며, 긍정심리학이 발전함에 따라 긍정적 기능과 긍정적 형태(그리고 부정적 기능과 부정적 형태)가 동일하지 않다는 인식이 점점 확산되고 있다. 그 깨달음의 순간은 새로운 가능성을 열어 주며, 수용과 마음챙김 전통, 특히 ACT, RFT, CBS는 '긍정심리학 2.0'에 적극적으로 참여할 준비가 되어 있다.

그렇다면 이제 남은 의문은 이 두 가지가 유용하게 통합될 수 있고, 서로를 지속적으로 지지하며 동료 여행자로 발전할 수 있는지에 대한 것이다. 이 진정한 대화가 진정한 참여로 전개될 수 있을까? 공통된 관심사, 공유된 관점, 상호존중을 바탕으로 한 지속적인 관계가 가능할까?

그렇게 되길 바란다. 그리고 서로에게 얻을 수 있는 것이 많다고 생각한다. 미래에 대해서는 알 수 없지만, 여기서부터 시작해 보는 것은 어떨까? 희망과 낙관주의가 지금, 여기에 존재한다. 희망과 낙관주의가 이 책을 가득 채웠다. 이 책의 마지막 두 문장에 도달한 독자들이 앞으로 이를 실현할 수 있을지 여부를 결정하게 될 것이다. 두고 봐야겠지만, 이 순간을 음미하고 감상하는 데 시간을 할애하는 것은 가치가 있다. 진정한 대화는 훌륭한 시작점이다.

참고문헌

Biglan, A., & Hayes, S. C. (1996). Should the behavioral sciences become more pragmatic? The case for functional contextualism in research on human behavior. *Applied and Preventive Psychology: Current Scientific Perspectives*, *5*, 47-57. doi: 10.1016/S0962-1849(96)80026-6

Biswas-Diener, R., Kashdan, T. B., & Minhas, G. (2011). A dynamic approach to psychological strength development and intervention. *Journal of Positive Psychology*, *6*, 106-118.

Bond, F. W., Hayes, S. C., Baer, R. A., Carpenter, K. M., Guenole, N., Orcutt, H. K., Waltz,

T., & Zettle, R. D. (2011). Preliminary psychometric properties of the Acceptance and Action Questionnaire-II: A revised measure of psychological inflexibility and experiential avoidance. *Behavior Therapy, 42*, 676-688.

Duckworth, A. L., Steen, T. A., & Seligman, M. E. P. (2005). Positive psychology in clinical practice. *Annual Review of Clinical Psychology, 1*, 629-651. doi: 10.1146/ annurev. clinpsy.1.102803.144154

Fredrickson, B. L. (2004). The broaden-and-build theory of positive emotions. *Philosophical Transactions of the Royal Society B, 359*, 1367-1378.

Gibson, B., & Sanbonmatsu, D. M. (2004). Optimism, pessimism and gambling: The downside of optimism. *Personality and Social Psychology Bulletin, 30*, 149-160. doi: 10.1177/0146167203259929

Hayes, S. C., Hayes, L. J., Reese, H. W., & Sarbin, T. R. (Eds.). (1993). *Varieties of scientific contextualism*. Oakland, CA: Context Press/New Harbinger.

Hayes, S. C., Strosahl, K., & Wilson, K. G. (1999). *Acceptance and Commitment Therapy: An experiential approach to behavior change*. New York: Guilford Press.

Hayes, S. C., Strosahl, K., & Wilson, K. G. (2011). *Acceptance and Commitment Therapy: The process and practice of mindful change* (2nd ed.). New York: Guilford Press.

Hayes, S. C., Strosahl, K. D., Wilson, K. G., Bissett, R. T., Pistorello, J., Toarmino, D., Polusny, M. A., Dykstra, T. A., Batten, S. V., Bergan, J., Stewart, S. H., Zvolensky, M. J., Eifert, G. H., Bond, F. W., Forsyth, J. P., Karekla, M., & McCurry, S. M. (2004). Measuring experiential avoidance: A preliminary test of a working model. *The Psychological Record, 54*, 553-578.

Karney, B. R., & Bradbury, T. N. (1997). Neuroticism, marital interaction, and the trajectory of marital satisfaction. *Journal of Personality and Social Psychology, 72*, 1075-1092. doi: 10.1037/0022-3514.72.5.1075

Kashdan, T. B., & Breen, W. E. (2008). Social anxiety and positive emotions: A prospective examination of a self-regulatory model with tendencies to suppress or express emotions as a moderating variable. *Behavior Therapy, 39*, 1-12.

Kashdan, T. B., & Steger, M. F. (2006). Expanding the topography of social anxiety: An experience sampling assessment of positive emotions and events, and emotion suppression. *Psychological Science, 17*, 120-128.

Kornfield, J. (2001). *After the ecstasy, the laundry: How the heart grows wise on the spiritual path*. New York: Bantam.

Levin, M. E., Hildebrandt, M. J., Lillis, J., & Hayes, S. C. (2012). The impact of treatment components suggested by the psychological flexibility model: A meta-analysis of laboratory-based component studies. *Behavior therapy, 43*(4), 741-756.

Luoma, J. B., Kohlenberg, B. S., Hayes, S. C., & Fletcher, L. (2012). Slow and steady wins the race: A randomized clinical trial of Acceptance and Commitment Therapy targeting shame in substance use disorders. *Journal of Consulting and Clinical Psychology, 80*, 43-53. doi:10.1037/a0026070

McNulty, J. K. (2010). Forgiveness increases the likelihood of subsequent partner transgressions in marriage. *Journal of Family Psychology, 24*, 787-790.

McNulty, J. K., & Fincham, F. D. (2012). Beyond positive psychology? Toward a contextual view of psychological processes and well-being. *American Psychologist, 67*, 101-110. doi:10.1037/a0024572

McNulty, J. K., O'Mara, E. M., & Karney, B. R. (2008). Benevolent cognitions as a strategy of relationship maintenance: "Don't sweat the small stuff" but it's not all small stuff. *Journal of Personality and Social Psychology, 94*, 631-646. doi: 10.1037/0022-3514.94.4.631

Mitmansgruber, H., Beck, T. N., & Schüßler, G. (2008). "Mindful helpers": Experiential avoidance, meta-emotions, and emotion regulation in paramedics. *Journal of Research in Personality, 42*, 1358-1363.

Neff, K. D. (2003a). The development and validation of a scale to measure self-compassion. *Self and Identity, 2*, 223-250.

Neff, K. D. (2003b). Self-compassion: An alternative conceptualization of a healthy attitude toward oneself. *Self and Identity, 2*, 85-101.

Oakley, B., Knafo, A., Madhavan, G., & Wilson, D. S. (Eds.). (2011). *Pathological altruism*. New York: Oxford University Press.

Park, C. L., & Helgeson, V. S. (2006). Introduction to the special section: Growth following highly stressful life events-Current status and future directions. *Journal of Consulting and Clinical Psychology, 74*, 791-796.

Phipps, S. (2007). Adaptive style in children with cancer: Implications for a positive psychology approach. *Journal of Pediatric Psychology, 32*, 1055-1066. doi:10.1093/jpepsy/jsm060

Seligman, M. E., & Csikszentmihalyi, M. (2000). Positive psychology: An introduction. *American Psychologist, 55*, 5-14.

Sheldon, K., Kashdan, T. B., & Steger, M. F. (2011). *Designing positive psychology: Taking stock and moving forward*. New York: Oxford University Press.

Toussaint, L. L., Williams, D. R., Musick, M. A., & Everson, S. A. (2001). Forgiveness and health: Age differences in a U.S. probability sample. *Journal of Adult Development, 8*, 249-257. doi:10.1023/A:1011394629736

Vilardaga, R., & Hayes, S. C. (2011). A contextual behavioral approach to pathological altruism. In B. Oakley, A. Knafo, G. Madhavan, & D. S. Wilson (Eds.), *Pathological altruism* (pp. 31-48). New York: Oxford University Press.

Wong, P. T. P. (2011). Positive psychology 2.0: Towards a balanced interactive model of the good life. *Canadian Psychology/Psychologie Canadienne, 52*, 69-81.

Yadavaia, J. E. (2013). *Using Acceptance and Commitment Therapy to Decrease High-Prevalence Psychopathology by Targeting Self-Compassion: A Randomized Controlled Trial* (Order No. 3595782). Available from ProQuest Dissertations & Theses Global. (1444338926).

찾아보기

인명

내용

편저자 소개

Todd B. Kashdan, Ph.D는 미국 조지메이슨 대학교(George Mason University) 심리학과의 교수이자 웰빙 연구실(Well-Being Laboratory)의 설립자이다. 그는 지난 25년 이상 안녕감, 호기심, 삶의 목적, 심리적 유연성, 회복탄력성 분야의 주요 권위자로 인정받아 왔다. 그는 250편 이상의 동료심사 논문을 발표하였으며, 피인용 수 58,000회 이상으로 세계 상위 1% 학자에 랭킹되었다. 2013년에는 미국심리학회(APA)로부터 심리학 분야의 초기 경력 우수연구 기여상(Distinguished Scientific Early Career Contributions to Psychology)을 수상한 바 있다. Kashdan은 『Curious?: Discover the Missing Ingredient to a Fulfilling Life』, 『The Updside of Your Dark Side』, 『The Art of Insubordination: How to Dissent and Defy Effectively』를 포함한 여러 저서의 저자이며, 그의 연구는 『The Atlantic』, 『The New York Times』, 『The Wall Street Journal』, 『Harvard Business Review』, 『NPR, Fast Company』, 『Time Magazine』과 같은 매체에 정기적으로 소개되어 왔다. 그는 또한 Microsoft, Mercedes-Benz, Prudential, General Mills, United States Department of Defense, Federal Reserve, World Bank와 같은 조직의 기조 강연자 및 자문위원으로 활동해 오고 있다.

Joseph Ciarrochi, Ph.D는 호주 가톨릭 대학교(Australian Catholic University) 긍정심리학과 교육 연구소(Institute for Positive Psychology and Education)의 교수이다. 그는 수백 편의 연구 논문과 『Emotional Intelligence in Everyday Life』, 『The Weight Escape, What Makes You Stronger』를 포함한 여러 영향력 있는 저서를 출간하였다. 그의 연구는 국제적으로 인용되고 있으며, 그는 400만 달러 이상의 경쟁적인 연구비를 수혜받아 전 분야에 걸친 세계 상위 1%의 과학자에 랭킹되었다. 그의 연구는 텔레비전, 라디오, 인쇄물 및 디지털 미디어 전반에 소개되어 왔다. Ciarrochi는 과정 기반 치료(Process-Based Therapy)와 심리적 개입의 통합적, 기제 중심 접근의 흐름을 선도하는 학자로 평가받고 있다. 그는 또한 인간 행동을 이해하는 데 있어 개인화된, 개인특이적(idiographic) 방법론의 발전에 핵심적으로 기여해 왔다. 그는 맥락적행동과학협회(ACBS)의 회장을 역임하였으며, 『Journal of Contextual Behavioral Science』의 초대 편집장으로 해당 분야의 주요 학술지로 자리매김하는 데 기여하였다. 그의 큰 사명은 개인화가 가능할 만큼 정밀한, 공통적 과정 중심의 진화론 기반 심리치료 과학을 구축하여 여러 치료적 전통 간의 통찰을 통합하는 것이다.

기여자 소개

Dermot Barnes-Holmes

아일랜드 국립대학교, 메이누스

Yvonne Barnes-Holmes

아일랜드 국립대학교, 메이누스

Maynooth Robert Biswas-Diener

포틀랜드 주립대학교, 포지티브 에이콘

Sarah Cassidy

스미스 클리닉, Co. 미스, 아일랜드

Joseph Ciarrochi

올롱공 대학교, 호주

Mairéad Foody

아일랜드 국립대학교, 메이누스

Barbara L. Fredrickson

노스캐롤라이나 대학교 채플힐 캠퍼스

Eric L. Garland

플로리다 주립대학교

Russ Harris

개인 변호사, 호주 멜버른

Laura Harty

조지 메이슨 대학교

Steven C. Hayes

네바다 대학교

Todd B. Kashdan

조지 메이슨 대학교

Nadezhda Lyubchik

포틀랜드 주립대학교

Elizabeth Malouf

조지 메이슨 대학교

Lance M. McCracken, PhD

런던 킹스칼리지 런던 정신의학연구소 심리학부 건강심리학 섹션

Louise McHugh

유니버시티 칼리지 더블린

Leslie Merriman

콜로라도 주립대학교

Kristin Neff

텍사스 대학교, 오스틴

Acacia C. Parks

하이람 칼리지

Bryan Roche

아일랜드 국립대학교, 메이누스

Karen Schaefer

조지 메이슨 대학교

Kelly Sheline

콜로라도 주립대학교

Michael F. Steger

콜로라도 주립대학교, 남아프리카공화국 노스웨스트 대학교

Ian Stewart

아일랜드 국립대학교, 갈웨이

June P. Tangney

조지 메이슨 대학교

Dennis Tirch

웨일 코넬 의과대학, 미국 인지치료 연구소

Robyn D. Walser

국립 PTSD 및 외상 후 스트레스 장애 상담 서비스 센터, 캘리포니아주

Kerstin Youman

조지 메이슨 대학교

역자 소개

심예린(Yerin Shim)

미국 Colorado State University 상담심리학 박사(Ph.D.)

현 충남대학교 심리학과 부교수

조성근(Sungkun Cho)

미국 University of Hawaii at Manoa 임상심리학 박사(Ph.D.)

현 충남대학교 심리학과 교수

박찬정(Chan Jeong Park)

미국 University of Missouri-Columbia 상담심리학 박사(Ph.D.)

현 캐나다 University of British Columbia 상담심리학과 조교수

윤민지(Minjee Yoon)

이화여자대학교 일반대학원 심리학과 박사 수료

현 심리상담연구소 좋은 풍경 소장

수용전념치료와 긍정심리학의 7가지 공통 기제

Mindfulness, Acceptance, and Positive Psychology:
The Seven Foundations of Well-Being

2026년 2월 5일 1판 1쇄 인쇄
2026년 2월 12일 1판 1쇄 발행

편저자 • Todd B. Kashdan · Joseph Ciarrochi
옮긴이 • 심예린 · 조성근 · 박찬정 · 윤민지
펴낸이 • 김진환
펴낸곳 • ㈜학지사
04031 서울특별시 마포구 양화로 15길 20 마인드월드빌딩
대표전화 • 02-330-5114 팩스 • 02-324-2345
등록번호 • 제313-2006-000265호

홈페이지 • http://www.hakjisa.co.kr
인스타그램 • https://www.instagram.com/hakjisabook

ISBN 978-89-997-3604-9 93180

정가 26,000원